本書為國科會專題計畫「傳承與變異——籤詩與民間信仰的在地化及海外傳播研究」（計畫編號 MOST 111-2628-H-006-002-MY3）研究成果。今蒙二位專家匿名審查，惠賜具體修正意見，謹此深致謝忱。

文學研究叢書・俗文學研究叢刊

神明流動與神諭籤詩：
臺灣民間信仰研究的新視野

李淑如 著

目次

第一章　緒論 ……………………………………………………… 1

　　第一節　神明的流動性 …………………………………………… 1
　　第二節　神諭籤詩的概述 ………………………………………… 2
　　第三節　籤詩研究的進程 ………………………………………… 4
　　第四節　研究範圍與說明 ………………………………………… 17

第二章　觀世音與媽祖信仰的流動互攝 ……………………… 21

　　第一節　蔡紅亨信仰的起源與流動 ……………………………… 21
　　第二節　琉球的天妃信仰 ………………………………………… 34
　　第三節　觀世音與媽祖信仰互攝的影響 ………………………… 48
　　第四節　結語 ……………………………………………………… 56

第三章　觀世音菩薩的信仰流動與籤詩研究 ………………… 57

　　第一節　觀世音菩薩與齊天大聖 ………………………………… 58
　　第二節　觀世音菩薩靈籤系統研究 ……………………………… 81
　　第三節　觀世音菩薩靈籤與媽祖靈籤 …………………………… 107
　　第四節　結語 ……………………………………………………… 114

第四章　保生大帝的信仰流動與籤詩研究……117

　　第一節　保生大帝信仰與藏頭籤詩……117
　　第二節　澎湖地區保生大帝信仰與籤詩文化……149
　　第三節　保生大帝藥籤研究……191
　　第四節　結語……216
　　附錄一　臺南市後壁區《白沙屯福安宮靈籤》……218
　　附錄二　澎湖南寮保寧宮籤詩……221

第五章　關聖帝君靈籤系統與扶鸞活動……225

　　第一節　關聖帝君靈籤系統研究……225
　　第二節　明清通俗小說中的籤詩與扶鸞占驗……241
　　第三節　結語……263

第六章　現代廟宇經營與扶鸞之關係……265

　　第一節　地方廟宇的扶鸞與除魅……265
　　第二節　異國人成神廟宇……295
　　第三節　結語……331

第七章　結論……333

　　第一節　神祇流播的海上絲路……333
　　第二節　臺灣民間信仰蓬勃發展後的神祇與廟宇……335
　　第三節　神諭、籤詩與新視野……337

參考文獻……339

表目次

表2-1：清代冊封琉球使正、副使一覽表 ……………………………………… 35
表3-1：萬福庵祭祀神祇與聖誕列表 …………………………………………… 79
表3-2：萬福庵籤詩與《觀世音菩薩感應靈課》對照表 ……………………… 96
表3-3：《觀音籤廿四首》所配代表人物表 …………………………………… 102
表4-1：福安寺清水祖師靈籤表 ………………………………………………… 130
表4-2：旌忠廟運籤籤詩名稱與代表人物 ……………………………………… 136
表4-3：三恩府籤詩與旌忠廟籤詩差異對照表 ………………………………… 144
表4-4：白沙屯福安宮運籤籤詩名稱與代表人物 ……………………………… 146
表4-5：馬公市廟宇籤詩配置表 ………………………………………………… 157
表4-6：湖西鄉廟宇籤詩配置表 ………………………………………………… 160
表4-7：白沙鄉廟宇籤詩配置表 ………………………………………………… 163
表4-8：西嶼鄉廟宇籤詩配置表 ………………………………………………… 164
表4-9：七美鄉廟宇籤詩配置表 ………………………………………………… 165
表4-10：望安鄉廟宇籤詩配置表 ………………………………………………… 165
表4-11：德安宮金王殿金府千歲運籤 …………………………………………… 177
表4-12：天軍殿聖籤 ……………………………………………………………… 180
表4-13：《觀音籤廿四首》所配代表人物表 …………………………………… 183
表4-14：興濟宮與保安宮大人科藥籤方劑比較表 ……………………………… 199
表4-15：大龍峒保安宮內科藥籤藥典來源統計表 ……………………………… 200
表4-16：興濟宮小兒科藥籤處方來源表 ………………………………………… 204
表6-1：臺灣祭祀異國神祇祠廟表 ……………………………………………… 303

圖目次

圖1-1：籤詩研究學位論文數量調查……………………………15
圖2-1：南投蔡媽廟……………………………………………33
圖2-2：南投蔡媽廟蔡媽娘娘神像………………………………33
圖2-3：寫賜琉球冊使趙新請討天后等廟廟匾…………………37
圖2-4：著南書房恭書匾額發閩省於天后等廟懸挂事上諭………37
圖2-5：久米至聖廟，右為崇聖會………………………………41
圖2-6：久米至聖廟案內圖………………………………………41
圖2-7：下天妃宮現已成為郵局…………………………………43
圖2-8：上天妃宮遺跡……………………………………………43
圖2-9：琉球國蔡仙府與廟宇管理者……………………………48
圖2-10：田螺洞…………………………………………………48
圖3-1：〈嘉慶二十年重修大觀音亭廟橋碑記〉…………………64
圖3-2：〈修理大觀音亭香燈店碑記〉……………………………64
圖3-3：林朝英〈小西天〉匾……………………………………66
圖3-4：林朝英〈三寶殿〉匾……………………………………66
圖3-5：福州玉敕齊天府…………………………………………74
圖3-6：萬福庵齊天大聖廟牌樓…………………………………79
圖3-7：萬福庵七星八卦消災改厄平安橋………………………79
圖3-8：龍山寺觀世音靈籤。第一首與第一百首籤詩……………89
圖3-9：艋舺龍山寺求籤信眾……………………………………90
圖3-10：艋舺龍山寺籤詩筒………………………………………90

圖3-11：萬福庵《彩鳳鳴丹門》第一首與第三十二首籤詩 ………… 93
圖3-12：香港五桂堂《正字林昭得全本》封面 ………………… 104
圖3-13：《新刊耀目冠場擢奇風月錦囊正雜兩科全集卷之一》目錄 104
圖3-14：柯榮三教授提供瑞成書局《觀音佛祖天上聖母聖籤註解》
　　　　（1935）封面 ……………………………………… 109
圖3-15：《觀音佛祖天上聖母聖籤註解》第一首甲子籤 ………… 109
圖3-16：鹿耳門鎮門宮正殿與聖籤筒 …………………………… 111
圖3-17：美濃石母宮籤詩解 ……………………………………… 111
圖3-18：《靈籤解說——六十甲子籤詩解》內容 ……………… 113
圖4-1 ：白礁慈濟宮籤詩第一首與第六十首 …………………… 122
圖4-2 ：日治時期安溪寮堡圖 …………………………………… 125
圖4-3 ：清水祖師靈籤第十三首 ………………………………… 127
圖4-4 ：安溪寮福安寺 …………………………………………… 127
圖4-5 ：旌忠廟運籤第一首〈臺〉 ……………………………… 136
圖4-6 ：重建元帥廟沙彌牌位 …………………………………… 136
圖4-7 ：重修中的銅山館 ………………………………………… 153
圖4-8 ：銅山館關聖帝君靈籤 …………………………………… 153
圖4-9 ：馬公南甲海靈殿籤詩 …………………………………… 157
圖4-10：馬公南甲海靈殿籤詩解說本 …………………………… 157
圖4-11：澎湖籤詩系統分布圖 …………………………………… 167
圖4-12：後寮威靈宮運籤 ………………………………………… 175
圖4-13：後寮威靈宮藥籤 ………………………………………… 175
圖4-14：興濟宮正殿求藥籤的案桌椅及籤筒 …………………… 195
圖4-15：興濟宮的藥籤 …………………………………………… 195
圖4-16：虎爺治病 ………………………………………………… 197
圖4-17：興濟宮的下壇將軍神像 ………………………………… 197

圖4-18：高國欽於五瘟宮所求之藥籤……………………………202
圖4-19：馬來西亞勇全殿藥籤……………………………………215
圖5-1 ：《關聖帝君聖蹟圖誌全集》聖籤附第一籤書影…………240
圖5-2 ：〈天上聖母籤譜〉,《湄洲嶼志略》卷4………………240
圖6-1 ：新港武德武聖宮安座入火資料…………………………273
圖6-2 ：臺中武德廣天宮分靈奉請資料…………………………274
圖6-3 ：2020年中元普度櫻花集團張宗璽總裁與其夫人出席法會…289
圖6-4 ：武德宮鸞文………………………………………………294
圖6-5 ：保義壇忠軍府……………………………………………315
圖6-6 ：臺東縣初鹿協天府………………………………………315
圖6-7 ：黃清課於富安宮奉請義愛公之紀錄照…………………321
圖6-8 ：平安宮現在供奉的義愛公………………………………321

第一章
緒論

　　臺灣民間信仰蓬勃發展，面向多元且生氣勃勃，這些不同的信仰體系受閩南文化影響，既傳承原鄉信仰也落地生根，在地化成臺灣民間信仰體系的一環，它們是流動且持續發展的有機體，同時伴隨著神諭驗證而使信仰更為廣傳。

第一節　神明的流動性

　　神明的流動性指的是各類民間信仰在發展的過程中隨著歷史時間、地域空間、社會環境以及不同群體之間的互動而變化、傳播與轉化的特性。它展現的是一種信仰內容和實踐方式的變遷與移動，並且這種變動往往受不同因素的影響，例如文化交流、族群流動、社會變革、以及不同信仰間的彼此融合。

　　具體來說，民間信仰中神祇的流動性可能體現在以下幾個方面：

　　一、族群流動：隨著不同族群的遷徙移動、商業貿易、政治移民等，某些地方的民間信仰會被帶到移動所至的新區域，並與當地的信仰文化融合或衝突。這種隨著族群流動而產生地理環境上的擴散與移動常常會造成民間信仰的變化，同時使其在地化。

　　二、跨文化交流：不同民族或文化間的交流也會促進民間信仰的流動。例如，佛教、道教和本土宗教的元素在中國、臺灣、日本、東南亞等地的相互影響。這點我們在籤詩的發展系統中能清楚看見。

　　三、信仰實踐的變遷：由於現代化、科技發展、歷史變遷等因素

的影響，傳統的民間信仰實踐可能會發生變化，並與現代生活方式結合，從而形成新的信仰實踐方式。這使得民間信仰的形式更加多樣化和靈活發展，例如北港武德宮的廟宇經營模式。

　　四、社會變遷：例如社會結構的變動、價值觀的轉變等，也會對民間信仰的流動性產生影響。某些信仰可能因為社會接受度的變化而變得更加流行，例如異國人在臺灣成神的信仰，或某些信仰實踐可能被淡化或遺忘，又如蔡紅亨的信仰在琉球的消失。

　　筆者對臺灣民間信仰的調查與研究十餘年，在諸多田野調查的現場，除了探查信仰發展的情形外，筆者也同時蒐羅當地廟宇的籤詩，實乃因籤詩與廟宇信仰的傳播有非常密切的關聯。

第二節　神諭籤詩的概述

　　神諭，即神示。神意的一種展現，主要透過占卜的形式傳遞。神祇的指示透過媒介（鸞生、籤詩）來傳達聖意，對未來的人事、吉凶、成敗加以揭示，本書所論的降乩、扶鸞、擲筊、求籤皆屬神諭之範圍。

　　在執行眾多專題研究計畫的過程中，筆者針對部分廟宇籤詩進行調查與分析，因為籤詩的靈驗與否也是該廟信仰是否得以廣布的一項重要因素，在調查信仰流播的過程時，總不乏聽到受訪者回饋與籤詩有關的靈驗事蹟，求籤詩以占卜未知事物的吉凶，是民間信仰由來已久的民俗活動，籤占可說是最方便又經濟能快速得到神諭指點的方式。總的來說，民間信仰的流動性反映了信仰本身的適應性和靈活性，這使得它能夠在不同的社會和文化背景中繼續存在和發展。

　　明清時期，籤詩伴隨著佛、道的世俗化趨向，在福建地區的發展更為興盛，並隨著移民朝異域發展。此外，這時期隨著各類民俗文化

的有機整合，寺廟靈籤無論是在內容還是形式上都變得更加的豐富多彩。為滿足基層民眾的占卜需要，有關民間社會生產（如農業、商業、漁業、手工業）和生活（如運途謀事、婚姻生育、占病求壽、功名富貴、行旅、爭端訴訟、尋人尋物）方面的內容，幾乎都被納入其中。現階段對籤詩研究的關注以《六十甲子籤》（日出便見風雲散）及《雷雨師一百籤》（巍巍獨步向雲間）最多，藥籤也有不少學術研究者以不同的角度為研究方向作探討，但筆者認為，還有許多特別或罕見的籤譜值得研究，再加上現代社會發展快速，籤詩面臨新時代的挑戰，同時也給予回應，這是過去研究者尚未開發之處，因為這同時牽動著民間信仰如何回應新時代挑戰的問題，所以並非是單純籤詩發展的問題探討。筆者認為籤詩在廟宇的使用上亦能反映廟宇信仰網絡的發展與地方關係或族群關係，而並非同一套籤詩譜放諸各個宮廟皆能得到同樣的答案，內容牽涉複雜，但過去的研究者比較少聚焦在此處，多數以整套籤詩研究探討來概括，如此一來容易形成我們對籤詩的理解片面化。故本書所要探討的問題是這些過去比較少被討論的籤詩系統如何發展？為何它們不能像《六十甲子籤》或《雷雨師一百籤》廣為流傳？又，這些較為少見的籤詩系統在信仰的傳播上扮演何種角色？它們如何面對時代的挑戰？

相較於運籤，藥籤，在過去醫藥不甚發達的年代，於民間信仰與醫療民俗上扮演重要的角色。信眾透過問神、擲筊、求藥籤、取藥，解決生理病痛與得到心理撫慰。然而隨著時代進步，醫療行為得到政府重視與法規規範並行的結果，導致民眾用藥觀念改變，藥籤逐漸退出廟宇，但藥籤並非杜撰，而是有其依據。隨著醫藥發達與法規的施行，藥籤似乎面臨比運籤更嚴重的挑戰，消失的速度也更快些，但其實有些寺廟與有志之士仍努力的在維持藥籤的重要性，並不單純為了保留傳統文化，這當中最主要的因素當然是還有民眾需求，因此，如

何讓藥籤透明化，更了解其屬性與作用，恐怕也是藥籤面臨時代挑戰時，所需要的說明。

而不同國家、不同籤詩譜的多元呈現，完全展現了籤詩占卜的範圍寬廣與文化適應性。這本書涵蓋了筆者多年研究的民間信仰體系與籤詩文化的互動，凸顯了跨地域、跨神祇的交流與發展。同時強調籤詩在民間宗教中的作用及使命，聯繫宗教與文化變遷的過程，關注在臺灣可見的神祇信仰與籤詩如何跟地方文化相互影響，彰顯不同神祇的信仰特性及其背後的文化內涵，因為神祇的發展與籤詩的變遷均具有流通性，故以神明流動與神諭籤詩為題，展現臺灣民間信仰研究的新視野。

第三節　籤詩研究的進程

關於籤詩研究的現況，古籍文獻方面收錄籤譜可見於明代《正統道藏》，收錄《護國嘉濟江東王靈籤》一百首、《大慈好生九天衛房聖母元君靈應寶籤》九十九首、《四聖真君靈籤》四十九首、《玄真靈應寶籤》三百六十五首、《伏天廣聖如意靈籤》一百二十首、《靈濟真君注生靈籤》六十四首、《洪恩靈濟真君靈籤》五十三首。不論從《正統道藏》、《續道藏》、《藏外道書》等道教相關書籍都可見從明代起收錄籤詩的狀況，這是文獻上可見的記載。日治時期，一九二一年（大正十年）日人片岡巖《臺灣風俗志》、鈴木清一郎《臺灣舊慣習俗信仰》、金關丈夫《民俗臺灣》（1941）等對臺灣的籤詩或籤占習俗都有所調查與記載。隨後籤譜的記載多見於個人蒐羅的資料彙編，有大量輯錄者是一九七六年德國學者龐緯《中國靈籤研究》[1]（資料篇）出

1　〔德〕龐緯：《中國靈籤研究》（臺北：龍記圖書公司，1976年）。

版，收錄共五十五套籤譜，當中四十六種來自臺灣，其餘包含香港、澳門、馬來西亞、越南、美國等地。這套籤譜資料相當可貴，既保留年久的籤譜又豐富多元，可惜出版數量少，流傳不廣，臺灣少數圖書館有典藏。一九八八年道成居士編《全臺寺廟靈籤註解》[2]共六卷，收錄全臺籤譜三十二套，編者自言「雖未可言搜羅無遺，唯集其大成，俟來日未得者補遺」，這套靈籤註解對籤詩研究有文獻輯錄上的助益，是重要的研究文獻。資深研究家劉玉龍透過多年訪查與蒐羅，有其未公開的籤詩數據檔案，同時也編有《神示籤詩》[3]等書，收錄他所藏的一百二十二套籤詩。筆者認為劉玉龍所藏的籤譜當然顯示他多年研究調查的積累但隨著時間更迭，有些廟宇籤詩就筆者所見已有所不同，需要更新與探討廟宇籤詩系統改變之因。筆者深知實際的籤譜數量一定遠勝過文獻所載，因此籤詩發展的情況，幾乎是有賴民間有志之士的田野採集與研究者的收錄與揭露。

　　上述為籤詩的輯佚狀況回顧，一九二八年容肇祖《占卜的源流》是最早研究中國籤占相關的論述，分析中國古代占卜術的起源與發展，當中與籤詩相關者為容氏在廣州所蒐羅到的十八種籤譜，同時涉及運籤與藥籤。

　　一九三〇年朱自清〈《妙峰山聖母靈籤》的分析〉是目前所見最早針對單一籤譜進行分析的論文。一九三二年錢南揚發表〈籤詩小

---

[2] 道成居士編：《全臺寺廟靈籤註解》（臺南：正海出版社），卷1至卷6。
[3] 劉玉龍：《神示籤詩》（劉玉龍：作者自印本）。劉玉龍相關籤詩的論述有：〈臺灣寺廟之籤詩特色〉，《師友月刊》第554期（2013年8月），頁95-98。〈待訂正的籤詩舉例（上）〉，《師友月刊》第559期（2014年1月），頁103-107。〈待訂正的籤詩舉例（下）〉，《師友月刊》第560期（2014年2月），頁104-107。〈意在言外的籤詩文化〉，《師友月刊》第551期（2013年5月），頁97-99。〈蘇東坡與籤詩千年因緣〉，《師友月刊》第552期（2013年6月），頁95-98。〈籤詩在小說創作的運用（上）〉，《師友月刊》第557期（2013年11月），頁102-107。〈籤詩在小說創作的運用（下）〉，《師友月刊》第558期（2013年12月），頁104-107。

考〉[4]指出武安王籤就是江東神籤，也就是日後俗稱的關聖帝君靈籤。一九四三年江肖梅〈神籤〉簡介了籤詩的用途與形式，同時以幾首新竹城隍廟的籤詩為例介紹其內容，是臺灣籤詩研究的鼻祖。

一九六六年蔡文輝〈臺南廟宇占卦的一個研究〉[5]針對七百餘位至臺南興濟宮、天壇、開基武廟抽籤的信徒進行訪談，分析其學歷、性別、年齡、抽籤因素等，是少見的量化研究。

一九六八年吳樹〈臺南的寺廟籤詩〉[6]，作者將臺南市區的籤詩分為兩類，共十四種，第一類是從大陸傳來的，第二類是清代臺南的學究所作，文中所討論的籤譜有《六十甲子籤》、《雷雨師一百籤》、《保生大帝靈籤》、《天上聖母靈籤一百首》（曉日瞳瞳萬象融，河清海晏慶豐年）、《此籤落地判陰陽》六十首、《元愷本是耕田戶》二十八首、《福如東海壽如山》二十七首、《作善天降祥》三十首、《彩鳳鳴丹門》三十一首、《仙風吹下御爐香》六十首、《陽耀白雲開》四十首、《殘容好香花》一百首、《角聲三弄響》二十九首、《第一靈籤許爾求》三十首。吳樹認為除了大陸迎回的五種外，其他罕見籤譜乃由臺南文人學究所創，爾後借其他地區廟宇使用，筆者認為吳樹之說有可以深入考核的空間，但也有所懷疑，例如《角聲三弄響》二十九首僅三官廟有之，以為臺南文人所創，但《角聲三弄響》現在流傳廣布，尚未發現能證實此說之論，有待調查。此時期除蔡文輝、吳樹外，相關籤詩的討論並不多，兩人的討論皆以臺南為主。

一九八〇年司東真雄《天臺寺竹簡《觀音籤》考》[7]，論文驗證

---

[4] 錢南揚：〈籤詩小考〉，《民俗學集鐫》第二輯（1932年），頁1-9。

[5] 蔡文輝：〈臺南廟宇占卦的一個研究〉，《思與言》第6卷第2期（1968年5月），頁85-88。

[6] 吳樹：〈臺南的寺廟籤詩〉，《臺灣風物》第18卷第2期（1968年4月），頁20-25。

[7] 〔日〕司東真雄：《天臺寺竹簡《觀音籤》考》（北上：司東真雄，1980年），頁14-17。

天臺寺的觀音籤是室町時代（1336-1573）的原版籤詩。

一九八五年德人龐緯《中國靈籤研究》，此為龐緯的博士論文，討論靈籤的源流、介紹靈籤中的典故、研究籤詩所反應的華人價值觀，共分三個部分。

一九八八年陳麗仙〈廣福宮籤詩初探〉，該論文以廣福宮媽祖靈籤為主要討論對象，認為籤詩中隱含的文化價值能夠過詩文與卦頭故事的內容做傳播。二〇二一年由王琛發〈歷史區域、社會過程與傳統公共醫療：馬來西亞檳榔嶼廣福宮清代藥籤〉探討二〇一溜年經媒體披露重現的觀音亭百年一百〇八支藥籤，並探討其中藥方的價值與文化觀念，這兩篇文章可視為讀者認識廣福宮籤詩的基礎。

一九九〇江肖梅〈神籤〉[8]此為一則短文，介紹新竹城隍廟的籤詩。一九九〇年陳清和《臺灣籤詩臺灣史》以流傳最廣的《六十甲子籤》為對象，將籤詩典故改為開拓臺灣先民的故事，這樣的組合雖未廣傳，但頗具地方特色。

一九九〇年出版的《臺灣寺廟藥籤研究》[9]由日人吉元昭治撰寫，書中詳列臺灣寺廟藥籤中的藥物，並加以檢查，點出同種異名、同音異字的情形，並注意到未列藥方僅勸人行善悔過的「空籤」，顯示藥籤有實際治病與神諭勸化等多種功能。

一九九二年郭立誠〈神明指示猜測誰──談談籤詩〉[10]試圖探究抽籤占卜的起源時間以及籤詩的形式與內容的特點，對籤詩研究提出許多問題。一九九三年蕭登福〈道教靈籤占卜對密典的影響〉對籤詩

8　江肖梅：〈神籤〉，《民俗臺灣》第19號（臺北：東都書籍株式會社臺北支店，1943年），頁16-17。

9　〔日〕吉元昭治著，陳昱審訂：《臺灣寺廟藥籤研究》（臺北：武陵出版公司，1990年）。

10　郭立誠：〈神明指示猜測誰──談談籤詩〉，《中國人的鬼神觀》（臺北：台視文化公司，1992年），頁127-135。

的源流與道教影響下的佛教靈籤予以討論。一九九四年鍾肇鵬《讖緯論略》[11]中論及求籤的方式，鍾氏以為可溯源於讖書。還有多篇文章論述籤詩的特點與功能，例如：一九九三年朱介凡〈神籤探索起步〉、一九九四年樂情〈人和神溝通有道：上廟求籤說籤詩〉與一九九五年胡珍妮〈一籤點醒夢中人——中國籤詩〉。

一九九六年丁煌〈臺南舊廟運籤的初步研究〉[12]，對臺南地區的運籤有精闢的分析，同時論及土地公杯與二十八首籤詩間的關聯，以為與通書有關。全文針對臺南三十七座百年以上廟宇進行籤詩的討論，著力甚深，是籤詩研究重要的成果之一。

一九九八年林美容〈由地理與年籤來看臺灣漢人村莊的命運共同體〉[13]認為地理與年籤可作為村庄聯結性（solidarity）的一個指標，而且年籤應該是確定村庄之命運共同體最有效直接的證據。論文主要以祭祀圈的概念來驗證地方公廟年籤與村莊的命運共同體關係。

一九九八年林修澈《廟全紀錄——臺灣省廟呈現出來的文化資產與生活意義》[14]，是籤詩研究進入大規模調查的典範，係由一九九七年臺灣省政府文化處委託學者進行廟宇普查，第一期針對宜蘭、新竹、澎湖三縣，共一七五六籤廟宇，包括籤詩的分類與結構、典故與吉凶數量、籤詩的排序等進行調查，蒐羅五百五十八套四十二種籤譜進行歸納分析外，還附有一張多達三萬餘條典故的《三縣籤典故總表》，是研究籤詩卦頭故事的重要素材。

---

11 鍾肇鵬：《讖緯論略》（臺北：洪葉文化公司，1994年）。
12 丁煌：〈臺南舊廟運籤的初步研究〉，李豐楙、朱榮貴主編：《儀式、廟會與社區——道教、民間信仰與民間文化》（臺北：中央研究院中國文哲研究所，1996年），頁375-426。
13 林美容：〈由地理與年籤來看臺灣漢人村莊的命運共同體〉，《臺灣風物》第38卷第4期（1998年），頁123-143。
14 林修澈：《廟全紀錄——臺灣省廟呈現出來的文化資產與生活意義》（南投：臺灣省政府文化處，1998年10月）。

一九九九年張永勳、何玉玲《臺灣地區寺廟藥籤現況之調查研究》乃因一九九六年宜蘭發生兩起求藥籤服藥八角蓮中毒的案件，引起由政府委託學者專家進行藥籤使用的調查研究，調查中將藥籤分為八個系統，認為廟宇選用何種系統與主祀神無關。

一九九九年謝金良〈論籤占語言的通俗文學化和宗教神學化——以《北帝靈籤》文本衍變為例〉[15]以不同時代的《北帝靈籤》文本對比，論述《北帝靈籤》通俗文學化的脈絡，並認為文本衍變前後的明顯差異及其差異的特點正是因為籤占語言在發展過程中也必將呈現出日益通俗文學化和宗教神學化的大趨向。

一九九九年汪毅夫〈籤卜的文化觀察——福建民間信仰調研報告之三〉，該文注意到籤詩與文人之間的關聯，認為正因為文人求籤卜卦，傳播與編造籤詩靈驗的故事，對籤卜之風有所助長。

九十年代可說是籤詩研究的起步期，不管是海峽兩岸或日本，學界研究者都有對籤詩加以關注的跡象，一九九二年酒井忠夫等人出版的《中國的靈籤・藥籤集成》是二次世界大戰前後分別在北京、臺灣、日本三地所蒐集到的靈籤與藥籤，當中靈籤十二種，藥籤三十四種，是極為珍貴的籤譜文獻資料。一九九五年島武史《日本靈籤紀行》，書中收錄作者探訪的日本神社寺廟共四十七座，並將日本靈籤分為三大系統：一是元三大師的百籤、二是以菅原道真等人的和歌作品為籤譜的太宰府天滿宮的籤詩。三是一般和歌的籤譜。元三大師百籤其籤譜源自中國，即為宋代《天竺靈籤》的翻版。一九九九年，中村公一《一番大吉——籤占的課題》[16]，分析了中國靈籤、日本靈籤

---

15 謝金良：〈論籤占語言的通俗文學化和宗教神學化——以《北帝靈籤》文本衍變為例〉，《道韻（四）》（臺北：大道文化，1999年）。

16 〔日〕中村公一：《一番大吉！——おみくじのフォークロア》（東京：大修館書店，1999年）。

的源流，探究其深受平民百姓喜歡的原因，對日本籤詩的傳播與演變有深刻的描述。

二〇〇一年大野出〈おみくじと天道——元三大師御籤注釋考〉[17]以量化的方式計算觀音百籤占決諺解從第一籤到一百籤總括與注釋中出現的觀音與其他神祇的稱謂，進行數據統計，透過數據來了解籤詩中神格的位階與作用。透過讓數據說話的方式，建構新的籤詩研究方法與切入角度。

二〇〇二年陳泰昇、陳政恆、林美容、邱年永、張永勳〈臺灣藥籤的成籤時間及其影響因素〉[18]，認為臺灣藥籤是許多漢醫師留下的經驗方，利用藥籤的形式，將有效驗方與古方保存下來。易言之，藥籤的形成有群醫在廟立方、古籍醫書立方、依病或流行病立方等三種形式，筆者以之驗證臺南祀典興濟宮的藥籤，大致不差。

二〇〇四年大野出《江戶の占い》探討江戶時代各種文化影響下為何江戶時代夢占、相術、算命、元三大師御籤等占卜術會如此風行之故。書中指出日本學界在神籤研究上缺乏累積的原因之一是某種先入為主的觀念，以算命占卜為研究課題容易遭受反對。

二〇〇五年胡小偉《中國文化史研究・關公信仰研究》系列第五卷《燮理陰陽——〈關帝靈籤〉祖本及其研究》[19]對今日世界各主要關帝廟之籤文多不統一，所謂「祖本」失傳已百餘年。胡氏偶然發現明初刊本中的《關帝靈籤》祖本，遂考證其由來演變，並與部分重要

---

17 〔日〕大野出：〈おみくじと天道——元三大師御籤注釋考〉，《日本思想學史》33（東京：日本思想學史學會，2001年），頁1129-1147。

18 陳泰昇、陳政恆、林美容、邱年永、張永勳：〈臺灣藥籤的成籤時間及其影響因素〉，收錄於陳泰昇《臺灣藥籤調查研究》附件一（臺中：中國醫藥學院中國藥學研究所碩士論文，2003年），頁87-102。

19 胡小偉：《燮理陰陽——關帝靈籤祖本考源及研究》（香港：科華圖書出版公司，2005年）。

關廟的籤文釋詞進行校刊,指出其誤。該書對以「巍巍獨步向雲間」為首的雷雨師一百籤(俗稱「關聖帝君靈籤」)進行了考定與整理,是很重要的發現。

二〇一三年翁炯慶〈臺灣藏頭詩在地轉化的初探:以臺南市後壁區安溪寮聚落福安寺為例〉[20]是現階段對臺南地區藏頭籤詩最相關的研究成果。翁炯慶透過田野調查,以臺南市後壁區安溪寮福安寺清水祖師的整套藏頭籤詩作為研究主題,比對福建省安溪縣蓬萊鎮清水岩清水祖師廟的整套籤詩,探討臺灣藏頭籤詩經過地方信仰文化洗禮,進而發生在地轉化的特色。

二〇一四年林國平《籤占與中國社會文化》[21]對閩、臺兩地的籤詩譜與籤詩的形式、發展的脈絡與影響的範圍都有深入的探討。該書共分十四章,從籤占的源流談到籤譜與宗教信仰的影響,同時觸及籤占的海外傳播,所論之處包含琉球、日本、東南亞、美國。雖然林國平對籤詩的研究成果已有重量級的展現,但書出版至今已逾十年,筆者發現尚有可以增補之處。

二〇二〇年林明德《南鯤鯓代天府籤詩解密》以代天府《六十甲子籤》(有配置籤首)為對象,進行籤面文字的校勘,作為王爺總廟的鎮廟之寶,更可作為兩萬六千餘座分靈廟的參考。《南鯤鯓代天府籤詩解密》以《幼學須知雜字采珍大全》收錄的《六十甲子籤》為校勘底本,比對南鯤鯓代天府籤詩,將籤詩本文、解曰、依附典故、籤

---

[20] 翁炯慶:〈臺灣藏頭詩在地轉化的初探:以臺南市後壁區安溪寮聚落福安寺為例〉,《臺灣文化研究所學報》第4期(2013年5月),頁43-71。相關的學位論文有賴俊佑:《後壁旌忠廟藏頭籤詩研究》(苗栗:國立聯合大學臺灣語文與傳播學系碩士論文,2016年)。莊嘉純:《岳飛英雄形象與臺灣岳王信仰研究》(臺中:國立中興大學中國文學系碩士論文,2013年)。蔡佳凌:《嘉南地區岳飛信仰之研究》(臺南:國立臺南大學臺灣文化研究所碩士論文,2008年)。

[21] 林國平:《籤占與中國社會文化》(北京:人民出版社,2014年)。

詩解都做了詳細的審訂。此書解決《六十甲子籤》長期以來因傳鈔、複刻、造成缺失與錯誤的問題，並結合學術界研究者的力量[22]，證明學術通俗化的可能，這也是目前最全面的《六十甲子籤》籤解。

　　二○二一年成功大學舉辦籤詩國際文化國際學術研討會，有二十六篇與籤詩文化相關的論文，來自東亞各地的學者[23]。這些學者聚焦的面向可分為三部分，一為籤詩在現代社會面臨的挑戰，一為籤詩的國際化與在地化發展，還有新時代中籤詩呈現的手法趨向多元。

　　二○二三年史宗玲〈補回遺失的拼塊──從語域觀點重新檢視籤詩翻譯〉[24]，以臺灣最流行的媽祖籤詩為例，認為其論述挑戰了籤詩翻譯的靜態、固定形式，為其增添動態的維度，並加入文學、文化和教育功能。綜而言之，本論文倡導籤詩翻譯改革，以符合網路上新型態的溝通需求，不再拘泥於過去只能滿足廟宇抽籤者求神問卜的傳統形式。但筆者對此說採保留態度，一來文中所指的百首媽祖靈籤並非臺灣最流行的媽祖籤，流行度最高者為六十甲子籤，再來她認為線上籤詩不再拘泥於傳統至廟求籤的方式，以籤詩文化及民間信仰的角度而言，線上籤詩的準確度一直以來都備受考驗，評價兩極，但筆者肯定其籤詩翻譯需要改革之說，二○二四年南鯤鯓代天府《籤詩國際大

---

22 林明德：《南鯤鯓代天府籤詩解密》（臺南：財團法人南鯤鯓代天府，2020年）。該書的籌備小組包含曾永義院士、李豐楙、王國良、徐福全、賴貴三、林明德等六位教授為諮詢委員。

23 例如范軍〈泰國華人獨特的本頭公信仰與籤詩文化──以素攀武里府本頭公廟及其籤詩為例〉、王琛發〈歷史區域、社會過程與傳統公共醫療：馬來西亞檳榔嶼廣福宮清代藥籤〉、杜忠全〈馬來西亞華人拿督公信仰之華化與籤詩文化〉、袁霓〈印尼雅加達玄壇宮和東爪哇龍福宮暨安阜惟德馨廟、藥王先師廟的籤詩〉、阮清風〈月南華越民間廟宇的求籤習俗與籤詩特色〉、杜溫〈從緬甸華人寺廟籤詩看緬甸華人在地文化認同〉、黃文車〈疫情下的王爺籤：從馬六甲王爺信仰談起〉等多篇論文，都提供了不同籤譜的地區性研究方法與視野。

24 史宗玲：〈補回遺失的拼塊──從語域觀點重新檢視籤詩翻譯〉，《編譯論叢》第16卷第2期（2023年），頁135-175。

論述》為二〇二三年南鯤鯓代天府籤詩國際學術論壇會後論文集，主要分南廟籤詩、籤詩類型、籤詩底蘊、籤詩解密四類，當中以籤詩類型論文最多，顯示該主題仍是當今籤詩研究的熱點，與會學者來自香港、臺灣、大陸、馬來西亞、越南等地。

二〇二四年陳愛梅主編《拿督公研究：史料與田野調查》收錄王敏儀〈拿督公籤詩簡介——以巴里文打新興港嚨啍公靈籤與武來岸石哪督公靈籤為例〉提供兩套完整而完全不同的拿督公籤譜，皆屬罕見籤譜。

在學位論文方面，籤詩研究有多篇成果。二〇〇〇年開始是臺灣學界討論籤詩的熱潮，自二〇〇〇年至二〇二四年，共有四十四篇學位論文以「籤詩」相關研究為題。而二〇二〇年以後的學位論文則多有關注籤詩在現代社會的新型態轉變者，例如臺南天壇在二〇二二年以工藝設計為主的新版籤詩，又或者是視覺化呈現籤詩的文創商品，這些討論都顯示籤詩文化因應現代化社會的轉變。[25]

---

[25] 筆者以「籤詩」為關鍵字，搜尋碩博士論文網，得到以下四十四筆資料。王文亮：《臺灣地區舊廟籤詩文化之研究：以南部地區百年寺廟為主》（臺南：臺南師範學院鄉土文化研究所碩士論文，2000年）。王儷容：《臺灣廟宇籤詩解籤方式及其內涵探究：以高雄市哈瑪星代天宮為例》（高雄：國立高雄師範大學國文學系碩士論文，2008年）。石明儒：《設計與發展籤詩文化於華語數位教材之研究》（臺北：國立臺北教育大學教育傳播與科技研究所碩士論文，2010年）。余欣燕：《臺北三大清水祖師廟之籤詩研究》（桃園：銘傳大學應用中國文學系碩士在職專班碩士論文，2013年）。吳佩樺：《黃大仙籤詩之研究》（高雄：國立高雄師範大學國文學系碩士論文，2018年）。林大山：《臺灣民間宗教籤詩療癒經驗之研究：以臺中市南屯區萬和宮媽祖籤信仰者為例》（嘉義：南華大學生死學系碩士論文，2012年）。林欣怡：《臺灣寺廟觀音靈籤籤詩與解籤文化：以桃園景福宮為例》（臺北：國立臺北教育大學臺灣文化研究所文學組碩士論文，2010年）。林正宏：《苗栗白沙屯拱天宮——藥籤考究與重整》（臺中：中興大學生命科學院碩士論文，2011年）。馬玉臻：《〈關帝籤〉江東籤詩研究》（臺北：臺北市立教育大學中國語文學系語文教學碩士班碩士論文，2007年）。張如月：《關帝及觀音籤詩比較研究》（宜蘭：佛光大學文學系碩士論文，2012年）。張秀珠：《呂祖籤詩研究：以木柵指南宮為例》（臺北：國立臺灣師範大

學國文學系在職進修碩士班碩士論文，2012年)。張昶為：《壹佰道神諭》——攝影結合插畫表現福德正神籤詩之圖像創作》(新北：國立臺灣藝術大學視覺傳達設計學系碩士論文，2019年)。莊唐義：《烈嶼上林李將軍廟及其籤詩研究》(桃園：銘傳大學應用中國文學系碩士在職專班碩士論文，2009年)。陳文奎：《臺灣籤詩與易卦關係探討》(新竹：玄奘大學中國語文學系碩士論文，2009年)。陳玟瑾：《土城地區道教廟宇籤詩探究——以大墓公廟與震安宮為主》(新竹：玄奘大學中國語文學系碩博士班碩士論文，2014年)。陳彥汝：《籤詩故事在運籤中的核心價值研究：以關帝百首籤詩為例》(高雄：國立高雄師範大學國文學系碩士論文，2007年)。陳香琪：《臺灣通行籤詩之文學性研究》(高雄：國立高雄師範大學國文學系碩士班碩士論文，2005年)。陳錦雲：《臺灣六十甲子聖母詩籤研究——以桃竹苗地區為中心》(臺北：中國文化大學中文所碩士論文，2008年)。陳惠桂：《籤詩對生命的轉化研究：以四位赴日月潭文武廟求籤者為例》(嘉義：南華大學生死學系碩博士班碩士論文，2020年)。陳鈺淑：《屏東縣琉球鄉碧雲寺的籤詩信仰文化研究》(屏東：國立屏東教育大學中國語文學系碩士論文，2012年)。陳蔚禎：《臺南祀典大天后宮籤詩研究》(臺南：國立臺南大學國語文學系中國文學碩士班碩士論文，2009)。曾昱豪：《總兵與籤詩：壽山巖觀音寺研究》(臺北：國立臺北藝術大學文化資源學院建築與文化資產研究所碩士論文，2013年)。溫文權：《花蓮縣寺廟藥籤之社會網絡》(花蓮：花蓮教育大學鄉土文化學系碩士論文，2008年)。黃家琪：《控制性語言書寫及機器翻譯：以澎湖天后宮籤詩為例》(高雄：國立高雄第一科技大學應用英語系口筆譯碩士班碩士論文，2013年)。楊恕青：《林口竹林山觀音寺籤詩研究》(臺北：國立臺灣師範大學國文學系在職進修碩士班碩士論文，2018年)。楊恕青：《林口竹林山觀音寺籤詩研究》(臺北：國立臺灣師範大學國文學系碩士論文，2018年)。劉玉龍：《寺廟籤詩研究：以臺灣寺廟運籤為主》(彰化：國立彰化師範大學國文研究所國語文教學碩士班碩士論文，2006年)。劉寶滿：《苗栗玉清宮籤詩研究——以《關聖帝君應驗桃園明聖經》為例》(新竹：玄奘大學宗教與文化學系碩士在職專班碩士論文，2018年)。蔡元：《傳統籤詩的兆象在服裝造形設計的應用探討》(新北：景文科技大學文化產業與創新設計碩士班碩士論文，2013年)。蔡美意：《金門城隍廟籤詩之研究》(桃園：銘傳大學應用中國文學研究所碩士在職專班碩士論文，2005年)。蔡縝玲：《岡山壽天宮籤詩研究》(高雄：國立高雄師範大學國文學系國文教學碩士論文，2012年)。賴俊佑：《後壁旌忠廟藏頭籤詩研究》(苗栗：聯合大學臺灣語文與傳播學系碩士班碩士論文，2016年)。賴翠杏：《籤詩典故與民間文學之關聯性研究：以臺灣地區流傳關帝百籤為範圍》(花蓮：國立東華大學中國語文學系民間文學碩士班碩士論文，2011年)。薛皓文：《臺灣艋舺龍山寺籤詩及其文學性研究》(臺北：國立臺灣師範大學國文研究所碩士論文，2008年)。謝奇廷：《觀音籤詩與儒學思想研究——以臺南安平觀音亭為例》(臺南：嘉南藥理大學儒學研究所碩士論文，2020年)。藍瑟宜：《士林三玉宮籤詩研究》(臺北：臺北

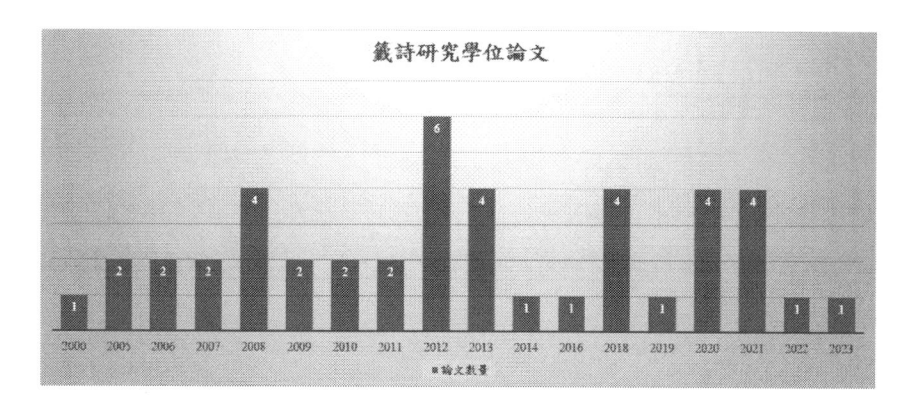

圖1-1：籤詩研究學位論文數量調查

在期刊論文方面，討論的面向有地區運籤的功能與特色[26]、藥籤的構成與實用[27]、籤詩與文學的關聯[28]以及籤詩文化的應用[29]等四個相關主

市立教育大學中國語文學系語文教學碩士學位班碩士論文，2012年）。羅瑞芬：《臺灣寺廟籤詩文化中的文學性：以宜蘭昭應宮廟籤為例》（宜蘭：佛光大學文學系碩士論文，2006年）。呂奕蓉：《臺中樂成宮月老信仰及其籤詩研究》（彰化：國立彰化師範大學國文學系碩士論文，2020年）。李虹禛：《六十甲子籤詩療癒研究》（臺北：輔仁大學宗教學系碩士在職專班碩士論文，2020年）。沈秀軒：《透過視覺方法轉譯「六十甲子籤詩」文創商品之創作研究》（雲林：國立雲林科技大學視覺傳達設計系碩士論文，2023年）。陳柏仁：《臺灣首廟天壇籤詩研究》（臺南：國立臺南大學文化與自然資源學系臺灣文化碩士在職專班碩士論文，2022年）。呂維晟：《臺灣籤詩釋文翻譯之比較分析：以月老靈籤為例》（臺南：長榮大學翻譯研究所在職專班碩士論文，2021年）。謝宜庭：《籤詩圖像創作之插畫表現──以臺灣省城隍廟六十甲子籤為例》（桃園：中原大學商業設計學系碩士論文，2021年）。黃筱君：《南投鹿谷及梅州慚愧祖師之廟籤詩研究》（桃園：國立中央大學客家語文暨社會科學學系客家研究碩士在職專班，2021年）。

26 丁煌：〈「臺灣南部古寺廟籤詩中所反映的社會及宗教學意義探析」研究計畫〉，《道教學探索》第8期（1994年12月），頁431-434。王文亮：〈南瀛寺廟籤詩文化初探〉，《南瀛文獻》第1期（2002年1月），頁252-265。

27 林國平：〈藥籤與閩臺保生大帝藥籤〉，《臺灣與各地之保生大帝信仰研究》（臺北：里仁書局，頁403-430）。區志堅：〈求籤要誠，解籤要善：保生大帝靈籤與黃大仙藥籤表述保生概念〉，《臺灣與各地之保生大帝信仰研究》（臺北：里仁書局，2019年），頁521-556。李淑如：〈祀典興濟宮《保生大帝藥籤詮解》探析〉，《臺灣與各地

題，與本書較為相關且重要者，前文已有所述。目前國內雖未見以籤詩為主題之數位資料庫，然於「國家文化資料庫」及「臺灣宗教藝術資訊網」等二處網站已見蒐集若干籤詩數位資料。由上述回顧可知學界的籤詩研究以單篇論文為多，專書著作明顯偏少，故本書成果將以筆者多年來蒐羅的籤譜素材為文本，田野調查資料為輔助，探究過去未被深入的相關議題。

之保生大帝信仰研究〉，頁199-224。宋錦秀：〈寺廟藥籤療癒文化與疾病的建構〉，《臺灣文獻》第62卷第1期（2011年），頁55-96。宋錦秀：〈臺灣寺廟藥籤匯編：宜蘭醫藥神系統〉，《宜蘭文獻雜誌》第37期（1999年），頁3-46。

28 王文亮：〈南瀛籤詩典故故事解析〉，《南瀛文獻》第2期（2003年1月），頁228-253。汪娟：〈百首觀音靈籤之籤題析論——以艋舺龍山寺為例〉，《中國俗文化研究》第3期（2005年），頁1-29。李麗淑：〈花籤詩中藏玄機——《紅樓夢》正冊五金釵本命花之研究〉，《文明探索叢刊》第77期（2016年6），頁109-138。陳詠琳：〈《焦氏易林》與籤詩關係初探〉，收入：《道南論衡：全國研究生漢學學術研討會論文集2010》（臺北：國立政治大學中國文學系，2012年），頁128-148。鄧繼盈：〈籤詩故事的重要性——與榮格的釋夢方法比較〉，《南臺學報》第37卷第4期（2012年12），頁165-176。陳美朱：〈西湖白雲庵與日月潭龍鳳宮月老祠籤詩比較——兼論臺南大天后宮《月下老人靈籤》的異同〉，陳益源主編：《府城四大月老與月老信仰研究》（臺北：里仁書局，2016年），頁117-148。劉玉龍：〈籤詩在小說創作的運用〉，《師友月刊》第557期（2013年11月），頁102-107。

29 史宗玲：〈臺灣籤詩英譯之論析〉，《編譯論叢》第4卷第1期（2011年3月），頁161-194。葉映蘭：〈枯木逢春——無常自然生態中體悟生命價值之動畫創作〉，《實踐設計學報》第6期（2012年7月），頁102-112。蘇中和、杜瑞澤、范國光：〈應用生活型態探討老人對於數位文化內容喜好之研究——以媽祖數位籤詩文化為例〉，《設計與產業學報》第11期（2014年7月），頁456-469。黃雅雯：〈博物館觀眾參觀經驗與多媒體應用於展示之評估——以「神示籤詩——Chance from God特展」為例〉，《博物館學季刊》第28卷第4期（2014年10月），頁55-78。范瑞鈴、湯永成、陳思聰：〈籤詩圖像化應用於廟宇文創商品之作：以屏東阿猴媽祖廟為例〉，收入《設計創新暨應用學術研討會論文集》（臺南：臺南應用科大視傳系，2015年）。胡文菊、汪娟：〈以觀音靈籤作為華語閱讀教材及其教學設計〉，《臺灣華語教學研究》第10期（2015年6月），頁49-71。李姿瑩：〈數位芳華特展花神靈籤研究〉，《臺灣與各地之籤詩文化研究》（臺北：里仁書局，2022年），頁465-490。

第四節　研究範圍與說明

　　本書集結筆者近年來國科會專題研究計畫的成果與實地田野調查報告，延續已結案的研究計畫，持續關注議題的發展，同時也開拓更寬廣的考察範圍。本書是以臺灣的民間信仰與籤詩文化為主要研究範圍，藉由民俗信仰相關學者的研究論著、文獻資料、信仰活動與籤詩，爬梳民間信仰在臺灣的流動與發展，挖掘信仰的流動性、在地化與創新的特性，同時擴及部分臺灣周邊離島與東亞國家。全書分七章，一至四章談各種不同民間信仰的流動與其相對應的籤詩系統發展現況，五至七章談神諭對信仰發展的影響，透過籤詩與扶鸞活動加以觀察當代廟宇經營與神諭之關係。

　　第二章「觀音與媽祖信仰的流動互攝」，為執行國科會專題研究計畫「蔡紅亨傳說與信仰研究——從琉球到福建（108-2410-H-006-059-）」的部分成果，以〈觀音與媽祖信仰的互攝：以蔡紅亨信仰為例〉[30]與〈琉球的媽祖信仰研究〉[31]為基礎擴充增寫而成。清代冊封琉球使團在封舟上供奉媽祖、拿公、陳文龍、蘇神等水神，以求遠航平安，冊封使、福建官員與這些具地方特色的水神信仰有緊密的關聯，加上琉球在很長的歷史時期是中國的封貢國，清代多次冊封琉球，國家政治的需要造就地方水神被迎上封舟，從福建走向琉球，開啟傳說與信仰的新頁。然過去筆者的研究成果著眼於福建地方水神如何擴展信仰圈，同時關心其信仰在琉球發展的情況[32]，但筆者在執行

---

[30] 李淑如：〈觀音與媽祖信仰的互攝：以蔡紅亨信仰為例〉，收入陳益源主編：《亞洲觀音與女神信仰研究》（臺北：里仁書局，2020年），頁89-111。

[31] 李淑如：〈琉球的媽祖信仰研究〉，《媽祖信俗研究》第3期（彰化：臺灣明道大學媽祖文化學院，2020年），頁61-80。

[32] 詳見李淑如：《閩南文化研究視野下水神與財神信仰》（臺北：萬卷樓圖書公司，2019年）。

計畫過程中發現，除了由福建登上冊封舟航向琉球的地方神祇外，從琉球傳播往福建的水神蔡紅亨也有其特殊之處，本章企圖探究一個琉球女神如何得到福建與臺灣百姓的崇奉，同時又展現其與觀世音菩薩信仰及媽祖信仰的流動。

第三章「觀世音菩薩的信仰流動與籤詩研究」，為筆者現正執行的國科會專題研究計畫「傳承與變異——籤詩與民間信仰的在地化及海外傳播研究（111-2628-H-006-002-MY3）」的部分成果，關心的重點在觀察觀世音菩薩靈籤系統的發展與改變，同時兼論臺灣俗稱《媽祖靈籤》的《六十甲子籤》，但因為《六十甲子籤》歷來研究已豐且面向周全，筆者便不再大篇幅錦上添花。全章以〈觀世音菩薩靈籤系統研究〉[33]為基礎加以擴充，同時以筆者參與並擔任講師的「臺南籤詩文化巡迴講座」心得加以增寫。

第四章「保生大帝的信仰流動與籤詩研究」，亦為筆者現正執行的國科會專題研究計畫「傳承與變異——籤詩與民間信仰的在地化及海外傳播研究（111-2628-H-006-002-MY3）」的部分成果，此章乃在〈祀典興濟宮《保生大帝藥籤詮解》探析〉[34]、〈祀典興濟宮《保生大帝靈籤》與臺南市後壁地區藏頭籤詩研究〉[35]、〈保生大帝信仰與民間醫藥文化——以澎湖地區的籤詩為例〉[36]三篇論文的基礎上擴充而

---

[33] 李淑如：〈觀世音菩薩靈籤系統研究〉，《籤詩國際大論述：南鯤鯓代天府籤詩國際學術論壇論文集》（臺南：南鯤鯓代天府，2024年），頁173-198。本文曾發表於「籤詩國際大論述：南鯤鯓代天府籤詩國際學術論壇」，感謝主持人與兩位審查委員提供寶貴的修改意見，特申謝忱。

[34] 李淑如：〈祀典興濟宮《保生大帝藥籤詮解》探析〉，收入陳益源主編：《臺灣與各地之保生大帝信仰研究》（臺北：里仁書局，2019年），頁199-224。

[35] 李淑如：〈祀典興濟宮《保生大帝靈籤》與臺南市後壁地區藏頭籤詩研究〉，收入陳益源主編：《臺灣與各地之籤詩文化研究》（臺北：里仁書局，2022年），頁317-354。

[36] 李淑如：〈保生大帝信仰與民間醫藥文化——以澎湖地區的籤詩為例〉，《成大宗教與文化學報》第31期，已接受待刊稿。

成,是筆者近年來觀察保生大帝信仰的些許心得,結合不同類型的籤詩,探討醫神保生大帝如何醫病(藥籤)也醫心(運籤)。

第五章「關聖帝君靈籤系統與扶鸞活動」,為筆者現正執行的國科會專題研究計畫「傳承與變異——籤詩與民間信仰的在地化及海外傳播研究(111-2628-H-006-002-MY3)」的部分成果,此章以關聖帝君靈籤系統研究為主,同時結合明清通俗小說中的扶鸞書寫,因為明清扶鸞風氣大盛,小說中也有關神下乩的描述,筆者試圖由籤詩與扶鸞探討神諭在小說創作的重要性與占驗之過程。

第六章「現代廟宇經營與扶鸞之關係」,為筆者多年關心的研究議題,好奇現代廟宇的經營與扶鸞的關聯,聚焦在兩個重點,一是年輕且在地深耕主祀天官武財神的北港武德宮,一是在臺灣民間信仰史上發展歷程也較年輕的異國人成神信仰,試圖分析這些年輕廟宇的發展脈絡及與扶鸞的連結。同時這也是筆者執行國科會專題研究計畫「異鄉神:日本人在臺灣成神傳說及其當代民間信仰研究(109-2410-H-006-108-MY2)」的部分成果。

第二章
觀世音與媽祖信仰的流動互攝

　　過去學界認為媽祖信仰的「上游神」是觀音菩薩，因為媽祖的出生與觀音有關，據《天后志》所載林默娘是父親禮拜觀音大士求子而生，此章旨在透過蔡夫人（蔡紅亨）信仰推論觀世音與媽祖信仰的流動互攝，而我們可以在蔡紅亨的傳說及成神背景中發現其處處受觀世音與媽祖信仰的影響，也可以說蔡紅亨信仰是「雙慈信仰」發展下的地方信仰，雖其傳播路徑隨著明、清冊封琉球的政治關係結束而顯得萎靡蕭條，但現今在臺灣、福州仍有祭祀蔡紅亨的廟宇，以下針對蔡紅亨的信仰起源與流動，分析其受琉球天妃信仰影響的痕跡，同時探究觀世音與媽祖信仰互攝的情況。

第一節　蔡紅亨信仰的起源與流動

　　蔡紅亨，又稱蔡夫人、蔡姑婆、蔡媽娘娘等，是福建的地方性神祇，其信眾主要分布在福建一帶，而以長樂最盛，臺灣、琉球群島也都有其信仰流播，有人認為蔡紅亨信仰是靠著福建移民而傳播至臺灣。相傳其為明朝萬曆年間，身為琉球國閩人三十六姓蔡姓後裔的蔡紅亨，因為精通刺繡，巧織龍袍入貢明朝，逝世後被追封為「精巧妙明懿德夫人」。

　　傳說她生前即能神遊海上，在長樂被陳靖姑遇見並收為徒弟，死後成仙，在海上救人無數，又能降魔伏妖，琉球人及福建長樂人視為神明並建廟供奉，視為水神祭拜，保佑民眾與護佑行船平安。後來亦

被移民的福州人帶到臺灣,成為臺灣民間信仰之一。蔡姑婆的傳說有媽祖故事的痕跡,但若細究其人與信仰的流傳情形,我們還可進一步發現觀音對其信仰傳播有深厚的影響。

　　神的來歷與傳說可見於《閩都別記》,該書是一部清代乾嘉時期問世的福州方言小說,全書分上、中、下三冊,共四百回,一百二十萬餘字。小說作者署名為里人何求,僅知作者當為福州人,但作者生平未詳。《閩都別記》雖是一部小說,但是故事內容包含了福州地區古代民間傳說、小說、評話與戲曲故事,它反映了當地人對蔡紅亨信仰的來源看法與接受的過程。

一　蔡紅亨信仰的興起與傳播路徑

　　關於蔡紅亨的來歷,據傳其為琉球國閩人三十六姓蔡姓後裔,曾隨朝貢團赴中國朝廷,死後成神。而關於蔡紅亨的神格,就目前所知的資料可整理出四種說法:

(一) 臨水夫人的徒弟

　　福建人何求的福州方言小說《閩都別記》第二七六回〈永樂帝遣使封中山蔡姑婆回閩遇臨水〉謂蔡紅亨能神遊海上,死後成仙,在海上救人無數。福建人尊稱她為蔡姑婆。《閩都別記》可說是詳細而具體描寫蔡紅亨故事者,小說載「其日間常睡魂在海上巡遊保護行舟,如無風便回,如有風遂與之爭戰,風退始回。所以汗出,誠神人也。」[1]說明其水神性格:

1　〔清〕何求:《閩都別記》第三冊(臺北:臺北市福州同鄉會,1979年),頁39。

一日，紅亨魂遊至海外，見有中國船至，時值風浪滔天，有一藍面男神、一紅衣女神分立在船頭，喝之，立刻浪平風退。其船進港，紅亨觀其情景，知是封王之船，不知何神，便去參拜，那女神喜而迎之，原來去琉球國封王之船，船中請有拏公香火。又欽差正使乃閩人，請有臨水夫人之香火，陳夫人喝退風浪，見紅亨進謁，看其魂清朗、氣概不凡，喜而問之。紅亨曰……夫人喜曰：既有志扶危，欲學不難，吾乃閩中陳靖姑，傳授閭山之正法。……惟此處未能久聚，若有得去到閩界邀至臨水傳授。[2]

隨後蔡紅亨果然於海邊山巖中呼叫臨水夫人，而得陳夫人帶回臨水傳授正法，收其為徒。此說奠定了蔡紅亨水神的形象，並且深受臨水夫人信仰影響。

(二) 銀同媽祖

根據民間傳說：銀同廟的媽祖們各自有名，湄洲媽叫林默，溫陵媽叫陳秀姑，銀同媽叫蔡紅亨。民間傳說，正史不載。陳秀姑神跡不明，名蔡紅亨者，書上另有傳說。《閩都別記》：明代時，有「閩人三十六姓」在琉球定居為官。琉球中山王的耳目大夫蔡金城，有女名紅亨。蔡女不但美蓋通國，而且還有一番神通，小睡之中能神遊海上，護船救人。紅亨登仙之後，被臨水夫人陳靖姑收為徒，更是除妖滅怪，救人無數。海上行船者有難，呼「蔡姑婆」就能獲救。此外，民間也有不少蔡紅亨的故事流傳。蔡紅亨被琉球人及其祖籍長樂人奉為神明並建廟供奉，尊稱蔡姑婆、蔡夫人。這也是與林默娘一樣的海

---

2 〔清〕何求：《閩都別記》第三冊，頁40。

神、女神，就不知銀同媽祖與之有無關涉。[3]

　　這個傳說較為罕見，亦不知其來由，起源待考，流行於福州長樂的蔡媽信仰如何變成廈門同安地區的銀同媽祖？極可能與蔡紅亨信仰與媽祖信仰混淆有關。《廈門市志》載：

> 媽祖的原身是北宋時期莆田湄洲的林默娘，因其拯救海難而亡，後被尊為海神。明萬曆年間同安移民移住臺、澎。澎湖馬公市古名為「媽宮」，因該島上有萬曆二十年（1592）建成的「媽祖宮」而得名。同安人民在奉祀林默娘的同時，還創造出自己的「媽祖」，稱「銀同媽祖」蔡紅亨（俗稱三媽或蔡媽祖）。同安南門朱紫廟就是主祀銀同媽祖的廟宇。鄭成功收復臺灣時，同安籍將領林圯即攜同安朱紫廟的銀同媽祖神像入臺。林圯入臺後，在臺灣雲林其屯墾的地方建廟奉祀，這是入臺的銀同媽祖的總廟。臺灣現有媽祖廟八百多座，其中專祀銀同媽祖的有近百座。在臺灣，同安籍移民對「莆田媽祖」林默娘、泉州的「溫陵媽祖」陳秀姑（稱二媽）和「銀同媽祖」蔡紅亨（稱三媽）都祭拜，但是更親近祖籍同安的「蔡媽祖」。每年三月二十三日同安籍移民參拜北港朝天宮媽祖後，都要集中到雲林的銀同媽祖廟舉行盛大的祭祀活動。今天的嘉義、雲林、南投等地都有奉祀銀同媽。[4]

3　此說可見不著撰人：〈逕方俎豆尊靈遠，聖代絲綸禮數莊──同安南門銀同媽祖廟〉，《新浪博客》網站，網址：http://blog.sina.com.cn/s/blog_a517efe60102vkme.html（上網日期：2018年12月16日）。以及不著撰人：〈同安銀同媽祖天后宮──黑面媽祖〉，《逛鷺島》網站，網址：http://www.xmgbuy.com/mdetail/1902.html（上網日期：2018年12月26日）。

4　不著撰人：《廈門市志‧民間信仰》網站，網址：http://lishi.zhuixue.net/2018/0124/345758.html（上網日期：2018年12月1日）。

文中提及銀同媽祖蔡紅亨是同安人創造出自己的媽祖，以地緣關係而言，尚不能明白同安人創造的理由，而文末言每年同安移民都會在參拜完北港朝天宮後，集中到雲林的銀同媽祖廟舉行盛大的祭祀活動，此處有待進一步的田野調查，方能確定是否真有這樣的慣習與活動。但若在同安一帶視蔡紅亨為蔡媽祖，或與張學禮《使琉球記》[5]有關：

> 閱十日，風汛定，再過猴嶼；見梅花所故城，荒榛瓦礫，滿目淒然。通官謝必振稟云：「天妃姓蔡，此地人；為父投海身亡，後封天妃。本朝定鼎，尚未封」。於是至廟行香，許事竣請封。[6]

張學禮《使琉球記》中通官謝必振所言後來引發學界諸多討論，清人趙翼《陔餘叢考》也引張學禮《使琉球記》之說直言「天妃姓蔡」。通官謝必振提及的天妃，很有可能是指從琉球前往福州，而被明神宗追封為懿德夫人的海神蔡紅亨，乃謂其「尚未封」，隨後冊封舟遇大風：

> 舟人曰：「桅不速斷，舟必中裂！」於是再禱以請，風勢如故。余仰天大呼曰：「皇帝懷柔百神，天妃血食中土，不在祀典內耶！使臣願投海中，桅可速去，冀活餘人；歸報天子，神之賜也。」[7]

---

[5] 張學禮，字立庵，鑲藍旗漢軍，官至廣西道監察御史，弟為曾任福建巡撫的張學聖。順治十一年（1657）任命為冊封使，康熙二年（1663），與副使王垓出使琉球。歸國後曾欲自行出版《使琉球記》，然因有人懷疑內容真偽而自毀版木。

[6] 〔清〕張學禮、王士禎等：《清代琉球紀錄集輯等十二種（上）》（臺北：中華書局，1971年），頁282。

[7] 〔清〕張學禮、王士禎等：《清代琉球紀錄集輯等十二種（上）》，頁282。

可知舟中之人所謂之天妃乃蔡紅亨也,此處並非指天妃不是林默娘,否定其神格。而是文中此處這些福州人口中的天妃指稱的是蔡紅亨。趙翼《陔餘叢考》亦提及此說,言天妃姓蔡,並無批判此說有誤。趙翼書載:

> 天津之廟並稱天后宮,相傳大海中當風浪危急時,號呼求救,往往有紅燈或神鳥來,輒得免,皆妃之靈也。竊意神之功效如此,豈林氏一女子所能?蓋水為陰類,其象維女,地媼配天,則曰后,水陰次之,則曰妃,天妃之名,即謂水神之本號可,林氏女之說,不必泥也。張學禮《使琉球記》又云:天妃姓蔡,閩海中梅花所人,為父投海身死,後封天妃,則又與張燮、何喬遠所記不同矣。[8]

同時又說:

> 吾鄉陸廣霖進士云:臺灣往來神跡尤著,土人呼神為媽祖。尚遇風浪危急,呼媽祖,則神披髮而來,其效立應。若呼天妃,則神必冠帔而至,恐稽時刻。媽祖云者,蓋閩人在母家之稱也。[9]

趙翼認為天妃乃水神之本號,不必拘泥於林默娘之說,同時也言明張學禮之說與張燮《東西洋考》、何喬遠《閩書》所言不同,趙翼引陸廣霖之言說海難時向媽祖求救,媽祖立刻前來。若向天妃求救,天妃就得盛裝打扮,稍晚才到。不管來得早還是遲,此說有脫胎於觀世音

---

8 〔清〕趙翼:《陔餘叢考》(乾隆庚戌壽考堂藏版),卷35,頁11。
9 〔清〕趙翼:《陔餘叢考》,卷35,頁12。

菩薩「聞聲救苦」神性的意味。《閩都別記》亦言海難時高呼「蔡姑婆」，懿德夫人蔡紅亨也會前來馳援，蓋亦受此說影響。天妃姓蔡一說之對錯，前賢研究者多有對此事有深入的討論，此處不贅述。但是我們可以知道，海神不論姓蔡或姓林，都不影響她的神格，此與地域神祇傳說關涉，而造成媽祖信仰與蔡姑婆信仰混淆的原因，有一部分與蔡紅亨的成神傳說有關。《閩都別記》中蔡姑婆出元神救海難船的故事與媽祖出元神救兄弟情節相似度極高，可見媽祖故事情節附會入蔡姑婆的傳說中，而這樣口耳相傳且多次加工的傳說甚至也影響了馬祖地區的信仰[10]，長樂是馬祖人的原鄉之一，可知蔡姑婆的傳說透過長樂人的推波助瀾，在祭祀範圍外也可能有些許作用。

（三）和諧之神

關於蔡氏與其人至福建的原因，正史未載，民間傳說有選秀與獻藝兩種說法，獻藝說認為蔡氏是「琉球國繡娘紅姑，當地人們將之奉為『和諧之神』。」《福州晚報》曾詳細報導過蔡夫人的來歷與神職：

> 蔡夫人，明朝萬曆年間的琉球國人，家住今日本沖繩那霸。她的祖先本是福州人，極擅駕舟，長於航海，洪武二十五年（1392），明太祖朱元璋為方便貢使往來，賜閩中舟工三十六姓，蔡紅姑祖上即為三十六姓之一。
> 閩中舟工到琉球後，在那霸港附近的浮島上建立了那霸唐營（後稱久米村），蔡紅姑就在唐營裡長大。因為父親擔任到明廷朝貢的通事，紅姑自小就能說得一口流利的漢語。她從小就向三十六姓閩人中繡工之後學習福州傳統刺繡，還向到琉球的

---

10 王花俤：〈媽祖信仰在馬祖的現象初探〉，發表於「南海神壇學術研討會」（福州：天妃宮，2008年8月28日），頁3-4。

日本人學習繡技，兼收並蓄，獨樹一幟，長大成為琉球國最有名的繡娘，特別擅長繡梅花。

有一年，琉球國王令紅姑為萬曆皇帝繡一件龍袍，朝貢時呈給萬曆帝後，皇帝非常喜歡，下詔賜見琉球國繡龍袍的少女。蔡紅姑由此踏上來之路，船行至閩江口外，颱風突至，緊急避入梅花港。紅姑下船後，剛走到梅花鎮，就遇上蔡姓人，一攀親，原來竟是同宗，再算輩分，紅姑還是姑婆。當地人聽說她是萬曆皇帝要見的琉球國繡娘，紛紛登門求教，紅姑不辭辛苦，將自己的獨門繡技無私傳授，夜以繼日教從長樂各地趕來的姑娘學刺繡。颱風過後，紅姑正準備離開梅花城上京城，突然生病，一臥不起。萬曆帝聞訊，十分悲痛，降旨敕封蔡紅姑為「精巧妙明懿德夫人」，並賜建廟於梅花，名「琉球蔡夫人廟」。蔡夫人廟位於今梅花城梅西村古城東門外西施弄，佔地約兩百平方米，分前後兩進，建於明萬曆年間。

蔡紅姑傳授的繡技，豐富了福州傳統刺繡技術，形成了獨具特色的「榕繡」，曾經為福州的經濟發展作出過貢獻。清代康熙年間，榕繡傳至臺灣，至今在臺南仍有榕繡繡坊。臺南應用科技大學，設有全球刺繡中心，榕繡仍是研究主題之一。海絲信仰蔡紅姑的先祖沿著海上絲綢之路從福州到琉球，與琉球人和諧相處，為當地經濟發展社會進步作出了貢獻；蔡紅亨又沿著海上絲綢之路到長樂，與梅花城百姓親如一家，傳授繡技。也正因此，梅花人覺得蔡紅亨是和諧之神，所以一直到現在梅花人外出謀生，為求得與他鄉人和諧相處共同發展，行前多會到蔡夫人廟燒一炷香，求紅姑保佑。甚至有不少日本人來此燒香，祈求與世界和諧相處。也正因此，富起來的梅花城人有的

將自己新厝分出一半,做蔡仙府。[11]

此說明顯將蔡紅亨塑造成繡娘,並且結合福州刺繡的文化藝術,將蔡氏視為中日友好的橋梁。甚至認為臺南榕繡繡坊與臺南應用科技大學的全球刺繡中心都有受蔡紅亨影響的痕跡。而關於蔡紅亨擅織的形象,也見於《長樂縣志》,方志內容更暗寓琉球人蔡紅亨是注定要到梅花港。《長樂縣志・卷二祭祀篇》載:

> 蔡夫人廟,在二十四都梅花澳。相傳夫人為琉球國人,嘗夢神人書其掌中云:「東湧起風沙,得道在梅花。羅白與金舍,相逢總一家」。明萬曆間,因織龍袍入貢冊封「精巧妙明懿德夫人」。召入京,舟次梅花遇風登岸,寓宋直家適朝命免進京,旋病卒。宋直葬之於馬鞍山,時顯英靈土人立廟祀之,一在十四都旒峰山下。[12]

由此蔡紅亨因其身為閩人之後而生於琉球的特殊身分,在成神後也被期待成為中日友好的見證。

　　以上皆為中國文獻所保存相關蔡夫人的文獻,但琉球人如何看待蔡夫人的傳說?過去的研究者對於琉球方面的資料使用的比例較低,但我們在研究時也該有所注意,例如:新訳《球陽外傳・遺老說傳》(きゅうようがいけん・いろうせつでん)第二十一話〈蔡夫人〉(さいふじん)即對蔡夫人的故事有所描繪,故事詳情如下:

---

11 劉琳:〈古代海上絲綢之路重要始發港:亦剛亦柔梅花鎮〉,《福州晚報》網站,2017年2月20日。網址:http://m.hxnews.com/news/fj/fz/201702/20/1162907.shtml(上網日期2018年12月10日)。

12 〔清〕彭光藻、王家駒:《重修長樂縣志》(福州:福建師大圖書館藏複印本,同治八年刻本),頁40。

遠い昔しの時代、琉球／るーちゅーくの王から中国の皇帝への献上品の中に紅型がありました。

それは繊細で水々しくしなやかな細工の貴重極まる巧みなものであり、またその美しく艶やかなことは並外れて優れた品なのでした。

これは蔡夫人によって織られたものでありました。

その後、蔡夫人は、琉球の王の命を承って中国に上京しようとし、船が、長楽県に到着した時、夫人は病に倒れて亡くなってしまったそうです。

これを聞いた中国皇帝は、勅命を下して廟を長楽県に建てました。

額に記した書がいうところには、「琉球蔡夫人の廟」と。

なおこの廟は度々ご利益があったそうです。

また今に至るまで毎月、役所から、廟に米が支給され、その習わしはずっと続きました。

ただただ人の名が忘れ去られるほど遠い時代のため、どんな女性であったのか、またどのような目的で中国に上京しようとしたのか、従って今となっては詳しく知る術がありません。

それでも女の身で、大国の皇帝から尊ばれ信頼までされた人物として、実に異例の出来事に関する話しといえます。

よってこのことを書き記して後世に伝え残すことにします。

《球陽外卷》認為蔡夫人乃因其善織，而得皇帝賞識，後蔡氏病故，皇帝乃勅命建廟，此為蔡夫人獻藝說之代表。另外，《蔡氏家譜》過去多為中外海交史研究者所參考與引用，對蔡夫人也有所記載：

> 蔡夫人廟祀緣由，往昔琉球貢物內有花布美麗絕倫，蔡夫人之所織嗣後，夫人奉命入京，舟至長樂而夫人亡。皇上勅建廟於長樂縣，題曰琉球蔡夫人之廟。屢有靈效，至今每月福建布司發賜廟米幾斗，著為定規。但人煙世遠，為族氏某之女？為何事入京？共難稽考。然而女人之身，永奉大邦尊敬者，誠係異事故記以垂於後世焉。
> 　雍正十年壬子
> 　　七月
> 　　　　　　　　　　　　　　儀　間　秀　才
> 　　　　　　　　　　　　　　大　田　親　雲　上
> 　　　　　　　　　　　　　　具　志　親　雲　上
> 　　　　　　　　　　　　　　福　地　親　雲　上
> 　　　　　　　　　　　　　　喜友名里之子親雲上
> 　蔡氏家譜（儀間家）

我們可以發現，不論是《球陽外卷》或是《蔡氏家譜》的記載都凸顯蔡紅亨擅於刺繡的形象，更因其受明朝皇帝賞識，方有和諧之神的神格，以彰顯中琉友好的關係。

（四）海上戰神

此說見王元林《國家正祀與地方民間信仰互動研究》第七章：

「海上戰神：真武、金吾祖、戚繼光、蔡姑婆。」[13]這個說法有別於上述三種女神形象，過去研究者也鮮少將蔡紅亨視為海上戰神，甚至與戚繼光相提並論。王氏並未言明何以將蔡紅亨視為海上戰神，然其著作中言：

> 萬曆年間，琉球國的蔡紅亨，尤精通女紅與醫理，在梅花鎮，治病醫人，控制瘟疫，後與海盜爭鬥中踏海成仁，後敕建廟宇塑像，福建司定例賜廟米。[14]

「與海盜爭鬥而踏海成仁」可能就是王氏稱其為海上戰神的原因之一，然詳觀現階段有關蔡紅亨的資料，幾乎未見其控制瘟疫及對抗海盜等故事。王氏於註解中言其所引助戰成仁之說，來自崇禎《長樂縣志·祀典志》與民國《長樂縣志·祠祀》，然筆者詳查此二書，民國《長樂縣志》不論是「蔡夫人墓」或「蔡夫人廟」條目下均未見有善於治病或與海盜鬥爭之說，崇禎《長樂縣志》亦然。故此說姑繫於此，以待後考。

以上四種關於蔡紅亨神格不同的說法，或有分歧或有曖昧不清之處，但不論是哪一種說法都明顯可見蔡紅亨傳說受媽祖信仰影響的痕跡。

在臺灣，我們也可以看到蔡紅亨的信仰傳播。蔡媽廟[15]（圖2-1），位於南投營盤口，現今的蔡媽廟廟宇規模並不大，主建物約十坪，廟口有對聯寫「蔡廟高昇眾庄平安添富貴、媽佑保庇信士得合家

---

[13] 王元林：《國家正祀與地方民間信仰互動研究》（北京：中國社會科學出版社，2016年），頁316。
[14] 王元林：《國家正祀與地方民間信仰互動研究》，頁319。
[15] 南投縣南投市營南里營盤路151巷27號。

平安」，信徒多為當地村民，是社區型廟宇，而主委與委員也由附近居民擔任。廟方目前並無廟志或簡介出版，實非無心經營，原因乃管理委員會成員年齡層偏高，不諳電腦的使用，且年事已高，過去主事團隊又缺乏文字記錄，現今的成員只能憑靠回憶，建廟原由也因此產生歧異。王主委表示，蔡媽廟的興建是過去農民在河邊撿到會發光的木頭，隨後屢顯靈異，方透過扶鸞表示要雕金身，駐駕當地護佑百姓，神像完成後才表明是蔡媽娘娘（圖2-2）。而剛開始的廟地因為信眾並不富裕，所以是座小廟，並多次遷移，才從原本近河流處搬移至現址。但訪談當下另一名高齡九十七歲的委員表示並非如此，他年長王主委許多，他數次強調表示在他出生的時候，大正十年（1921）蔡媽廟就建在此處了，從來不曾遷徙，而廟宇是由日本人所建，至於建廟原由則因年代久遠，已不可考。

圖2-1：南投蔡媽廟
拍攝日期：2018年10月6日。
（攝／筆者）

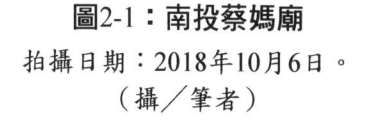

圖2-2：南投蔡媽廟蔡媽娘娘神像
拍攝日期：2018年10月6日。
（攝／筆者）

第二節　琉球的天妃信仰

　　天妃信仰於明代開始從中國傳向琉球，也是流播往東南亞各國的起點。琉球自明洪武五年（1372）與中國建立正式邦交關係至清光緒五年（1879）止，有五百餘年的時間與中國保持密切往來。每位琉球國王嗣立，皆請命冊封，中國派出大型冊封使團前往，明清兩朝共計二十三次。冊封使團到閩登舟出發往琉球之前，至天后宮祭祀媽祖乃為定例，並求籤占卜以求此趟吉凶，也同時奉請除媽祖以外的地方水神同登封舟。因此，冊封使團對媽祖信仰流播到琉球扮演著重要的角色。

一　天妃與明清冊封使

　　媽祖在中國於元代時已有「天妃」之稱，以「助漕運」，敕封媽祖為「護國明著靈惠協正善慶顯濟天妃」。明洪武五年改封「昭孝純正孚濟感應聖妃」；永樂七年（1409）因「庇鄭和出使西洋」，加封「護國庇民妙靈昭應弘仁普濟天妃」。清代則更因冊封使出使琉球，而使媽祖的褒封達到鼎盛時期，關於庇祐使者訪琉有多達近十次的封號與賜匾，多以福建南臺天后宮為賞賜廟宇，也反映出朝廷對天后宮的重視。所有冊封使的使錄都呈現歷經生死關頭，而天妃顯靈護佑眾人的集體記憶與經驗，回國後均乞報神功，故天妃等眾海神被一再褒封。

　　清代曾八次派使冊封琉球，以下為方便論述，針對清代冊封琉球使做一列表（表2-1）：

表2-1：清代冊封琉球使正、副使一覽表

冊封年代	冊封使正使	副使
康熙二年（1663）	兵科副理官 張學禮	行人 王垓
康熙二十二年（1683）	翰林院檢討 汪楫	內閣中書舍人 林麟焻
康熙五十八年（1719）	翰林院檢討 海寶	翰林院編集 徐葆光
乾隆二十一年（1756）	翰林院侍講 全魁	翰林院編修 周煌
嘉慶五年（1800）	翰林院修撰 趙文楷	內閣中書舍人 李鼎元
嘉慶十三年（1808）	翰林院編集 齊鯤	工科給事中 費錫章
道光八年（1828）	翰林院修撰 林鴻年	翰林院編集 高人鑒
同治五年（1866）	翰林院編修 趙新	翰林院編修 于光甲

從歷任冊封使的使錄中，幾乎都展現媽祖信仰對這些閩浙籍冊封使與隨團船員的重要性與影響力，例如清嘉慶五年正月二十九日，軍機大臣著閩浙總督玉德備船撥兵護送冊封琉球使臣，諭中提及：「此次冊封琉球國王，已遣修撰趙文楷等為正、副使，現擬加封天后神號，即命趙文楷齎文前往致祭。」[16]又如乾隆二十五年，冊封使全魁陳述渡海情形時言：「二十四日夜颱颶大作，椗索十餘，一時頓斷，

---

16 中國第一歷史檔案館、湄洲媽祖廟董事會合編：《清代媽祖檔案史料匯編》（北京：中國檔案出版社，2003年），頁126。

舟身觸礁致損,仰賴皇上洪福、天妃效靈,神光見於桅頂,臣等得從驚濤之中賫奉,節詔倚山登岸,隨封二百餘人皆慶生全。」[17]從這份奏摺我們可以知道當時的冊封使便習慣將遇險得救的原因,歸功於因天妃顯應化劫,得以生全,也呈現天妃信仰在冊封使團的重要性。但當年正使全魁與副使周煌均非東南沿海一帶人士,是否真的服膺天妃信仰?答案似乎是肯定的,因為當周煌於乾隆二十五年任福建正考官時,乾隆皇帝問起當年颶風及天后顯應之事,周煌似深信不疑,乾隆回曰:「爾輩是上佛骨表者,亦信佛耶?」[18]我們可以再看,嘉慶五年九月二十一日〈閩浙總督玉德為遵旨派員虔誠祀謝天后事奏摺〉:

> 玉德奏冊封琉球使臣於五月十三日已抵該國,該使臣等遠涉重洋波濤險阻,兼以海盜未靖……今放洋七日即平安駛至該國,此皆賴海神垂佑,今發去大小藏香各五枝交玉德派員前往廈門天后宮,虔謝並默禱,該正副使於冬月回渡時亦得安穩遄歸。[19]

由此可知,除了冊封使與使團外,閩浙總督也對使團出行懸念不已,且在等待使團歸來前已先行祭祀天后,既表去程平安之謝意,也祈求回程的順行。明清冊封使對媽祖等地方水神被迎上冊封舟,受官民敬奉,甚至信仰流播異地扮演關鍵角色,如李鼎元《使琉球記》卷三載:

---

17 中國第一歷史檔案館、湄洲媽祖廟董事會合編:〈冊封使全魁等為冊封事竣敬陳渡海情形事奏摺〉,《清代媽祖檔案史料匯編》,頁66-67。

18 〔清〕徐珂:〈上佛骨表者亦信佛〉,《清稗類鈔·譏諷》(臺北:臺灣商務印書館,1966年),頁27。

19 中國第一歷史檔案館、湄洲媽祖廟董事會合編:〈閩浙總督玉德為遵旨派員虔誠祀謝天后事奏摺〉,《清代媽祖檔案史料匯編》,頁145-146。

十三日甲午，晴。恭謁先師孔子廟。廟在久米村，創始於康熙十二年。……次謁天后、關帝廟。廟在久米村，三楹；中祀天后，西祀關帝，空其東以居人。是日，即恭請天后、拏公行像登岸，安奉廟內。[20]

透過這段文字我們可以清楚知道，媽祖等水神隨冊封舟至琉球後，神像安置在久米村的廟宇當中，就其描述的信仰空間看來，此廟當為上天妃宮，媽祖信仰在此時與祭祀孔子、關帝同樣重要，尚未呈現偏重祭祀孔子與知識分子意識復興、重振士族的狀態。

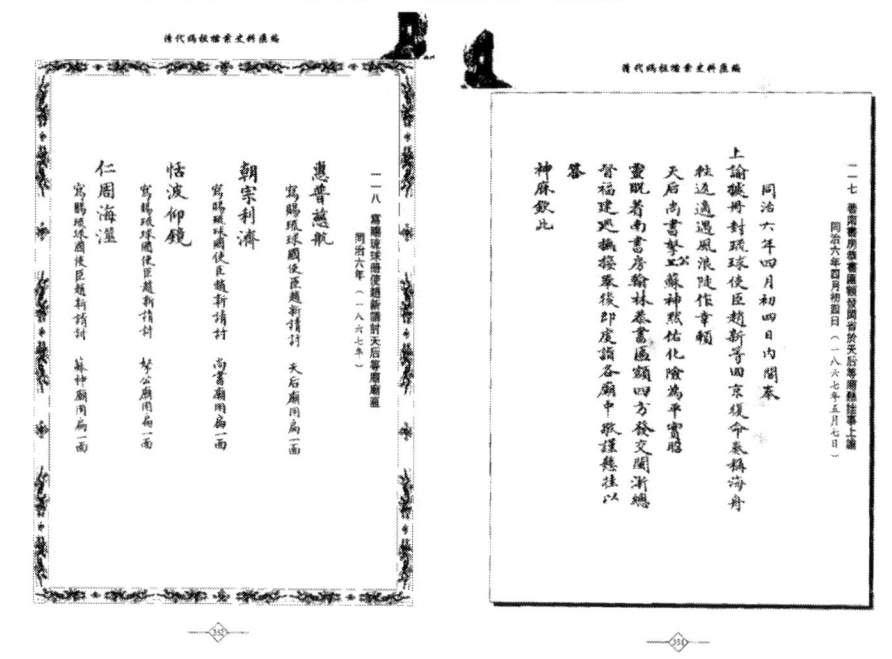

圖2-3：寫賜琉球冊使趙新請討天后等廟廟匾

圖2-4：著南書房恭書匾額發閩省於天后等廟懸挂事上諭

---

20 〔清〕李鼎元：《使琉球記》（臺北：文海出版社，1970年），頁120-121。

同治五年趙新出使琉球，是中琉藩屬關係冊封的最後一次，由趙新回國後請討天后等廟廟匾（見圖2-3）可知是按定例請討加封，為天后請得「惠普慈航」之匾，顯見冊封使對封舟上的媽祖信仰之流播有舉足輕重的影響力。另外，在趙新出行琉球的過程中也遇到了驚濤駭浪，一行人在船上焚香默禱，風浪始平，故返國後在「著南書房恭書匾額發閩省於天后等廟懸挂事上諭」中言「適遇風浪陡作，幸賴天后、尚書、拏公、蘇神，默佑化險為平。」（圖2-4）我們可以知道除了媽祖以外，在冊封史上被迎上封舟的地方水神有逐漸增多的趨勢，因為蘇神（即蘇王爺）是在趙新出使琉球才登上封舟的「新秀」水神，顯示這些福建地方水神信仰與媽祖信仰靠攏，發展出一個以媽祖為中心，向外流播的水神譜系。又如《福州晚報》二〇一四年九月二十一日管柏華〈三保的口述史〉中載：

> 三保還是福州最大的大米銷售市場……福州歌謠裡就有「糴秋米拿公樓，拿公樓有溪行」……福建省境內溪河縱橫交錯，東南臨海，故傳奇水神頗多，主要三大水神有媽祖、陳文龍、拿公，為海上航行業者所必祀。「拿公廟」在三保，確切地址文革時叫「學用三弄」。……拿公神誕在農曆十一月二十九日，福州各種紀念活動十分熱鬧。[21]

可見福州當地的水神拿公從地方鄉民崇祀的井神，轉變為登上冊封舟，類同於「天妃」之類的水神，成為閩人操舟者所必祀的神祇，但轉變的時間點沒有明確的答案，僅知明代長樂人謝肇淛撰《五雜組》時就已不知其所以然了，見該書卷十五載：

21　管柏華：〈三保的口述史〉，《福州晚報》，A18版〈閩海神州〉，2014年9月21日。

「江河之神多祀蕭公、晏公，此皆著有靈應，受朝廷敕封者。蕭，撫州人也，生有道術，沒而為神。」閩中有拏公廟，不知所出。金陵有宗舍人，相傳太祖戰鄱陽時，一椶纜[22]也，鬼憑之耳。北方河道多祀真武及金龍四大王。南方海上則祀天妃云。其它淫祠，固不可勝數也。[23]

雖尚不能確定其轉變之因，但我們從這些文獻記載與冊封使臣的使錄及奏摺中都可發現，媽祖信仰除了在清代達到高峰，也在冊封之路上逐漸擴張信仰版圖，吸納更多同類型的水神信仰。除了拏公一例外，福州當地還有「官船拜陳文龍，民船拜媽祖」之說，固然此說反映陳文龍神職之高與受民景仰的程度，但也顯示出隨著官船不再出使琉球後尚書公信仰的沒落。然而，媽祖信仰其實是官船、民船皆有供奉，但因其女神形象與受觀音信仰的影響，反而比男神更平易近人且為各地信民所接受，故中琉冊封時代的結束，對媽祖信仰的影響性是同行的水神中最輕微者。

福建為清代通往琉球的法定口岸，清代冊封使與雇用的商船團隊多為福建人，因此使得福建的地方水神信仰透過封舟遠播琉球。呈現怒海無情而行船之人既恐懼又需要慰藉，因此在除天妃外「同舟共祭」的拏公、尚書、蘇神等眾多來歷複雜的地方性水神，受到冊封使與舟師極為虔誠的祭祀，反映了在面對洶湧海況時眾人心裡的不安與「心誠則靈」的信仰狀態。

---

22 椶纜，棕纜也。太祖禦舟師，敗陳友諒於鄱陽，死者數十萬，返還擲椶纜於湖，冤魂憑之，遂能為妖。舟人必祭，否則有覆溺之患。民間傳說，晏公即是湖中之繩妖，後為仙人許遜點化成神。

23 〔明〕謝肇淛：《五雜組・事部三》（臺北：新興書局，明萬曆戊午年刻本，1977年），卷15，頁1253。

二 琉球的天妃宮

琉球原本有三座天妃宮，分別為久米村的上天妃宮、下天妃宮，久米島上的天后宮。上、下天妃宮功能不同，下天妃宮為王家下命所建。但若以久米村的地理位置看來，天妃宮的存在是久米村人和琉球人之間的一道界線。久米村舊稱「唐營」或「唐榮」，為閩人三十六姓受到琉球國王禮遇而賜居的華人村，故上、下天妃宮都與久米村的唐人有深厚的淵源。明洪武年間起，朝廷派遣善於掌舟航海的閩人三十六姓移居琉球國，協助琉球國赴中國朝貢的相關事宜，《明實錄》載：「洪武、永樂年間，初賜閩人三十六姓，知書者授大夫、長史，以為貢謝之司；習海者授通事、總管為指南之備。」[24]可知這些移民多為擅長航海或通達文書事務的文人。

（一）上、下天妃宮與久米崇聖會

關於上、下天妃宮的位置與建築，見《中山傳信錄》載：

> 琉球天妃宮有二：一在那霸，曰下天妃宮——天使館之東，門南向。前廣數十畝，有方沼池。宮門前，石神二。入門甬道，至神堂三十步許。上天妃宮，在久米村。……宮在曲巷中，門南向，神堂東向。門旁，亦有石神二。進門，上甬道。左右寬數畝，繚垣周環。正為天妃神堂，右一楹為關帝神堂、右為僧寮。堦下，鐘一所。大門左有神堂，上饗供龍神。天妃堂內樑上有「靈應普濟神祠」之額，乃萬曆中冊使夏子陽、王士禎所立。[25]

---

24 李國祥主編：《明實錄類纂——涉外史料卷》，《明神宗實錄》（武漢：武漢出版社，1991年），卷438，「萬曆三十五年九月條」，頁535。

25 〔清〕徐葆光：《中山傳信錄》，收入臺灣銀行經濟研究室編印：《清代琉球記錄集輯（第一冊）》（臺北：臺灣銀行，1971年），頁30。

此二廟素為華裔所崇奉，可惜均毀於二次世界大戰之戰火。一九七四年曾由久米崇聖會在那霸重建一廟。

一般社團法人久米崇聖會據其官方網站簡介如下：

> 琉球時代，被稱為久米三十六姓的人從中國遠渡琉球。他們的後裔為能有組織地管理和運營至聖廟、明倫堂而設立了「久米崇聖會」。久米崇聖會經許可由社團法人改為一般法人，至平成二十六年，是一個創建一百周年歷史悠久的團體。崇聖會以提高道德意識，維持和管理至聖廟、天尊廟、天妃宮、明倫堂等以及祭祀的舉行，培養人才，為世界的和平做貢獻為目的，故名為崇聖會。[26]（見圖2-5）

會務辦公室的位置就在明倫堂（見圖2-6），久米崇聖會的成員多為閩

圖2-5：久米至聖廟，右為崇聖會
拍攝日期：2019年11月3日。
（攝／筆者）

圖2-6：久米至聖廟案內圖
拍攝日期：2019年11月3日。
（攝／筆者）

---

[26] 不著撰人：〈久米至聖廟〉，《洞悉琉球王國久米至聖廟》網站：https://kumesouseikai.or.jp/zh/about/（上網日期：2020年4月1日）。

二〇一九年十二月二十六日久米崇聖會青年團訪臺抵達逢甲大學，筆者與會，現任久米崇聖會理事長為國吉克哉。理事長表示對於臺灣祭祀琉球人、日本人的廟宇都感到新奇，但他們僅知蔡紅亨是蔡亞佳度的後代，福建長樂的梅花鎮有廟祭祀，然而很可惜的是，在琉球，已經沒有廟宇了。[27]

（二）上下天妃宮的沿革與現況

關於上天妃宮與下天妃宮的建廟沿革，兩廟的建廟時間先前學者討論上多有紛歧，有認為是下天妃宮先者[28]。而上天妃宮建立時間則有曖昧，有以為是嘉靖四十年冊封使給事郭汝霖所建，若認同此說，則下天妃宮早於上天妃宮。也有認為是閩人早於一四二四年所建者，但不清楚為何人[29]。上天妃宮建廟沿革較無爭議，學界多認為乃閩人所建，用來供奉冊封舟從福建迎來的媽祖神像，同時也負擔久米村子弟教育所的功能。但關於下天妃宮，歷來學者則有兩種不同的看法，有認為下天妃宮乃王家下令所建者[30]，也有認為是閩人移民所創建之廟。支持為閩人建廟者乃據〈久米村例寄帳〉文書載：下天妃宮內佛壇的內版刻有「永樂二十二年造」等字樣，認為是大明永樂時三十六姓所建。

不論創建時間孰先孰後，我們可說兩座天妃宮都是媽祖信徒參拜

---

27 琉球的中國廟宇保存不易，過去文獻中所載蔡亞佳度曾建清泰寺（於久米村）祭祀觀音，清泰寺易無存。理事長所言與筆者於二〇一九年十一月所進行的實際田野調查結果相符。

28 下天妃宮建廟時間是永樂二十二年（1424）。

29 此說有李獻璋、築都晶子等人提及，而呂清華在《琉球久米村人的民族學研究》中亦沿用此說。

30 呂清華：《琉球久米村人的民族學研究》（臺北：國立政治大學民族學系博士論文，2016年），頁171-172。

的祭祀空間，只可惜後來均被日本政府作為校地使用。廟內的媽祖與關帝等神像全數移至「天尊廟」內，二次世界大戰後，久米的閩人弟子才以「久米崇聖會」名義，再度建天后宮於孔子廟內。

圖2-7：下天妃宮現已成為郵局
拍攝日期：2019年11月3日。
（攝／筆者）

圖2-8：上天妃宮遺跡
拍攝日期：2019年11月3日。
（攝／筆者）

下天妃宮（見圖2-7）目前已無存可目視之遺跡，廢藩後一八八〇年六月，改為沖繩小學師範學校，廟內神像移往上天妃宮。而過去下天妃宮是緊鄰著冊封使所駐居的天使館，故筆者認為，下天妃宮既供奉冊封舟上的媽祖神像，也是冊封使處理公務的事務所。天使館現今為那霸市醫師會館。上天妃宮目前僅存石門遺跡，現址為天妃尋常高等小學校（圖2-8）。由於小學校基於校園安全考量不對外開放，故筆者前往探訪當日無法進入踏查。

第三座久米島天后宮也是目前唯一僅存者，位於久米島真謝村，廟體不大，但已列為沖繩縣指定文化財。久米島天后宮建於清乾隆二十一年（1756），閩人之後也在久米島建立天妃宮奉祀媽祖。後來明代的冊封船以及琉球的朝貢船等出入琉球王國的那霸港時，在久米島的天妃宮舉行儀式，祈禱航海安全。此後隨著越來越多的中國東南沿海商人渡海到日本從事商業交易與公務往返等需要，媽祖信仰逐漸擴張，轉而北上發展，進入日本本土的鹿兒島、長崎、神戶、大阪、東京等地，並建起媽祖廟。

觀音信仰傳入中國後，在神祇性別與本生故事的轉化下，歷時發展後廣為流行。同樣地，作為外來宗教的觀音信仰也傳入琉球，據《球陽》所載，傳入時間約為南宋咸淳年間。

> 咸淳年間，一僧名禪鑒，不知何處人，駕舟漂至那霸。王命輔臣，構精舍於浦添城之西，名極樂寺。令禪鑒禪師居焉，是我國佛僧之始也。

然而隨著琉球社會環境的改變與文化背景的發展，身為外來信仰的佛教並未就此被接受。相反地，直到尚泰久王（1454-1460）先後敕建廣嚴、普門、天龍三寺，請日僧芥隱承琥為開山住持，又於各地建寺院，並造梵鐘送報恩、大聖等諸名剎後，佛教在琉球始有明確相關的資料與傳播。據《琉球神道記》所載，十五到十六世紀，琉球興建了許多的觀音道場，如崇元寺、慈恩寺、龍翔寺、潮音寺等。爾後隨著僧人日秀對佛教的傳播與推動，觀音信仰在琉球迅速發展。日秀在金武邑建造觀音寺，將佛教帶出那霸，走向鄉村，被研究學者認為是日秀對琉球佛教的最大貢獻。[31]

---

[31] 林國平：〈琉球觀音信仰研究〉，《海交史研究》2010年第1期，頁89。

袋中和尚於萬曆三十一年（1603）到琉球，隨後撰有《琉球神道記》，書中有諸多關於觀音的記載，而這些記載已經呈現的是中國化的觀音形象，如卷四所記妙善公主的故事。[32]觀音信仰發展至十八世紀已經相當普遍，琉球國王的扶植是主要因素，據《琉球神道記》所載，慈恩寺為觀音菩薩道場，顯示王府有自己專用的道場，成為王府祭祀的重要場所，同時也展現了國王對觀音信仰推動有指標性的作用。

除了王室的推崇外，士族和農民的崇拜更是觀音信仰流傳的徑路。而琉球士族崇拜觀音最有名的例子當是歷史悠久的久米村蔡氏家族。蔡氏家族來自福建，本文擬就久米士族對觀音信仰的崇拜探究其影響，以及福建原鄉對蔡氏崇拜女神信仰的影響，更進一步討論福州蔡夫人信仰與觀音信仰間的連結。

三　久米村的蔡氏家族與觀音崇拜

久米村的蔡氏家族來自福建南安，以宋人蔡襄為始祖。明初閩人三十六姓移居琉球，蔡氏一族為其一，其六氏祖蔡崇為移居琉球的始祖。二世的蔡讓（1399-1463）沒有明顯祭祀觀音的記載，但值得關注的是蔡讓之女，亞佳度（1443-1493）。《球陽》卷三載〈蔡讓女亞佳度捐資建祠奉安神主〉：

> 蔡讓女亞佳度捐資建祠奉安神主。唐榮通事蔡讓女亞佳度及笄而嫁，孝事舅姑，順從其夫。未經數載，其夫棄世。時亞佳度年十七，守義寡居，終無嫁意。父母恤其少無子，將改嫁之。

---

[32] 妙善公主的故事是觀音中國化的經典，《曲洧舊聞》、《三教搜神源流大全》、《香山寶卷》中皆有所載，特別是《香山寶卷》對於觀音信仰在民間的流播有深刻的作用力，關此論述，前人研究已豐，此處不贅述。

亞佳度堅執不從。父母見其心志甚堅，乃止。亞佳度紡績織紝，以為恒業。歷年蓄積。至於成化壬辰，卜地于唐榮之東北，自能捐資，創建祠堂，以安蔡氏神主。且亞佳度意想宋朝忠惠公造萬安橋，時有觀音現世而成此橋。至于今世，海清國泰而萬民免風濤險阻者，此誠忠惠公之巧德。而觀音靈封之所係也。由是，亞佳度奉觀音于祠堂，亦以崇信。亞佳度年五十而卒焉。[33]

據載亞佳度十七歲時喪夫，守寡後的她孝養父母，靠紡紗織布為生。一四七二年在久米村購地建造忠進堂為祠堂，並於祠堂旁另闢清泰寺，供奉觀音菩薩。亞佳度本身的生平經歷即符合大量觀音靈驗記中的女性信徒形象，都是單身且終身向道的虔誠女子。而年輕守寡的亞佳度堅持不再嫁的記載，也與觀音信仰中大量女性苦行獨修的拒婚主題相似[34]，這些生平故事的記載與塑造都呼應了觀音為女性信徒提供一個獨信主義的可能，而這是建立在對信仰的歸屬感與修道奉獻的情操之上。

由於蔡氏族人相信宋朝時蔡氏先祖、忠惠公蔡襄建萬安橋，是因為觀音顯靈才建成；萬安橋建成以後，人們往來免於風濤險阻之苦，也是蔡襄的功德和觀音顯靈所致。亞佳度受到此事影響，就在祠堂供奉觀音之像，並題「清泰」二字，是取造橋以來永瞻海清國泰之意。至弘治六年去世，年五十一歲。關於亞佳度的記載尚可見《琉球國志略‧人物‧列女》：

蔡氏，名亞佳度，久米村人蔡禧女。十七，嫁陳氏子，十八而

---

[33] 〔清〕蔡溫等：《球陽記事》卷之三，收入高津孝主編：《琉球王國漢文文獻集成》（上海：復旦大學出版社，2013年）。

[34] 詳見于君方：《觀音──菩薩中國化的演變》（臺北：法鼓文化，2009年），頁365。

寡。陳氏門衰祚絕，無孤可立；氏不得已，大歸田家，守節不嫁。紡績窮晝夜，壽六十八。臨訣時，出所積紡績餘金，囑其族人曰：「我孀守父家，賴爾曹膳養。今願付所遺為蔡氏建一宗祠，令子姪誦讀其中，吾目瞑矣！」適得清泰寺廢地，遂購而建祠焉。族姪孫溫，有碑記其事。

可知亞佳度是真有其人，且她的信仰行為在久米士族中亦有其指標性。這個深受觀音信仰影響的蔡氏家族，因蔡讓遇海難獲救與祖先蔡襄造萬安橋之故，都在在凸顯琉球觀音信仰與士族的關係。在蔡亞佳度之後，相傳蔡氏家族有女性成神的傳說，此人名為蔡紅亨。但正史上並未有蔡紅亨的相關記載，關於蔡紅亨的生平事蹟可見於小說《閩都別記》及《蔡氏家譜》。

蔡亞佳度建造清泰寺與祭祀觀音等信仰行為，對觀音信仰在閩人三十六姓之間的傳播有一定的影響力，而這與之後同族後人蔡紅亨被視為海上女神祭祀，也相互影響，由蔡紅亨的信仰興起原由與傳播路徑即可發現。而筆者發現於先前文獻上所載與蔡紅亨相關的廟宇，除了琉球的清泰寺已佚外，南投蔡媽廟與長樂蔡媽廟都仍尚存，且經過整修。這個信仰與長樂當地、馬祖的關係相當緊密，因為長樂離馬祖相當近，有地緣關係，所以也有部分香客或信徒來自馬祖。筆者二〇一九年八月一日至八月四日前往福州，並於八月二日造訪梅花鎮，探訪蔡姑婆廟。雖然蔡姑婆廟地處偏遠，但香火頗為旺盛，有許多媒體與海內外關心此信仰的研究者都曾造訪。長樂當地廟名為「琉球國蔡仙府」，位於梅花鎮田螺洞26號，廟門口有對聯「梅花古蹟明如鏡　螺洞得道蔡夫人」（圖2-9），廟旁即為傳說中蔡夫人得道的田螺洞（姑婆洞），於是廟方也張貼布簾，以為告示（圖2-10）。

圖2-9：琉球國蔡仙府與廟宇管理者
拍攝地點：蔡仙府正門。
拍攝日期：2019年8月2日。
（攝／楊翔智）

圖2-10：田螺洞
拍攝地點：田螺洞口。
拍攝日期：2019年8月2日。
（攝／楊翔智）

第三節　觀世音與媽祖信仰互攝的影響

　　承前所述，明、清冊封使團出使琉球對蔡紅亨信仰起了流播作用。蔡紅亨雖未受祀典，也未曾受冊封使迎請上冊封舟，但她與中國朝廷冊封琉球的國家活動及冊封使團恐怕不是完全無關。而這些冊封活動對蔡紅亨信仰的影響又與媽祖信仰相關，明太祖賜琉球中山國「閩中舟工三十六姓」，這些善於操舟的閩人把媽祖信仰帶到琉球，在久米村興建上天妃宮，在那霸港附近興建下天妃宮，同時也誕育懿德夫人蔡紅亨。琉球蔡氏一族來自福建長樂梅花港，清朝在長樂有蔡夫人廟（亦稱姑婆宮、蔡媽廟）。從張學禮與趙翼之例可知，清人已出現將蔡姑婆及媽祖混同的情況，又如柯秉珪在《天后聖母聖跡圖

志》謂：「湄洲人則共呼之曰姑婆，閩人則統稱曰娘媽。」然而詳觀蔡紅亨的傳說可發現其神職及靈驗故事與媽祖高度雷同，甚至出現混淆。而這種蔡姑婆信仰與媽祖信仰出現混淆，進而影響蔡紅亨信仰流傳狀況，李獻璋認為《閩都別記》中蔡紅亨成神的傳說原型是相承《琉球神道記》的記載，因此蔡姑婆與天妃娘娘的傳說相似。由此亦可知在小說角色形象的塑造上，這個琉球女性的成神歷程還是受琉球文書所影響。

　　明清之際媽祖信仰蓬勃發展，這與中國冊封琉球的國家政策有關，同時也影響蔡紅亨信仰的流播。例如：《閩都別記》中所言，蔡紅亨為萬曆年間人，明朝萬曆年間兩次渡琉，冊封使分別是萬曆七年（1579）的蕭崇業、謝杰與三十四年（1606）的夏子陽、王士禎，蕭崇業是雲南人，但副使謝杰是長樂人，或許可推想謝杰對蔡夫人廟的創建與傳說的推動是有所影響的，如同清代冊封使張學禮《使琉球記》中通官謝必振所言天妃姓蔡，即是冊封使對蔡夫人信仰推動最好的證明。謝必振在福州當地通辦琉球封貢事務，想來不會記錯天妃姓氏、籍貫，誤將媽祖林默娘以為是長樂人。

　　另外，閩劇《蔡夫人》也將明朝萬曆年間的冊封使夏子陽與蔡紅亨做連結。夏子陽，字鶴田，江西省廣信府玉山縣人，萬曆十七年（1589）進士。清廉有能，以「卓異」著稱，提拔為兵科給事中，萬曆三十年（1602），代洪瞻祖封為琉球冊封正使，萬曆三十四年（1606），與副使王士禎出使琉球。歸國後升為太常寺卿，然因海中悸疾致仕歸里。

　　然而閩劇《蔡夫人》根據民間傳說改編，歌頌的是蔡紅亨與夏子陽堅貞的愛情，彰顯中國與琉球源遠流長的友誼。劇情以蔡紅亨身染重病，幸得明使夏子陽為其醫治，得獲重生，琉球國王為媒，珠聯璧合，奉旨傳繡中國為主。可見，冊封使與蔡紅亨之間實有諸多我們過

去不曾留意的連結。

　　關於蔡紅亨的傳說與信仰，目前國內外相關研究多為單篇論文與期刊，古籍文獻則有清代章回小說《閩都別記》第二七五回〈鄭和釋長樂縣儒士　蔡茁為琉球國世臣〉，該回鋪陳蔡紅亨身世，言其為閩人三十六姓之後；第二七六回〈永樂帝遣使封中山　蔡姑婆回閩遇臨水〉敘述身為閩人三十六姓之後的蔡紅亨於明萬曆年間的一段奇異。描寫蔡紅亨於睡夢間顯化於海上，救援正遭風暴的海船，就在蔡紅亨力退風神之際，卻被姐姐喚醒，船因此翻覆。後因巧遇拿公與臨水夫人而求教退風之法，臨水夫人見蔡紅亨氣概不凡而收其為徒，教授閭山之法。這個故事是記載蔡紅亨傳說與信仰最重要的來源，現行研究中有關蔡紅亨的事蹟除了前述冊封使向其呼救一事外，幾乎皆出自此書。故事寫蔡紅亨因故進京途經福建，然其並無意進京為妃，故向臨水夫人求救，歿而為神，故事末尾道「自此琉球國之邪魔鬼怪接被收除淨盡，海邊遇難者喊救如響長樂之人，如有事呼琉球國蔡氏姑婆，無不顯應，後肉身被琉球國盜回，此處只存手袖。」[35]表明琉球人也有崇信蔡紅亨的風氣，故奪回肉身。《閩都別記》流傳廣泛，甚至在琉球還傳有《閩都別記》的日文版本。[36]

　　一九二九年，魏應麒《福建三神考》為考辨福建地方民間神祇的研究文集，全書論述臨水夫人、郭聖王、天后三位神祇，其中關於天后收錄有顧頡剛、容肇祖、周振鶴等人的文章，其中周振鶴於顧、容二人之後發文補充，文中認為張學禮使琉球記言「天妃姓蔡」之說絕不會向壁虛造，一定事出有因，而周氏判斷天后姓蔡之說大概是一個

---

35 〔清〕何求：《閩都別記》第三冊，頁41。
36 董駿：〈董執誼：閩都歷史文化的傳承者〉，《福建省姓氏源流研究會董氏委員會》網站，2014年8月22日，網址：http://www.fjdswyh.com/news/html/?392.html（上網日期：2016年12月10日）。

地方傳說的附會，也絕不是天后宮或天妃廟裡的天妃，稱蔡女為天妃乃一方土人簡單和敬重的稱呼。而魏應麒則在顧、容、周三位先生後作〈關於天后〉[37]一文，他認為「蔡姑婆是後起之秀，但絕對不是天后，而且她的勢力是微乎其微，因此知道的人就很少了。」魏氏引《閩都別記》中蔡姑婆的故事，以為分明是天后的縮影，又言《請奶過關寶卷》中也有琉球國蔡姑婆之名，由此可見蔡姑婆的傳說完全是受天后的影響。魏應麒《福建三神考》書中所收錄各家之言，對於天妃姓蔡一說有以為是地方傳說附會或土人敬稱者，但對於蔡姑婆的信仰並沒有深入的分析，僅言知者甚少，蓋以討論面向著重於天后之故，而這也反映過去相關蔡姑婆的文獻多有依附在媽祖信仰之上的現象，而缺少專注討論蔡姑婆信仰者。

　　一九六三年李獻璋曾於《臺灣風物》發表過兩篇關於蔡姑婆傳說的文章，分別是〈琉球蔡姑婆傳說考證關聯媽祖傳說的開展〉及〈琉球蔡姑婆傳說考證關聯媽祖傳說的開展〉（續完）兩篇。〈琉球蔡姑婆傳說考證關聯媽祖傳說的開展〉以考察蔡紅亨被誤認為媽祖之說為主，李氏認為造成混淆的原因是由於廟在長樂，為往來琉球的人所信仰，且她本是織姬，與「天妃娘娘」的媽祖傳說相似而起。同時認為蔡姑婆傳入長樂的傳說版本是出於《球陽》的說傳，而蔡姑婆因航海守護神的神職產生與媽祖混淆的狀況，因清初是最混亂的時期，所以將蔡姑婆錯覺為天妃。而李氏從《閩都別記》、《請奶過關寶卷》的內容判斷，蔡姑婆這個從琉球來的女神已融入福建的民間信仰。文末則開啟分析蔡姑婆是否為真實人物的起筆。續篇以探討蔡姑婆是否真有其人為主，由尚圓王紀的蔡讓之女亞佳度說起，認為蔡紅亨就是亞佳度アカト的對音，其次再由亞佳度自建祠堂安置蔡氏神主，說明蔡襄建萬

---

[37] 魏應麒：《福建三神考》（廣州：中山大學，1939年），頁112-114。

安橋的傳說頻頻嵌入アカト的說話，李氏認為是因「唐榮蔡氏以己等係為與完成橋有深厚緣故的蔡襄的後裔」。文章重點認為十七歲成為寡婦，五十一歲死去的織姬アカト生平故事與《遺老說傳》、同治《長樂縣志》的蔡夫人完全一致，認為蔡紅亨故事的原型就是アカト。

一九八九年徐曉望〈從《閩都別記》看古代福州商人的活動〉[38]中提及福州商人的海外貿易關係中與琉球最為密切，明永樂年間朝廷將福州河口三十六姓船戶賜予琉球，專門為其駕駛朝貢船，三十六姓的後裔蔡姑婆，成為福州與琉球之間商船的保護神。成為商船保護神可能是蔡姑婆最重要的功能，也凸顯這個地方神祇與琉球的社會關係。可以由此進一步考查當時福州商人對蔡姑婆信仰的崇拜情況，因為徐氏認為當時福州商人和手工藝業的貿易最為相關，此觀點亦可解釋蔡紅亨在傳說中善織的形象來由。我們可將蔡紅亨的傳說與手工藝的商業發展史相結合，或許更能明白在當時歷史與商業貿易發展背景之下，蔡紅亨的形象傳說如何被影響進而發生轉變。

一九九八年林蔚文〈《閩都別記》與福建古代海外交往〉[39]該文以探討《閩都別記》所反映的閩人與日本、琉球和朝鮮等地交往的狀況為主，並以蔡姑婆的故事證明閩人與琉球有密切往來，且部分事實（明賜琉球國閩人三十六姓）乃與史實吻合。

二〇〇六年林美容〈臺灣媽祖形象的顯與隱〉[40]中「未婚而亡而成神的隱型」部分有略提及蔡姑婆，林美容認為觀看今日媽祖信仰之盛，和歷代朝廷的敕封與官方的祀典、媽祖靈驗事蹟的傳播，以及華

---

38 徐曉望：〈從《閩都別記》看古代福州商人的活動〉，《福建論壇（文史哲版）》1989年第4期，頁47-52。

39 林蔚文：〈《閩都別記》與福建古代海外交往〉，《海交史研究》1998年第2期，頁65-72。

40 李明珠等編：《臺灣史十一講》（臺南：國立歷史博物館，2006年）。

人的海外發展史等因素,有密切的關係。但是,媽祖生前是林默娘,林默娘終究是未婚而亡,在這一點上媽祖和其他姑娘廟裡的陰神,有其相似之處。不過由於媽祖生前就有功於世人,有孝慈的典範,又有施救海難的法力,因此後人是以「崇功報德」的理念加以祭祀。其緣起並非懼鬼為崇敬的理念使然,我們也找不到媽祖曾經作為「姑娘」被奉祀的相關事蹟。但臺灣有一類女神稱作夫人媽,或被稱作某某夫人者,大多是已婚的女神,附屬於主祀男神的廟壇內受奉祀。臺灣也有很多的姑娘廟奉祀未婚無嗣之女子的死靈。無論已婚或未婚,女性成神或稱為媽或稱為夫人或稱為某奶夫人,其實都有轉未婚為已婚的詞意。陰神和正神雖然涇渭分明,不能混淆,但是陰神享祀人間,靈驗昭著的,也能日漸成為像一般神廟那樣的正神,例如南投營盤口蔡媽廟所祀的蔡媽,即為一例。

　　林美容認為可以想見如同神龕上的公媽牌,女子只有已婚為人婦、為人母,死後才能成為祖媽,得以在夫家享祀,這是女子享祀的原型:無論是成祖或成神皆然。因此女性成神者都要有這樣已婚的形象,稱媽、稱祖、稱婆、稱母,都具有轉未婚為已婚的語意作用。故在此處可知,林美容視蔡媽娘娘為陰神,因屢顯靈驗得眾奉香火而漸為正神。

　　二〇一六年三月王元林《國家正祀與地方民間信仰互動研究:宋以後海洋神靈的地域分布與社會空間》[41],該書與本研究有高度相關,王元林認為國家正祀與地方民間信仰互動研究是由宋代起始,元代持續推動至明代定型,而至清代已是末聲。對清代海神的論述集中在廣東地區的媽祖信仰,第五章中認為懿德夫人是福州人與琉球群島人信奉的女海神,王氏認為比之缺乏生活情趣的男性,女海神更能吸

---

[41] 王元林:《國家正祀與地方民間信仰互動研究:宋以後海洋神靈的地域分布與社會空間》(北京:中國社會科學出版社,2016年)。

引民眾，其信仰流傳相比男性神更容易擴展。有趣的是，第七章講述海神信仰類型與地域空間時，王氏將蔡姑婆歸類為海上戰神，認為蔡姑婆廟宇有濃厚的地方特色，主要集中在長樂地區[42]，與當地民間傳說有關。

從國內外相關研究成果看來，蔡紅亨信仰研究某種程度是依附在福州民俗、媽祖信仰研究與中琉關係史研究的成果之上，除個人專書部分述及與單篇論文兼而談之外，碩博士論文竟付之闕如。針對蔡紅亨傳說與信仰專篇討論的文章在一九六三年李獻璋考證之後至今，時隔半世紀，尚無進行全面研究者。蔡紅亨信仰在明清之際的福建地區風靡一時，遠及琉球與臺灣，甚至具體展現出觀音與媽祖信仰的交互作用，形成一個新信仰型態的痕跡。

從以上的論述我們可以發現，李獻璋認為亞佳度是蔡紅亨的原型，是非常合理的推論。其中一個重要的原因乃在於亞佳度（アカト）的讀音與「紅亨」名字的翻譯有密切的關聯。同時因為故事中的蔡紅亨因為擅長刺繡，進貢了龍袍，遂得進京機會。而史料中紡紗織布供養雙親的亞佳度，正也是擅長女紅之人。而不論是誰將蔡紅亨的生平故事附會於蔡亞佳度之上，我們都可以清楚的看見這個信仰受琉球士族影響的痕跡，甚至是受觀音信仰所影響而衍生出一個在地女神受福建人民崇拜進而在福建、臺灣開枝散葉的新信仰。筆者於二〇一八年十月六日拜訪蔡媽廟，偶然於管理委員會辦公室的桌上發現一張名片，乃數年前琉球人八木明達一行人專程拜訪蔡媽廟時所留。從名

---

42 賴正雄：〈關於中琉關係歷史遺跡調查與研究〉，《南開日本研究》（北京：世界知識出版社，2013年），提到在福建沿海閩江沿岸、河口有「琉球蔡仙府」（傳說中的琉球蔡夫人住處舊址，少數遺跡尚存）、「蔡夫人廟」（1986年長樂市文物保護單位）；又有孫清玲：《明清時期中琉友好關係歷史遺存考》（北京：海洋出版社，2015年），第一章「福建地區的中琉友好關係遺存」中，亦提到了福建的「蔡夫人廟」。

片內容可得知八木先生為社團法人久米崇聖會理事與中間法人久米同進會理事。但可惜的是,蔡媽廟主委與管理委員會均年事已高,王主委已八十六歲,另一名資深委員更高齡九十七歲,因此許多資訊皆不復記憶。他們無法回溯琉球信民如何抵達南投,再加上語言隔閡,當初的交流只剩片段回憶,令人相當惋惜。這同時也是蔡媽廟現階段發展的困境,當天訪談時在場的三名廟方執事,最年輕的許先生也已七十六歲。但我們可以肯定的是,久米村的琉球人並未忘記蔡姑婆,甚至是有強大動力驅使他們不遠千里而來。

　　鄭國珍綜合民間傳說與文獻史料認為,蔡紅亨信仰可歸納為三種崇德報功類型:一、蔡紅亨身懷織繡絕技,生前廣教鄉間婦人習之,故民思其德,立廟祀之;二、蔡紅亨不幸在長樂梅花病故,鄉民依其生前意願,面向大海,朝向琉球葬於馬鞍山麓八寶坑,突然風雨大作,蔡紅亨尸解升天,眾人方悟其乃天上神祇下凡,故立廟祀之;三、蔡紅亨逝世後,經常顯靈於鄉間,不但像媽祖(天妃)一樣成為航海保護神,且行善施惠,福蔭婦孺,故立廟祀之。[43] 從以上三種類別可歸納出一個現象,不論是上述三種類型的哪一種,都跟婦女修行有關,而這更是觀音信仰的特徵,同時蔡紅亨信仰的興起時間也在宋代觀音女性化之後才興起。這些現象反映了蔡紅亨信仰與其他中國民間女神信仰一樣,都與女性觀音有密切關聯。林國平認為觀音信仰與媽祖信仰在琉球有截然不同的兩種命運,蔡紅亨信仰的形成則體現了觀音與媽祖信仰互攝的情形。

---

[43] 鄭國珍:〈琉球進貢使者多神崇拜習俗的由來及在榕與之相關的史蹟考〉,收入《第五屆中琉歷史關係學術會議論文集》(福州:福建教育出版社,1996年),頁64。

第四節　結語

　　琉球觀音信仰的傳入有從日本與中國來者，這些多元的管道中可見透過中國冊封使團與平民推波助瀾的痕跡。觀音在琉球成為一個重要的信仰對象，中琉兩方的航海活動更使觀音成為海上女神，形成信仰的基礎。

　　從蔡亞佳度到蔡紅亨，以《閩都別記》與冊封使的記載而言，蔡紅亨是受媽祖信仰影響而在福建受人崇奉的地方神。但若我們將視角轉向琉球，望向蔡紅亨的原鄉，我們還可發現，這個道地的琉球女神受原生家族的觀音信仰所影響，同時也在士族家庭的信仰背景下，展現琉球閩人對中國的一種想望。而這樣的交互作用，正可用來說明「天妃姓蔡」這個鄉土神相混亂的地域現象。媽祖信仰群體在琉球侷限於久米村三十六姓後裔，而蔡紅亨的信仰吸納了媽祖與觀音的靈驗故事，形成一個異鄉的海上女神，更在小說的書寫下，成為具有特色的福建水神。

　　蔡紅亨傳說的原型本是出於三十六姓的唐榮蔡氏第二代蔡讓之女亞佳度，而傳入長樂，於福建受祭祀，蔡紅亨信仰是媽祖傳說的展開中的一環。但透過觀音信仰對照蔡亞佳度與蔡紅亨傳說的起源，我們更可以清楚地發現，在觀音信仰中婦女深受其一心嚮道的苦行故事所吸引，因此在民間善書、寶卷中，多有奉勸信眾潛心修行的引導與安排。而在信仰傳播的過程中，女性信徒更是觀音信仰廣傳的核心，這樣的現象在本書中得到了印證，蔡紅亨信仰也反映出這樣的現實，故蔡紅亨信仰可說是觀音與媽祖信仰交融互攝的實例。

第三章
觀世音菩薩的信仰流動與籤詩研究

　　觀音信仰的研究向來是民間信仰研究關懷的熱點，針對觀音信仰流變的論述豐碩，學界前輩多有討論，故本章以廟宇的主祀神改變為信仰流動的觀察方向，試圖探討這些改變與籤詩文化有何關聯。府城首貳境萬福庵，據洪敏麟《臺南市市區史蹟調查報告書》載：「寺域佔地四一二坪，寺房一百五十坪。本庵奉祀三寶佛、觀世音菩薩及齊天大聖。創建於永曆年間，原為鄭成功部將阮駿（季友）遺孀信佛持齋終老之所。按：阮季友於永曆十年（1656）陣亡於舟山之役。鄭氏亡，改為寺庵，稱『阮夫人寺』，嘉慶八年（1803）重建，改稱為『萬福庵』，嘉慶十一年里人蕭元錕鳩資重修。」可知萬福庵前身是明鄭時期的阮夫人寺，是鄭成功部將阮駿的夫人寓所。阮夫人離世後，附近居民將寓所改為「阮夫人寺」，嘉慶年間改稱「萬福庵」。主祀三寶佛、觀音菩薩、齊天大聖，但時至今日，萬福庵最顯為人知的別稱為「齊天大聖廟」。故此處擬就萬福庵歷朝的各種改變，來探討萬福庵如何從鄭成功部將遺孀居所轉變為佛寺，再轉變為知名的齊天大聖廟。這些諸多的改變都與地方緊密結合，有地方傳說的展現，也有在地信仰的影響，齊天大聖信仰是地方信仰的展現，觀音信仰則超越地方，更是跨越佛教與民間信仰的大道。但是，萬福庵特別之處在於，原本與觀音合祀的齊天大聖，在融合歷史與地方發展之後竟然一躍成為主祀神。而當中的緣由，尚有待探討，本文由地方傳說、歷史文獻與民間信仰等面向，分析萬福庵成為齊天大聖廟的原因，並說明萬福庵在現今地方信仰中所扮演的角色。

第一節　觀世音菩薩與齊天大聖

　　府城首貳境萬福庵，在鎮北坊，建始未詳。現址位於臺南市中西區民族路二段三一七巷五號。首貳境為聯境名稱，由來是早年地名分區以數字區分，而首境與貳境本屬兩間土地公廟管轄，後因戰爭及各項因素廟宇被拆毀，因而土地公遷移到萬福庵合祀共享香火，故廟名便以首貳境以及萬福庵合稱。萬福庵內祀觀世音菩薩，旁有阮夫人堂，堂內供明英義伯阮公季友牌位，俗稱阮夫人寺。阮駿，字季友，浙江人，魯王封為英義伯，後歸鄭成功，守舟山陣亡，神主為妻鄭氏攜至臺，現存放於萬福庵。該處原為鄭氏王朝優恤戰亡遺族，在寧靖王朱術桂宅邸後方興建居所，供阮夫人與其獨子居住，阮夫人死後才稱為阮夫人寺，可知該寺原先應屬家廟性質。創建者應該和阮季友（或其後人）有關；而創建的目的，可能是為了遷臺後的退隱生活，或是為了紀念阮夫人。阮季友的相關文獻並不多，黃典權〈萬福庵遺事〉曾對阮季友及萬福庵進行考證，成為現今談論萬福庵重要的參考資料。

　　萬福庵前身為阮夫人寺，是鄭成功部將阮駿夫人孀居之所改為佛寺，故名之，主祀觀世音菩薩，但時至今日，萬福庵已成臺灣極少數主祀齊天大聖的廟宇，同時也是齊天大聖開基廟，廟中祭祀觀音菩薩與三寶佛祖。從鄭成功部將遺孀的寓所轉變為佛寺，再到齊天大聖廟，萬福庵的轉變從清代到日治時期至今不可謂不大。

一　萬福庵的今昔變遷與多元身分

　　身為府城四大尼庵之一（尚有白龍庵、西來庵、廣慈庵），它最早於明鄭時期是鄭成功部將阮駿的夫人孀居寓所，當時的阮夫人還育有一名幼子。阮夫人過世後一度改稱阮夫人寺，清嘉慶年間則改名萬

福庵，廟宇名稱便沿用至今，但隨著時代不同、政治政權不同與祭祀空間、功能不同，萬福庵幾經變遷且身分多元，以下就各個不同時期的樣貌論述：

(一) 明鄭時期阮夫人寓所

阮夫人是阮駿之妻。阮駿最為人所知的身分是鄭成功的部將，真有其人。關於阮駿，《臺南文化》載：

> 「阮季友神主」季友名駿，浙江人，有說為閩人者蓋誤。魯王封為英義伯，後歸鄭成功，深受眷重，守舟山陣亡。神主為妻鄭氏攜至臺，現存臺南市萬福庵。[1]

早期文獻多有以為阮駿為福建人，但據黃典權考據，阮駿為浙江會稽人，與其叔阮進皆擅長水戰，掌管魯王水師。阮進是魯王麾下的浙海水師統帥，阮駿跟隨其叔伯在海上征戰，屢獲戰功。十九歲的阮駿受魯王封為「精義將軍」二十歲時，永曆丁亥元年（魯監國二年，清順治四年，1647）魯王「封張名振為定西侯……阮進蕩胡伯，阮駿英義伯。」[2] 永曆五年辛卯（魯監國六年，清順治八年，1651）七月清兵進攻舟山，結果此役阮進戰死，魯王水師兵力大減，「名振聞信慟哭，欲投於海，王與諸將救之而止；乃復與英義伯阮駿扈王掛海至廈門見延平王鄭成功」，同年底阮駿與張名振和周崔芝[3]等其他兵力至廈門加入鄭成功的部隊。明延平王戶官楊英《從征實錄》載：「（永曆五

---

[1] 臺南市文獻委員會編：《臺南文化》第9卷第2期（1972年6月），頁19。
[2] 〔清〕翁洲老民：《海東逸史·卷二·監國紀（下）》（臺北：臺灣銀行經濟研究室，1961年），頁7。
[3] 周崔芝，有的記載作周鶴芝，或周崔之，皆為同一人。黃宗羲《海外慟哭記》、翁州老民《海東逸史》卷十一作周鶴芝。楊英《從征實錄》作周崔之。

年）十二月廿九日……定西侯張名振，平夷侯周崔之。英義伯阮駿等俱來歸。以名振管水師前軍，崔之管水師後軍，阮駿為水師前鎮。」[4] 鄭成功對來歸順的阮駿加以重用，江日昇《臺灣外記》亦說：「英義伯阮駿自舟山來歸，成功令原船聽用。」[5] 永曆九年冬，阮駿再次克復舟山。《海東逸史‧張名振傳》：「乙未（永曆九年）冬，英義伯阮駿，總制陳雪之帥師破舟山，北將巴臣興降。」[6] 永曆十年，舟山戰事再次告急，《從征實錄》詳載此事：

> 是月（永曆十年八月）廿六日，虜水師大小五百餘船，進犯舟山，陳總制、阮英義等率艦五十餘號與戰。時我師占據上順風衝犁，大敗虜船。虜隨退回，我師全勝回舟山。二十七日，虜又令舟師來犯，意在誘敵，且戰且退，我師誤中其計，直追而進。至定關口，水流湧急，虜遂湧合交鋒，我師少卻。陳總制遂呼英義伯，二舟率先衝破其舟宗，緣不知水勢，二舟被流水擁拖而入，挽掉不進。虜認為先鋒總制之舟，合力齊攻，銃矢如雨。總制知不支，望南拜畢，蹈海而死。阮英義亦知深入無援必死，將船中火藥銃器齊發，自焚其舟，虜船被擊沉二隻，虜兵亦死不計。我師見二船俱失，隨四散溜。虜遂進克舟山，遷移其民，拆壞其城。張鴻德亦戰歿陣中。[7]

此時鄭成功正整師北上，知道三將陣亡的消息，成功「大痛哭三將勇烈，令優恤其子」，[8] 黃典權也因《臺灣外記》此說判斷阮夫人是在阮

4　〔明〕楊英：《從征實錄》（臺北：臺灣銀行經濟研究室，1958年），頁25。
5　〔清〕江日昇：《臺灣外記》（上海：上海古籍出版社，1990年），卷6，頁253。
6　〔清〕翁洲老民：《海東逸史》，卷12，頁73。
7　〔明〕楊英：《從征實錄》，頁103-104。
8　〔清〕江日昇：《臺灣外記》，卷9，頁324。

駿身亡後攜子來臺。[9]明永曆十年（1858）阮駿鎮守舟山，誤中敵計身亡。阮季友神主背面套木上記明他的生卒年和陣亡的地點：生於崇禎戊辰年（崇禎元年，1628）拾月初玖日辰時。卒於永曆丙申年（清順治十三年，1656）捌月廿陸日申時。陣亡寧波府昌國衛舟山律港。綜合上述，可見阮駿未曾在臺灣居住，寓所是阮夫人寡居，阮駿的英年早逝與阮夫人寺後來的發展並無關聯。明末將領張煌言曾寫過一首送給阮駿的律詩〈壽英義伯阮季友〉：

蟠桃塢上小陽春，飲至筵開介壽頻；
共識天臺前度阮，還知靈岳又生申。
王恩玄發承三錫，將略丹心動八閩。
笑我尚為籠鴿客，相期何日捧龍鱗？[10]

可知其對阮季友的評價之高，極度肯定他的善戰與貢獻。明永曆十五年鄭成功部隊抵臺，三年後阮夫人隨鄭經來臺，鄭經對其極其禮遇，讓她與幼子定居於鎮北坊寧靖王府的「一元子園」後方。黃典權推斷阮駿因未到過臺灣，而現存於萬福庵的阮季友木主，該是阮夫人在永曆十八年隨大軍由金門銅山東撤時所攜。關於阮夫人的生平資料非常少，黃典權〈萬福庵遺事〉一文中對阮夫人的描述是依據阮駿的生平與文獻資料推敲加上想像的書寫，黃氏企圖在有限的資料上去同理一個年輕寡居的女子在臺南的生活。

就阮季友的神主記載看來，阮駿身亡時約莫二十九歲，阮夫人守寡時當為年未三十的年輕女性。而黃典權依神主未刻有孝子之名，推

---

9 詳見黃典權：〈萬福庵遺事──明英義伯阮季友及其夫人考述〉，《臺南文化》第2卷第2期（1952年4月），頁30-38。
10 張煌言：《張蒼水詩文集》（南投：國史館臺灣文獻館，1994年），頁113。

斷阮駿之子在來臺後不久便夭折。阮夫人移居臺南後落腳的寓所長年禮齋觀世音菩薩，而正因為這樣的因緣，當阮夫人離世後，當地人將寓所改為阮夫人寺，清代嘉慶年間重建，改稱萬福庵。據聞萬福庵的尼師曾收留孤兒，但不知是否在稱阮夫人寺時期就有此善行。民間傳說中亦有阮夫人在世時曾收養孤兒之說，依鄭氏對戰將遺族的禮遇再加上阮夫人生命的變故，收養孤兒的義行有合理的動機與可能性，因為小孩冥頑難養，於是開始供奉大聖爺來降服孩童。

筆者在萬福庵發現位於虎邊側廳的阮夫人堂供有七塊神主，由右至左分別是「佛恩萬福庵住持圓寂比丘僧釋修妙和尚覺靈之蓮座」、「順寂比邱尼貞敏師父神位」、「圓寂比丘尼智光定師太覺靈神座」、「明英義伯顯芳忠烈季友阮公神位」、「圓寂比丘尼惠靜師父覺靈神座」、「順寂苾芻慧清正信先師靈位」。最左一塊小的神主上頭已無法辨識文字。謝奇峰認為「圓寂比丘尼智光定師太覺靈神座」即為阮夫人牌位。如此可知，在經歷喪夫來臺，又逢幼子病逝的阮夫人後來選擇皈依佛門，也因此在她仙逝後，該處改名為阮夫人寺。此寺不僅是鄭成功部將遺孀寓居之處，同時也有收留孤兒之說，若有祭祀行為，亦當為以觀音信仰為主的清淨之地。筆者認為，阮夫人皈依佛門之後，居所其實已轉為佛寺性質，明鄭時期的臺灣佛寺，多為鄭氏王朝的皇族或官員所建（開元寺），亦或是明末遺民所建，阮夫人寺的出現也與此有關，這些佛寺的出現與鄭氏王朝的興衰大有關聯。

二　清代時期的改名與重修

據黃典權〈萬福庵遺事〉所載我們可以發現，年輕寡居又痛失愛子的阮夫人後來長年敬拜觀世音菩薩的信仰行為很容易理解，阮夫人歿後人改稱其居所為阮夫人寺，而改稱萬福庵則是鄭氏王朝覆滅後之

事。萬福庵歷史悠久，但清代文獻中留下萬福庵相關資料者並不多，清代《續修臺灣縣志》萬福庵條載：「在鎮北坊，建始未詳，內祀觀音菩薩，旁有明英伯阮公季友牌位，俗稱阮夫人寺，嘉慶十一年，里人蕭元錕鳩眾修。」[11]蕭氏極可能是觀音菩薩的信徒，因為除了鳩眾重修萬福庵外，透過碑誌我們可以發現，嘉慶二十年（1815）總理蕭元錕及諸主事鳩資重修大觀音亭。蕭元錕鳩眾重修萬福庵時僅稱里人，但蕭元錕嘉慶二十年重修大觀音亭時，已是大觀音亭的總理，嘉慶二十一年時任布政司理問職銜，〈嘉慶二十年重修大觀音亭廟橋碑記〉所載：總理蕭元錕捐銀伍佰貳拾大元。[12]以及道光十年的〈修理大觀音亭香燈店碑記〉：

> 茲大觀音亭，臺疆祖廟，慈帆乍渡自西方；色相憑靈，法水常施於南海。廟宇日久，棟梁傾頹。越有職員蕭元錕，因修善果，總理鳩金，重建廟宇，煥然一新，告竣。迨至道光五年，捐緣慶成祈安，厥功告成。爐主聚眾相議：有功當誌，有德必銘。如蕭君之緣資成美，正宜傳名，千載不朽；崇祀祿位，以警眾善。今有季男瑞龍，久計綿遠奉祀，創立祀業：置過上橫街頭東壁店後棧房一座，交住持溫恭收租，每年稅銀二十四元。……茲因廟中齋量不贍，禾寮港街五境有香燈店一座，損壞日久，傾頹乏資修理。眾信士虔祈祝佛力廣庇，列位好施，損金樂助。是以芳名立石，可垂可遠。……蕭瑞龍、阮日新、李源成，各捐銀四元。[13]

---

11 〔清〕謝金鑾：《續修臺灣縣志・外編・寺觀》（臺北：行政院文化建設委員會，2007年），卷5，頁466。
12 〈嘉慶二十年重修大觀音亭廟橋碑記〉，道光五年，臺南臺疆祖廟大觀音亭後殿右壁。
13 不著撰人：〈修理大觀音亭香燈店碑記（道光十年）〉，《臺灣南部碑文集成》（臺北：臺灣銀行經濟研究室，1966年），頁252。

透過碑文的記載，可以發現蕭元鋍對大觀音亭的捐輸與貢獻，甚至隨後大觀音亭還為之立長生祿位，顯示蕭元鋍對嘉慶年間的大觀音亭有十足的重要性，以捐款金額來看，當年耗資二千四百六十二銀元四錢，捐書者四百六十餘人，較大額的捐款多是官員、行郊、舖戶，如「子爵軍門王」（王得祿）捐銀一百五十銀，但總理蕭元鋍個人捐輸為「捐銀五百二十大元」，其餘董事、爐主、頭家也都不過一至六元不等，所以可見蕭元鋍之願力。只可惜經過筆者實地調查，目前蕭元鋍的長生祿位亭中無存，下落不明，大觀音亭後殿僅存「重興大觀音亭首事陳漳山長生香位」。民廟香火（俗稱香燈租）是廟宇經濟的重要來源，其中一環是店租與房租，道光五年（1825），買下「東壁店後棧房一座」交給大觀音亭住持溫恭，每年可收店租二十四銀兩的檀越蕭瑞龍，正是蕭元鋍的第四個孩子。道光十年修理香燈店蕭瑞龍又有捐銀四元的紀錄，故可知蕭氏父子對主祀觀音菩薩的廟宇捐輸不遺餘力。巧合的是，大觀音亭也是臺南市區內少數供奉觀世音菩薩也供奉齊天大聖的廟宇，但經筆者實際田野調查，對於大觀音亭內的大聖

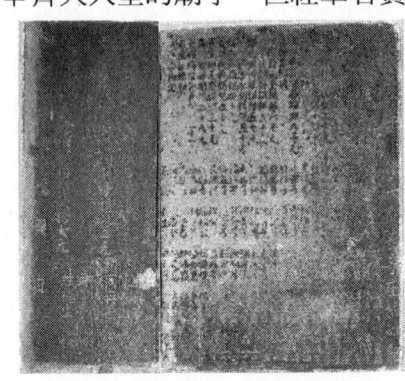

圖3-1：〈嘉慶二十年重修大觀音亭廟橋碑記〉
拍攝地點：大觀音亭後殿。
拍攝日期：2022年11月22日。
（攝／筆者）

圖3-2：〈修理大觀音亭香燈店碑記〉
拍攝地點：大觀音亭後殿。
拍攝日期：2022年11月22日。
（攝／筆者）

爺之來歷，尚無明確的源流，僅知其也具有專治孩童頑疾的職能。

清代時期的萬福庵主祀三寶佛，同時已經祭祀觀世音菩薩與齊天大聖，據洪敏麟《臺南市市區史蹟調查報告書》載：

> 寺域佔地四一二坪，寺房一百五十坪。本庵奉祀三寶佛、觀世音菩薩及齊天大聖。創建於永曆年間，原為鄭成功部將阮駿（季友）遺孀信佛持齋終老之所。按阮季友於永曆十年（1656）陣亡於舟山之役。鄭氏亡，改為寺庵，稱「阮夫人寺」，嘉慶八年（1803）重建，改稱為「萬福庵」，嘉慶十一年里人蕭元錕鳩資重修。本庵史蹟價值如下……（5）有林朝英書「萬福庵」、「小西天」、「三寶殿」等匾額」。[14]

由上文可知，嘉慶八年重修時阮夫人寺改稱為萬福庵。萬福庵廟內有「小西天」匾額，據聞為林朝英（1739-1816）題字，嘉慶八年重建時弟子阮昌成敬立（圖3-3）。「西天」是佛祖所居之淨地，林朝英於開元寺、彌陀寺都有同樣題為「小西天」之匾，足以顯示在林朝英題字的嘉慶年間，萬福庵還是以祭祀觀音菩薩、三寶佛為主的佛教寺庵。「小西天」懸掛於萬福庵二樓，上載嘉慶八年小陽春，作者未名款，但鈐印疑似林朝英用印（字伯彥）[15]，林朝英所題「萬福庵」、「小西天」、「三寶殿」三匾時間點都是嘉慶八年（圖3-4），故可明確判斷嘉慶八年改稱萬福庵外，由廟中六名董事請仕紳林朝英所題之字都在在凸顯當時供奉三寶佛、觀音佛祖的祭祀特色，意即當時的萬福庵已供

---

14 洪敏麟：《臺南市市區史蹟調查報告書》（臺中：臺灣省文獻委員會，1979年），頁139。

15 謝忠恆：《乾嘉之際臺灣林朝英之文人畫與世俗化進程研究》（臺北：國立臺灣藝術大學書畫藝術學系博士論文，2015年），頁322。

奉齊天大聖，但尚未以祭祀齊天大聖聞名。當時萬福庵董事請來高齡六十五歲的林朝英為萬福庵殿號題匾，可見廟方對此次改建的重視。

圖3-3：林朝英〈小西天〉匾
拍攝地點：萬福庵二樓。拍攝日期：2022年11月4日。
（攝／筆者）

圖3-4：林朝英〈三寶殿〉匾
拍攝地點：萬福庵二樓。拍攝日期：2022年11月4日。
（攝／筆者）

萬福庵的建立與阮駿有緊密的關聯。萬福庵現為開基齊天大聖廟，而阮夫人寺何時改為供奉齊天大聖的萬福庵，則有兩種說法較為

常見：

一、嘉慶年間改稱萬福庵，因庵中尼姑救恤孤寡，收留孤兒，但幼兒眾多有哭鬧不休的現象，故在庵中供奉齊天大聖，以祈求孩童乖順健康，後來變成全臺開基齊天大聖廟，然仍保留萬福庵之名。

二、萬福庵前有一棵狀如猴子爬樹的樹木，因而有人祭拜，並說是齊天大聖顯靈於是成為齊天大聖廟，此樹後被視為「猴靈樹王公」祭拜。

此為阮夫人寺變成主祀齊天大聖的萬福庵的兩個說法，後者是因為庵前有一棵長相奇特的樹，它的樹瘤看起來像是許多猴子攀爬在上，是因為齊天大聖顯靈，人們便開始祭拜，把此樹奉為「猴靈樹王公」。家中若有無端哭鬧難養的孩童，信徒便會前來祭祀並取回榕樹葉，作為藥引。現在則是取回榕樹葉加入陰陽水，幫孩童擦澡，故至廟中參拜時還可見上頭夾著榕樹葉的金紙。或是帶著初生兒前來萬福庵「拜契」，祈求平安長大。舊時醫療不發達，故以榕樹葉做藥引或「拜契」是低成本的醫療行為。

另外，除了當代名家林朝英所提之匾，萬福庵廟中存有一幀光緒元年〈神佛誕辰碑記〉詳載各路神佛壽誕，但十月份齊天大聖壽旦為補註，於十月份最末尾。文末署名：

> 林選三敬書。光緒元年冬十月，臺陽黃成貴敬刊，福建省臺灣郡北外開元寺藏板。按：碑木質，原存臺南市北區開元寺，後輾轉而置於中區民族路萬福庵。高一六三公分，寬四十五公分，原碑缺題。[16]

---

16 臺灣銀行經濟研究室編：《臺灣南部碑文集成》（下）（南投：臺灣省文獻委員會，1994年），頁715-716。

這塊原為開元寺所有的碑，不知何時與何故移往萬福庵，僅知民國五十五年（1966）時，碑已存放萬福庵，推測若因開元寺認為佛門淨地不宜有民間信仰混雜，則當時開元寺的僧人與萬福庵的住持亦多有往來，否則兩寺廟並不相鄰，選擇移往萬福庵並不是便利之計。楊惠南認為明清時期臺灣佛教的兩大現象一為「名士佛教」，一為神佛不分。[17]意即佛菩薩和民間信仰的神祇一起受到祭祀，佛教僧人進駐民間宗教廟宇成為住持，甚至佛教寺院舉辦民間宗教祭儀，在佛寺中按神明聖誕辦理法會等，從祭祀空間到信仰內涵都出現混合不分的狀況。

三　日治時期的萬福庵

延續上述討論，清代時期的萬福庵可能已有僧人住持，而日治時期的萬福庵還曾經是國語（日語）學校，是本島人學習日語的場所。國語學校的設立與曹洞宗有很大的關聯，明治二十九年（1896）二月，本田韜光等人向總督府遞交〈來臺意旨書〉：

> 一、漸次歷訪臺灣總督府民政局以迄兵站部等兵營病房慰問其中人員。
> 二、本島既歸我國版圖，爾來大政府為收治安成效，孜孜奮勵，而宗教扮演角色實亦不應忽視，故我大本山管長特命吾等速來臺教化人民，翼贊政治。於今吾等來臺教化人民，固應視病投藥，隨機應對，然其大要則先以附件第壹號為基準。

---

[17] 楊惠南：〈明清時期臺灣佛教的神佛不分與三教同源〉，《冉雲華先生八秩華誕壽慶論文集》（臺北：法光出版社，2003年），頁117。

三、對於本島寺院之住持、僧侶，必須特別深加啟發，今略述其大要如附件第貳號。

四、支配人心固為宗教之本分，而以宗教事務為己任者，必熱心感化臺民之精神變為我國風貌而後止，此為必然，固不待多言也。

五、為感化臺民之精神變為我國風貌，先借用寺院或適當之民宅設立教場，教授簡易之日本國語及國文，或施行修身、佛教通俗教義等，灌入臺民之心靈，使其早日奉戴本朝之施政作為，以其報答聖恩。[18]

曹洞宗僧人若生國榮、芳川雄悟等在臺南負責周邊區域的傳教工作，當時大天后宮為曹洞宗在臺南的大本營[19]，若生國榮、芳川雄悟以大天后宮為據點，在臺南、鳳山一帶傳教，吸收寺院齋堂加入曹洞宗，萬福庵成為日語學校時已簽約加入日本曹洞宗，成為其末寺。[20]（芳川）創設了曹洞宗立國語學校，甲乙兩班的學生有二十餘名。此外，每日到大天后宮通學接受國語教授的學生也有數十多名。芳川師除了教育臺灣人學習日本語之外，自己本身也認真地學習臺灣話，由此可知其布教的精神。[21]

有了這層關係，或能解釋為何開元寺的神佛誕辰碑記會移往萬福庵置放。為了擺脫清代神佛不分的曖昧，開元寺在日治時期幾經變動，

---

18 溫國良編譯：《臺灣總督府公文類纂宗教史料彙編》（南投：臺灣省文獻委員會，1999年），明治二十八年十月至明治三十五年四月，頁25。

19 釋慧嚴：〈西來庵事件前後臺灣佛教的動向——以曹洞宗為中心〉，《中華佛學學報》第10期（1997年7月），頁258-292。

20 末寺即分寺。見《曹洞宗宗報》8號，曹洞宗務局文書課，明治三十年四月十五日，頁12。

21 釋慧嚴：〈西來庵事件前後臺灣佛教的動向——以曹洞宗為中心〉，頁258-292。

在臺南佛教史的發展上越形重要，逐漸擺脫清代神佛不分的樣貌。[22]而萬福庵則明顯往佛道融合的方向發展，齊天大聖的威名開始遠播，日治時期臺南文人許丙丁在其神魔小說《小封神》第十四回〈孫大聖威震萬福庵〉也有著有趣的描寫：

> 話說東勝神洲花菓山水簾洞齊天大聖，自大鬧靈霄寶殿以來，四方妖魔聞風雌伏，又同唐三藏和尚往天竺寺取經。一路收伏妖魔造了不少功勞。他好勝的心不死……展盡他的猴智，離開故鄉花菓山，整裝到臺南而來，寓在萬福庵內，作弄猴法。……把臺南的嬰兒，弄得同他一樣的形體，所以臺南加了一種的毛病，世人叫做著猴。[23]

從小說中的描述可知，日治時期的萬福庵已因供奉齊天大聖而聞名，但供奉來由未明，小說中也僅以花菓山飛到臺灣帶過。但呈現當時民間認知中的齊天大聖已經是《西遊記》孫悟空的事實，於是許丙丁在創作《小封神》時便將極具特色的萬福庵齊天大聖納入小說故事。《小封神》對齊天大聖專治嬰兒「著猴」的職能已有所描述，可知日治時期的萬福庵奉祀可以治療「著猴」的大聖爺是眾所周知之事。雖然當時齊天大聖威名遠播，但在許丙丁的小說中仍明白記著：他（孫悟空）一生不怕天不怕地，還是怕觀音大士，因此到臺南來，少不得到萬福庵內祀奉觀音大士。[24]顯示當時主祀神仍是觀世音菩薩，一般民間理解供奉大聖爺其實也是為了伺候觀音大士。

---

22 關於開元寺在日治時期的活動，可參閱王見川：〈略論日據時期的臺南開元寺（1896-1924）〉，《圓光佛學學報》第4期（1999年12月），頁280-292。
23 呂興昌編：《許丙丁作品集（上）》（臺南：臺南市立文化中心，1996年），頁110-111。
24 呂興昌編：《許丙丁作品集（上）》，頁111。

四　現今的萬福庵

　　民國六十一年（1972），萬福庵改建為二樓廟宇。萬福庵過去曾屬五盟境，但此境僅維持了五年。五盟境範圍北起小北太帥宮、總祿境下土地廟、萬福庵、南廠武英殿、玉泉文衡殿，範圍橫跨現今的北區和緯路一帶至中西區中華南路一段附近。甲戌年為民國八十三年（1994），萬福庵曾舉行建醮大典，當時眾鋪戶所贈之賀禮皆載明「恭祝萬福庵觀音佛祖建醮大典」，顯然當時還是以祭祀觀音菩薩為主。筆者認為萬福庵成為齊天大聖廟的巨大改變是民國八十三年（1994）以後的事，因為據《臺灣神仙傳・臺灣奇特的神》[25]〈猴神——齊天大聖〉一則，當中說明齊天大聖乃孫悟空，而臺灣奉祀齊天大聖的廟宇有十座（基隆二座）。內文討論臺北聖德宮與宜蘭壯圍鄉的大聖廟，甚至還有嘉義光正善堂的齊天大聖像，但對萬福庵卻是隻字未提。該書出版時間是民國七十五年（1986），故筆者認為結合書論與萬福庵實際的祭祀配置狀況，主祀神的改變時間點當在民國八十三年（1994）後。另外一個線索是，萬福庵在民國己卯年（六十四年）大觀音亭興濟宮落成建醮的所贈匾額上題名萬福庵，但興濟宮丁亥年（九十六年）建醮時留下的交陪資料已改稱「開基萬福庵」，此時當已轉型為齊天大聖廟。[26]由此可知，黃典權所言極是：「一提到本市民族路的『萬福庵』不獨省內知道的人很少，在本市怕也絲毫得不到人家的重視。好像它根本就配不上是名勝古蹟似的，它僅僅是個愚夫愚婦求神問卜的庸俗廟宇而已。」此言道盡萬福庵過去淹沒於歷史洪流中的實

25　太華居士：《臺灣神仙傳》（臺北：子午線出版社，1986年），頁109-112。
26　侯明福：《組織與活動——臺南府城大觀音亭興濟宮的發展與變化》（臺南：財團法人臺南市臺疆祖廟大觀音亭暨祀典興濟宮府城觀興文化藝術基金會，2021年），頁80。

況，但實際狀況是萬福庵的存在不僅保留了歷史的一環，更讓齊天大聖信仰在臺灣有所發揮。

然祭祀空間的改變也是萬福庵變成主祀齊天大聖廟很重要的原因，從舊照片我們可以發現原本的阮夫人堂在二樓，但廟方為了讓佛教神祇都安置於二樓，於是將阮夫人堂改至一樓側廳。加之以廟方的經營策略改變，隨著齊天大聖位於正殿與降駕指點迷津的服務，主祀神便產生了改變。萬福庵至今仍有開壇濟世的服務，公事日固定每個星期三、星期六晚上九點開始，需要服務的信眾須事先報名，當天報名的信眾皆得到大聖爺降駕指點迷津後即告結束，降駕時是以兩人扶持手轎出字的方式來進行。大聖爺降駕時常會有做體操、玩板凳或爬樹取榕樹葉當藥引的舉動，曾多次受到媒體訪問。廟方表示大聖爺降駕時會指名祂是第幾代，目前已知二十代，但並非每一代都在廟中有安奉金身。[27]

五　萬福庵的齊天大聖信仰

謝金鑾《續修臺灣縣志・卷五・萬福庵》一條並未提及齊天大聖，僅言萬福庵「內祀觀音菩薩」，但清代福建地區齊天大聖信仰已經非常興盛，筆者認為萬福庵拜齊天大聖與此信仰在閩南地區的風行有很大的關係。值得注意的是，中國南方崇拜的齊天大聖並不一定是孫悟空，從《閩都別記》就可獲得線索。《閩都別記》乃清代乾嘉時期問世的福州方言小說，全書分上、中、下三冊，共四百回，一百二十萬餘字。小說作者署名為里人何求，僅知作者當為福州人，生平未

---

[27] 關於萬福庵開基大聖爺與各代大聖爺神像間的關聯、風格與職能劃分等論題與萬福庵及其他齊天大聖廟的交陪網絡有關，礙於論文篇幅，此處無法詳述，將另撰專文論之。

詳。《閩都別記》雖是一部小說,但是故事內容包含了福州地區古代民間傳說、小說與信仰,它反映了當地人對齊天大聖信仰的來源看法與接受的過程。將齊天大聖視為幼童的守護神可能與福建移民,特別是福州人「丹霞大聖」信仰有關。丹霞大聖也是猴神,會幫忙照顧小孩,神祇相關來歷與職能可見小說《閩都別記》第二十四回〈靖姑割肉補父癩母疽元君救難收猴怪虎婆〉。講述唐朝有一千年道行的雄性猴妖,性好女色,見貌美女性便起色心,時常幻化成人。猴妖至福州,見商人楊世昌之妻沈氏貌美,趁楊世昌外出時,幻化為其形,假扮楊世昌以迷惑其妻,世昌返家後,見家中竟有人假冒自己,家人亦無力分辨真偽,因此對簿公堂,欲請老爺查明真偽。但縣老爺無法破案,楊世昌因緣際會得陳靖姑幫助。

陳靖姑看穿飲酒作樂的妖猴,念在其歷經千年化煉,才有此功力修為,但罪大惡極,因此「閹去淫根,以為淫人妻之報。」[28]將猴安放在烏石山上的「宿猿洞」[29],以聽調遣。猴精名喚丹霞,在洞中修煉,法術精進,更常助陳靖姑收妖、助人,顯靈佑民、消災祛難極其靈驗,行功積德,被玉帝敕封為正神。福州人感念其功德,遂建廟奉祀或陪祀於臨水夫人廟,稱「丹霞大聖」[30],至今福州市內仍有多處「齊天府」,因其法力高深、神通齊天祀之,因此也號「齊天大聖」,俗稱「猴王廟」、「聖王廟」,以福州督司後香火最盛。民間傳說越見流傳,猴神逐漸被引到八閩各地。閩東長樂、連江等地皆有建廟祀之。[31]可見清代福建地方祭祀孫行者之盛況。從以上資料我們可以發

---

28 〔清〕何求:《閩都別記》第一冊(臺北:臺北市福州同鄉會,1979年),頁107。
29 至今仍存,宋朝程師孟曾篆「宿猿洞」三字,並有《與伯常會宿宿猿洞》一首。
30 一說其名為丹霞,一說因其家鄉地名為丹霞,故以家鄉為名。
31 根據福州道教協會於二〇一五年粗略估計,福州市的大聖廟,大大小小,多達七、八百間。

現，福州當地人所拜的齊天大聖，名喚丹霞，是會淫人妻女的惡猴，與孫悟空正直、神通的形象大不相同。據《夷堅志・宗演去猴妖》所載，福州永福縣曾有猴王作祟，凡是遭殃的人都會發燒，水米不進，最後甚至有人神志不清，自殺而亡，當地人初始以血祭祀猴，「祠者益眾，祭血未嘗一日乾也」，[32] 企圖消災免難卻毫無用處，直到一位名為宗演的和尚前來超度猴王，疾病才不再流行。

福州猴王廟在清朝時極負盛名，許多文獻都有記載，清人尤侗所著《艮齋雜說・續說》一書曾提到：「福州人多祀孫行者為家堂，又立有齊天大聖廟，很壯麗；四、五月間，迎旱龍舟，裝飾寶玩，鼓樂喧闐，市人奔走若狂，視其舳坐一獼猴。」[33] 時至今日，福州市內仍有眾多猴王廟，筆者於二〇一九年前往福州進行田野調查時便發現此現象，緊鄰龍潭水部尚書廟的玉封齊天府，[34] 祭祀的便是齊天大聖。

圖3-5：福州玉敕齊天府

拍攝日期：2019年8月3日。（攝／筆者）

---

32 〔宋〕洪邁：《夷堅甲志・卷第六》（北京：北京出版社，2000年），頁5015。
33 〔清〕尤侗：《艮齋雜說・續說・卷三》（北京：北京大學圖書館藏清刊本），頁5。
34 福州市臺江區臺江商圈后田街24號。

由此可知，若就地緣關係來看，浙江南部緊鄰福建，福州與府城的聯繫亦多，在民間信仰上受齊天大聖信仰影響而隨移民來臺實可理解。萬福庵的齊天大聖信仰據聞來自中國遼寧省天臺山，但筆者對此說感到疑惑。一來是謝奇峰所著《首貳境萬福庵沿革》並無相關描述。二來因為阮駿是浙江人，阮夫人攜來臺灣的齊天大聖係來自遼寧的可能性不高，且萬福庵開基的大聖爺神像乃泥塑製成，聖像頭部為石雕，重達五十斤。不論是否真由阮夫人攜至臺灣，要由遼寧運送這麼重的神像，都不是一件容易的事。相反的，福建、浙江一代也是齊天大聖信仰熾熱之地。福建當地有「山尊大聖、海祭媽祖」之俗，閩越之地自古多山多猴，唐宋時期即有猿猴崇拜，閩中各地不乏猴精傳說與猴王崇拜，明代西遊故事大受歡迎之後，孫悟空的深植人心更成為猴王崇拜的代表。萬福庵因主祀齊天大聖而聲名大噪，而一般普遍認知齊天大聖是小說《西遊記》中的孫悟空。《臺南市市區史蹟調查報告書‧尼庵》載配祀齊天大聖，為本聖祀齊天大聖之嚆矢及本山。[35]可知民國六十八年調查時，當時的齊天大聖仍是配祀神，而萬福庵的信仰類型則計入尼庵。但筆者認為，齊天大聖並非一開始就與孫悟空畫上等號。

　　蒲松齡《聊齋志異‧齊天大聖》載福州祭祀孫悟空為大聖爺的靈驗故事：

> 許盛，兗人。從兄成，賈於閩，貨未居積。客言「大聖靈著，將禱諸祠」。盛未知大聖何神，與兄俱往，至則殿閣連蔓，窮極宏麗。入殿瞻仰，神猴首人身，蓋齊天大聖孫悟空云。諸客肅然起敬，無敢有惰容。盛素剛直，竊笑世俗之陋。眾焚奠叩

---

[35] 洪敏麟：《臺南市市區史蹟調查報告書》（臺中：臺灣省文獻委員會，1979年），頁139。

祝，盛潛去之。[36]

山東商人許盛至福州經商，隨其兄與同行商人入大聖廟祭祀神靈，許盛見是隻猴神，內心不以為然，不敬而去，回旅店後，許盛詆毀猴神，「逆旅主人聞呼大聖名，皆搖手失色，若恐大聖聞，盛見其狀，益嘩辨之，聽者皆掩耳而走。」[37]是夜許盛即大病，一個月後許盛兄又因病遭庸醫治死，許盛痛失手足後誠心求大聖顯靈，救活其兄，並得財神賜財。其後許盛「屢至閩，必禱大聖之。」至此之後，齊天大聖的神格便有了財神的職司。由小說中可見其認知齊天大聖乃孫悟空，且閩地香火興盛。而蒲松齡在故事中認為「孫悟空乃丘翁之寓言」，[38]顯然是受《西遊記》影響，認為這個大聖廟拜的就是孫悟空。民間信仰對猿猴的崇拜受到文學作品的影響，產生一個神佛合流的猴王信仰，至此則齊天大聖是孫行者或丹霞大聖界線已不再明顯。

《閩都別記》中記載丹霞大聖「乃千年之猴精，神廟處處有之，其元神在烏石山宿猿洞，神通變化不亞孫行者。」[39]又說「外省人初到閩地，看各地皆有聖王廟，以為齊天大聖孫行者，原來是丹霞大聖也。」[40]顯示在清代祭祀齊天大聖是孫行者或丹霞大聖者皆有之，且因孫悟空名號響亮，已造成混淆。我們可以發現此猴非彼猴，在小說中所反映的丹霞大聖信仰與孫悟空信仰並非同一回事。但對照蒲松齡《聊齋志異》所言，顯見在清代的福州地區已出現祭祀孫悟空的齊天府，表示清代以降，丹霞大聖漸與《西遊記》中孫悟空合為一體，民間猴神與文學猴王互相融合。原先閩人拜祀之「丹霞大聖」與「齊天

---

36 〔清〕蒲松齡：《聊齋志異》（臺北：漢京文化，1984年），卷11，頁1458。
37 〔清〕蒲松齡：《聊齋志異》，卷11，頁1459。
38 丘翁，指丘處機，清代文人多有以為丘處機乃《西遊記》之作者。
39 〔清〕何求：《閩都別記》第三冊，頁95。
40 〔清〕何求：《閩都別記》第三冊，頁95。

大聖」孫悟空匯流，成為現在的「玉封齊天大聖」。

　　許丙丁《小封神》故事對萬福庵齊天大聖有諸多的描摹，如《小封神》第十四回〈孫大聖威震萬福庵〉，以孫悟空為主角，一方面敘述孫悟空信仰與府城的因緣，一方面透過孫悟空與眾神之間的交遊，形容天上景況漸漸不如人間的種種景象。故事內容顛覆《西遊記》對孫悟空的形象塑造，講齊天大聖同三藏取經後，好勝心不死，想征服人間界的仙府，於是住在萬福庵[41]內作弄猴法，把臺南的嬰兒弄得跟他一樣形體，世人稱「著猴」[42]。但因為懼怕觀音大士，所以還是在萬福庵內伺候觀音。小說內容巧妙揉捏《西遊記》原著故事與萬福庵的祭祀神祇特色。《小封神》塑造因為齊天大聖作亂，束手無策連醫書《醫宗金鑑》都未載療法的「著猴」，只好以備辦三牲酒禮到萬福庵祭拜大聖爺，小孩自然得治，這也點明了萬福庵在日治時期即以大聖爺能治癒孩童疾病聞名。

　　此段雖寫齊天大聖因喜人奉承，不甘平淡，但實際記錄了萬福庵在祭祀神與職能上的特點。同時也展現了許丙丁對當時醫療的關心與認識，因為書中的《醫宗金鑑》是舊時醫藥的官書，有分內外科。許丙丁更曾於一九三〇年發表臺語短文〈新醫宗金鑑〉，刊載於《三六九小報》。許丙丁藉《西遊記》的故事概念詮釋萬福庵祭祀觀音與齊天大聖的關聯，同時也點出齊天大聖在民間信仰的職能。但值得注意的是，小說作者安排齊天大聖不甘平淡，喜人奉承故捉弄孩童導致「著猴」自是戲言。在民間信仰的發展史中慢慢被塑造、演變成佛道合一的齊天大聖，因此筆者認為，雖然萬福庵明確以祭祀齊天大聖孫

---

[41] 臺南市中西區民族路二段317巷5號。據傳為明永曆年間創立，原為鄭成功部將阮駿遺孀信佛持齋終老之所，故又稱「阮夫人寺」，嘉慶八年（1803）重建，改稱「萬福庵」。

[42] 「著猴」書中指稱為當時臺南很多小孩子都有營養不良的毛病。現今對小孩容易受到驚嚇哭啼，難以照顧，或因寄生蟲引發營養不良等孩童病症，亦稱「著猴」。

悟空為主神，但其信仰的發展脈絡與《閩都別記》的丹霞大聖及《西遊記》故事對常民的認知啟蒙有密不可分的關係。在今日的臺南，我們既可在萬福庵看見兩造融為一體的齊天大聖信仰，也可在臨水夫人廟看見保留福州原鄉丹霞大聖信仰的獨特性。大量福建閩人移居，也造成大聖爺信仰的流播，不僅臺灣如此，在香港及新馬一帶都有齊天大聖廟。

六　當代民間信仰中的萬福庵

民國三十七年（1948）萬福庵曾經修建，民國三十九年（1950）信徒聘請寺姑吳罔市與修妙師前來監院與主持，做法事弘法。民國四十七年（1958）兩人發起舉辦佛教布教人員講習會，並召開金馬將士陣亡大法會。民國六十一年（1972）萬福庵重修後，改建為二樓新式建築，民國八十四年（1995）又重修，民國一〇三年（2014）再修舉行入火安座大典。原本於二樓的阮夫人堂移往一樓廂房，一樓正殿改為大聖殿，三寶殿移往二樓。廟方執事人員表示，大約是在七、八年前，將觀音佛祖移往二樓供奉，原因是佛、道分流，筆者前往調查時發現，聖誕前一天祭祀的香客很多，與二樓供奉觀音與三寶佛的清幽氛圍差別懸殊。祭祀空間的改變加上廟宇經營模式的操作，現今的萬福庵已正式成為主祀齊天大聖的廟宇，從民族路的入口就可發現這明顯的改變。

由萬福庵內主祀神的執事牌可以發現有觀音佛祖、齊天大聖、首境福德正神、二境福德正神。但隨著觀音佛祖移往二樓祭祀，正殿供奉齊天大聖、註生娘娘、福德正神。萬福庵齊天大聖聖誕日為農曆十月十二日，二〇二二年聖誕還有平安橋，廟方公告如下：本庵齊天大聖降駕言明，指示今逢齊天大聖聖誕，舉辦七星八卦消災改厄平安橋，

圖3-6：萬福庵齊天大聖廟牌樓　圖3-7：萬福庵七星八卦消災改厄平安橋
拍攝日期：2022年11月4日。　　　拍攝日期：2022年11月4日。
（攝／筆者）　　　　　　　　　　（攝／筆者）

日期自農曆十月十一日上午九點至十月十二日下午九點止。萬福庵自民國八十二年（1993）開始逢大聖爺的聖誕日，設有兩天的七星八卦平安橋，幫信眾消災解厄，特色是平安橋不用十二生肖的本命，祭改時也是利用「猴靈樹王公」的榕樹葉當法寶，費用隨喜功德。聖誕日也會有很多大聖爺的分靈弟子回廟中同喜。民國一○八年（2019），原本在新樓醫院前青年路鐵路旁的地藏王菩薩移祀至萬福庵，萬福庵現今祭祀神祇與祭典聖誕千秋日如下表3-1：

表3-1：萬福庵祭祀神祇與聖誕列表

祭祀神祇	聖誕千秋日
玉皇上帝	正月初九
觀世音菩薩	佛誕日二月十九日 得道日六月十九日 出家紀念日九月十九日

祭祀神祇	聖誕千秋日
註生娘娘	三月二十日
釋迦牟尼佛	四月初八
南極大帝	六月二十三日
中元普度	七月二十日
地藏王菩薩	七月二十九日
福德正神	八月十五日
齊天大聖	十月十二日

民國一一一年（2022）三月，地藏王祠劉姓管理人將地藏祠的財產（金額與金牌），建有移交清冊，正式移交給萬福庵管理委員會管理，祭祀萬福庵三年多的地藏王菩薩正式成為萬福庵的陪祀神，除了是信仰的融合，也顯示信徒的增加與信仰圈的擴大。[43]

大聖爺專治「著猴」的小孩，廟埕的猴靈樹王也常引人注目。謝奇峰認為「府城廟宇各神尊更是各司其職，如大聖爺專治小兒科，又祂最不喜歡的是男女的情感問題，有信徒來問婚姻，祂會轉介去祀典武廟找月下老人幫忙；信眾有疾病問題則請他去頂大道興濟宮找保生大帝。」[44]民間信仰將神祇分類並認為各有專業，但此說法也顯示萬福庵的交陪網絡且祀典武廟與興濟宮都具有地緣關係，地理位置相近，即使將信眾分流，也不易造成不便。況且萬福庵與興濟宮素來都是交陪境的友好關係，何培夫更認為「萬福庵、開隆宮、大觀音亭與臨水夫人廟擁有上述特殊信仰，似乎構成人生前期的全民健保。」[45]

---

43 詳見《萬福庵臉書》網站，網址：https://www.facebook.com/profile.php?id=100064021276043。2022年3月31日（上網日期：2022年10月7日）。

44 王姝琇：〈猴腮雷分身20代！臺南萬福庵第13代齊天大聖開光賜福〉，《自由時報‧生活版》網站，網址：https://news.ltn.com.tw/news/life/breakingnews/4084697，2022年10月10日（上網日期：2022年11月10日）。

45 何培夫：《臺灣古蹟與文物》（臺中：臺灣省政府新聞處，2007年），頁153。

近代研究成果普遍認同明鄭時期，鄭成功入臺，閩粵佛教隨移民遷徙至臺灣，才逐漸有佛教寺廟，而明鄭政權與臺灣南部佛寺的建立有緊密的關聯，鄭成功部將阮駿遺孀所帶來的觀音信仰與後來的阮夫人寺也印證了這樣的說法。隨著臺灣民間信仰特殊的發展，佛教與政治的互相牽引，清代改名的萬福庵在日治時期成為曹洞宗的一支，成為國語學校與弘揚佛教的寺院，直到日治時期結束，臺灣民間信仰回到自由發展的樣態，本來主祀觀音佛祖，陪祀齊天大聖的萬福庵，在民國八十三年（1994）後成為臺灣祭祀齊天大聖的開基廟，又隨著廟宇祭祀空間的改變，現在的萬福庵已經成為常民普遍認知的齊天大聖廟。佛教色彩的逐漸淡化與齊天大聖信仰的傳播日廣，兩相消長之下，現今的萬福庵已經是齊天大聖廟的代表。萬福庵的身分多變，在每個時代都有不同的變遷與發展，透過文獻史料與大觀音亭兩相參照，可以發現觀音信仰流傳的廣泛與小說在民間信仰中所扮演的角色，同時亦可照見身負醫療職能的神祇對民間社會的重要性。

第二節　觀世音菩薩靈籤系統研究

　　觀世音菩薩信仰自宋代以來在民間廣受歡迎，結合籤詩的發展歷程，冠名為《觀世音菩薩靈籤》的籤譜系統多元，有一百首、六十首、三十二首與二十四首者，可知觀音靈籤流傳甚廣。不同系統的籤譜可能擁有不同的籤占方式，解籤方式也因此不同，自然也影響廟宇配置的選擇與信徒的理解，一百首者為「天開地闢結良緣」系統，代表廟宇如艋舺龍山寺，六十首者為《六十甲子籤》「日出便見風雲散」代表廟宇如臺南大觀音亭、三十二首者為《觀世音菩薩感應靈課》「彩鳳臨丹闕」代表廟宇如臺南萬福庵、二十四首為「寶馬盈門吉慶多」甚為罕見，代表廟宇如新竹縣五指山觀音禪寺。

上述這些多元的《觀世音菩薩靈籤》散見在各類文獻與廟宇，對於籤譜的發展與改變，籤詩理解的方式與當今實際運用的層面，都仍有進一步系統性討論的空間，故本節以觀世音菩薩靈籤系統研究為題，希望能全面性的討論觀世音菩薩靈籤系統的運用與觀世音菩薩信仰發展之間的影響及作用。

一　《觀世音菩薩靈籤》與籤詩解

　　求籤詩以占卜未知事物的吉凶，是民間信仰由來已久的民俗活動，籤占可說是最方便又經濟能快速得到神諭指點的方式。觀世音菩薩信仰隨著佛教傳入中國，成功在地化及女性化後成為家家戶戶都熟悉的慈悲女神，佛道都尊為至高無上的神祇，主祀或配祀觀音菩薩的佛寺廟宇多不勝數，因此也有多套冠名為《觀音靈籤》的籤譜。

　　現在所見最早期收錄整套籤譜為明代《正統道藏》，收錄《護國嘉濟江東王靈籤》一百首、《大慈好生九天衛房聖母元君靈應寶籤》九十九首、《四聖真君靈籤》四十九首、《玄真靈應寶籤》三百六十五首、《伏天廣聖如意靈籤》一百二十首、《靈濟真君注生靈籤》六十四首、《洪恩靈濟真君靈籤》五十三首等十種籤譜。上述的十種籤詩中，雖未見任何一種《觀音世音菩薩靈籤》（以下簡稱《觀音靈籤》），但不論從《正統道藏》、《續道藏》、《藏外道書》等道教相關書籍都可見從明代起收錄籤詩的狀況，這是文獻上可見的記載。而這也意味著，現在所見的諸多籤譜都在明代後才見整套輯錄的紀錄，唐朝末年已知籤占的出現，但多半散見於文人學士的筆記零星記載。

　　但就上述文獻所收錄的籤詩，即使完整收錄，也都沒有嵌入卦頭故事或代表人物，顯示籤詩搭配卦頭故事是明代以後才出現的方式。隨著明清通俗小說與地方戲曲的發展，神話傳說、歷史演義、戲劇本

事，以及民間故事等廣泛流傳，有意文士將這些耳熟能詳的文學故事以典故或卦頭故事的方式納入籤詩版面，讓普羅大眾能更輕易理解籤詩，現在所見的《觀音靈籤》也有搭配卦頭故事者。

　　臺灣目前常見錄有觀音靈籤的籤詩集為葉山居士所作，臺中劍譯出版社印行，共計四冊。第一冊為《靈籤解說（一）──正百首籤詩解》，即俗稱「關帝靈籤」（巍巍獨步向雲間）者，一九七二年八月初版，一九八四年三月四版。第二冊為《靈籤解說（二）──六十甲子詩解》，一九七二年八月初版，一九八四年三月四版，即俗稱「天上聖母六十甲子籤」（日出便見風雲散）者。第三冊為《靈籤解說（三）──觀音詩解》，內容有二十四首觀音籤、二十八首觀音籤，一九八四年五月初版。第四冊為《靈籤解說（四）──呂仙祖籤詩解》，一九八八年四月初版，為六十甲子籤，首句「此籤落地判陰陽」[46]。二〇一四年清樂編著《觀音靈籤100首典故及解析研究》臺中瑞成書局出版，二〇一四年十二月初版。此套籤譜即俗稱《觀音百首靈籤》（天開地闢結良緣）者，根據歷代通俗小說、戲曲，解析觀音百首靈籤卦頭故事典故來源。

　　二〇〇五年汪娟〈百首觀音靈籤之籤題析論──以艋舺龍山寺為例〉[47]系其二〇〇一年國科會計畫「臺灣地區佛教寺院籤詩研究」的後續成果之一，該計畫以臺灣三級古蹟以上的佛教寺廟為目標，以文獻學的方法進行籤詩的採集與內涵分析等相關工作，對本節深具啟發意義，借鑒其考察籤詩與民俗、文學、信仰間的關聯與脈絡，不與其

---

[46] 此「呂仙祖籤詩」（此籤落地判陰陽）與前述「呂祖靈籤」（蓬萊東閣玉桃香）不同，根據龐緯（Werner Banck）的調查，新竹市南門街關帝廟（建於1776年）使用此套籤譜，來源是臺北木柵指南宮（主祀孚佑帝君呂洞賓），〔德〕龐緯：《中國靈籤研究（資料篇）》（臺北：龍記圖書公司，1976年），頁129-160。

[47] 汪娟：〈百首觀音靈籤之籤題析論──以艋舺龍山寺為例〉，《中國俗文化研究》第3期（2005年12月），頁1-29。

重複的採集廟宇籤詩，觀察籤詩在非佛教寺院的發展趨勢是否有所不同。汪娟在該篇論文曾提及二〇〇五年以前「國內外學者有關求籤的研究並不多見，大多是以藥籤的研究為主，例如吉元昭治⋯⋯都是偏重在資料的輯錄，至於相關的研究論著，多半是從社會學、人類學的角度出發，較少採用文獻的整理或從文學的觀點出發」[48]此處精要的說明了二〇〇五年以前學界研究籤詩的概況，二〇〇五年至今，二十年的時間內，關於籤詩的研究有更加豐富的趨勢，但仍有諸多可深入的空間，故本節以觀世音菩薩靈籤系統研究為題，希望能全面性的討論觀世音菩薩靈籤系統的運用與觀世音菩薩信仰發展之間的影響及作用。

　　冠以《觀音靈籤》之名的籤譜有《六十甲子籤》（將於下一小節論述）、百首《觀音靈籤》、《觀世音菩薩感應靈課》（《觀音靈籤32首》）、《觀音籤廿四首》等，此為運籤。同時亦有冠名《觀音藥籤》的籤詩，如臺南清水寺原係奉祀清水祖師，乾隆年間東安坊出現一段漂流的古木，里人雕成觀音像，即現供奉的水流觀音，清水祖師改配祀，故日治時期所存的藥籤則冠以《觀音佛祖藥籤》之名，藥籤為木刻版，當中較複雜的藥名，用簡易字替代，同樣主祀觀音而有觀音藥籤的還有大崗山超峰寺及內門紫竹寺。然因論文篇幅有限，本文所指《觀世音菩薩靈籤》以運籤為主，藥籤的部分將另立專文述之。

二　百首《觀音靈籤》及其發展

　　百首《觀音靈籤》第一首第一句為「天開地闢結良緣」，故又稱「天開地闢結良緣」系統。此百首籤詩雖然名為觀音靈籤，但據汪娟

48　汪娟：〈百首觀音靈籤之籤題析論——以艋舺龍山寺為例〉，頁1-2。

研究,「在臺灣三級古蹟以上的佛教寺廟有設置籤詩者共有二十六座,其中有十九座使用六十甲子籤,實際使用此套籤詩並且主祀觀音菩薩的廟宇僅有四座,分別是艋舺龍山寺、鹿港龍山寺、鳳山龍山寺、新竹金山寺。」[49]其他據前人研究結果彙整使用該籤詩的廟宇有:新北縣五股凌雲禪寺(主祀觀音菩薩),板橋接雲寺(主祀觀音菩薩)、宜蘭壯圍永鎮廟(主祀開漳聖王)、雲林斗六福興宮(主祀開漳聖王)、林內地藏王廟(主祀地藏王菩薩)、金門金城北鎮廟(主祀玄天上帝)、臺南永康禹帝宮(主祀大夏聖帝)。當中仍以主祀觀音菩薩的廟宇使用該系統籤詩為多。

　　汪娟〈百首觀音靈籤之籤題析論──以艋舺龍山寺為例〉將該系統靈籤所搭配的典故分為「歷史人物」與「傳說人物」兩大類,歷史人物就朝代作區分,上至西周、下至明朝,傳說人物為神話或小說中虛構的腳色。就汪娟的分類則歷史人物遠多於傳說人物,傳說人物僅四首,分別為第五十四首呂仙枕黃粱未熟、第八十二首呂純陽重生梓樹、第八十六首西王母獻益地圖、第九十九首塞翁失馬。但筆者認為這樣的分類對探究籤詩典故的助益有限,因為以籤詩搭配典故之人未必忠於歷史人物的史實而寫,這當中有更多歷史人物的故事被小說、戲劇一再搬演與化用,故作為卦頭故事時非取其真實性,而是取其故事性。意即即使是以歷史人物為主,但其故事非史實,可能源自小說故事或戲曲。

　　例如第七十一首「貂蟬從王司徒計」,故事源自《三國演義》第八回〈王司徒巧使連環計〉,但貂蟬的來歷不明,不論是司徒王允的侍女或任昂之女,都傾向是說書人或小說家整理創作出來的美女形象,視為歷史人物可能有所混淆。《三國志‧呂布傳》:「卓常使布守

---

49 汪娟:〈百首觀音靈籤之籤題析論──以艋舺龍山寺為例〉,頁2。

中閣，布與卓侍婢私通，恐事發覺，心不自安。」這個沒有名字的婢女可能是貂蟬最早的歷史原型，故以歷史人物而言並無法解釋「貂蟬從王司徒計」的故事。鳳山龍山寺此首搭配故事為「一計害三賢」，講姜維詐降鍾會，一計害三賢的故事，同樣為三國故事，但「貂蟬從王司徒計」較吻合籤詩詩意。相較起鹿港龍山寺、鳳山龍山寺，艋舺龍山寺籤詩所配的故事確實以歷史演義或史傳人物居多，例如第八首「歲寒松柏古栽培，雨雪風霜總不摧。異日必當成大用，功名作個棟樑材。」艋舺龍山寺搭配典故為「范文公斷虀畫粥」，其餘龍山寺皆作劉玄德三請諸葛亮，筆者認為搭配此籤詩，則兩個典故都是吻合籤詩詩文的故事，當可並行。

「天開地闢結良緣」系統籤詩的吉凶狀況多元，以艋舺龍山寺的籤詩為例，分大吉、上吉、上上、上中、上平、上、中吉、中上、中中、中平、中、平中、平平、平、下下，共十五種，若單純以上吉、中平、下凶而論，可發現該系統當以中籤最多，對照容肇祖《占卜的源流》依其在廣州所收集的觀音籤的吉凶比例：「上三十，中五十五，下一十五。」可知確實為中籤居多。若按容肇祖的分法，艋舺龍山寺籤詩上籤有四十六首，中籤二十八首，下籤一首，未標示者二十五首，比例以上籤居多，中籤次之。

筆者根據艋舺龍山寺籤詩複核汪娟的統計，發現有些許誤差，上上籤共二十八首，但汪氏一文計為二十九首，其誤差為第七十七首，第七十七首無標示，詩文為「夢中說夢獲多財，身外浮名總莫猜。永遠山遙難信定，貴人一指笑顏開。」卦頭故事為「范雎相秦」，視其詩文與聖意，此籤當屬中籤。其餘汪氏一文的統計與艋舺龍山寺籤詩的標示沒有誤差，但這當中共有二十五首無標示，占全數籤詩的四分之一。分別是第3、7、10、15、24、30、31、32、41、49、52、54、60、63、64、65、66、70、74、77、84、88、97、98、100首，筆者

依據籤詩詩文、聖意、解與卦頭故事判斷，這二十五首無標示的籤詩，有六首可歸入中籤，分別是第3、10、31、32、41、77。其餘十九首均為下籤，故艋舺龍山寺籤詩上籤有四十六首，中籤三十四首，下籤二十首，吉凶比例是吉籤遠多於凶籤。雖然艋舺龍山寺與鹿港龍山寺的版本又有所不同，典故故事也多有差異，但吉凶比例相去不遠。

筆者認為因為龍山寺在臺灣香火鼎盛，信徒眾多，也影響此套籤詩在臺灣廣為流傳。據《南瀛籤詩故事》載南瀛地區罕見的籤譜還有臺南市永康區禹帝宮《天開地闢作良緣》百首、臺南市鹽水區大眾廟《日出東風便見財》、臺南市新營太子宮《青萍久蘊洛城隈》。但筆者調查後發現禹帝宮《天開地闢作良緣》（即《觀音百首靈籤》）在臺灣其他地區如臺北、高雄、金門、海外國家如馬來西亞[50]、新加坡[51]多處廟宇都能見到，故不至於列為罕見籤譜，其籤譜在臺南流傳的情況據筆者實際田野調查後發現，永康禹帝宮已經不再使用「天開地闢結良緣」系統籤詩，而改易為《六十甲子籤》。至於何時改易又為何改易則無人說的清楚。而該系統籤譜在海外流傳的詳細情形，尚待調查。

林國平認為「《觀世音靈籤》一百首最初也採用地支籤序，近代以後才增加數目籤序。」[52]「天開地闢結良緣」每首籤詩配一至二個卦頭故事，以第一首為例，盤古初開天地之象，諸事皆吉也。搭配宋太祖黃袍加身、鍾離成道。解曰則是概略性的解釋籤意，吉凶禍福皆有說明。

臺中瑞成書局出版《觀音靈籤100首典故及解析研究》，清樂編著，二〇一四年十二月初版。此套籤譜即俗稱「觀音百首靈籤」（天開地闢結良緣）者。透過歷代通俗小說、戲曲，解析觀音百首靈籤卦

---

50 例如馬來西亞仙四爺廟、天后宮、觀音亭、吉普林華山寺均使用該系統籤詩。
51 新加坡慈忠會、三尊宮使用此系統籤詩。
52 林國平：《籤占與中國社會文化》（北京：人民出版社，2014年），頁98。

頭故事典故來源。根據編者所言該書「搜集了福建、臺灣南北六家著名寺廟的古籤詩[53]與現在籤詩互相比對，……在這當中我們發現『泉州龍山寺』與『鹿港龍山寺』的用字最相似，但似已將原版做較大幅度的修改。『臺北龍山寺』、『板橋接雲寺』、『鳳山龍山寺』、『鳳山龍成宮』的籤詩面較相近。」[54]該書編者藉由六家寺廟籤詩的對照，整理出建議使用的卦頭故事並校正百首觀音靈籤的籤詩用字。卦頭故事主要是使民眾更容易理解籤詩的兆象，同時增加趣味性，後來成為解籤重要的參考之一。但有時會出現卦頭故事與籤詩詩意不相符合的狀況，例如第三首「衝風冒雨去還歸役役勞身似燕兒。啣得泥來成壘後，到頭壘壞復成泥。」有配〈董永遇仙〉或〈董永賣身〉者，但董永的故事似乎與詩文沒有勾合之處。卦頭故事的出現意味著籤詩順應民間信仰需求走向通俗化的過程，能夠簡易地理解籤詩成為民間廣泛的需求，因此流傳度較廣的籤詩譜幾乎都能看到卦頭故事或代表人物的組合。《觀音靈籤100首典故及解析研究》編者認為「典故的原創是必須典故與籤詩面完全密合，所謂完全密合就是籤詩面即是典故的縮寫，這也是最難的部分。」[55]但筆者認為，這樣的要求與編寫有削足適履之感，因為籤詩本來並沒有搭配典故故事，搭配典故一來增加趣味性，一來幫助民眾理解籤詩，意即係解籤的輔助工具，而當要求典故完全密合籤詩面，有一定的困難性。可能基於這樣的標準，編者將百首觀音靈籤的典故都做了整理與建議，例如第一首典故有常見的有盤古開天與宋太祖黃袍加身兩種，編者建議版本為「盤古開天」，筆

---

53 這六家廟宇分別為泉州龍山寺、臺北龍山寺、板橋接雲寺、鹿港龍山寺、鳳山龍山寺、鳳山龍成宮。
54 清樂編著：《觀音靈籤100首典故及解析研究》（臺中：瑞成書局，2014年），「前言」，頁2。
55 清樂編著：《觀音靈籤100首典故及解析研究》，「前言」，頁2。

者認為可以並行，因為許多籤詩系統搭配的卦頭故事都不只一個，以《六十甲子籤》為例，同一張籤詩搭配的卦頭故事有三至五個。筆者認為在現階段流傳的籤詩系統中，已存在多時的卦頭故事除非故事本身有誤，否則都當可繼續參考。例如六十甲子籤第四十九首常見的卦頭故事為「乙貼金走路遇鬼」，宜作「朱文走鬼」，理當將現有的卦頭故事做校訂修正為宜，而非汰除本有的故事。就現有的資料看來，此系統籤譜以鹿港龍山寺版本變化最大，但鹿港龍山寺的籤詩內容也是最接近泉州安海龍山寺者，相對保留分香系統的樣貌。

　　艋舺龍山寺是泉州安海龍山寺之分靈寺廟，主要奉祀觀世音菩薩。現在雖因倡議環保，寺廟內不再焚香禮佛，但前去參拜求籤的信眾仍然頗夥。這個情況顯現用香與否不一對會影響艋舺龍山寺的信眾求取靈籤的意願（圖3-8、3-9、3-10）。

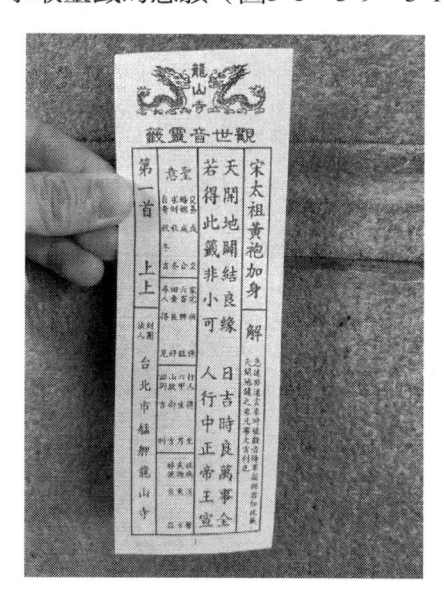

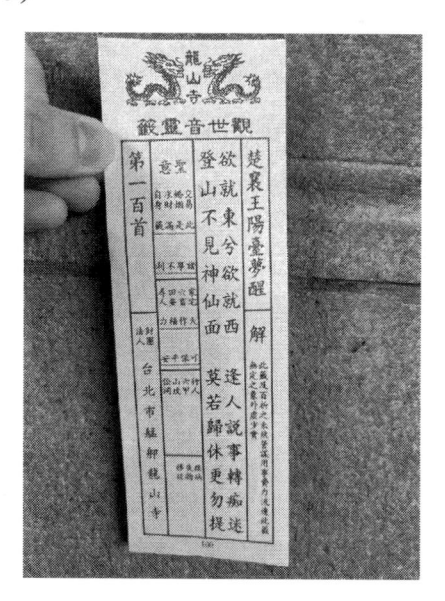

圖3-8：龍山寺觀世音靈籤。第一首與第一百首籤詩

拍攝日期：2023年11月20日。（攝／筆者）

圖3-9：艋舺龍山寺求籤信眾
拍攝日期：2023年11月20日。
（攝／筆者）

圖3-10：艋舺龍山寺籤詩筒
拍攝日期：2023年11月20日。
（攝／筆者）

三　《觀世音菩薩感應靈課》與流行狀況

　　《觀音感應靈課》以金、木、水、火、土五枚銅錢為卦的占卜方式，明顯受金錢卦所影響，為金錢卦占卜的變形。目前可知唐代已有以拋擲金錢來預測吉凶的占卜方式，故《六十甲子籤》亦有以錢代籤的求法。金錢卦又稱文王卦，因為是中國古老的占卜術之一，故相傳為周文王所創。其占卜的理論架構應來自《京氏易傳》、《郭氏洞林》。而確信宋已流傳的《火珠林》，則不再用易經卦爻辭，而以五行六親之旺相衰弱來輔助判斷，其占卜方式多利用擲錢幣的方式來進行，故方稱「金錢卦」。《觀音感應靈課》的占卜方式與解卦判斷方式都與《火珠林》中流傳的方式接近，以其變通。

　　《觀音感應靈課》製版流通緣起載：

昔明宮后，每齋沐焚香，捧誦《觀世音菩薩靈課》，時為社稷卜歲豐，祈太平，屢屢感應，遂命付梓印施百卷，以便臣民決疑，令預趨吉避凶……時萬曆壬辰正月十五日，刻於大乘禪寺，計板二十二塊，請京都衍法寺流行天下。[56]

衍法寺在明正德年間曾刊刻出版多種書籍，現在通行的《觀音感應靈課》的版本還收有印光大師的〈觀音感應課序〉：

觀世音菩薩，愍念眾生之心，不可以言語形容。雖天地父母，未足喻其少分。善根未種未熟未脫者，令其即種即熟即脫。應以何身得度者，即現何身而為說法。喻如日麗堯天，萬象咸蒙照燭。春回禹甸，百卉悉荷生成。有感即通，無謀不應。良以菩薩無心，以眾生之心為心，故得遍法界感，遍法界應，悉副彼念，了無差殊也。觀音感應課者，俯順世情，令卜休咎，以期同種善根之妙方便也。凡占者，皆須稱菩薩名。如小兒有病，不肯服藥，塗藥於乳，則不服而服矣。菩薩名號，如返魂香，若得見聞，宿業自消，宿善自生，以漸至於上追觀音之志事，究竟自利利他於無既也。茲因徐積餘居士，與其夫人，得前明古本，石印千卷，以結淨緣，略敘菩薩行慈之意云。[57]

由序文觀之，文中的徐積餘夫妻均為在家居士，現今多數皆言是民國二十年（1931）徐乃昌（1869-1943）的藏本。徐乃昌，字積餘，是清末知名的藏書家，此藏本原件為石印本。辛德勇〈述石印明萬曆刻

---

[56] 華藏淨宗弘化基金會編：《觀音籤——觀世音菩薩感應靈課》（臺南：和裕出版社，2012年），頁6。
[57] 釋印光：《印光大師文鈔續編》（臺中：青蓮出版社，1989年），卷下，頁53。

本《觀世音感應靈課》》載「《北京圖書館古籍善本書目》著錄有兩種明抄彩繪本觀音靈籤，題作《南無大慈悲靈感觀世音菩薩三十二課》，與此本觀音靈課三十二首吻合。」[58]衍法寺，位置在北京阜成門外大街路北，距阜成門約一里路。寺院始建年代久遠，據明正德七年楊一清所撰《衍法寺碑》，係正德年間由一太監張雄捐貲重建。[59]辛德勇認為「寺院與明朝後宮的這種密切聯繫，可能是王皇后選擇在這裡刊刻靈籤的一個原因」。[60]

另一方面，辛德勇據《明代版刻綜錄》卷三著錄判斷，在正德、隆慶至萬曆十四年間，衍法寺擁有良好的刻書技術，刻印過多種書籍，於此刻印《觀世音菩薩感應靈課》亦在情理之中。此石印萬曆刻本《觀世音菩薩感應靈課》豐富北京衍法寺的刻書歷史，除了可以為《明代版刻綜錄》增補一個版刻品種之外，還可以藉此把有具體實證據的衍法寺版刻活動，由《明代版刻綜錄》著錄的萬曆十四年，下延到本書付梓的萬曆二十年。[61]經核實，明萬曆二十年皇后為孝端顯皇后王氏，明朝皇后刻書是有前例可循的，《明史·后妃傳》載成祖永樂皇帝皇后徐氏，「嘗採《女憲》、《女戒》作《內訓》二十篇，又類編古人嘉言善行，作《勸善書》，頒行天下。」[62]王皇后因為「捧誦《觀世音菩薩靈課》，時為社稷卜歲豐，祈太平，屢屢感應」選擇印施《觀世音菩薩感應靈課》」「以便臣民決疑，令預趨吉避凶」，這很可能即是受到了明朝皇后編刻書籍先例的影響。故凡此種種跡象看來，《觀世音菩薩感應靈課》在明、清兩代大行，與明朝王皇后的刻書流行天下

---

58 辛德勇：〈述石印明萬曆刻本《觀世音感應靈課》〉，《中國典籍與文化》第3期（2004年9月），頁106。
59 〔清〕英廉等編：《日下舊聞考·郊坰》，卷96，頁40。
60 辛德勇：〈述石印明萬曆刻本《觀世音感應靈課》〉，頁108。
61 辛德勇：〈述石印明萬曆刻本《觀世音感應靈課》〉，頁106-111。
62 〔清〕萬斯同：《明史·后妃·列傳第一》（哈佛燕京圖書館藏，年代不詳），頁21。

有密切的關係，隨後透過像徐積餘這類善信，既是在家修行的佛門弟子，又有藏書家的知識背景而得以保存與推廣，在印製善書累積福田的觀念下，廣為流傳。但隨著金錢卦占卜法的漸趨沒落，與之搭配對應的《觀世音菩薩感應靈課》流傳的程度便不若其他系統《觀音靈籤》來的廣泛。《觀音感應靈課》所搭配的籤解簡單易懂，故信徒只需以金錢排出卦象，再參照籤解，即可明白聖意，理解上相對容易。

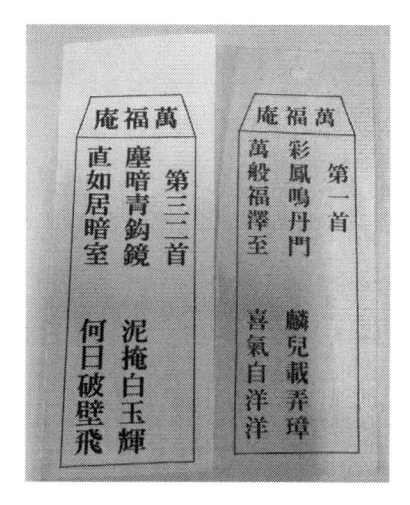

圖3-11：萬福庵《彩鳳鳴丹門》第一首與第三十二首籤詩
拍攝日期：2022年11月4日。（攝／筆者）

除了觀音廟使用該套籤詩以外，前述在臺南身為臺灣少數主祀齊天大聖廟宇的萬福庵，除了提供信徒問事的服務，萬福庵也有運籤，供信徒求取，以指點迷津。萬福庵的籤詩是罕見的《彩鳳鳴丹門》系統，共三十二首（圖3-11）。該系統籤詩目前僅見龐緯《中國靈籤研究（下）》與《全臺寺廟靈籤註解》卷一收錄，且來源都是萬福庵，龐緯採錄時間是一九七〇年，早於《全臺寺廟靈籤註解》，可知萬福庵在民國六十一年（1972）重建前便已經使用這套籤詩。

有別於一般廟宇常見的《六十甲子籤》，此類運籤通常會在籤面標示一至二則典故或故事，稱為卦頭故事。[63]透過卦頭故事中主人翁的遭遇來暗示求籤者的吉凶禍福，以為解籤之參考。但萬福庵的這套籤詩由籤面上即可發現並未配置吉凶與卦頭故事。筆者認為這套籤詩與金錢卦有關，金錢卦又名「諸葛金錢神算」，將五枚金錢用手搖晃，將錢自下而上排於桌面，觀其上下面呈現之象，共得三十二卦，其卦辭有「星震卦」、「潤下卦」等卦象，配以籤詩呈現三十二首籤詩，用於《彩鳳呈瑞祥》系統，臺南永康保寧宮即使用該系統籤詩。「諸葛金錢神算」與其他籤詩系統中的「武侯注」都是假託諸葛亮之名的籤譜與注解。因為諸葛亮是智慧的象徵，有諸多未卜先知的傳說，套用諸葛亮之名無非是希望更多人使用且增強求籤者對籤詩的信心，諸葛亮在世時，籤詩尚未出現，與之相關的一切籤詩自然不是真實。金錢占卜在唐代時已經出現，利用拋擲金錢來預測吉凶，使用的金錢數量多寡也會影響可求取的籤詩枝數，如利用十枚銅錢搭配天干順序，可以有一百種組合，故金錢卦三十二首的籤詩是提供信徒外出或在家中使用的方便占卜方式。可惜的是，金錢卦占卜法現在較為沒落，知道的人不多，使用者更少。有幸的是，筆者在二〇二三年七月前往英國威爾斯大學時曾見到極樂寺的成德法師，法師無意間透露他偶爾會使用觀音感應靈課與金錢卦卜法，用來參酌所行之事與決斷公事。

但詳觀萬福庵的籤詩內容，與《彩鳳呈瑞祥》系統又有不小的差異，筆者在檢索資料時發現，《觀世音菩薩感應靈課》也許與萬福庵的籤詩系統更為相關。據《觀世音菩薩感應靈課》所載，「觀音靈感

---

63 關於「卦頭故事」之稱乃為通俗的說法。容肇祖的論文稱之為「古人」、汪娟稱為「籤題」（便於指稱某一首籤詩之題）、王文亮的論文稱「故事籤解」、林明德與王儷容皆稱「卦頭故事」（依附典故）筆者行文時顧慮籤詩乃接近常民生活的民俗文化，故以「卦頭故事」稱之，淺顯易懂。

課占卜銅錢製作及使用方法」：

一、準備五個一塊錢硬幣，以一面代表金、木、水、火、土，另一面代表空白，取任何一面均可。（如以人像代表金、木、水、火、土，反面則代表空白。）使用時硬幣放手中搖數下，至心念觀音聖號若干聲，心中默念所問之事，再將硬幣搖數下，擲於桌上，令其散開，依高低順序分為金、木、水、火、土，最高代表金，其次者木、水、火、土（代表空白那一面亦照此順序）。

二、用紅紙貼硬幣上，將旁邊修剪整齊，上面寫金、木、水、火、土，占卜方法如上，以現出的字為順序，不以高低為順序，也是以金、木、水、火、土來排列。

*以上方法任選一種均可。[64]

書中詳細載明占卜方法，同時說明《觀世音菩薩感應靈課》的來由：

> 昔日唐三藏詣西天取經，值觀世音菩薩曰。汝往西天求教，道途凶惡，緣汝能辨。吾助汝三十二感應靈通之卦，日傳一課，便見當日前途吉凶，禍福無不應者，欲叩焚香祝禱，用淨錢五文於香煙上度過，手內擎搖禱祝偈曰。[65]

由此說明可知，《觀世音菩薩感應靈課》是一種具有便利性的占卜法門，在過去只要以隨身的五文淨錢過香煙，即可用來祝禱。而後隨著時代進步與《觀世音菩薩感應靈課》受到推廣，始出現附有金、木、

---

64 華藏淨宗弘化基金會編：《觀音籤——觀世音菩薩感應靈課》，頁2-3。
65 華藏淨宗弘化基金會編：《觀音籤——觀世音菩薩感應靈課》，頁5。

水、火、土不同顏色的貼紙,方便信眾於日常生活使用。同時占卜只要擲錢幣一次,一定能得到結果,相較起需連擲三次聖筊的求籤之法,自有其優勢。

萬福庵前身為阮夫人寺,是鄭成功部將阮駿夫人的孀居之所改為佛寺,故名之,清代主祀觀世音菩薩,但時至今日,萬福庵已成臺灣極少數主祀齊天大聖的廟宇,同時也是齊天大聖開基廟,廟中二樓祭祀觀音菩薩與三寶佛祖。由此可知,萬福庵選擇以《觀世音菩薩感應靈課》為廟中籤詩是自有其道理。這套籤詩在萬福庵尚未由主祀觀音菩薩改易成主祀齊天大聖的廟宇前,即使用此套籤詩,而且籤詩內容有部分極為相近,如《觀世音菩薩感應靈課》首籤第三句「禍除福祿至」,萬福庵籤詩改易為「萬般福澤至」,巧妙嵌入「萬」、「福」二字以應庵名。筆者比對萬福庵的籤詩與《觀世音菩薩感應靈課》發現,萬福庵的籤詩上並無搭配卦象或卦頭故事(如圖3-11),但《觀世音菩薩感應靈課》則呈現卦象與吉凶,且內容上明顯有所雷同,但萬福庵的籤詩確實有諸多重新增改的痕跡,原則上文字相異,表意上卻不相違背。由下表3-2的對照可知,三十二首籤詩中有十一首內容截然不同,吉凶有別,分別是12、18、19、23-30首。

表3-2:萬福庵籤詩與《觀世音菩薩感應靈課》對照表

	《萬福庵籤詩》	《觀世音菩薩感應靈課》
1	彩鳳鳴丹門。麟兒載弄璋。萬般福澤至。喜氣自洋洋。	彩鳳臨丹闕。靈龜降吉祥。禍除福祿至。喜氣自洋洋。
2	舊跡宜改變。好事莫更遷。龍門魚躍浪。風骨作神仙。	舊跡宜更改。新事好進程。龍門魚化躍。凡骨作神靈。
3	動作有方便。求謀休託人。若逢戊己土。其事得完成。	動用因風便。求財可託人。喜逢戊己日。幹事得完成。

	《萬福庵籤詩》	《觀世音菩薩感應靈課》
4	船泛江湖內。灘頭獲真珠。 更期善保用。謾道福易居。	船泛江湖內。難求獲寶珠。 更宜進大用。福至禍災除。
5	炎火屬南方。真氣不可當。 未得乘涼處。時下有災殃。	凶卦按南方。烈火不可當。 爭訟文書滯。時間有小殃。
6	五行土為利。先憂後喜來。 小心防目下。守舊卻無災。	戊己本居中。先憂後喜逢。 夫子值陳厄。目下不和通。
7	門戶獲安泰。錢財漸漸昌。 所向皆清吉。小禍不成殃。	門戶興安泰。錢財漸漸昌。 進身求望吉。疾病得安康。
8	妙德逢天喜。門庭百福臻。 吉人來助力。財利自然新。	所幹蒙天祐。門招百福臻。 貴人相助力。獲福盡歡欣。
9	此際如冬樹。枯木未放花。 看來春色動。一朝發萌芽。	目下如冬樹。枯衰未放花。 看看春色動。一發盡生芽。
10	春色融和氣。衰殘勿再興。 更看微雨淫。山色喜長青。	春日融和氣。衰殘物再興。 更逢微細雨。德澤又還生。
11	進取求名達。寒儒衣錦歸。 枯木逢春候。林樹發芳菲。	災散禍門閉。喜慶福門開。 目前相逢處。須當得橫財。
12	征伐邊方寇。旌旗得勝回。 拜君為將帥。誰能下九垓。	進用多隨意。寒儒衣錦歸。 前程春風霽。散步賞芳菲。
13	水中捉月影。見影不見形。 何如靜看者。謹守得安寧。	水中現明月。見影不見形。 錢財多失散。謹慎得安寧。
14	身心多不寧。作事未能成。 當如混濁水。濁久自然清。	動用不安寧。經營事不成。 退身方可吉。守分禍潛形。
15	迢遞道途裡。程遙日落西。 羈身無所托。流落傍誰棲。	衰木逢春少。孤舟遇大風。 動身無所托。百事不亨通。
16	日出扶桑上。光輝天下同。 合心營吉事。百事自亨通。	日出照四海。光輝天下明。 進身和合吉。百事自然成。

	《萬福庵籤詩》	《觀世音菩薩感應靈課》
17	眾惡皆消散。福慶自來迎。 松柏蒼蒼翠。前途祿進庭。	病散身安泰。官事只可和。 前程宜守舊。災禍自消磨。
18	服藥保身命。絆擾事相連。 守身安舊職。獲利有自然。	此卦恍惚多。財帛暗消磨。 婚姻反成害。人事不諧和。
19	露重禾薄潤。何慮不廣收。 自然身得樂。有事不用憂。	豐富時時進。錢財格格高。 松筠欺雪露。蘭檜出蓬蒿。
20	高名掛金榜。籠禽得放生。 舉足招財寶。更宜向遠行。	高明居祿位。籠禽得放生。 動容招財寶。更宜向遠行。
21	履薄登冰池。危橋未渡時。 重重遭險路。驚送自無疑。	福祿得高強。聲名自進昌。 遂心獲大吉。萬里好風光。
22	福祿正當場。求謀得吉昌。 遂心皆大吉。千里共欣揚。	明月正當天。清光午夜圓。 纖毫雲翳息。萬里得凝然。
23	明月當天上。照臨天色明。 纖毫無染污。萬戶聽歌聲。	羸馬登途遠。饑人去路長。 進身皆不吉。凡事可消詳。
24	根實樹枝秀。朝榮暮更高。 淫霜墮弱質。蘭桂出蓬蒿。	三家俱養性。始元得共生。 果隨心造化。萬事自然成。
25	災散禍門閉。喜來福戶開。 目下相逢處。須當得橫財。	離別重相見。不知事盡通。 所求皆遂意。身樂得從容。
26	隔離重相見。環門喜氣多。 遠人歸故里。自樂自欣和。	年來少災害。先祖積陰騭。 若言幹辦事。皇天相助力。
27	匣中實出見。石內玉爭光。 進身求望吉。到處得安康。	霖雨禾苗潤。何愁不廣收。 隨心得所以。無喜亦無憂。
28	瘦馬登嶇路。饑人涉遠行。 半江篙櫓失。月暗是無星。	蚌中珠自現。石內玉爭妍。 進身求望吉。凡庶作神仙。
29	枯木遭風雨。孤舟遇大風。 際會無時好。應恐不能安。	征戰逢威力。旌旗引駕歸。 功成名位就。門戶見光輝。

第三章　觀世音菩薩的信仰流動與籤詩研究 ❖ 99

	《萬福庵籤詩》	《觀世音菩薩感應靈課》
30	三象宜相養。胎元得遂生。 交逢分造化。凡是紀安寧。	離水得到岸。過橋獲度安。 重重憂險阻。蕩蕩自心寬。
31	日出四海明。花開結子成。 請看月中桂。即便見太平。	迢迢途路遠。看看日墜山。 憂心無可託。所作事艱難。
32	塵暗青鈎鏡。泥淹白玉輝。 直如居暗室。何日破壁堤。	塵暗秦時鏡。珉含卞氏瓊。 如屈石窟內。何日見光明。

　　名為觀音籤譜的籤詩系統有很多，《觀世音菩薩感應靈課》三十二首只是其中的一種，這些籤譜的出現自然是跟觀音信仰的風行有關，萬福庵選擇此套籤詩作為運籤是主事者的智慧，展現主祀神與運籤的一致性。以吉凶占比而言，《觀世音菩薩感應靈課》吉籤有1、2、4、7、8、9、10、11、12、16、17、19、20、21、22、24、25、26、27、28、29，共二十一首，占百分之六十五，中平籤共五首，分別是3、5、6、14、30，其餘六首皆為下籤，與其他籤詩系統雷同，屬吉籤遠多於凶籤的組合。萬福庵的籤詩上吉者有十七首，中平者七首，下籤有八首。雖然與《觀世音菩薩感應靈課》有多首歧出，但仍同樣是吉籤多於凶籤的組合。金錢卦占法多元，時至今日，金錢卦占卜法已不流行，但透過《觀世音菩薩感應靈課》與《彩鳳鳴丹門》系統籤詩的流傳，我們仍可見到這個占卦法在民俗生活中的樣貌。

四　《觀音籤廿四首》與通俗文學故事

　　此套籤詩僅二十四首，在臺灣廟宇較為罕見，每一首搭配一個人物，以其故事為卦頭故事，用以解籤。吉凶分上吉、上上、上中、上中平、中平、下中平、下下，共七類，上吉三首，上上八首、上中一首，上中平二首、中平二首、下中平二首，下下六首，若以上、中、

下做區分,則吉籤有十四首,中籤有二首,下籤有八首,仍呈現吉籤多於凶籤之象。筆者認為透過這些觀音靈籤系統的吉凶比例,我們可以發現將籤詩吉凶分類越多的系統,更呈現籤詩創作者在安排時想安撫人心,趨吉避凶之信眾心理,但如果詳觀籤詩內文與籤解,其實是提醒、暗示有可能的挫折與禍端者居多,即使吉籤也可能是吉中帶凶,更貼近人生不如意之事十之八九,禍福相依的真實,意即籤詩卦面上的吉凶不能視為好與壞的通則,更不能單憑吉凶來解釋籤詩,吉凶只能輔助求籤者參考,至於解決方法與兆象則須搭配籤面上的其他解籤資訊互相輔助,才能得出完善的答案,這也意味著吉凶的記載除了安慰求籤者之外,不一定具有實質理解上的意義。林國平、彭文宇《福建民間信仰》:

> 每套籤詩的上、中、下的比例頗有講究,絕大多數籤詩的上、中籤的比例均占總數的七成到八成,下籤約占總數二成到三成,以迎合香客們的趨吉避凶的宗教心理,同時對懷有不安或恐懼心理來抽籤求神的香客,也起到了某種程度的寬慰作用。[66]

汪娟也認同此觀點,但筆者認為中籤並不能一概視為吉籤,因為普遍的中籤不論是籤詩詩文或卦頭故事等兆象多呈現禍福相參之狀,更多的是凶多吉少的書寫模式,雖然這不影響吉籤多於凶籤的比例,但若將中籤不必然視為吉籤,那麼籤詩吉凶呈現的樣貌會更吻合現實人世的狀態。

《觀音籤廿四首》第一首「寶馬盈門吉慶多,官司有理勸調和。萬般得利稱全福,一箭紅心定中科。」搭配的典故人物為「善才參世

---

[66] 林國平、彭文宇:《福建民間信仰》(福州:福建人民出版社,1993年),頁278-279。

尊」。關於善才的來歷，可見《華嚴經》：

> 爾時，文殊師利知覺城大眾集已，隨其所應，以大慈力，令彼清涼；大悲現前，將為說法。甚深智慧，分別其心，以大辯力而為說法。觀察善財童子，以何因緣，名曰善財：此童子者，初受胎時，於其宅內，有七大寶藏，其藏普出七寶樓閣，自然周備，金、銀、琉璃、玻璃、真珠、硨磲、瑪瑙，從此七寶，生七種芽。時，此童子處胎十月，出生端正，肢體俱足。其七種寶芽，……如是等五百寶器自然行列。又雨眾寶，滿諸庫藏。以此事故，婆羅門中，善明相師，字曰「善財」。[67]

《華嚴經》中善財「深具善根」且「具菩薩行」，在《西遊記》故事中，善財童子被認為是火雲洞聖嬰大王紅孩兒，即牛魔王與鐵扇公主的兒子，幾次計誘唐僧不成，反被觀音菩薩收服，做脅侍善財童子與龍女成一對。後來隨著民間信仰的發展，身為觀音脅侍的善財童子被賦予招財進寶、求子等職能。故此籤為上上籤，具吉兆，搭配人物與詩文相符。又如《觀音籤廿四首》第十首「鴛鴦分散各無心，口舌官司禍患深。病者防亡有外鬼，行人托友去無音。」搭配的典故為孟姜女尋夫。典故：孟姜女是春秋戰國時期故事，其夫萬杞良因築長城，被官吏所殺。孟姜女往尋之，及時知夫已死，欲尋骨骸歸葬。神為指點之處，咬指出血認夫骨，哀慟大哭，長城為之崩潰。孟姜女故事為中國四大民間故事之一，有許多不同的版本，流傳地域也十分廣大。而孟姜女故事在多種籤譜中皆被配為卦頭故事，例如《百首觀音靈籤》的第七首搭配的故事即為孟姜女送寒衣，孟姜女故事因其夫妻陰

---

[67] 《大正藏》：《大方廣佛華嚴經》，CBETA, T10, no. 278, p. 688。上網日期：2023年10月30日。

陽相隔的情節，通常都搭配下籤。《觀音籤廿四首》搭配的代表人物詳見表3-3：

表3-3：《觀音籤廿四首》所配代表人物表

第一首 善才參世尊	第二首 賀海被災星	第三首 梁山伯訪友	第四首 唐三藏取經	第五首 伍子胥逃關	第六首 王氏女敬佛
第七首 玄武帝遭難	第八首 劉智遠鬥瓜精	第九首 何仙姑訪道	第十首 孟姜女尋夫	第十一首 劉文龍上任	第十二首 鳳仙女招親
第十三首 劉先主入贅	第十四首 花子隱如意	第十五首 朱買臣求官	第十六首 舜天子傳位	第十七首 林招德放黃鶯	第十八首 楊文廣傷身
第十九首 漢光武鬧昆陽	第二十首 韓信築壇拜將	第二十一首 濮十藝投親	第二十二首 海龍女比武	第二十三首 蔡伯喈辭朝	第二十四首 文王遇子牙

《觀音籤廿四首》雖配有卦頭故事，但現今罕見完整的籤解，有些來自大眾耳熟能詳的民間故事或戲曲，如上述所談的第十首，部分則與其他系統籤詩重疊，顯示編撰者在搭配卦頭故事時多有參考其他系統籤詩的可能，例如第十三首「劉先主入贅」、第十五首「朱買臣求官」、第十九首「漢光武鬧昆陽」都與《雷雨師籤百首》（巍巍獨步向雲間）相同。有些則需要仔細探究，方能找出卦頭故事的源頭，例如第十七首籤詩「官司橫事受諸災，家內人丁大破財；凡病必須先了願，管教脫悔笑顏開」。其卦頭故事為「林招德放黃鶯」，余全雄《觀世音24首福德正神28首籤詩解》記為「林逋植梅養鶴」，[68]林逋為宋

---

68 余全雄：《觀世音24首籤詩解、福德正神28首籤詩解合集》（臺南：大正書局，2012年），頁35-36。

人，不娶妻、種梅養鶴以自娛，因有「梅妻鶴子」之稱。由林逋故事對應籤詩詩文實難看出吉凶相應的關聯，若再細查以「林招德」為搜尋對象，可找到《林招德賣水》，此戲目潮州地區的木偶戲與客家戲曲皆有之，再擴及其他戲劇曲目則可見南音《正字林招得全本》（新刻林招得孝義歌）（圖3-12），說唱林招得與黃玉英的婚戀故事。故事講述陳州府人林百萬，與黃尚書友好，兩家夫人同時有孕，遂相與指腹為婚。林家生子名招得，黃家生女名玉英。招得九歲時，林家遭遇災難，家道中落，昔日親朋走避，林氏父子只得賣水為生。黃家見林家衰敗，意欲悔婚，遂藉機羞辱百萬父子，逼得林家主動退婚。然而黃玉英為明心志謹守節操，以死相迫父親，誓願非林家不嫁。玉英並私下濟助林招得，勉其讀書應舉。然玉英私會招得之約被惡人蕭裴贊知悉，蕭裴贊假冒招得，殺死黃家奴婢，嫁禍給林招得。招得陷入冤獄，險遭斬首。幸賴包拯巡按陳州，洗刷招得清白。最後招得應舉得中狀元，家道中興，正式光榮迎娶回黃玉英，林黃兩家和好。這個故事透過通俗小說、地方戲劇流傳各地，版本細節稍有不同，如《百家公案》第七十八回，「招得忽一日遇著太白星變作老人，手擎一隻白雀，賣與招得。招得籠養於家，一日，白雀飛去，直入張員外花園中。千金娘子忽見之，因問及詳細，乃是其夫林招得。」小說與潮州木偶戲都作「白雀」，故籤詩所云之「黃鶯」當令有出處，筆者在明代徐文昭所編的《風月錦囊》中找到答案，《風月錦囊》為明嘉靖癸丑年（1553）書林詹氏進賢堂重刊本，書名全題為「新刊耀目冠場擢奇風月錦囊正雜兩科全集」，別題「全家錦囊」。凡正編二十卷，續編二十卷，續補一卷（圖3-13）。全書版式分為兩欄，下欄收載元明雜劇及傳奇選萃，上欄或插圖、或雜錄散曲、小曲。書中記「奇妙全家錦囊續編林昭得黃鶯記十八卷」應該是最早的故事來源，《觀音籤廿四首》搭配卦頭故事最早可能出現在明代，也顯示這套籤詩對南戲影

響所及戲曲的吸收，由南戲劇目可知《林昭得黃鶯記》為此籤詩典故的來源，因為在其他地方戲劇中有作「林招得」者，亦有林招德放「白雀」者，就其人名與情節所放之禽鳥，當以南戲為典故源頭。這個典故林招德因放黃鶯而與玉英重逢，與籤詩苦盡甘來之兆象相符，更適合此籤。

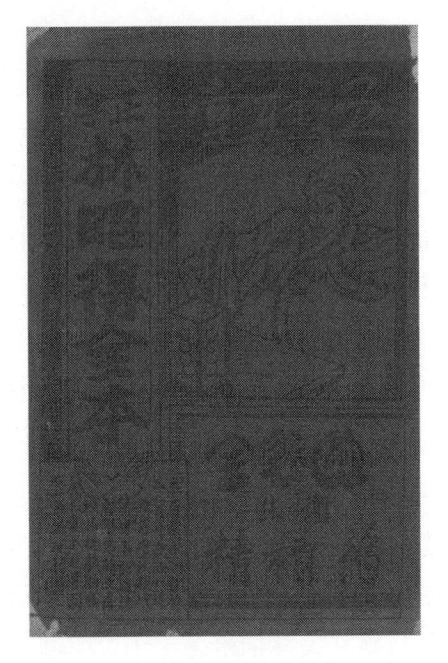

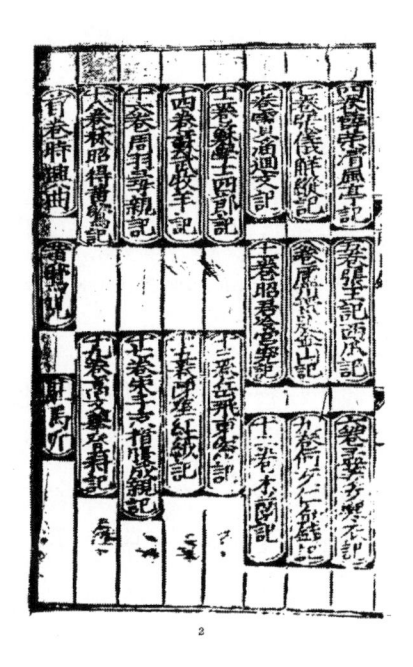

圖3-12：香港五桂堂《正字林昭得全本》封面　　圖3-13：《新刊耀目冠場擢奇風月錦囊正雜兩科全集卷之一》目錄

　　第二十三首蔡伯喈辭朝，則來自《琵琶記》，乃元末高明取材民間「趙貞女蔡二郎」傳說故事而寫的著名南戲劇本，有「曲祖」之稱。敘述蔡伯喈、趙五娘和牛相府千金之間的糾葛，新婚的蔡伯喈為奉養雙親，中狀元後無意為官，卻被強迫入贅牛丞相府，其妻趙五娘則盡心奉養公婆直至他們病故，幾經波折後，蔡伯喈辭官帶著兩個夫人回家守孝。《琵琶記》係改編自民間南戲《趙貞女》，更早時還有金

院本《蔡伯喈》，但原故事中背親棄婦的蔡伯喈變為了全忠全孝。

而籤詩所搭配的「蔡伯喈辭朝」著重蔡伯喈辭官帶著兩個夫人回家守孝的情節，顯然已非原始南戲設定的背親形象，故受《琵琶記》及其衍生故事的影響痕跡相對明顯。雖然我們能從籤詩所搭配的卦頭故事找到若干與南戲的連結，但卦頭故事取用的範圍卻遠大於此，例如第二首「彼此分明事不通，相爭善惡不相同；利名患病皆難吉，何必勞心問始終。」典故為「賀海被災星」，余全雄《觀世音24首福德正神28首籤詩解》記為「賀監淪為道士」，講唐人賀知章在天寶年間淪為道士之事。但詳觀其內容，賀知章與賀海並無連結，難以斷定同為一人。以籤詩本文觀之，本籤為下下籤，詩文也應現各種難吉之兆，與賀知章晚年逃過生死大病，自請回鄉當道士一事難有呼應，故筆者認為此則卦頭故事實有其他出處。「賀海被災星」，根據網路上能檢索到的結果，紹興香爐峰的爐峰禪寺籤詩第六籤「蛇虎正交羅，牛生兩尾多，交歲方成慶，上下宜能和。」卦頭故事人物為「賀海丞相」，應該與此有關。賀海不知實為何人，但元朝賀惟一（1301-1363）為元惠宗時中書左丞相，係漢人在元朝任官難得的殊遇，後因忤逆奇皇后獲罪，被逼自戕。若以賀丞相的故事觀之，則與籤詩相應，同為下下籤之兆象。又如第十四首「婚姻和合病離床，謀事求財主吉昌；失物遷移皆遂意，官司有理定無妨。」典故為「花子隱如意」，余全雄認為花子是古代婦女面飾，如唐代上官婉兒以此來點臉上刃跡。但這個故事難以與籤詩本文相符，筆者認為此故事另有出處。「花子隱如意」，較可能與《酉陽雜俎》記事有關，《酉陽雜俎》前集卷八載：

近代粧尚靨，如射月曰黃星。壓鈿之名，蓋自吳孫和鄧夫人也。和寵夫人，嘗醉舞如意，誤傷鄧頰，血流，嬌婉彌苦，命太醫合藥，藥言得白獺髓，雜玉與琥珀屑，當滅痕。和以百金

購得白獺，乃合膏。琥珀太多，及差痕不滅，左頰有赤點如痣，視之，更益甚妍也。諸嬖欲要寵者，皆以丹青點頰，而後進幸焉。[69]

該文記唐代仕女粧容崇尚「壓鈿」，起於三國時代孫和（孫權第三子）寵妃鄧夫人，某日孫和酒醉，舞動「如意」，不慎打傷鄧夫人臉頰，命太醫給藥以滅疤痕，然藥膏成分不均，疤痕猶在，左頰留下赤點如痣，但看起來卻益發嬌妍動人，後來諸要寵者，反倒以丹朱點頰求幸，這因禍得福的故事，正與籤詩正文「上上」之意相通。有趣的是，《酉陽雜俎》前集卷八在緊接著這則典故之後的文字，正好是在談上官婉兒面飾用花子事，余全雄很可能誤讀、混淆，甚至錯解《酉陽雜俎》中這兩則記事，以致誤以為「花子隱如意」乃演述上官婉兒的故事，實為鄧夫人故事方貼合卦頭故事。

　　龍山寺系統所使用的《百首觀音靈籤》展現分香廟宇與祖廟的一致性，同時也成為臺灣龍山寺系統廟宇的特色，進而影響其他非龍山寺系統的廟宇。而《六十甲子籤》更成為臺灣普及率最高的籤詩系統，涵蓋各類不同主祀神的廟宇，成為臺灣民間眾所周知的運籤。《觀音靈籤》除了有多種籤譜以外，還有搭配曾經廣為流傳的金錢卦占卜法的《觀世音菩薩感應靈課》，進而發展出「彩鳳鳴丹門」系統，讓我們知道解籤與理解兆象的方式相當多元，金錢卦的占法更是顯現觀音信仰的特質，相信觀世音菩薩無所不在，無所不應的靈感，同時也方便不在廟中求籤的信眾。而《觀音籤廿四首》雖然較為罕見，但究其搭配的卦頭故事可知該系統籤詩深受南戲與地方戲影響，由上述多種冠名《觀音靈籤》的籤譜觀之，可以照見觀音信仰的影響

---

[69] 〔唐〕段成式：《酉陽雜俎》，《欽定四庫全書》子部第12冊（臺北：臺灣商務印書館，1967年），頁44。

力，使觀音靈籤成為臺灣流傳度最廣，使用率最高的籤譜，而這也反映了華人對觀音信仰的虔誠與敬重。

第三節　觀世音菩薩靈籤與媽祖靈籤

前文所述觀音信仰與媽祖信仰的流動與容攝，不僅出現在蔡紅亨的信仰上，也體現於籤詩文化。

一　臺灣最常見的觀音靈籤──《六十甲子籤》

以筆者所在的臺南為例，臺南大觀音亭使用的運籤就是《六十甲子籤》，以天干、地支排列組合而成，十天干配十二地支，合成六十甲子，故名。廟宇中有配置籤詩者，部分會有籤首或籤尾，意即在籤詩第一首前及最後一首後，各增一首籤詩，俗稱籤首和籤尾。[70]若籤首與籤尾皆有之，則《六十甲子籤》系統最多可有六十二首，陳進國〈寺廟靈籤的流傳與風水信仰的擴散〉：

> 《觀音籤譜》也是目前閩臺流傳最廣的靈籤之一。民間常見的《觀音籤譜》有兩類，一種是六十首的，俗稱《六十甲子籤詩》，首籤首句是「日出便見風雲散」；另種是一百首的，首籤首句是「開天闢地作（結）良緣」。許多非觀音寺廟（或佛教寺廟）也採用此籤譜，只不過略改名稱而已。林國平教授在福建收集的七百六十種籤譜中，上述兩種籤譜就接近二百種，其

---

70 據前人研究推斷，臺灣寺廟籤詩增添籤首或籤尾的風氣當始於一九四九年以後，因為日治時期的文獻中並無相關記載。王文亮、林啟泓：《南瀛籤詩故事誌》（臺南：臺南縣政府，2006年），頁37。

中一百首類型的流傳量又最大。[71]

陳進國引用林國平的說法認為閩臺地區一百首類型的流傳量最大，但根據林國平《籤占與中國社會文化》研究成果顯示不論是以汪娟[72]的研究數據或陳清和[73]的實際調查，在臺灣《六十甲子籤》在各類廟宇中的使用率還是最高。林修澈針對宜蘭、新竹和澎湖三縣進行籤詩的調查，探訪八一〇間宮廟，當中有五五九座廟宇有設置籤詩筒，高達二二六座廟使用六十甲子籤，占比高達百分之四十。莊唐義於二〇二一年間調查金門五鄉鎮的籤詩，共探訪二六六座廟宇，當中有八十三座寺廟設有籤詩，其中使用《六十甲子籤》的廟宇有三十七座，占比高達百分之四十五。顯示《六十甲子籤》應該是目前臺灣地區使用率最高的籤譜無誤。

《六十甲子籤》因為流傳廣泛、長期以來因傳鈔、複刻產生諸多錯字，《南鯤鯓代天府籤詩解密》以《幼學須知雜字采珍大全》收錄的《六十甲子籤》為校勘底本，比對南鯤鯓代天府籤詩，將籤詩本文、解曰、依附典故、籤詩解都做了詳細的審訂。清乾隆年間刻本《幼學須知雜字采珍大全》收錄《觀音佛祖靈感籤詩》，自甲子至癸亥共六十首，顯示該籤譜與通書、類書結合在一起，而這也是籤譜流傳的方式之一，在不同系統的籤譜都可以看到類似的例證，自清代至今仍可見，例如《福如東海壽南山》系統籤詩即常見於《通勝》等類書。

昭和十一年，臺中瑞成書局出版《觀音佛祖天上聖母聖籤註解》題名顯現當時兩者並稱的狀況，該版本已無圖象，版式較接近現代所

---

71 陳進國：〈寺廟靈籤的流傳與風水信仰的擴散——以閩臺為中心的探討〉，《宗教學研究》2003年第1期（2003年1月），頁67。

72 汪娟：〈百首觀音靈籤之籤題析論——以艋舺龍山寺為例〉，頁1-29。

73 陳清和：《談籤詩說八卦》（嘉義：蔡宗勳，2003年）。

見籤詩樣貌（圖3-14、圖3-15）。臺南大觀音亭暨祀典興濟宮佛道同祀，大觀音亭主祀觀音佛祖，即採用《觀音佛祖六十甲子籤》，籤面搭配一則卦頭故事。在大觀音亭典藏的籤詩雕刻版中有「紅毛樓觀音佛祖」的運籤，推斷是位於赤崁樓旁大士殿觀音堂。早期漢人稱荷蘭人為紅毛，故赤崁樓又被稱作紅毛樓。根據大士殿執事人員高先生表示，大士殿過去因為在赤崁樓旁，主祀觀音佛祖，早期俗稱「番仔樓佛祖」，紅毛樓觀音佛祖指的應該就是大士殿。大士殿以前的確也有運籤及藥籤供民眾求取，可惜在整建過程中藥籤、籤筒都被丟棄，現已無存。運籤則是使用《六十甲子籤》，名為《紅毛樓佛祖靈籤》。從

圖3-14：柯榮三教授提供瑞成書局《觀音佛祖天上聖母聖籤註解》（1935）封面

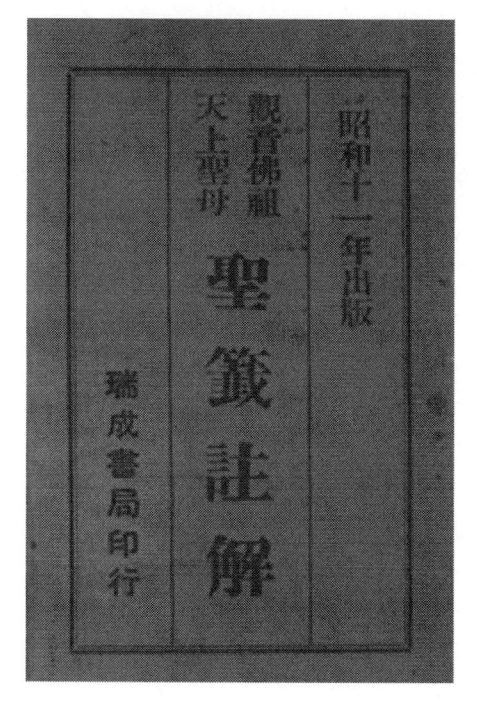

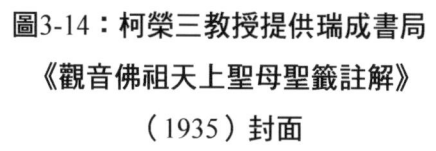

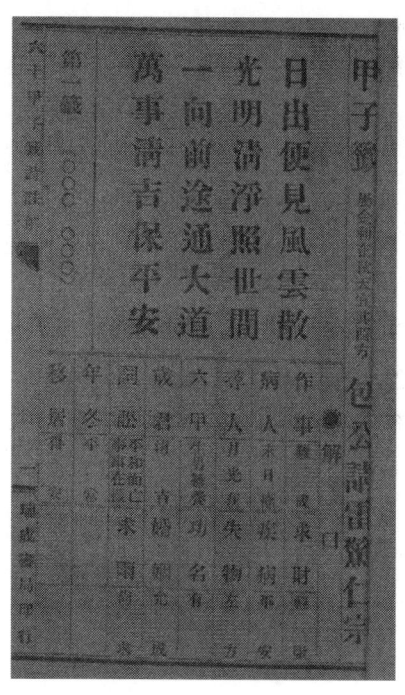

圖3-15：《觀音佛祖天上聖母聖籤註解》第一首甲子籤

大觀音亭與大士殿觀音堂所用的籤詩可證實,明清時期的觀音廟常見使用《六十甲子籤》。

但讓筆者覺得比較有趣的變化是,時至今日,這套籤詩在臺灣普遍稱《媽祖靈籤》,與日治時期相比,明顯不同,不知何時開始這套籤譜在臺灣使用率最高的是媽祖廟,故在臺灣又有《媽祖靈籤》之稱。北港朝天宮、新港奉天宮、大甲鎮瀾宮、臺南大天后宮等知名媽祖廟都是使用《六十甲子籤》,鳳山雙慈亭也是使用該系統,雙慈亭開基於明朝末年,最早由普陀山迎奉觀音佛祖為主神,稱為「觀音亭」。乾隆十八年(1753)增建廟宇前殿,從大陸泉州迎奉天上聖母入祀,觀音佛祖因而退居後殿。兩尊慈悲濟世神明同廟祭祀,才取名「雙慈亭」。而筆者認為這個現象係觀音與媽祖信仰互相容攝的結果,雙慈亭今名為「雙慈殿」,廟體建築為三殿式,前殿為五府千歲,正殿為天上聖母,後殿為觀音菩薩,每一殿均設置籤筒方便信徒求籤,三處籤筒均為《六十甲子籤》。媽祖信仰在明清時期隨著福建移民、漁民與商人傳至臺灣,除了廟宇以外,府城郊商多有自己的媽祖爐會者,這也使得媽祖信仰與籤詩廣為流傳。

二　異國神祇與媽祖靈籤《六十甲子籤》

據筆者實際田野調查,目前在臺灣祭祀異國神祇的廟宇有鹿耳門鎮門宮與美濃石母廟,祭祀對象都是鄭成功之母田川氏,兩間廟宇使用的皆為《六十甲子籤》。

日治時期設置開山神社(今延平郡王祠)祭祀鄭成功與感念其母田川氏的節義事蹟。隨後鄭成功及其部將在臺南,留下眾多傳說,田川氏(翁太妃)也受到祭祀,在臺南、美濃皆有廟祭祀。延平郡王祠有「翁太妃神位」,安南區鹿耳門鎮門宮主祀鄭成功,並慰藉英靈。

廟宇二樓祭祀田川氏，廟方曾增設鄭成功父親鄭芝龍的神像，但於二〇一六年遭竊，這是一座將鄭氏家族視為神明祭祀的廟宇。鎮門宮興建於民國七十五年（1986），據《鹿耳門志》所載是鄭軍士兵亡魂託夢，希望能在鹿耳門溪口附近立廟供奉鄭成功。之後經鹿耳門天后宮的媽祖降旨擇定廟地，定名為鎮門宮有鎮守鹿耳門之意。（圖3-16）[74]高雄市美濃區羌仔寮石母宮主祀石頭母，該廟建宮之緣由，乃是因羌仔寮當地有塊形似婦人的巨石，稱「母子石」。母子石前方還有似豚、羊牲禮的兩塊大石，後來信眾捐資興建宮廟落成。而美濃當地傳說，當時鄭成功驅逐荷蘭人後，曾經率領軍隊路過此地，見到似婦人的巨石，聯想起母親，遂在石上刻有「懷慈母鄭母國太一品翁夫人」的字樣，此為石母宮的祭祀由來[75]（圖3-17）。鎮門宮與美濃石母宮於

圖3-16：鹿耳門鎮門宮正殿與聖籤筒
拍攝日期：2023年6月3日。
（攝／筆者）

圖3-17：美濃石母宮籤詩解
拍攝日期：2022年5月22日。
（攝／筆者）

---

74 黃文博、吳建昇、陳桂蘭：《鹿耳門志（下）》，頁549。
75 此則傳說載於石母宮正殿公告，或保庇NOW網站〈羌仔寮石母宮祭祀鄭成功之母田川氏〉。

二〇一三年締結為姐妹廟,此會香為石母廟五十多年來首次迎神明出宮交陪,顯示這樣的締結關係對兩廟都有特殊的意義。

廟宇中有配置籤詩者,部分會有籤首或籤尾,意即在籤詩第一首前及最後一首後,各增一首籤詩,俗稱籤首和籤尾。[76]若籤首與籤尾皆有之,則《六十甲子籤》系統最多可有六十二首,但鎮門宮與石母宮皆無籤首或籤尾。除了籤詩系統的設置,為信眾解釋籤意也是廟宇的服務項目之一,通常是由廟祝為信徒解籤,部分廟宇則專門培養解籤老師,固定為信眾服務,例如:車城福安宮與臺南大觀音亭祀典興濟宮,因應信眾需求,也是廟宇香火能延續的經營之道:

> 一般人生活迷惘時喜歡到寺廟求籤,大觀音亭暨祀典興濟宮佛道同祀,廟內籤詩是大觀音亭的觀音佛祖六十籤、興濟宮大道公的公祖六十四籤,雖常有信眾求籤,但也一直向廟方反映,希有解籤的服務。
> 董事會從善如流,經兩個月密訓,新成立的解籤團,今年元月三日正式上班,解籤地點設於古色古香的官廳內,保有絕對的隱私性。[77]

透過以上這則報導可知,不論是培養解籤老師行之有年的車城福安宮,或是二〇二三年新創解籤團的大觀音亭祀典興濟宮,都反映籤詩對廟宇與信眾的重要性。鎮門宮與石母宮都使用葉山居士《靈籤解

---

[76] 據前人研究推斷,臺灣寺廟籤詩增添籤首或籤尾的風氣當始於一九四九年以後,因為日治時期的文獻中並無相關記載。王文亮、林啟泓:《南瀛籤詩故事誌》,頁37。

[77] 陳俊文:〈祀典興濟宮解籤團臥虎藏龍〉,《中華日報》網站,2023年1月5日,https://tw.news.yahoo.com/news/%E7%A5%80%E5%85%B8%E8%88%88%E6%BF%9F%E5%AE%AE%E8%A7%A3%E7%B1%A4%E5%9C%98-%E8%87%A5%E8%99%8E%E8%97%8F%E9%BE%8D-140146085.html。(上網日期:2023年6月1日)。

說──六十甲子籤詩解》[78]（以下簡稱《靈籤解說》）為籤解，《靈籤解說》書分前言、增訂版序與六十甲子籤詩解，詩解內容分籤面、典故、寓意、籤解（如圖3-18）當中解曰包含討海、作塭、魚苗、求財、耕作、經商、月令、六甲、婚姻、家運、失物、尋人、遠信、六畜、築室、移居、墳墓、出外、行舟、凡事、治病、作事、功名、官事、家事、求兒。《靈籤解說》籤解的篇幅較多，因此葉山居士的箴言成為信眾參考的重要指標，再佐以前人靈驗之例，增加可信度。

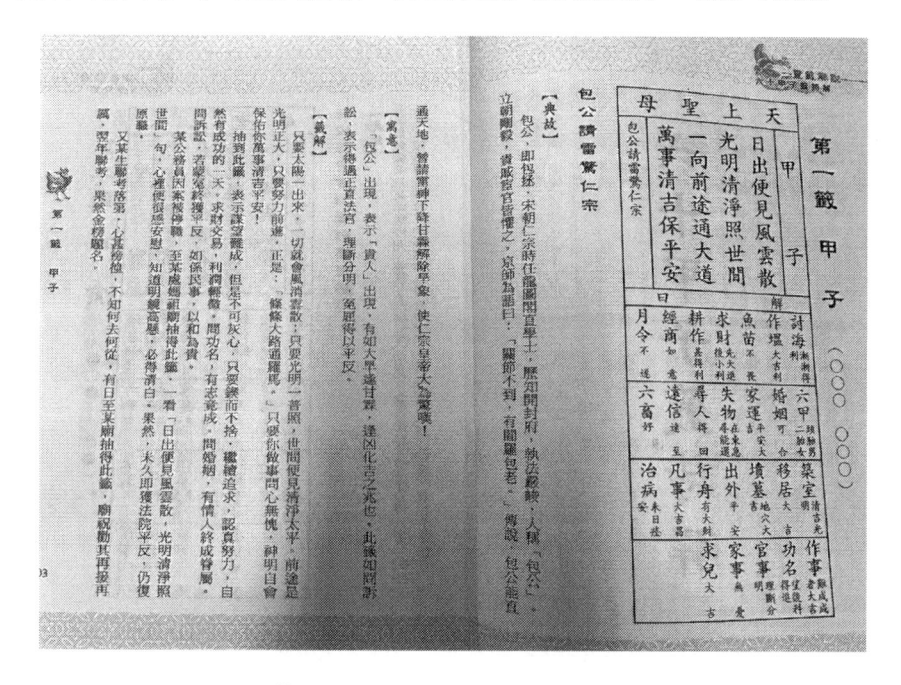

圖3-18：《靈籤解說──六十甲子籤詩解》內容
拍攝日期：2023年5月20日。（攝／筆者）

---

[78] 葉山居士：《靈籤解說──六十甲子籤詩解》（臺中：瑞成書局，2020年）。該書初版為一九七二年，因供不應求，再版多次，每間使用的廟宇版本或有差異，但就筆者實際調查，該書確為眾多六十甲子籤解中，廟宇使用度最高者。

第四節　結語

　　《六十甲子籤》通常會在籤面標示一至二則典故或故事，稱為典故或卦頭故事[79]。以《六十甲子籤》第一首來看，搭配的卦頭故事是〈包公請雷驚仁宗〉，出自京劇戲曲故事，又名〈遇后龍袍〉，講述狸貓換太子事，典出長篇章回小說《三俠五義》(忠烈俠義傳)。透過卦頭故事中主人翁的遭遇來暗示求籤者的吉凶禍福，以為解籤之參考，求籤者即故事主人翁。所出之典故來源有神話、民間故事、元雜劇、明清小說、演義、梨園戲、北管亂彈、歌仔冊等，林明德總編《南鯤鯓代天府籤詩解密》、王文亮、林啟泓《南瀛籤詩故事誌》都針對籤詩的典故來由做詳盡的考索，《南瀛籤詩故事誌》探究籤詩典故素材來源多數以《六十甲子籤》、《雷雨師一百籤》為探討對象。《南瀛籤詩故事誌》採集對象是林衡道《臺灣寺廟大全》中所列，建置年代在明清時期的百年寺廟，故事來源分為史事故事、民間流傳的故事、戲曲故事三類。

　　鹿耳門鎮門宮使用《六十甲子籤》的原因，筆者認為與北汕頭媽祖宮(鹿耳門天后宮)有密切的關聯，承上所述，鎮門宮的擇地命名乃北汕頭媽祖宮的媽祖所定，且兩廟也有十足的地緣關係，僅相距二‧五公里，許多廟宇設置籤詩都有地緣關係與交陪網絡的反應[80]，當地顯宮與鹿耳兩個聚落過去皆崇拜媽祖、鄭成功，且媽祖宮認為廟

---

[79] 關於「卦頭故事」之稱乃為通俗的說法。容筆祖的論文稱之為「古人」、汪娟稱為「籤題」(便於指稱某一首籤詩之題)、王文亮的論為稱「故事籤解」、林明德與王儷容皆稱「卦頭故事」(依附典故)筆者行文時顧慮籤詩乃接近常民生活的民俗文化，故以「卦頭故事」稱之，淺顯易懂。

[80] 詳見李淑如：〈「籤裡姻緣一線牽」——臺南祀典大天后宮《月下老人靈籤》研究〉，收入陳益源主編：《府城四大月老與月老信仰研究》(臺北：里仁書局，2016年)，頁87-116。

中的媽祖是鄭成功登陸鹿耳門的隨艦媽祖，廟宇西廂房還設有鄭成功文物常設展，兩廟之間的淵源不論是建廟起源或聚落信仰發展都密不可分，因此在籤詩系統上選擇同一套籤詩與籤詩解有合理的解釋。

　　美濃石母宮選擇《六十甲子籤》的緣由可能是以最常見籤詩系統來因應廣大信眾的需求，因為按照石母宮的籤解本（圖3-17）可知過去石母宮還配置有另外一套一百首運籤，一百二十首的藥籤，但現在廟宇中已不復見一百首的運籤及藥籤筒與藥籤，一百首運籤為何種系統不得而知。

第四章
保生大帝的信仰流動與籤詩研究

　　保生大帝的信仰普及全臺廟宇，數量上特別以南部多於北部，筆者以研究地利之便，探討南部地區保生大帝信仰的流動與籤詩文化的傳播，主要以臺南、高雄兩地為主，並擴及澎湖離島。

第一節　保生大帝信仰與藏頭籤詩

　　臺南祀典興濟宮，主祀保生大帝，提供給予信徒祈求的籤詩有運籤與藥籤兩種，本節以運籤為主，探究這套以大道神咒為藏頭籤詩的獨特運籤系統。興濟宮的運籤共有六十四首，六十四首籤詩每一句詩文的首字皆為代表字，首字串起來即是「真君真君，除邪斬瘟，行符咒水，普濟萬民，罡步正氣，永斷禍根，香火廟食，夙夜虔恭，威光顯嚇，烜號增封，萬靈有禱，咸沐神功，誦吾神咒，蕩佛群凶，魔攝勅急急如律令。」這種以主祀神咒語編寫而成的藏頭籤詩並非保生大帝信仰所獨有，《清水祖師靈籤》也是脫胎自清水祖師咒語，籤詩每籤第一個字連貫為：「清水真人，黑帝化身，風火乘足，沙界縱橫，七星寶劍，斬斷妖精，雨陽隨禱，護國安民，陰間有聲，陽間有名，上天下地，應物現形」，這段文字即為清水祖師咒語的化用，咒語共十二句：「清水真人，黑帝化身，風火乘腳，沙界縱橫，七星寶劍，斬斷妖精，雨陽隨禱，護國安民，陰間有聲，陽間有名，上天下地，應物見形。」

　　然而，這些來自原鄉信仰的籤詩系統，隨著移民來臺的先民，發

展出更獨特且具在地特色的藏頭籤詩系統，如後壁區安溪寮福安寺，主祀清水祖師，該廟的籤詩也分運籤與藥籤，運籤共七十六首，七十六首籤詩的詩首皆有一個代表字，首字串起即為「臺南府嘉義縣下加冬保安溪寮庄清水祖師靈感籤詩，利人方便。凡我本境弟子及遠近善男信女，問筮吉凶懇求禍福，宜潔淨誠心許，爾焚香禮拜抽出一枝，再請金杯為準，未卜先知，明斷有應」。除最後一首外，每支籤詩都有一個歷史人物或故事。福安寺清水祖師靈籤為罕見的藏頭籤詩，在清水祖師籤詩系統中是全臺唯一的籤詩組合。

　　筆者認為這些藏頭籤詩與原鄉信仰關係密切，故本節就祀典興濟宮《保生大帝靈籤》與臺南市後壁地區藏頭籤詩做比較，探討其籤詩來源與吉凶配置，說明其籤詩系統的占卜模式，同時旁及鄰近廟宇藏頭籤詩的對比，考察臺南地區藏頭籤詩系統發展的脈絡與其在臺灣民間籤詩文化的特殊地位。

一　臺南地區的藏頭籤詩概述

　　求籤詩是用來占卜吉凶的民俗信仰活動，民眾用來占卜吉凶、收穫、經商、功名等，反映百姓信仰的多樣貌與現實生活的追求。求籤的方式通常以擲筊獲得三個允杯為準，但也有不同的方式，以廟方公告為主，本文所討論的興濟宮與後壁區廟宇都是上述三個允杯為準的求籤方式[1]。後壁地區解籤的方式則趨向多元，一般民眾最直覺的方式，是仰賴籤詩的吉凶，再依據籤詩詩文解釋聖意，更精細者則搭配籤詩的卦頭故事加以理解，配合「解曰」的各類項目去得到最適當的答案。

　　祀典興濟宮所使用的《保生大帝靈籤》常見於臺灣的保生大帝

---

[1] 僅有臺北艋舺的集義宮例外，該廟求籤只要一個允杯即成。

廟,興濟宮的運籤共有六十四首,六十四首籤詩每一句詩文的首字皆為代表字,首字串起來即是「真君真君,除邪斬瘟,行符咒水,普濟萬民,罡步正氣,永斷禍根,香火廟食,夙夜虔恭,威光顯嚇,烜號增封,萬靈有禱,咸沐神功,誦吾神咒,蕩佛群凶,魔攝勅急急如律令。」這種以主祀神咒語編寫而成的藏頭籤詩並非保生大帝信仰所獨有。臺灣的民間信仰隨著先民移民來臺,有許多信仰崇拜的神祇是原鄉信仰,先民渡海來臺時將原本故鄉的神祇香火也帶來臺灣,後壁區安溪寮福安寺便是這種信仰類型,福安寺主祀清水祖師,籤詩的編寫受到《清水祖師靈籤》的影響。《清水祖師靈籤》亦有藏頭籤詩,例如新北市三峽區的長福巖清水祖師廟共五十首籤詩,除了大吉與三合兩首外,其他四十八首藏頭籤詩每籤第一個字連貫為:「清水真人黑帝化身風火乘足沙界縱橫七星寶劍斬斷妖精雨陽隨禱護國安民陰間有聲陽間有名上天下地應物現形」[2],這段藏頭文字脫胎自清水祖師咒語,咒語共十二句:

   清水真人　黑帝化身
   風火乘腳　沙界縱橫
   七星寶劍　斬斷妖精
   雨陽隨禱　護國安民
   陰間有聲　陽間有名
   上天下地　應物見形

此咒四十八字,虔誠極靈,後人遂以咒中每字灌頂,未足敕、封二

---

[2] 清水祖師靈籤也影響當地與清水祖師相關的不同信仰,例如福建安溪洪恩岩主祀顯應祖師,所採用的即為清水祖師靈籤,只是籤詩的第一、二首籤詩的第一句有改動,改動後藏頭籤詩首四字為「洪恩真人」可知其籤詩系統的借用來源。

字，共成籤譜五十首。[3]雖然《清水祖師靈籤》的創作者已不可考，但可知創作者必定是福建安溪有一定造詣的文人，方以咒語編寫出這套特殊的籤譜。這套常見的《清水祖師靈籤》影響清水祖師廟使用籤詩的習慣，除了讓臺灣的清水祖師廟也使用同一個系統的籤譜外，從信仰的起源樹立了藏頭籤詩的特殊標誌。籤譜形式上有別於《六十甲子籤》或《觀音一百籤》，《清水祖師靈籤》在大陸信仰的原鄉即是使用藏頭籤詩，先民移民來臺後，仍以藏頭籤詩為主，發展出屬於自己地方特色與信仰文化的籤詩系統。安溪寮福安寺也以藏頭籤詩為運籤，同樣名為《清水祖師靈籤》但並非沿用清水祖師咒語系統，而是以「臺南府嘉義縣下加冬保安溪寮庄清水祖師靈感籤詩，利人方便。凡我本境弟子及遠近善男信女，問筮吉凶懇求禍福，宜潔淨誠心許，爾焚香禮拜抽出一枝，再請金杯為準，未卜先知，明斷有應」為藏頭，上述的七十六個字即是運籤籤首的代表字，故運籤共有七十六首。除了最後一首以外，每一支籤詩都有一個歷史人物或故事。解籤方式則是以籤詩詩文所展現的人物故事搭配求籤者的問題解答，相較起其他系統籤譜而言，較為明確與容易理解。因為以《六十甲子籤》而言，每一首籤詩搭配三至八個不等的卦頭故事，可是礙於籤詩的版面，無法安置這麼多首卦頭故事，一般只顯示兩首，若要知道其他卦頭故事，求籤者必須自己再行查詢，方能有較完整的參考。而福安寺的籤詩每首僅有一位代表人物，相對簡易。

現階段對臺南地區藏頭籤詩的相關研究有，翁炯慶〈臺灣藏頭詩在地轉化的初探：以臺南市後壁區安溪寮聚落福安寺為例〉[4]。翁炯

---

[3] 關於以神咒化為籤詩，蓬萊殿有上述的解釋。參見不著撰人：《蓬萊殿-Peng Lai Dian 臉書》網站，2020年6月13日，網址：https://www.facebook.com/Penglaidian/posts/3659405094086679/上網日期：2021年8月27日。

[4] 翁炯慶：〈臺灣藏頭詩在地轉化的初探：以臺南市後壁區安溪寮聚落福安寺為例〉，

慶透過田野調查,以臺南市後壁區安溪寮福安寺清水祖師的整套藏頭籤詩作為研究主題,比對福建省安溪縣蓬萊鎮清水岩清水祖師廟的整套籤詩,探討臺灣藏頭籤詩經過地方信仰文化洗禮,進而發生在地轉化的特色。又,翁氏發現,籤詩內容的故事傳說,在臺灣目前各種五言和七言籤詩裡,還保留許多中國文學意涵和寓言故事。

二 興濟宮《保生大帝靈籤》探析

興濟宮《保生大帝靈籤》共六十四首,籤詩上並未標註吉凶或易經卦象,籤詩乃由大道神咒編寫而成,也未搭配卦頭故事,故解籤方式為透過籤詩詩句判斷。吉凶比例上,筆者就詩意與解曰內容判斷,吉籤二十三首,凶籤三十二首,平籤九首,呈現凶多於吉的狀態,部分籤詩有化用《六十甲子籤》的跡象,例如第六十四首:「令行到乎莫辭推,自歌自飲自徘徊,雞犬相問通消息,姻緣夙世不須謀」,此首籤詩與六十甲子籤第四十一首「今行到此時難推,歌歌暢飲自徘徊,雞犬相聞消息近,姻緣夙世結成雙」非常相近。筆者認為興濟宮所使用的這套籤詩,亦來自保生大帝信仰的發源地福建,因為青礁慈濟宮所使用的籤詩與興濟宮的籤譜幾乎一樣,青礁慈濟宮的運籤共六十六首。每首為七言四句,第一首為「真金輕火煉千回,此物原來七寶魁;更有良工成大器,萬古流傳不沉灰」。解曰:「楊戩送師煉劍」。六甲,男;秋好夏差;必有良師;婚姻成。兩者的差異除了用

《臺灣文化研究所學報》第4期(2013年5月),頁43-71。相關的學位論文有賴俊佑:《後壁旌忠廟藏頭籤詩研究》(苗栗:國立聯合大學臺灣語文與傳播學系碩士論文,2016年)、莊嘉純:《岳飛英雄形象與臺灣岳王信仰研究》(臺中:國立中興大學中國文學系碩士論文,2013年)、蔡佳凌:《嘉南地區岳飛信仰之研究》(臺南:國立臺南大學臺灣文化研究所碩士論文,2008年)。

字有一二字不同外,籤詩詩句類同,但解曰用字不同,意思相近。又第二十四首:「根已枯焦再長芽,磨成琢玉已無暇;誠心自有誠心報,莫待當前酒價賒。」解曰:「女媧娘娘煉石補天」六甲,女:春天好,冬天差;求才差,婚姻差。興濟宮的第二十四首亦為此籤,我們可知,青礁慈濟宮的籤詩有搭配卦頭故事,此為兩造最大不同者,另一相異者為籤數,青礁慈濟宮多了兩首籤詩,第六十六首:「令行到手莫要辭,自斟自酌自徘徊;雞狗相向消息近,姻緣夙世不須謀。」解曰:月英郭華買胭脂;六甲,男;事事好;栽種,按季節應種。此籤在興濟宮同樣是籤尾的第六十四籤。若是與白礁慈濟宮籤詩相比,也是雷同但略有差異的狀況,首籤內文相同,但白礁慈濟宮一共只有六十籤(見圖4-1),且青、白礁的籤詩都有卦頭故事相搭配。

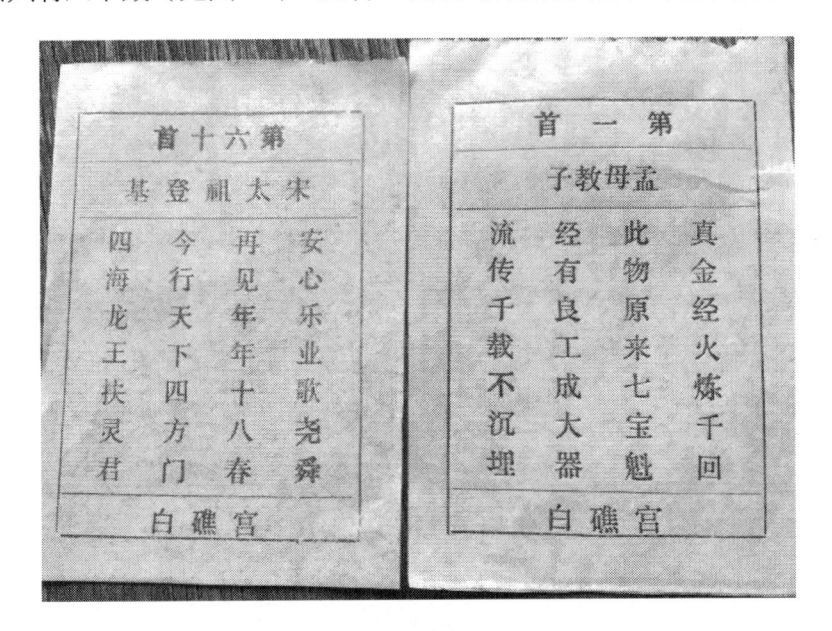

圖4-1:白礁慈濟宮籤詩第一首與第六十首
拍攝地點:白礁慈濟宮。拍攝日期:2018年10月22日。
(攝/筆者)

不論其差異為何，興濟宮的籤詩是跟隨渡海來臺的先民而來的痕跡顯著，可以很明顯地看到信仰原鄉對信仰移民後的影響[5]，而籤數或籤詩用字的差異（不包含錯字），則是在地化的結果，廟方處理籤詩的方式得到信徒的支持與認同，長期使用後成為在地文化的一環。

這套藏頭形式的《保生大帝靈籤》也見於後壁上茄苳顯濟宮。顯濟宮[6]主祀保生大帝，是上茄苳地區的庄廟，上茄苳是漳系「南靖縣永豐里吳宅社」賴仕勇之後第九代賴國永、賴國富、賴國福等人所拓建之地，故清代移民是先將保生大帝供奉於賴家，雍正年間才建廟。[7]該廟運籤首字串起來即為「真君真君，除邪斬瘟，行符咒水，普濟萬民；步罡正氣，水斷禍根，威光顯赫，旭號增封；香火廟食，夙夜虔恭，誦吾神咒，蕩滌群凶；萬靈有禱，咸沐神功，急如律唵，急急如律令、敕」，共六十六字。自第十七首「步」起與興濟宮的籤詩在順序上有所不同，並增加兩首，且搭配易經卦象解釋籤意。

據廟方表示依照大道神咒六十六字做藏頭籤詩即為六十六首，廟方認為若依易經第一首用九（籤頭）到第六十六首用六（籤尾），從第二首到第六十五首和套入八卦，八乘八等於六十四卦是全臺獨一無二的最完整的廟宇籤詩。究其籤詩藏頭文字看來與興濟宮的《保生大帝靈籤》相去不遠，我們可以看出這套以大道神咒作為藏頭的籤詩在

---

5 關於此說，謝貴文表示，「臺南祀典興濟宮的藏頭籤詩與白礁、青礁祖廟相同，容易認為其來自福建原鄉。不過，兩間祖廟都在文革時受到破壞，兩岸交流後才由臺灣廟宇協助其重建，亦有可能是其傳統籤詩早已不存，而是借用臺灣寺廟的籤詩，以致有相同的情形」。如果是這樣，那麼以「大道神咒」為藏頭籤詩的相關研究，可能都要重新思考其論述的脈絡與譜系的傳播過程，但關於興濟宮籤詩的來由，廟方也沒有明確的答案，故筆者認為需要有更多的證據或線索，才能有正確的推斷，故關於此部分姑繫於此，以俟後考。

6 上茄苳顯濟宮位於臺南市後壁區嘉田里3鄰25號。

7 黃文博、謝玲玉：《後壁香火》（臺南：財團法人泰安旌忠文教公益基金會，2001年），頁208。

眾多保生大帝廟中使用，也都略有差異[8]，《保生大帝靈籤》與《清水祖師靈籤》以神咒藏頭編寫籤譜有異曲同工之妙，多用於福建移民所興建的保生大帝廟宇，臺中市主祀保生大帝的元保宮也使用這套籤詩，此外在香港的保生大帝廟也能見到這套籤詩的流傳[9]。因此，令筆者感到好奇的是，除了以神咒作藏頭籤詩外，臺南地區是否有其他形式的藏頭籤詩，而這個疑問在後壁地區或許可看出些端倪，經筆者實際田野調查的結果發現後壁地區有眾多廟宇使用藏頭籤詩，以下細論之。

三　後壁地區的地名由來與信仰發展

　　後壁區原為後壁鄉，舊名後壁寮。祭祀清水祖師的福安寺所在的安溪寮，即屬後壁區，臺灣有多處地方以安溪寮為名，安溪寮位於後壁區東南方，縣道一七二旁的聚落。安溪寮舊時為府城經查畝營庄（今柳營）、果毅後、新營庄到嘉義之間的要衝。[10]後壁區安溪寮先民是來自福建省泉州府安溪縣籍的多姓聚落，主要以林姓為大宗，來自安溪縣積德鄉，約於清乾隆年間相繼入墾。另有王姓來自積德鄉山厝土樓、[11]蘇姓來自安溪縣嶺頭鄉、劉姓來自安溪縣唐坑鄉，由於村庄規模龐大，日治時期於明治三十七年（1904）所繪《臺灣堡圖》上分

8　但《保生大帝靈籤》各廟宇間彼此的承衍關係及用字或籤數的差異，本文礙於篇幅關係，無法詳細說明，他日將另撰他文解析。

9　詳參區志堅：〈求籤要誠、解籤要善：《保生大帝靈籤》與《黃大仙靈籤》表述「保生」概念〉，《臺灣與各地之保生大帝信仰研究》（臺北：里仁書局，2019年），頁521-556。

10　臺灣各地這些以安溪寮為名的聚落都是因為先民來自福建省安溪縣，有「安溪人住的寮仔」之意，為紀念一起來臺開拓的先人而命名安溪寮，例如嘉義縣義竹鄉平溪村也稱安溪寮。

11　施添福：〈臺南縣‧第七章後壁鄉〉，《臺灣地名辭書》（南投：國史館臺灣文獻館，2002年），卷七，頁166。

頂、下二寮。[12]（見圖4-2）

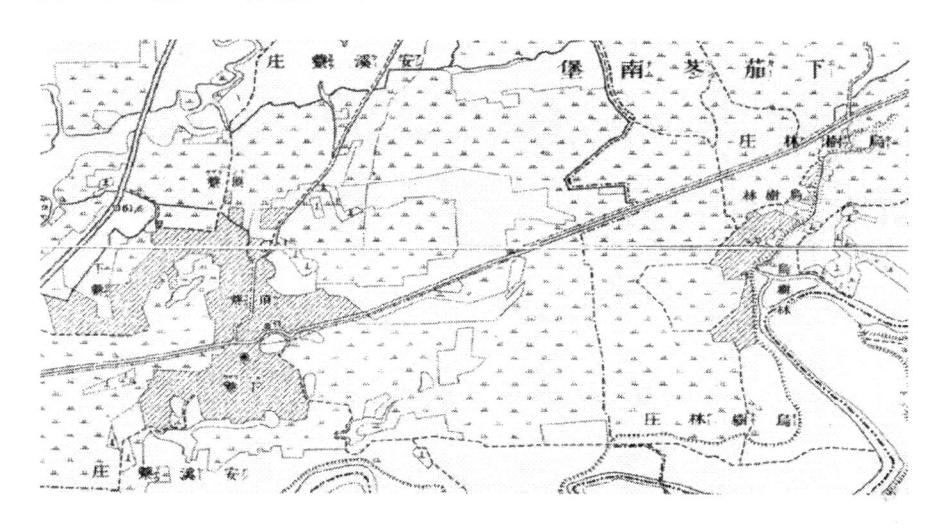

圖4-2：日治時期安溪寮堡圖
資料來源：臺灣百年歷史地圖。
參考網址：http://gissrv4.sinica.edu.tw/gis/twhgis.aspx
上網日期：2021年9月23日

翁炯慶認為後壁區安溪寮長安里（中寮）林姓、福安里（下寮）蘇姓、頂安里（頂寮）劉姓等姓氏先民均來自福建安溪縣各鄉鎮來臺開基拓墾，所以才有安溪地方神祇清水祖師的信仰圈。[13]下茄苳地區目前信仰較為知名者為泰安宮（主祀天上聖母）與旌忠廟（主祀岳飛），兩廟關係密切，系屬同一個管理委員會，並於一九九三年由兩廟執事人員與地方賢達共同籌備，成立財團法人泰安旌忠文教公益基金會。

---

[12] 日本人繪製的「臺灣堡圖」始於西元一八九八年，測繪時以劉銘傳的清丈區域為準，並加上現代三角與高程測量，精度大為提高，是日後日人統治臺灣的重要基礎資料，由於此圖的繪製是以清代堡圖為準，故而稱之為「臺灣堡圖」。

[13] 翁炯慶：〈臺灣藏頭籤詩在地轉化的初探：以臺南市後壁區安溪寮聚落福安寺為例〉，《臺灣文化研究所學報》第4期（2013年5月），頁51。撰寫期間感謝翁炯慶老師惠賜鴻文以供筆者參考，特此銘謝。

下茄苳泰安宮是下茄苳南、北堡三十六庄的公廟，主神又稱「茄苳媽」，我們由福安寺的籤詩籤首可以發現，籤詩加入了地名「臺南府嘉義縣下加冬保安溪寮庄」，可知在清代安溪寮屬下茄苳範圍，係下茄苳南堡安溪寮莊。據現在所見資料均表示福安寺在清代即有籤詩，那麼筆者的研究範圍若以清代的地理區位劃分來看，則以下茄苳地區為主，故以現代眼光來看，當是廣義的下茄苳地區，涵蓋下茄苳與安溪寮，為避免讀者混淆，特此說明。

四　福安寺藏頭籤詩與清水祖師信仰發展

清水祖師，俗名陳應（又有名為陳昭或陳昭應之說法），福建永春縣人，法名普足，因移庵麻章又稱麻章上人、烏面祖師等。據說清水祖師祈雨特別靈驗，在閩南地區相當有名。元豐六年（1083），安溪旱災，麻章上人應民情至蓬萊鄉祈雨，大雨即至，當地百姓感念其恩澤，在清水岩建造寺院，故稱為清水祖師。《安溪縣誌》亦載：麻章為眾祈雨，如期皆應。[14]宋代清水祖師信仰已經得到推崇，至南宋時因朝廷政權南移，閩南地區與政權中心更為接近，加上文人們的推波助瀾，清水祖師受到多次朝廷的敕封，於是民間信仰對清水祖師能祈雨驅瘟、消災解厄的神職更加深信不移，這點也反映在清水祖師靈籤上，清水祖師靈籤「斷曰」的第一項即是「祈雨」（見圖4-3），現在早期清水祖師職能與籤譜緊密結合的特色。

清水祖師是福建安溪一帶居民的共同信仰，是來自安溪移民的原鄉信仰，移民來臺後成為多姓聚落，隨著聚落發展自然而然成為當地的守護神。據福安寺的建廟資料所記，清乾隆三十三年創建「福安

---

14 〔清〕莊成編：《安溪縣誌・卷九・仙釋》（臺北：安溪同鄉會，乾隆二十二年刻本，1967年），頁228-229。

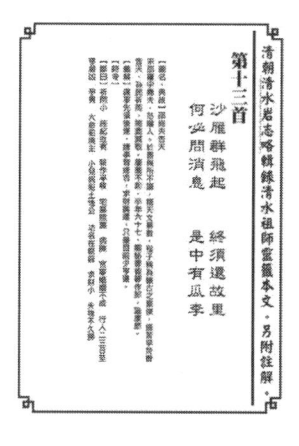

圖4-3：清水祖師靈籤第十三首
見載於《清水岩志略》，圖為麻豆玉清府所用籤詩。

圖4-4：安溪寮福安寺
拍攝日期：2021年8月30日。
（攝／筆者）

堂」，清道光十三年（1833）曾整修，清同治元年（1862）大地震時毀壞重建，日昭和十六年（1941）又毀於大地震。民國三十六年（1947）林鐘山等人倡議重建，於福安堂原地擴建為前後二殿的新廟，再增祀「蕉顯龍廣天王」，並改稱「福安寺」（圖4-4）。雖以寺為名，但實為道教規制的廟宇。關於福安寺藏頭籤詩的來由，張溪南認為福安寺和附近下茄苳旌忠廟的籤詩「看來有些關聯，但已不可考」[15]，福安寺的籤詩當地耆老說是清水祖師扶乩所出，但筆者認為，亦可能是神人共創且有其仿效的對象或靈感來源，因為鄰近福安寺的其他三座廟宇[16]都有類似的藏頭籤詩，而這也成為後壁地區的籤詩文化特色，故客觀而論這三者間應該彼此有所關聯，而非湊巧全由神祇或前人扶乩所出。賴俊佑認為：

---

15 張溪南：《北路煙雲172：從茄東腳到關仔嶺》（臺南：臺南市文化局，2014年），頁166。
16 三間廟宇分別為下茄冬旌忠廟、侯伯三恩府、白沙屯福安宮。

以旌忠廟五十六首藏頭籤詩與當地具有類似結構的三家廟宇籤詩相比，旌忠廟的籤詩創作年代最早，且其他三家廟宇的籤詩極有可能是模仿自旌忠廟，由此可見旌忠廟藏頭籤詩的重要性。[17]

上述三間廟宇是否真為旌忠廟籤詩創作最早，筆者存疑，但彼此模仿、影響的關係確實存在。據筆者統計，福安寺與旌忠廟兩廟籤詩代表人物重複者有十七首，但籤詩內文不同。筆者在田野調查過程期間，採錄到一則說法，福安寺內陪祀有岳府元帥，神尊的來由，根據侯伯里的耆老表示福安寺跟下茄苳旌忠廟的岳府元帥有一段淵源，因當時下茄苳只有立一塊碑，寫上岳府元帥，在當地鎮守，有一天因茄苳媽出巡派請岳府元帥護駕，後來岳府元帥看上現下茄苳現旌忠廟地，得到地後不肯回安溪寮，最後三十六庄共同雕一尊岳府元帥還安溪寮福安寺。侯伯里及安溪寮耆老們都是如此解釋兩廟岳府元帥之間的關聯，若由此看來則福安寺的籤詩可能是較早設置者。而下茄冬立碑書寫岳府元帥之事，則是旌忠廟的創廟來由。[18]

　　從建廟的緣由到藏頭籤詩的設置，都展現了信仰的在地化。所謂的在地性（locality），是相對於全國、全市、全鄉的「全體」而言，有自己不同於「全體」的當地特殊性。所謂的「在地神祇」又被稱為「地方神」，在中國過去傳統地方史料上稱為「土神」。不管是聚落的共同祭祀中心庄廟或其他廟宇軸，祀神特殊或有別於「全體」民間信仰常見的神祇者，均可稱為「在地神祇」。後壁地區的旌忠廟，祭祀

---

[17] 賴俊佑：《後壁旌忠廟藏頭籤詩研究》（苗栗：國立聯合大學臺灣語文與傳播學系碩士學位論文，2016年），頁1。

[18] 但旌忠廟廟方則認為，旌忠廟建廟時間早於福安寺，故旌忠廟籤詩存在的時間亦當早於福安寺。

岳飛，又使用獨特的藏頭籤詩，這就是在地性明顯的展現。目前為止，學者對於臺灣國內的在地神明（地方神）的研究或論述，近年來有逐漸增多的趨勢，這種僅見於縣市層級、鄉鎮市（縣轄市）甚或村落內，而罕見或是未見於國內其他縣市或鄉鎮、村落的祀神信仰，其產生大都與當地的歷史過程或社會背景有關。而主祀神是在地神祇也影響籤詩在地化的現象在後壁有了明顯地呈現，林國平認為：「籤譜中也有將宮廟的地名主神名號等嵌入首詩的特殊形式，出現籤詩首句首字連成神明名號或神廟地址的籤譜，具有濃厚的地域色彩。」[19]這種類型籤詩凸顯在地族群的組成與對當地神祇的崇拜與信仰的凝聚力，而福安寺清水祖師與旌忠廟岳府元帥的區域性信仰，正是這種類型的映現。

　　安溪寮福安寺的運籤共有七十六首，七十六首籤詩的詩首皆有一個代表字，首字串起來即是「臺南府嘉義縣下加冬保安溪寮庄清水祖師靈感籤詩，利人方便。凡我本境弟子及遠近善男信女，問筮吉凶懇求禍福，宜潔淨誠心許，爾焚香禮拜抽出一枝，再請金杯為準，未卜先知，明斷有應」，除了最後一首以外，每一支籤詩詩文都搭配一個歷史人物或故事，再以人物故事呈現籤詩的吉凶禍福。（詳見表4-1）福安寺清水祖師籤為罕見的藏頭籤詩，在清水祖師籤詩系統中是全臺唯一的籤詩組合。鄉內耆老表示大概是民國三十六年左右，後壁鄉長安里[20]的信徒桃鸞的習慣，透過鸞轎出文寫出現在廟內所使用的運籤與藥籤。七十六首籤詩中吉籤有三十首，凶籤有三十七首，中平者有九

19　林國平：《清水祖師文化研究・清水祖師靈籤初探》（廈門：廈門大學出版社，2013年），頁82。

20　長安社區位在後壁的東南側，俗稱「中寮」，是「安溪寮三里」之一，居民多數務農，種植以稻米及芭樂為主，日據時期屬安溪寮第二保和安溪寮第三保大部分；因係「安溪寮的中寮」（中安），取閩南語諧音而命名為「長安」，兼有「長壽平安」之意。

表4-1：福安寺清水祖師靈籤表

臺 第一首 鄭成功	南 第二首 觀音佛祖	府 第三首 楊文廣	嘉 第四首 柳壽春	義 第五首 張飛	縣 第六首 龐統	下 第七首 姜子牙	加 第八首 郭子儀
冬 第九首 蘇武	保 第十首 武王	安 第十一首 孫臏	溪 第十二首 孟節	寮 第十三首 蕭愛堂	庄 第十四首 孟嘗君	清 第十五首 清水祖師	水 第十六首 周瑜
祖 第十七首 夷齊	師 第十八首 岳飛	靈 第十九首 周文王	感 第二十首 伍員	簽 第二十一首 施公	詩 第二十二首 曹植	利 第二十三首 專諸	人 第二十四首 孔明
方 第二十五首 魯班	便 第二十六首 麋竹	凡 第二十七首 白起	我 第二十八首 關公	本 第二十九首 包公	境 第三十首 范蠡	弟 第三十一首 子游	子 第三十二首 項羽
及 第三十三首 郊祈	遠 第三十四首 劉備	近 第三十五首 張趙胡	善 第三十六首 西施	男 第三十七首 武則天	信 第三十八首 薛郊葵	女 第三十九首 織女	問 第四十首 蔣興哥
筮 第四十一首 毛穎	吉 第四十二首 孔子	凶 第四十三首 子路	懇 第四十四首 壽昌	求 第四十五首 馬昭容	禍 第四十六首 薛剛	福 第四十七首 張公藝	宜 第四十八首 褚壽
潔 第四十九首 上帝公	淨 第五十首 幽王	誠 第五十一首 灌園叟	心 第五十二首 唐太子	許 第五十三首 潘安	爾 第五十四首 孟母	焚 第五十五首 秦始皇	香 第五十六首 王昭君
禮 第五十七首 王祥	拜 第五十八首 晉文公	抽 第五十九首 唐寅	出 第六十首 李太白	一 第六十一首 韓愈	枝 第六十二首 田真	再 第六十三首 卞和	請 第六十四首 閔損
金 第六十五首 孫悟空	杯 第六十六首 妲己	為 第六十七首 張生	準 第六十八首 孫權	未 第六十九首 貂蟬	卜 第七十首 龍王	先 第七十一首 曹操	知 第七十二首 管仲
明 第七十三首 雪梅	斷 第七十四首 韓信	有 第七十五首 許漢文	應 第七十六首 （無）				

首。[21]比例上來看是凶籤略多，但並不懸殊，吉凶多半與代表人物的

---

21 以上吉凶數據由筆者據籤詩內文整理並加以判斷而來，用以評估吉凶分布的概況，並非為解籤時的參考，解籤還是當以代表人物搭配籤詩詩文判斷為主。

故事相應。過去籤詩研究認為各種系統的籤譜都有凶多吉少的情況，一來反映神祇的警示，一來基於現實面，廟宇經營香火的實際考量，但福安寺的籤詩特殊狀況在於，文人創作色彩較重，許多籤詩的解釋都導向實際的開導與行為上的改變，來解決求籤者的問題，是比較容易判斷與理解的籤詩，筆者認為這正是這套籤譜可貴與特殊之處。藏頭籤詩是後壁地區的民俗文化特色，但非獨有。金門瓊林的保護廟也是同樣類型的藏頭籤詩[22]，與金門瓊林保護廟的籤詩代表人物相比，相同者多達二十首，但籤詩詩文不同。保護廟的籤詩共五十七首，每首籤詩首字連成：「平林社保護廟宣封廟道真君靈感籤詩凡爐下弟子及四方信士來問卜宜沐浴誠心抽出一支又乞聖杯為準吉凶諸事照句改斷無不有應論。」

五 旌忠廟藏頭籤詩與武穆岳聖王信仰發展

旌忠廟[23]主祀神武穆岳聖王，是精忠報國的岳飛。旌忠廟是臺灣第一座主祀岳府元帥的廟宇，岳飛忠孝節義的故事大家都耳熟能詳，明朝的時候岳飛封神。洪武九年（1376），明太祖朱元璋下詔將岳飛列為歷代三十七名臣之一，「從祀歷代王廟，配宋太祖享，每年按時致祭。」景泰五年（1454），武功伯徐有貞創岳飛廟於湯陰故土，景泰帝御題為「精忠之廟」。至明神宗萬曆四十三年（1615），加封岳飛為「三界靖魔大帝忠孝妙法天尊岳聖帝君」，同時加封關羽為「三界

---

22 保護廟主祀神為保生大帝，籤詩總共五十七首，是屬於五言押韻詩，每首四句，末尾大部分均附有典故（第四首及第五十七首原本就缺少掛頭故事），而且每一首都明定吉、平、凶，善信易於了解其詩意。
23 旌忠廟位於後壁區嘉苳里6鄰69號。與泰安宮同為下茄苳卅六庄的總廟。

伏魔大帝神威遠震天尊關聖帝君」[24]，岳飛、關羽是雙聖並列。隨著清代朝廷對關帝信仰的推崇與岳飛抗金的民族性因素對清人原籍的種族影響，岳飛信仰發展的程度不如關帝信仰般普遍，漸漸地，民間信仰中的武聖常以關聖帝君為主。[25]

　　武穆岳王在國內的廟宇中，多陪祀於關帝廟或武聖廟內，以岳飛為主祀神的廟宇不多，只有十四座，其中以臺南市擁有七座最多，當中又以旌忠廟歷史最為悠久。離福安寺二‧七公里的旌忠廟，鄉民俗稱元帥廟，故廟中籤詩仍署名元帥廟（見圖4-5）。旌忠廟的建廟緣由相傳是清朝年間當地的水稻常不知何故被吃光，庄民協商輪番看守緝凶，終於見到一匹白馬來吃稻穗，於是庄民向媽祖祈求解其災害，媽祖降乩指示在稻田立牌書寫「岳府大元帥」，鄉民依法安置後，白馬果不再來損害作物。直至清乾隆年間由富紳韓高陽之祖父建立旌忠廟，乾隆五十七年（1792）韓高陽修建旌忠廟，道光七年（1827）第一次擴建。

　　旌忠廟內的籤詩，傳說是清代一名和尚借住廟內，白天提筆寫字，晚上在神案下過夜，某日，和尚忽然離去，留下五十六首藏頭籤詩。如果按字首排列則是「臺灣府諸羅縣北路下茄苳武穆岳聖王靈感籤詩凡爐前弟子及四方信士來問卜當誠心潔淨抽出一支又求金杯為準吉凶禍福明斷有應」[26]。該廟原存清同治四年籤詩木拓版，但今拓版

---

[24]〔宋〕岳飛撰，〔清〕黃邦甯編：《岳忠武王文集》（道光二十七年重刊本），卷末「附錄」，頁27。

[25] 岳飛在臺灣，經常是被當作恩主公信仰神祇之一，大多出現於儒宗神教的鸞堂信仰中，過去民間不一定識字的常民，因為參與鸞堂事務，入鸞籍，開始讀書寫字，也崇拜岳府元帥，既有文武雙全的渴望，也學習忠義精神，岳武穆王進入生活日常，成為捕妖捉怪的地方守護神。鸞堂信仰文化中，最常見的神祇就是關公、岳飛、呂祖、玄天上帝、文昌帝君等等，強調文武雙聖，較一般民間信仰更強調儒家思想，組合有五恩主、三恩主不等。

[26] 黃文博、謝玲玉：《後壁香火》，頁197。

下落不明,僅存照片一張。關於和尚的來歷,傳說為黃蘗寺僧,由旌忠廟所藏的木刻版,可以判斷清代已有此籤譜流傳當無疑義,據財團法人泰安旌忠文教公益基金會網站資料所載,製作籤詩的和尚可能是臺南府城黃蘗寺的方丈不慧大師。連橫〈書黃蘗寺僧〉一文曾載,身懷武功的黃蘗僧不慧和臺灣府知府蔣元樞的交往,及反清復明事跡敗露後,從容赴刑場的事蹟。

黃蘗寺在臺南鎮北門外。乾隆間,有僧不知何許人,逸其名,居寺中。善技擊,能蹴庭中石,躍去數丈。素與官紳往來,而知府蔣元樞尤莫逆。一日,元樞奉總督八百里密劄,命拿此僧,不得則罪。潛訪之,知為海盜魁。恐事變,且得禍。乃邀僧至署,盤桓數日。欲言又止。僧知之,曰:「窺公似大有心事者。大丈夫當磊磊落落,披肝見膽,何為效兒女子態」?曰:「不然。事若行,則上人不利,不行,吾又不能了,故跼蹐爾」。出劄示之。僧默然良久曰:「不慧與公有前世因,故一見如舊。今願為公死,但勿求吾黨人。不然,竭臺灣之兵恐不足與我抗」。曰:「省憲祇索上人爾,餘無問」。僧曰:「可」。命招其徒至,告曰:「而歸取籍來」。徒率眾肩入署。視之,則兵卒、糧餉、器械、船馬之數,一一付火。元樞大驚。僧曰:「我祖為鄭氏舊將,數十年來,久謀光復。臺灣雖小,地肥饒可霸。然吾不猝發者,以閩、粵之黨未勁爾。今謀竟外洩,天也!雖然,公莫謂臺灣終無人者」!又曰:「公遇我厚,吾禪房穴金百餘萬,將為他日用,今舉以贈公,公亦好速歸;不然,荊軻、轟政之徒將甘心於公也」!元樞送至省,大吏訊之,不諱。問其黨,不答。刑之,亦不答。乃斬之。[27]

---

27 連橫:《雅堂文集書・黃蘗寺僧》(南投:臺灣省文獻委員會,1992年),頁206-207。

若此為清乾隆四十年間事,則籤詩當為一七七五年後作品。但不慧大師並無逃亡的事蹟,若為黃蘗寺僧,也當是黃蘗寺沒落後逃亡至旌忠廟的僧人[28]。筆者認為,旌忠廟自清代以為即有臨濟宗僧人主持,若籤詩為僧人所創,可能性極高,但若要以為是流亡至旌忠廟的黃蘗寺僧人,雖然黃蘗寺屬臨濟宗流派,逃亡僧人依附同屬臨濟宗的旌忠廟也是合理,但籤詩創作需要長時間的投入,並非一蹴可幾,流亡者暫居所創的可能性較低。旌忠廟今仍於後殿虎邊神龕供奉沙彌的牌位。(見圖4-6)筆者認為此說真假現已不可考,但傳說起源與該廟自清代開始便有臨濟宗僧人住持有關,廟內有三個神主牌位,據廟方二〇一四年十一月十一日公布的資料來看[29],清乾隆年間確實有僧人住持,且這些僧人曾重建元帥廟。二〇一四年後廟方曾重新整理牌位,並將模糊的字跡加以維護,因此現在前往旌忠廟所見牌位的字體較為新穎,字跡也相當清楚。正面刻有以下字樣:

  重建元帥廟寂沙彌廣脩演公一位蓮座
  臨濟正宗圓寂比丘果持毫公一位蓮座
  臨濟正宗順寂沙彌大成常公一位蓮座
  臨濟順寂沙彌智良寬公禪師一位蓮座
  徒孫智意奉祀

背面刻有:

---

28 黃文博、謝玲玉:《後壁香火》,頁202。
29 廟方曾於2014年在facebook的粉絲專頁「卅六庄下茄苳泰安宮旌忠廟與五十九庄頭」公布牌位的舊照片,與現在的木板色澤、字體亮度都大不相同。參考不著撰人:《卅六庄下茄苳泰安宮旌忠廟與五十九庄頭臉書》網站,2014年11月11日,網址:https://www.facebook.com/jiadongmazu/photos/(上網日期:2021年9月1日)。

演公生於雍正戊申年八月十三日巳時
卒於乾隆甲辰年十二月廿八日戌時
（西元1728-1784年）
毫公生於康熙己巳年正月初四日亥時
卒於乾隆己丑年正月初二日丑時
（西元1689-1769年）
常公生於雍正年吉月吉日吉時
卒於乾隆丙午年十一月吉日吉時
（雍正？年-西元1786年）
寬公生於乾隆壬申年吉月吉日吉時
卒於乾隆戊申年四月初十日午時
（西元1752-1788年）

這塊牌位帶給我們一些明顯的訊息，清朝前期負責主持旌忠廟的沙彌們，法脈傳承自「臨濟宗」。牌位中最早的沙彌「果持毫公」，生卒年是西元一六八九至一七六九年，旌忠廟歷史可追溯到康熙年代。牌位上「重建元帥廟」的「廣脩演公」，生卒年則是西元一七二八至一七八四年，可知旌忠廟在雍正年以前就已經確定存在，而重建旌忠廟則是他壯年時期主持廟宇時所做。根據廟祝邱先生表示，老一輩都說旌忠廟前身是供奉觀世音菩薩，後來興建旌忠廟主祀武穆岳聖王後，觀音佛祖移至後殿祭拜。由旌忠廟早期由僧人住持與岳飛信仰在臺灣發展等面向看來，這個說法頗為合理。

旌忠廟從清代即與臨濟宗有密切關聯，至日治時期，關係則再度深化，當時鄉紳廖炭發起首科遶境，廖炭為日治時期新營郡後壁庄下茄苳的庄紳，廖炭精於武術，創立義德堂，當地人稱廖炭為炭師。廖炭信佛持齋，為泰安宮管理人，曾發動捐金修建泰安宮和旌忠廟，之

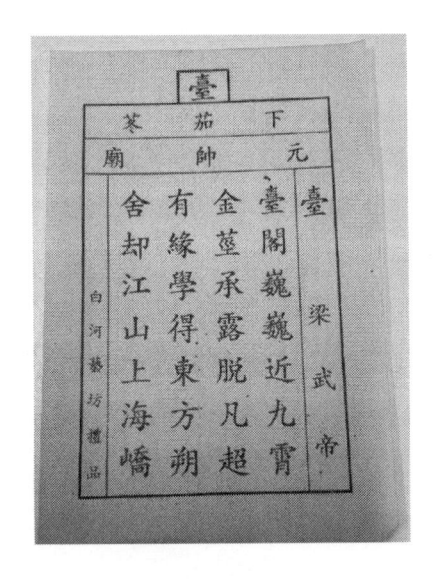

圖4-5：旌忠廟運籤第一首〈臺〉
籤詩來源：旌忠廟。
拍攝日期：2021年8月30日。
（攝／筆者）

圖4-6：重建元帥廟沙彌牌位
拍攝地點：旌忠廟。
拍攝日期：2021年8月30日。
（攝／筆者）

後並為修建大仙巖主事。廖炭於日治時期佛教及齋教界頗有名望，歸附日本臨濟宗妙心寺派下，曾為「臺灣佛教龍華會」首任會長，「南瀛佛教會」幹事、講習會員及理事，也因廖炭之關係，泰安宮和旌忠廟在日治時期成為日本臨濟宗妙心寺派的聯絡寺廟[30]。旌忠廟運籤籤詩名稱與代表人物如表4-2：

表4-2：旌忠廟運籤籤詩名稱與代表人物

臺	灣	府	諸	羅	縣	北
第一首	第二首	第三首	第四首	第五首	第六首	第七首
梁武帝	正德君	王昭君	孔明	李世民	劉備	蔡萬錦

---

30 詳見不著撰人：《旌忠廟官方網站》網站，網址：http://library.taiwanschoolnet.org/cyberfair2005/sj2es2005/go02.htm（上網日期：2021年9月11日）。

路 第八首 李三娘	下 第九首 姜子牙	加 第十首 董永	冬 第十一首 韓文公	武 第十二首 薛仁貴	穆 第十三首 文王	岳 第十四首 岳飛
聖 第十五首 柳下惠	王 第十六首 曹大本	靈 第十七首 龍王	感 第十八首 韓信	籤 第十九首 藝思恩	詩 第二十首 于祐	凡 第二十一首 范雎
爐 第二十二首 王魁	前 第二十三首 蘇秦	弟 第二十四首 田真	子 第二十五首 張公藝	及 第二十六首 朱壽昌	四 第二十七首 王祥	方 第二十八首 孫臏
信 第二十九首 紂王	士 第三十首 李太白	來 第三十一首 朱弁	問 第三十二首 唐三藏	卜 第三十三首 袁天罡	當 第三十四首 三伯英臺	誠 第三十五首 呂蒙正
心 第三十六首 張儀	潔 第三十七首 海瑞	淨 第三十八首 包公	抽 第三十九首 孟姜女	出 第四十首 邱命道	一 第四十一首 祈子遊	枝 第四十二首 連理
又 第四十三首 司馬炎	求 第四十四首 張士貴	金 第四十五首 牛郎織女	杯 第四十六首 陽管	為 第四十七首 宋昺帝	準 第四十八首 李通	吉 第四十九首 孔子公
凶 第五十首 上帝爺公	禍 第五十一首 蘇英	福 第五十二首 彭祖	明 第五十三首 俞伯牙	斷 第五十四首 宋郊、宋祁	有 第五十五首 李老君	應 第五十六首

　　林永儔認為旌忠廟的籤詩「幾乎每首、每句都有出處、典故，不管出自歷史人物、史籍列傳、傳記、故事、傳說、演義、遊記、戲曲、雜劇、預言等」[31]，以旌忠廟的籤譜看來，代表人物有許多較為陌生，並沒有出現在《六十甲子籤》或《雷雨詩籤》的卦頭故事中。例如：第五十三首以余伯牙為代表人物，這點與安溪縣蓬萊鎮清水巖的清水祖師廟第八首相同，伯牙的故事未見於《六十甲子籤》與《雷雨師一百籤》，較具原創性，其他與《清水祖師靈籤》相同的人物故事，亦見於《六十甲子籤》或《雷雨師一百籤》者有第三、五、七、

---

[31] 林永儔：《臺灣府諸羅縣北路下茄苳武穆岳聖王靈感籤詩探討》（臺南：泰安宮旌忠廟管理委員會、泰安旌忠文教公益基金會，2016年），頁7。

九、十一、十二、十八、二十、三十五、三十八、三十九、四十九、五十、五十四共計十四首，占四分之一。這些與其他籤譜卦頭故事重複的代表人物，我們可以清楚的看見其創作的取徑，但筆者在進行田野調查期間發現，屢次造訪旌忠廟，問起籤詩相關問題時，邱先生都會表示過去的老一輩總是用以前看戲的那些民間故事去回應信徒問題，發現不夠有說服力，才著手進行新版籤詩的編排。筆者當時覺得疑惑，為何會是因為耆老看戲用以解籤？除了早期民眾識字程度不高，以戲曲故事講解較容易被接受外，當筆者深入分析這些籤詩故事與代表人物後，發現其來有自。

對照表4-1福安寺籤詩籤首與代表人物我們會發現，重複的代表人物有十八人，但籤詩內文不同，所表示的吉凶禍福概念也不盡相同。由代表人物看來，同樣出自章回小說（第三十二首「唐三藏」）、戲曲（第十二首「薛仁貴」）、民間故事（第三十四首「山伯英臺」），取材上有與《六十甲子籤》相同者，亦有部分為新創，其中最引人注意者是多首化用南管戲曲的籤詩，如《李三娘》（《劉智遠》)、《蔡萬錦》、《呂蒙正》等，南管戲隨著福建移民傳入臺灣，雖然隨後因文戲、唱腔、說白、使用泉州方言等各種因素不敵題材豐富多變的歌仔戲而漸趨沒落，但我們可以在籤詩中明顯看出這些原鄉文化色彩的遺留痕跡。據旌忠廟邱先生表示，聽聞過去耆老表示廟內藏頭籤詩確實由老和尚所創，可惜後來木刻版失卻，接續經營的管理委員會無法繼續使用籤詩，才由地方耆老與鄉里老師共同創作出新的籤詩，因此老和尚所創的僅存藏頭詩文，內容皆為後人所共創，於是出現籤詩代表人物與籤詩內文故事不相符合的狀況，例如第四十首〈出〉代表人物為邱命道，但負責解籤與製作籤解本的人不知誰是邱命道，[32]在無法

---

32 六十甲子籤的第三十九首，卦頭故事代表人物之一也是邱命道。

解釋籤意的狀況下，擅自將該籤的代表人物改為「蔣世隆與王瑞蘭」，[33]如此一來便會出現解籤上巨大的歧異，造成籤詩準確度降低。而廟祝邱先生也一直苦於不知道為何是以「蔣世隆與王瑞蘭」替換邱命道籤詩，如果我們從南戲的角度切入，就可以知道地方文人創作的靈感來由，明朝初年所編的《永樂大典》戲字一條收錄之南戲劇目（連筠簃叢書《永樂大典》目錄卷一，頁13960-13991）收有「王瑞蘭閨怨拜月亭」，而明代中葉徐渭《南詞敘錄》所載南戲目錄，反映明代初期浙江地區南戲傳存的狀況，《南詞敘錄》與明末日用百科全書《鰲頭雜字》〈演劇對聯〉（以下統稱《莆田聯句》[34]）都收錄有「蔣世隆拜月亭」，此齣戲保留完整，有多種版本，有明代完本、留存於昆曲散齣、徽調散齣、泉州梨園劇本等多種樣態，顯見流傳的廣泛，而被籤詩解編纂者加以化用，取代原先難以考察其故事出處的邱命道。邱命道不知為何人，不過「財團法人泰安旌忠文教公益基金會」[35]中的「下茄苳旌忠廟籤詩故事」，解釋「邱命道」為北宋神宗時代人，曾隨李憲征討西夏。此項說法雖然於史無徵（不知是否出於某齣戲曲？），但是，仍不妨可以視為一種民間（或者說是旌忠廟廟方）的認知，而這些認知也正是該套籤譜獨特的魅力之一。林永儐之所以認為「旌忠廟籤詩有許多典故出處來自民間流傳『歌仔冊』中」也是因為上述之故，當地方戲隨著移民至臺灣，而漸漸的被廣為流傳的歌仔戲所取代時，這些深植人心的故事便自然地被認為源自歌仔戲。但更有可能是，南戲的劇目被地方戲所吸收，進而成為歌仔戲取

---

33 林永儐：《臺灣府諸羅縣北路下茄苳武穆岳聖王靈感籤詩探討》，頁186-187。
34 詳見田仲一成著，王毓雯譯：〈《中國地方戲曲研究》〈南戲的開展與傳播〉譯文（三）〉，《中國地方戲曲研究》（福岡：福岡大學研究部論集，2020年），頁13。
35 詳見不著撰人：《泰安旌忠文教公益基金會》網站，2019年12月8日，網址：http://www.tajj.org.tw/。

材的對象，隨後出現大量的歌仔冊，有戲曲故事又有唱本文字的流傳，自然成為籤詩編寫者取材的對象。

　　相較起福安寺的籤詩，旌忠廟的內容展現的是泉州地方戲對該廟籤詩譜形成影響的深刻，雖然同樣以代表人物為藏頭籤詩的詩解，但取材來源還是有相異之處，透過地方戲曲來編寫籤詩的狀況在旌忠廟的籤譜上反應較為明顯。旌忠廟籤詩受《六十甲子籤》卦頭故事影響也屬多見，如第十一首「韓文公」即是韓文公過秦嶺湘子掃霜雪的故事，第九首「姜子牙」，就其籤詩內文來看則是姜太公晚景遇文王的故事，所以我們可以發現，一套籤譜的製作，除了受到其他籤詩系統的影響外，也展現了地方文人編寫籤詩的靈感來由。在吉凶的比例上，包含籤頭大吉與小喜後，共計五十八首，筆者依籤詩詩文與代表人物故事的發展脈絡，判斷吉凶，吉籤二十九首，凶籤十七首，中平者十二首，比例上仍是吉籤多於凶籤，關於這個現象，林永儀認為：

> 在籤詩及籤解上皆未言明此籤之吉凶，以籤詩內容可端賴讀者閱讀角度不同而作各種解釋，在此僅就籤詩所引典故情節之發展，歸納其中蘊含禍福比例。可察知籤詩中敘述主人翁由逆境漸往佳境而行之籤詩有二十四首之多，幾乎占全部之二分之一，次多主為諸事大吉之上籤占十首，而中籤、中下籤、下籤皆同樣為七首，占最少數，由此可知旌忠廟籤詩秉持著鼓勵多過責難。[36]

由此可知，不論是筆者推估或地方文史工作者的推算，旌忠廟的籤詩的確都是吉籤多於凶籤，這種方式自然有助於安定求籤者的心情，而實際上在民眾求籤時，也會因為所問的問題面向不同，而吉凶判斷自

---

[36] 林永儀：《臺灣府諸羅縣北路下茄苳武穆岳聖王靈感籤詩探討》，頁8。

然相異，故有許多廟宇在籤詩本文內都不會註明吉凶。[37]

除了透過籤詩吉凶判斷與代表人物故事解籤外，邱先生表示先前旌忠廟歷代廟祝都是以口傳的方式，傳承解籤的技巧，所以邱先生有空時便會參考廟中的籤詩解，鑽研解籤的方式，好為信眾服務。邱先生表示，過去傳統的方式，是以「四季」為解籤法，[38]每首籤詩都有四句，分別表示春、夏、秋、冬，依照求籤者求得籤詩時的季節，對應季節所屬的籤詩詩句，再依據代表人物的故事情節發展，判斷求籤者問題的答案，予以適當的建議。筆者認為，前人利用四季解籤的方法受到早期求四季籤盛行所影響，四季籤又稱「公籤」，一般用於預測村莊四季的運轉流年，臺灣早期農業社會神祇透過籤詩還預示整個村莊未來一年的運氣，有些村莊會以四季籤為主，分別按照春、夏、秋、冬四季，逐季求出。[39]配合農業四季收成，或因應村中行業需求，分雨水、年冬（稻穀）、生理（生意）、六畜等項目，逐項求出並公告在村內公廟，這時告示板上會載明此籤為年籤或四季籤。現在的四季籤則用於預測國家、社會在當年四季時序的運轉狀況，並以為因應。每年都會有國內的大廟抽出，媒體近年來也爭相報導，又稱之為「國運籤」。廟方還需為大眾說明當年四季籤的寓意。以臺南地區為例，臺南市鹿耳門天后宮每年大年初五也有「跋四季籤」的定例，以供信徒作為一年行事的參考，自一九九三年開始至今已有二十八年歷史。

目前雲嘉南地區一代的岳王廟，至少有八間都是旌忠廟分靈所創，集中在八掌溪沿岸，旌忠廟系統對臺灣中南部岳飛信仰發展有重要的影響，而其籤詩確實獨樹一格，若以籤譜發展的脈絡而言，筆者認為福安寺的籤詩譜是受大陸清水岩靈籤化用清水祖師咒語藏頭的概

---

[37] 透過籤詩木刻版的照片，我們也可以發現，清代刻版中也未有吉凶欄位。

[38] 此方法不包含大吉與小喜。

[39] 相關說明可參見王儷容：《解籤》（臺北：時報文化出版企業公司，2012年），頁12-13。

念為編寫原型,而加入地名彰顯地方與信仰特色的籤詩則是一種信仰活力與籤占相結合的體現,優點是籤譜的絕無僅有,而缺點則是這樣的籤譜難以如同《六十甲子籤》般廣為流傳,即使靈驗度高,也無法為其他宮廟所借用,不論是否為同一系統的信仰皆然。

根據旌忠廟廟祝邱先生表示,旌忠廟清代同治年間的籤詩木刻版早已不復見。所以廟方也無從對照現在廟內所使用的籤詩與清代籤詩的差別。現在所使用的藏頭籤詩是在刻版消失後,廟方苦於無法回答信眾的疑問,加上缺乏神聖性,僅能就過去看歌仔戲的印象來回答,於是廟方花了很多時間,請地方的老師與耆老,透過扶鸞的方式,製作出新的籤詩,也就是現在我們所見的這個版本。聽聞過去耆老表示廟內藏頭籤詩確實由老和尚所創,現為神人共創的籤詩,因此老和尚所創的僅存藏頭詩文(每一首籤詩的第一個字),新版內容與舊版應該完全不同,[40]以此說對照福安寺廟祝所言,根據黃先生表示,這個系統的籤譜全臺灣只有這(福安寺)有,其他地方他未曾聽說。兩個廟祝接任廟務工作的時間都僅有一年多,對於過去的諸多問題也坦言不一定有辦法解答,但兩位執事人員都表示廟內的藏頭籤詩是全臺唯一的藏頭籤詩,顯示這類型籤詩過去缺乏關注與討論,導致罕為人知,也透露兩廟雖然相去不遠,但已不在彼此的交陪網絡內。

在後壁地區眾多的藏頭籤詩裡,我們可以看到民間宮廟用不同的方式編寫籤詩,形成獨立且有在地特色的籤譜,這些籤譜也正如移民來臺的先民,在原鄉信仰影響下,展現融合新居地文化特色的信仰型態。民間宮廟對各類不同籤譜的推動,籤詩靈驗的準確度是信仰神威

---

40 受訪者:邱榮燦先生,受訪日期:二○二一年九月六日。受訪地點:旌忠廟。謝貴文老師認為籤詩既冠以神明之名,當不會是單純的文人創作,而是經人神溝通而成,較有可能出自於扶鸞團體、神職人員或儀式專家。下茄苳的籤詩有普遍相似現象,亦可從這些人員下去追查。筆者認為相關調查可日後另撰專文討論。

的反應,而具有特色的籤譜則反映民間宮廟經營的型態,也能看到籤譜除了相互借用之外,還有以藏頭為主各自發揮的樣貌,反映民間信仰的多元與多樣性。王文亮認為「旌忠廟有全國獨一無二的籤詩及造型特殊的籤筒,廟方因為其獨具特色,十分重視,所以長久以來依舊保持原貌,足以證實南瀛籤詩自創的歷史性。」[41]

六 藏頭籤詩與在地文化

在後壁地區還有兩處以藏頭籤詩為運籤的廟宇,分別是侯伯里三恩府與白沙屯福安宮,以下分別論之:

(一)侯伯里三恩府[42]

三恩府主祀黃二大使公,陪祀岳府元帥、保生大帝、福德正神、註生娘娘,為侯伯寮(侯伯村之舊稱)東半庄的庄廟。民國六十二年(1973),庄人始有建廟之議,但因意見紛歧而暫擱,直到民國六十六年(1977)庄分東西兩地,各自興廟,西半庄興建三公府,而東半庄則興建三恩府。昔日侯伯寮以位在大宅內的常慶堂為庄廟,主祀黃二大使公、保生大帝與岳府元帥,據傳,黃二大使公乃明朝人,為廖姓始祖廖長關的妻舅,當時廖長關官拜太子賓客兼國子祭酒,為官清正,因受奸臣所害,以文官掛帥爭討番邦,黃二大使公時為武將,遂自薦任先鋒官,後來平定番邦,凱旋歸鄉,唯黃二大使公因未婚而自恨無後,廖長關知情,乃予慰藉,並叮嚀子孫,需視黃二大使公如始祖般孝敬,他日仙逝也要視為祖佛萬代奉祀。待「義勇將軍」廖君平從泉州入臺開墾後,便遵照先祖庭訓,雕刻金身奉祀,並同祀保生大

---

41 王文亮、林啟泓:《南瀛籤詩故事誌》,頁19。
42 侯伯三恩府位於後壁區侯伯里51號。

帝、岳府元帥，合稱三恩公。初時於民宅輪祀，直到戰後才借用日治時期集會所常慶堂供奉。該廟運籤首字串起來即為「臺灣省南縣後壁鄉侯伯村三恩府中廟弟子及四方信士凡來爐前燒香問卜當誠心潔淨抽出一枝籤詩又求金杯為準吉凶禍福明斷有應」。侯伯府藏頭籤詩五十六首，再加上籤首、籤尾、文籤、武籤，共計六十首，顯現在籤詩編寫時補足六十首的創作意圖。三恩府的籤詩明顯由旌忠廟而來，籤詩詩文與代表人物皆與旌忠廟相同，連大喜之籤也相同，顯現當旌忠廟成為地方庄廟後，其影響力往外發散，便出現這種不同主神但借用籤詩系統的現象，據三恩府的廟祝張先生表示，該廟與旌忠廟關係密切，旌忠廟廟慶時，三恩府必須負責其中一天的慶典事宜，[43]可見兩廟的友好關係。

經筆者將三恩府籤詩與旌忠廟籤詩比對後發現，但凡籤詩首字相同者，三恩府的籤詩內文均與旌忠廟的籤詩文字相同，相異者為籤詩號碼。若籤詩首字為旌忠廟所無者，則有兩種情況，一為借用相同代表人物的籤詩，並就籤詩文字加以微幅調整，一為連代表人物都不相同，則另創籤詩，但此類極少。詳見表4-3：

表4-3：三恩府籤詩與旌忠廟籤詩差異對照表

三恩府籤詩	旌忠廟籤詩
省身行孝動蒼天，機會槐蔭遇女仙匹絹織成還錢債，天臺送子合前緣（董永）	加行孝道動蒼天，機會槐陰遇女仙匹絹織成還錢債，天臺送子合前緣 第十首「加」（董永）
後顧無憂下釣魚，只因晚景未逢時鯉魚脫出金鉤釣，八十運亨壯帝基（姜子牙）	下釣江中非釣魚，只因晚景未逢時鯉魚脫出金鉤釣，八十運亨壯帝基 第九首「下」（姜子牙）

---

43 受訪人：三恩府廟祝張先生，採訪日期：2021年9月18日。採訪地點：三恩府正殿。

三恩府籤詩	旌忠廟籤詩
壁泣生離音信希，磨房苦禁慘悽悲 井邊逐兔會面親，月缺團圓又幾時 （李三娘）	路隔天涯音信希，磨房苦禁慘悽悲 井旁逐兔會親面，月缺團圓又幾時 第八首「路」（李三娘）
鄉曲龍崗結草門，先知天下定三分 佐劉吞魏親吳境，武烈昭昭千古存 （孔明）	諸葛龍崗結草門，先知天下定三分 佐劉吞魏侵吳境，武烈昭昭千古存 第四首「諸」（孔明）
侯爵王親勢力滔，強行私慾設蒲牢 如山惡積龍圖至，天理昭彰受法曹 （劉大本）	王親太平勢滔滔，莫論是非禁水牢 惡積如山天難容，龍圖到日這如何 第十六首「王」（曹大本）
村稀霏雪蓋山巔，此去潮州遙丰天 秦嶺雲橫路岌岌，藍關霜滿馬難前 （韓文公）	冬雪霏霏霜滿天，潮州此去路遙長 雲橫秦嶺家何在，雪擁藍關馬不前 第十一首「冬」（韓文公）
三更燈火五更雞，休管書軒月過西 五柳堂門稱下惠，坐懷不亂志難速 （柳下惠）	聖賢滿腹藏珠機，雨夜私軒勤讀書 五柳當門稱下惠，坐懷不亂事更奇 第十五首「聖」（柳下惠）
卜問金簪何處尋，門張大日意更深 早知墜落醬盆裡，莫把南山細費心 （袁天罡）	卜問金簪何處尋，火日張門是何因 早知墜落醬盆裡，遇水開門妙若何 第三十三首「卜」（袁天罡）
明誠大醮達天京，豈料玉皇查壽庚 罪孽將三來解五，清油一勺洗辜名 （李世民）	羅天清醮達天庭，豈料玉皇查壽庚 將三改五難脫罪，清油一勺洗辜名 第五首「羅」（李世民）
文籤（文王） 文王仁德世崇賢，扶紂赤心感上天 八卦六爻天在合，興隆周室進千年	穆穆文王大聖賢，赤心佐紂效忠良 六爻八卦參天地，周室興隆捌百年 第十三首「穆」（文王）

以上總共十首，皆為改動籤詩籤首字與部分內文，但底本仍是《武穆岳聖王靈籤》。另有七首為代表人物與籤詩皆不同者，其餘皆與《武穆岳聖王靈籤》完全相同，因此可知其籤詩編寫的創作底本當

為《武穆岳聖王靈籤》無誤，可視為同一系統的籤譜。

（二）白沙屯福安宮

白沙屯福安宮，位於臺南市後壁區新嘉里二十鄰二一八號。新嘉里舊稱白沙屯，位處後壁區的西北端。主祀李府千歲，陪祀保生大帝，福德正神。傳說李府千歲乃至南鯤鯓分香而來，民國五十六年（1967）重建，今廟為民國一〇八年（2019）新建入火安座。該廟運籤首字串起來即為「臺南縣新嘉村李府千歲靈感籤詩凡我爐前弟子來求問宜誠心拜禮抽出一枝再拔三杯為準吉凶禍福明斷有應」加籤首與籤尾各一首[44]，合計運籤共四十八首。由「臺南縣新嘉村」之語看來，福安宮這套籤詩的設立在一九四五年之後，因為新嘉村命名的由來乃「以光復後新政可多嘉惠庄民」[45]而來，由首任村長蕭自治召集會議決定。福安宮的籤譜則顯得十分獨特，雖然是後壁區最近現代的籤譜，籤詩代表人物也大同小異，但細究內容則與旌忠廟、福安寺都大不相同，可見藏頭籤詩的編寫風氣確實透過後壁地區的民間信仰得到帶動。因此套籤詩先前並未被討論，故筆者將籤詩整理編輯至於論文附錄，以供後人研究之用。

表4-4：白沙屯福安宮運籤籤詩名稱與代表人物

臺	南	縣	新	嘉	村	李	府
第一首 周文王	第二首 觀音大士	第三首 伍子胥	第四首 李通	第五首 孫履真	第六首 孟姜女	第七首 李王爺	第八首 包文拯
千	歲	靈	感	籤	詩	凡	我
第九首 祝英臺	第十首 許漢文	第十一首 李哪吒	第十二首 崔文瑞	第十三首 商殷郊	第十四首 蘇小妹	第十五首 唐半偈	第十六首 諸葛亮

---

44 籤首與籤尾沒有代表人物。

45 詳見《後壁香火》，頁61。關於新嘉村的由來，有另外一說認為該地位處於新營與嘉義交界，故稱新嘉村。

爐 第十七首 龐涓	前 第十八首 孫臏	弟 第十九首 伯夷齊	子 第二十首 孫權	來 第二十一首 姜太公	求 第二十二首 王祥	問 第二十三首 孔夫子	宜 第二十四首 虞舜
誠 第二十五首 薛登山	心 第二十六首 商紂王	拜 第二十七首 秦雪梅	禮 第二十八首 關雲長	抽 第二十九首 張翼德	出 第三十首 王昭君	一 第三十一首 蘇武	枝 第三十二首 梅良玉
再 第三十三首 范蠡	拔 第三十四首 楚項羽	三 第三十五首 劉玄德	杯 第三十六首 李太白	為 第三十七首 羊角哀	準 第三十八首 裴晉公	吉 第三十九首 李淳風	凶 第四十首 桃花女
禍 第四十一首 薛剛	福 第四十二首 程咬金	明 第四十三首 劉國軒	斷 第四十四首 鄭成功	有 第四十五首 卞和	應 第四十六首 宋仁宗		

　　根據劉玉龍二〇〇六年的統計，[46]全臺灣僅有六間寺廟使用藏頭籤詩，分別是臺北市龍山區集義宮、金門瓊林保護廟、臺南市後壁區侯伯里三恩府、上茄苳的顯濟宮、下茄苳旌忠廟、安溪寮福安寺。劉玉龍討論者並未包含祀典興濟宮、白沙屯福安宮、臺中元和宮，故目前可知者應該為至少九座，而除了位於臺北、臺中與金門的三座廟宇外，其他六座使用藏頭籤詩的廟宇都集中在臺南市，特別是後壁區，可由數據上明顯看出藏頭籤詩在後壁地區得到民間信仰肯定與在地化的特色。

七　小結

　　保生大帝信仰與清水祖師信仰都是原鄉信仰形象鮮明的體系，透過籤詩系統在臺灣廟宇的運用，原鄉信仰影響的軌跡會更為顯色。例如清水祖師信仰居民組成主要以安溪移民為主，所以後壁區福安寺所在地命名為安溪寮，雖然福安寺並未化用清水祖師神咒為籤詩，但籤

---

46 劉玉龍：《寺廟籤詩研究——以臺灣寺廟運籤為主》（彰化：國立彰化師範大學國文學系碩士學位論文，2006年）。

詩隱含藏頭文字的概念，則很明確的得到新的開展，成為在地化的特色籤譜。筆者認為其籤詩系統與下茄苳旌忠廟有非常密切的關係，因為旌忠廟也是類似的藏頭詩系統，這兩間廟宇可說是後壁區藏頭籤詩系統開展的起源，孰先孰後目前缺乏直接的證據，但這種以地名加宮廟名稱形式的藏頭籤詩系統可能是來自神咒藏頭籤詩系統的啟蒙。

　　古人相信四季皆有神主持，於是各有與季節相關的慶典，例如：立冬之日，天子迎冬於北郊，祭祀黑帝玄冥。認為四季更迭是陰陽五行搭配所決定，因此四季與人生起落有密不可分的關聯，於是也有四季籤的產生，過去農業社會運用四季籤來占卜農作收成，隨著時代發展，社會轉型，農業相對沒落後，四季籤也漸漸消失，但後壁旌忠廟傳統解籤方式保留了四季在籤詩中的重要腳色。傳統的解籤方式依照廟公邱先生的解釋，解籤的準確度會因為廟務人員對籤詩的熟悉度有所差異，在有代表人物故事的籤解本設置後，有時候也會請信眾自行加以推敲，再參考廟方的說明，以求準確。筆者造訪的後壁地區廟宇，除了泰安宮的廟祝任職時間長達十餘年外，其他廟宇的廟祝多半到任不久，有些對籤詩的了解也還未熟稔，故這些具有地方獨特性的籤詩，確實需要有較為詳盡的籤解本，以協助解籤廟務的順利進行。後壁地區的這些藏頭籤詩廟宇，因為建廟時間不一，設置籤詩筒的年代也不相同，故筆者推測，這些後壁區藏頭籤詩的創作者不一定是同一群人，但大家都有共識的以藏頭籤詩為特色，創造出屬於該廟的運籤，進而形成一種特殊的地區文化。在臺灣多處縣市合併後，地方文化有逐漸淡化模糊的跡象，地方性與地方感（The sense of place）相對重要，若要避免被淡化，則凸顯在地文化的特殊性與價值相對重要，故筆者認為，這也是後壁地區藏頭籤詩的重要性與價值所在，它們不僅保留了原鄉信仰的特質，也落地轉化為符合當地居民需要的信仰資產。

第二節　澎湖地區保生大帝信仰與籤詩文化

　　澎湖為明清以來臺灣往返大陸船隻的中繼站，清代班兵的運輸船與鄉試交通船、漁船往來頻密，也因此海難多不勝數，故能護佑航行的王爺信仰蓬勃發展。澎湖當地因地理位置的關係與早期醫療不發達及經濟因素，故需要醫病的鄉民只能依賴與信仰相結合的民間醫藥行為，例如祭祀醫藥類神祇如保生大帝或求取藥籤。日治時期因造船技術精進，傷亡慘重的船難數量遂明顯減少，此時期為謀生而移居臺灣本島的人數也開始增多，民國時則在戰後逐漸呈現人口外移的跡象，隨著人口外移本島，民間信仰也隨著流動而產生分香，故在高雄市有二十二座分靈自澎湖的廟宇，皆為澎湖人所建。上述歷史淵源造就澎湖的民間信仰多元發展，寺廟為信徒提供各種解決疑難雜症的方法，有慶典儀式、扶鸞問事、解籤開釋等，求靈籤成為最經濟實惠又簡便的占驗之術，不需受限神祇降乩的時間，亦沒有繁複的儀軌，因此自古以來求籤都是深受民間百姓喜愛的占卜方法，求藥籤則能吃平安，求得神力與藥力的保護。

　　此節以筆者進行的田野調查與歷史文獻為主，調查期間主要為二〇二二年八月二十四日至八月三十日，共七天。地域範圍以澎湖本島為主，因時間所限，未遍及所有周邊群島。採集對象為澎湖寺廟運籤與藥籤，依所得資訊顯示設置的籤詩多半為運籤，少數寺廟有配置藥籤，藥籤多分為大人內科、小兒科、眼科、外科等四種，以供信眾求取，用以解決早期海島就醫不便之問題。故以澎湖的保生大帝信仰為主，兼論澎湖地區的寺廟籤詩，同時透過對藥籤的些許觀察來說明民間醫藥文化與信仰之間的若干關聯。

一　澎湖地區的神祇與廟宇

　　清嘉慶謝金鑾《續修臺灣縣志》：「澎湖和臺灣，遠隔大海二百餘里之外，今以隸臺灣者，前則以隸同安，舊志以元末偶設巡檢司於澎湖，遂以為臺灣建置之始則非矣！今之臺灣可以概澎湖，昔之澎湖不可以概臺灣。」[47]由上述可知，澎湖的歷史發展與臺灣大有不同，亦即鄭氏王朝前臺、澎的發展不同。清代以降，澎湖為臺灣往返大陸船隻的中繼站，清代班兵的運輸船與鄉試交通船、漁船往來頻密，也因此海難多不勝數，故能護佑航行的王爺信仰蓬勃發展，日治時期因造船技術精進，傷亡慘重的船難數量遂明顯減少，此時期為謀生而移居臺灣本島的人數也開始增多，民國時則在戰後逐漸呈現人口外移的跡象。

　　正因澎湖自古以來位居要塞，為往返臺海兩岸的中繼站，又伴隨著移民的發展，民間信仰也隨之傳播。依澎湖縣政府宗教禮俗科公告「本縣目前登記立案寺廟有一九一座、宗教財團法人教會（堂）有四間，以本縣總面積一二六‧八六四一平方公里計算，平均每平方公里至少有一‧五座宗教場所，甚有一村里就有三至四座，且宗教信仰隨鄉民移居臺灣，分香全臺各地，本縣為全臺灣宗教團體密度最高的縣市，宗教信仰各路神明眾多，堪稱「眾神之鄉」。[48]再據蔡福松所言「依澎縣府調查統計，澎湖宮廟全臺密度第一，村村有宮廟，大小宮廟共逾三百座、合法登記有近二百座」。[49]可知澎湖當地因先民早

---

[47] 〔清〕謝金鑾、鄭兼才纂修：《續修臺灣縣志》（臺北：行政院文化建設委員會，2007年），卷八，頁29。

[48] 不著撰人：《澎湖縣政府民政處》網站，網址：https://www.penghu.gov.tw/civil/home.jsp?id=418&act=view&dataserno=11209060001（上網日期：2024年7月1日）。

[49] 中央社報導：〈澎湖廟口故事報你知湖西走讀堂堂邁入第13年〉，《中央通訊社》網

年渡海移居，多半有迎請如媽祖、水仙尊王等海神或原鄉地方神祇分靈祀奉，如保生大帝、玄天上帝等，成為開墾移民的心靈寄託，而隨著時代演進，逐步成為具有本土風格的地方守護神，因此在澎湖境內各村里，都有看到各自的大小宮廟。保生大帝信仰在澎湖自清代以來已見記載，有其紮實的發展脈絡，同時也隨著移民出現分香的情況，但相關的前人研究論述較少，略顯可惜，故本書就澎湖的保生大帝廟宇發展與用籤情況做一探討。俗諺云：「抽靈籤，卜聖卦」，顯現求神問卜乃民眾遇事的日常處理方式，全臺各地廟宇也幾乎都設有籤詩，以供民眾所需。本章針對澎湖地區的籤詩運用進行調查，希冀透過實地調查複核文獻與網路資料，整理出現在澎湖廟宇籤詩的使用狀況並比較早期文獻資料與現在籤詩實際變動的樣貌，進而釐清澎湖地區的籤詩文化，除了運籤外，筆者也在能力所及範圍內略談藥籤與醫藥文化，現今民眾生活意識與醫療型態的改變，在中醫與西醫之間，還有民間醫藥的存在，透過與民間信仰相結合的民俗醫療來改善疾病，例如透過神諭所指示的秘方與草藥，筆者認為澎湖早期因地理環境的影響，求醫不便，客觀條件與現實環境資源的匱乏，都使民眾需要民俗醫療的介入來緩解身體的不適。故以保生大帝廟宇及籤詩為主，兼論澎湖地區籤詩與民間醫藥風俗。

二 澎湖地區的籤詩與保生大帝廟宇

林修澈曾對澎湖縣、新竹縣、宜蘭縣的寺廟進行詳細的調查，包含蒐集了五五八套運籤。但就其研究成果無法明確知道澎湖寺廟各別使用何種籤詩系統，蓋因其調查為數量上的統計居多，籤詩統計表格

站，2023年2月19日，網址：https://www.cna.com.tw/news/aloc/202302190131.aspx（上網日期：2024年6月25日）。

僅見籤詩首句與所歸屬的縣市。[50]二〇一五年〈澎湖縣寺廟名冊〉登記的寺廟共一八九間，至二〇二二年十二月三十一日止，共一九一座。[51]但經筆者調查發現實際寺廟總數應在二百座以上，本書所計之廟宇共一六二間，澎湖地區有提供籤詩的廟宇數量其實相當可觀，本文調查範圍包含馬公市、湖西區、白沙鄉、西嶼鄉、七美鄉、望安鄉等，所計廟宇以實地所見為主，不論登記與否，因為對有所求的民眾而言，實際的祭祀與抽籤行為不一定與廟宇登記有關，目前根據維基百科所計，澎湖地區籤詩列表有八十三間廟宇，[52]但實際的數據則遠多於此。筆者田野調查以普查設置籤詩的廟宇數量與所屬籤詩的種類為主，依筆者實際調查有提供籤詩的廟宇有九十八所，顯示隨著時間的推移，籤詩流傳的狀況也需要更新至較為準確的狀態，例如澎湖銅山館[53]未見於維基百科的列表，但清朝中葉由銅山（東山）營的澎湖戍兵集資所建的銅山館由來已久，使用的籤詩為雷雨師百首靈籤，當非新置，筆者進行調查的原因也在此，針對文獻已載者進行覆核，未載者加以詳查，以期補充澎湖地區的籤詩文化研究（圖4-7）。澎湖地區流傳的籤詩可分運籤和藥籤兩大類，運籤有二十四首、二十八首、六十首、六十四首、九十二首、一百首籤。藥籤則多為一百二十首大人內科籤（圖4-8）。澎湖籤詩有臺灣常見且流行的籤詩，但也有臺灣使用度較低的籤譜在澎湖廣泛流傳，更有結合兩套籤詩為一的籤詩系統，意即澎湖地區的籤詩有自己流行的趨勢與獨特的發展樣態。

---

50 林修澈：《廟全紀錄：臺灣省廟呈現出來的文化資產與生活意義研究篇》（南投：臺灣省政府文化處，1998年），頁183-188。
51 當中包含佛寺與一貫道道場，但這兩者通常不提供籤詩，因此未列入本次田野調查的對象。
52 馬公市三十二所、湖西鄉十九所、白沙鄉十所、西嶼鄉十七所、望安鄉四所、七美鄉一所。但時過境遷，現在籤詩實際的狀況也與網站資訊有所出入。
53 馬公市復興里民族路25巷25號。筆者於二〇二四年七月二十九日進行田野調查時，銅山館整修中，祀神暫遷往鄰近巷弄。

圖4-7：重修中的銅山館
拍攝日期：2024年7月29日。
（攝／筆者）

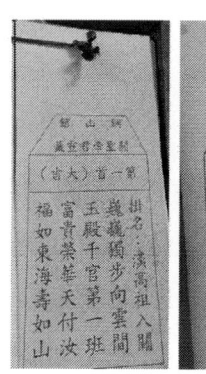

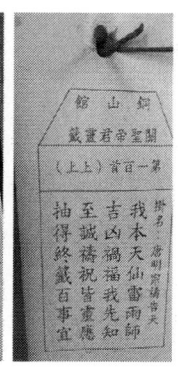

圖4-8：銅山館關聖帝君靈籤
拍攝日期：2024年7月29日。
（攝／筆者）

　　為了讓澎湖地區廟宇的籤詩有較為清晰的樣貌，筆者將所採集到的籤詩按行政區域分布列表，透過表單可以清楚知曉每間廟宇是否設置籤詩以及所使用的籤詩系統。以馬公市區的籤詩分布而言，筆者共採計五十五間廟宇，當中有十四座廟宇未設置籤詩，而在臺灣占絕大多數的「六十甲子籤」與「雷雨師籤」並沒有特別多的趨勢，使用「六十甲子籤」的廟宇有十四座，「雷雨師籤」有七座，與「二十八星宿籤」數量相同，而本島較少見的「靈應侯靈籤」則有三座。澎湖地區多為城隍廟所使用，但金門的三大城隍廟皆非此系統，此套籤詩在金門未見有廟宇配置，故這套籤詩展現了澎湖籤詩系統有其自身地域性發展的脈絡。同時透過實地的調查筆者也發現廟宇所配置的籤詩與網路百科[54]所提供的資訊有所出入，例如大關口觀音寺的「太陽初出水雲寬」為以干支序的六十首籤詩，但維基百科記為一百首。又如

54　不著撰人，〈澎湖廟宇籤詩列表〉，《維基百科》網站，網址：https://www.wikiwand.com/zh/%E6%BE%8E%E6%B9%96%E5%BB%9F%E5%AE%87%E7%B1%A4%E8%A9%A9%E5%88%97%E8%A1%A8（上網日期：2024年1月18日）。

澎湖水仙宮[55]即臺廈郊水仙宮，供奉五水仙尊王，分別是大禹、伍員、屈原、項羽、魯班等，乃清康熙三十五年（1695）為澎湖右營游擊薛奎因遭海難不死所建，後為臺廈郊之會所。維基百科載使用的是六十甲子籤，但筆者實地調查後發現整修後廟中已無籤詩。水仙宮自清代後經過多次整修，民國八十四年修繕至今已近三十年，近年由澎湖縣政府文化局爭取經費再度整修，民國一一○年（2021）八月正式啟動修復，歷時二十個月後於民國一一二年（2023）三月竣工，整體工程採「修舊如舊」原則進行，力求重現古蹟風華。筆者於二○二二年進行調查時仍在整修，原本存放於水仙宮二樓的籤詩櫃並未移至新廟，故無籤詩。就網路資料所載，澎湖水仙宮、鎖港坤元寺皆有六十甲子籤，但筆者實際田野調查時兩廟中並未設置籤筒，而澎湖三官殿則因為肺炎暫時禁止信眾求籤，可見籤詩有其隨時代發展而不同的變異性。除了網路資料的差異外，一九七六年龐緯《中國靈籤研究（資料篇）》記載澎湖馬公市海靈殿「丹桂高攀第一枝」六十首，但現今的海靈殿已改易為百首「雷雨師籤」，相當可惜，因為「丹桂高攀第一枝」實乃罕見籤譜，就廟中現在使用的籤譜與籤解看來，改換籤詩系統已行之有年，籤解為葉山居士《靈籤解說（一）——正百首籤詩解》。龐緯收錄該套籤詩的時間為一九七一年十一月，顯示民國六十年左右，海靈殿仍使用該套籤詩，籤面以干支序為籤數，除了籤詩本文以外，有婚姻、功名、求利、六甲、月令、家宅、疾病、官事、失物、行人等十項問題對應解釋。筆者認為罕見「丹桂高攀第一枝」系統可能是澎湖地方文士所創的籤譜，原因有三：一為詩文展現內容雜揉各類籤譜詩文，一為嶄露澎湖地方特色，最後為整體籤詩展現大量的海洋文化意象。例如丙子籤「重洋阻隔水平鋪，泛棹（掉）中流已

---

55 馬公市中山路6巷9號。

半途。莫謂茫茫無所得,時來鐵網採珊瑚。」澎湖有知名「珊瑚寶樹魚龍守」的傳說,西嶼外塹流傳著巨大珊瑚的故事,清乾隆中期胡建偉《澎湖紀略》,載十三澳詩,當中西嶼澳一詩云:

一嶼孤懸澎島西,小門風亂水雲迷。珊瑚海底魚龍護,文石山頭鳳鳥啼。夜半橫礁喧掛網,春深合界課耕犁。塹分內外帆檣集,共訝泉臺百貨齊。[56]

詩末附註:外塹海中有珊瑚樹,傳有蛟龍守之。外塹海中有珊瑚樹,番人曾到採不獲,說有蛟龍守此云。

澎湖廳通判陳廷憲〈澎湖雜詩〉亦云:

終古無人見鬱蔥,不材榕樹亦驚風。
(環島不產樹木,惟人家栽植榕柳,風威摧折,不甚高大)
只除鐵網中間覓,倒有珊瑚七尺紅。
(外塹海中有珊瑚樹,紅毛曾百計探取,鯨魚守之,不得下)[57]

詩中紅毛或夷人指的就是十七世紀的外國人。由此可知外塹有巨大珊瑚樹的傳說,由來已久。澎湖俗諺「一磽、二吼、三西流」,這是指澎湖最危險的海域,其中的「西流」就是位於外塹西南方,一八四四年。經許玉河研究英國海軍上校 Richard Collinson(1811-1883)在澎湖做水文調查繪測〈澎湖群島海圖〉[58](*Pescadore Islands*),特別在

---

56 〔清〕胡建偉:《澎湖紀略》(臺北:臺灣銀行經濟研究室,1961年),頁281-282。
57 〔清〕陳廷憲:〈澎湖雜詩〉,見連橫:《臺灣詩乘》,收入黃哲永主編:《臺灣先賢詩文集彙刊》第七輯(臺北:龍文出版社,2009年),卷4,頁216。
58 Richard Collinson所繪製的〈澎湖群島海圖〉,繪製範圍包含澎湖本島、西嶼、白沙、

外垵西南方、鎖港東南海域、將軍與東南海域畫有波浪，並註明Ripples，藉以提醒航行船隻。[59]外垵西南方的波浪即為「西流」。此處因水流湍急，船隻難以接近，遂成為珊瑚寶樹、魚龍守之的傳說之地。同治二年（1863），翟灝因丁憂離臺，途中至澎湖守風兩閱月，寫〈珊瑚樹記〉：

> 每當浪定水平，五色燦爛，詢之漁人；曰：「此海中石也。君得無覓大觀乎？距此三十里，西嶼有珊瑚二株，廣可四圍，長數丈許，水百尺深，赤色，下有魚龍守護，鐵網不可取也」。遂命舟人催棹鼓楫而往，至則急流無停泊處；舟人曰：「客識之乎？水色之深紅而不變者，珊瑚之光芒也；海口之燦爛而有章者，寶氣之分鍾也。」[60]

由漁人所講述的故事可知珊瑚樹之寶氣，亦可知其水象凶險，雖有鐵網千絲、銀鉤作柄，未易得耶，故籤詩中云「莫謂茫茫無所得，時來鐵網採珊瑚」也有終將撥雲見日、苦盡甘來之意。此處僅藉由此例說明「丹桂高攀第一枝」系統與澎湖地方民俗文化的特殊相關性。以下為筆者在澎湖當地所採集的廟宇籤詩配置表（表4-4至4-9）。

望安、七美等主要島嶼，最北為North Rock包含大蹺嶼、二蹺嶼等礁石，極南為JUNK ID（七美），極東有Nine Feet Rock（九呎礁），最西則為Yip-pan Id.（花嶼）。

59 許玉河：〈意外的眼光：1849-1900英法日澎湖地圖與地名〉，《硓𥑮石》第90期（2018年3月），頁84。

60 〔清〕翟灝：《臺陽筆記》，收入周憲文主編：《臺灣文獻叢刊第020種》（臺北：臺灣銀行經濟研究室，1966年），頁29。

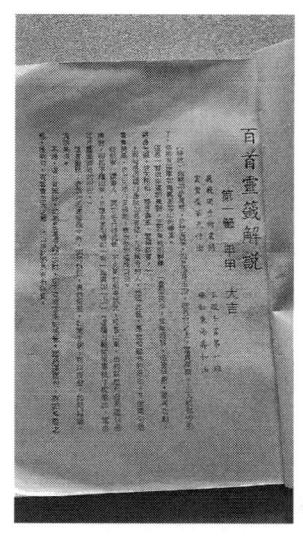

第四章　保生大帝的信仰流動與籤詩研究　❖　157

圖4-9：馬公南甲海靈殿籤詩

拍攝日期：2022年8月28日。
（攝／筆者）

圖4-10：馬公南甲海靈殿籤詩解說本

拍攝日期：2022年8月28日。
（攝／筆者）

表4-5：馬公市廟宇籤詩配置表[61]

序列	廟名	籤詩系統	籤序	籤數	首籤句首	備註
01	澎湖天后宮	澎湖天后宮籤	號碼序	100	曉日瞳瞳萬象融	
02	媽宮城隍廟	靈應侯靈籤	干支序	60	仙風吹下御爐香	
03	文澳城隍廟	靈應侯靈籤	干支序	60	仙風吹下御爐香	
04	紅毛城武聖廟	雷雨師籤	天干序	100	巍巍獨步向雲間	
05	澎湖觀音亭	觀音大士靈籤	干支序	60	太陽初出水雲寬	
06	澎湖三官殿	六十甲子籤	干支序	62	日出便見風雲散	有籤首與籤尾

---

[61] 本表格在《維基百科》「澎湖廟宇籤詩列表」的基礎上，依其行政區域的畫分及安排進行大量增補與備註並更新相關資訊，網路資源所見者均已覆核，表格內容以筆者實際調查為主，有出入之處在行文時會有說明。

序列	廟名	籤詩系統	籤序	籤數	首籤句首	備註
07	東甲北極殿	六十甲子籤	干支序	60	日出便見風雲散	
08	文澳祖師廟	雷雨師籤	天干序	100	巍巍獨步向雲間	
09	南甲海靈殿	雷雨師籤	天干序	100	巍巍獨步向雲間	
10	大關口觀音寺	觀音大士靈籤	干支序	60	太陽初出水雲寬	網路資料為100首
11	陰陽堂	二十八星宿靈籤	號碼序	28	角聲三弄響	
12	澎湖福德祠	二十八星宿靈籤	號碼序	28	角聲三弄響	無頭籤
13	澎湖景福祠	二十八星宿靈籤	號碼序	30	角聲三弄響	有頭籤
14	朝陽祠	二十八星宿靈籤	號碼序	28	角聲三弄響	
15	鐵線清水宮	六十甲子籤	干支序	60	日出便見風雲散	
16	菜園東安宮	二十八星宿靈籤	號碼序	28	角聲三弄響	
17	澎湖水仙宮	六十甲子籤	干支序	60	日出便見風雲散	無籤詩
18	西衛金龍殿	六十甲子籤	干支序	60	巍巍高聳出賢關	
19	烏崁靖海宮	六十甲子籤	干支序	61	日出便見風雲散	有頭籤
20	案山萬善廟	二十八星宿靈籤	號碼序	29	角聲三弄響	有籤尾
21	井垵北極殿	六十甲子籤	干支序	61	日出便見風雲散	有頭籤
22	鎖港紫微殿	六十甲子籤	干支序	60	日出便見風雲散	
23	虎井水仙宮	觀音大士靈籤	干支序	60	太陽初出水雲寬	
24	風櫃靈德溫王殿	六十甲子籤	干支序	61	日出便見風雲散	有頭籤
25	風櫃流水亨通三官廟	六十甲子籤	干支序	60	日出便見風雲散	
26	西衛宸威殿	雷雨師籤	天干序	101	巍巍獨步向雲間	有籤王
27	案山北極殿	雷雨師籤	天干序	101	巍巍獨步向雲間	有頭籤

序列	廟名	籤詩系統	籤序	籤數	首籤句首	備註
28	鎖港坤元寺	六十甲子籤	干支序	60	日出便見風雲散	無籤詩
29	火燒坪靈光殿	六十甲子籤	干支序	60	日出便見風雲散	
30	一新社	雷雨師籤	天干序	100	巍巍獨步向雲間	
31	五德威靈宮	保生大帝靈籤	號碼序	64	真金經火煉千回	
32	大案山柳星君祠	靈應侯靈籤	號碼序	28	仙風吸下御爐香	缺第四首，無籤尾
33	紅毛城城前公廟	六十甲子籤	干支序	60	日出便見風雲散	主祀：城前公
34	東文溫極殿	六十甲子籤	干支序	61	日出便見風雲散	有頭籤。主祀：溫府王爺
35	石泉朱王廟	六十甲子籤	干支序	61	日出便見風雲散	有頭籤
36	前寮朱王廟	二十八星宿靈籤	號碼序	28	角聲三弄響	
37	風櫃金王殿	六十甲子籤	干支序	60	日出見青雲	主祀：金府千歲
38	東衛天后宮	六十甲子籤	干支序	60	日出便見風雲散	
39	澎湖銅山館	雷雨師籤	天干序	100	巍巍獨步向雲間	主祀：協天大帝
40	山水上帝廟	二十八星宿靈籤	號碼序	28	角聲三弄響	主祀：真武大帝
41	重光威靈殿	有				主祀：池府王爺
42	北甲北辰宮	無				主祀：朱府王爺
43	文財神比干廟	無				
44	提標館	無				主祀：天上聖母
45	施公祠	無				主祀：天仙府大帝
46	文澳聖真寶殿	無				主祀：關聖帝君
47	東文明見寺	無				佛光山系統
48	東文佛山寺	無				
49	風櫃南天宮	無				主祀：羅府千歲
50	石泉福德祠	無				

序列	廟名	籤詩系統	籤序	籤數	首籤句首	備註
51	石寮何安宮	無				主祀：五年千歲
52	前寮太子殿	無				
53	嵵裡水仙宮	無				主祀：水仙尊王
54	安宅周王廟	無				主祀：周府大王
55	鎖港北極殿	無				主祀：玄天上帝

表4-6：湖西鄉廟宇籤詩配置表

序列	廟名	籤詩系統	籤序	籤數	首籤句首	備註
01	港底天軍殿	天軍殿聖籤	號碼序	60	風清月皎隱田家	主祀：趙府元帥恩主公
02	龍門觀音宮	六十甲子籤	干支序	60	日出便見風雲散	
03	隘門三聖殿	六十甲子籤	干支序	60	日出便見風雲散	
04	南寮保寧宮	保生大帝靈籤	號碼序	69	真金經火煉千回	與一般64首真金經火煉千回不同
05	北寮保安宮	保生大帝靈籤	號碼序	64	真金經火煉千回	
06	許家真靈殿	二十八星宿靈籤	號碼序	28	角聲三弄響	
07	白坑玉聖殿	雷雨師籤	天干序	101	巍巍獨步向雲間	有頭籤。主祀：玉皇大帝
08	東石泰靈殿	六十甲子籤	干支序	61	日出便見風雲散	有頭籤
09	潭邊玄天上帝廟	六十甲子籤	干支序	61	日出便見風雲散	有頭籤
10	龍門福德廟	二十八星宿靈籤	號碼序	28	角聲三弄響	
11	龍門太白殿	運圖靈籤	號碼序	24	寶馬盈門吉慶多	另有一套十八王公籤
12	青螺聚善寺	六十甲子籤	干支序	60	日出便見風雲散	

第四章　保生大帝的信仰流動與籤詩研究　❖ 161

序列	廟名	籤詩系統	籤序	籤數	首籤句首	備註
13	許家港元寺	觀音佛祖靈籤	干支序	60	太陽初出水雲寬	主祀：觀音佛祖
14	龍門安良宮	靈應侯靈籤	干支序	60	仙風吸下御爐香	主祀：李府千歲
15	鼎灣開帝殿	太陽初出水雲寬六十甲子籤	干支序	61	太陽初出水雲寬	主祀：開天仙帝，有籤首。藥籤大人內科120
16	湖西天后宮	六十甲子籤	干支序	61	日出便見風雲散	有頭籤。藥籤有大人科、眼科、小兒科
17	興仁戀靈殿	聖帝靈籤	天干序	100	巍巍獨步向雲間	
18	尖山顯濟殿	靈應侯靈籤	干支序	60	仙風吸下御爐香	主祀：謝府元帥。謝安、謝玄
19	菓葉北極殿	雷雨師籤	天干序	100	巍巍獨步向雲間	
20	林投鳳凰殿	六十甲子籤	干支序	61	日出便見風雲散	有頭籤。主祀：萬、薛、池府王爺
21	紅羅北極殿	觀音二十八籤	筊象序	28	福如東海壽南山	有藥籤，分小兒科與大人科
22	紅羅萬靈公	二十八星宿靈籤	號碼序	28	角聲三弄響	主祀：萬靈公
23	沙港天后宮	六十甲子籤	干支序	60	日出便見風雲散	
24	沙港廣聖殿	六十甲子籤	干支序	61	日出便見風雲散	有籤王。主祀：葉府王爺
25	紅羅福德廟	無				
26	湖西善福寺	無				主祀：觀音佛祖
27	青螺真武殿	無				主祀：玄天上帝
28	青螺將軍廟	無				主祀：陳府將軍
29	許家真靈殿	無				主祀：許府真君網路資料原為角聲三弄響
30	鼎灣永安宮	無				主祀：真武大帝

序列	廟名	籤詩系統	籤序	籤數	首籤句首	備註
31	潭邊東明宮	無				主祀：三太子
32	潭邊愛蓮寺	無				主祀：觀音佛祖
33	潭邊水仙宮	無				主祀：大禹
34	潭邊李府大將軍廟（李巡殿）	無				主祀：李府大將軍
35	菓葉閩南臺澎玉皇宮	無				2022重建
36	菓葉顯靈廟	無				
37	菓葉聖帝廟	雷雨師籤	天干序	101	巍巍獨步向雲間	有頭籤
38	菓葉將軍府	無				
39	龍門將軍廟	無				
40	湖東福德廟	無				
41	湖東聖帝廟	無				主祀：關聖帝君。原為朱王廟
42	林投萬善堂	無				
43	太武玄靈殿	無				主祀：李府王爺
44	西溪將軍廟	無				
45	西溪忠勇侯廟	無				
46	南寮保安宮	無				主祀：五年千歲、十二王爺
47	西寮代天宮	無				主祀：文衡聖帝、李府千歲
48	中寮代天宮	無				主祀：伍府、薛府、朱府千歲及聖帝
49	東石福德祠	無				
50	東石靈應公祠	無				

表4-7：白沙鄉廟宇籤詩配置表

序列	廟名	籤詩系統	籤序	籤數	首籤句首	備註
01	後寮威靈宮	保生大帝靈籤	號碼序	92	真金經火煉千回	大道真君靈籤64首加二十八星宿籤共92首
02	吉貝觀音寺	六十甲子籤	干支序	60	日出便見風雲散	
03	赤崁龍德宮	雷雨師籤	天干序	100	巍巍獨步向雲間	
04	講美龍德宮	天后宮靈籤	號碼序	100	曉日瞳瞳萬象融	主祀：玉皇三公主
05	瓦硐南天廟	六十甲子籤	干支序	60	日出便見風雲散	
06	瓦硐武聖廟	雷雨師籤	天干序	100	巍巍獨步向雲間	
07	港子誠敬堂	六十甲子籤	干支序	60	日出便見風雲散	
08	通梁保安宮	六十甲子籤	干支序	60	日出便見風雲散	主祀：康府王爺
09	後寮南埔廟	雷雨師籤	天干序	100	巍巍獨步向雲間	主祀：三十人公現場籤詩僅有36首
10	鳥嶼金山殿	六十甲子籤	干支序	60	日出便見風雲散	
11	通梁玉皇九聖宮	雷雨師籤	天干序	100	巍巍獨步向雲間	主祀：玉皇大帝
12	通梁福德正神廟	無				
13	通梁客公廟	無				
14	鎮海福安宮	無				主祀：中壇元帥
15	講美保安宮	無				主祀：保生大帝
16	港子保定宮	無				主祀：關聖帝君

表4-8：西嶼鄉廟宇籤詩配置表

序列	廟名	籤詩系統	籤序	籤數	首籤句首	備註
01	竹灣大義宮	雷雨師籤	天干序	100	巍巍獨步向雲間	
02	內垵內塹宮	靈應侯靈籤	干支序	60	仙風吸下御爐香	藥籤，大人科只存籤筒 主祀：池府千歲
03	外垵溫王宮	六十甲子籤	干支序	60	日出便見風雲散	
04	橫礁五天宮	雷雨師籤	天干序	100	巍巍獨步向雲間	
05	小池角關帝廟	雷雨師籤	天干序	100	巍巍獨步向雲間	有藥籤筒但內置運籤
06	合界威揚宮	雷雨師籤	天干序	100	巍巍獨步向雲間	有藥籤120首
07	后螺龍慶宮	雷雨師籤	天干序	100	巍巍獨步向雲間	主祀：觀音佛祖
08	外垵魯國大夫廟	靈應侯靈籤	干支序	60	仙風吸下御爐香	
09	外垵慈航寺	六十甲子籤	干支序	60	日出便見風雲散	
10	內垵慈音寺	觀音大士靈籤籤	干支序	60	太陽初出水雲寬	
11	赤馬西岩寺	觀音大士靈籤籤	干支序	60	太陽初出水雲寬	
12	小池角西峯寺	觀音大士靈籤籤	干支序	60	太陽初出水雲寬	
13	內垵相公宮	六十甲子籤	干支序	61	日出便見風雲散	主祀：相公。有籤王
14	內垵夫人媽廟	六十甲子籤	干支序	60	日出便見風雲散	
15	大池角北極殿（治安宮）	六十甲子籤		60	日出便見風雲散	有小兒科藥籤
16	竹灣正德廟	福德正神靈籤	數字序	28	角聲三弄響	主祀：福德正神
17	小門震義宮	觀音大士靈籤	干支序	60	太陽初出水雲寬	主祀：溫府千歲分靈自竹灣大義宮

序列	廟名	籤詩系統	籤序	籤數	首籤句首	備註
18	赤樊桃殿	無				2022年整修 主祀：李府三王爺
19	二崁二興宮	無				主祀：邱府王爺
20	北井福德宮	無				主祀：土地公
21	竹灣頂甲上帝廟	無				
22	應善祠	無				
23	南埔廟	無				礁角公
24	合界夫人媽廟	無				
25	合界良君廟	無				已拆除，剩地基
26	合界聖公廟	無				祀奉海上神像
27	合界福德廟	無				2022年重建
28	小池角福德宮	無				

表4-9：七美鄉廟宇籤詩配置表

序列	廟名	籤詩系統	籤序	籤數	首籤句首	備註
01	七美趙公祖祠	雷雨師籤	天干序	100	巍巍獨步向雲間	

表4-10：望安鄉廟宇籤詩配置表

序列	廟名	籤詩系統	籤序	籤數	首籤句首	備註
01	望安天后宮	六十甲子籤	干支序	60	日出便見風雲散	
02	望安花宅天后宮	六十甲子籤	干支序	60	日出便見風雲散	
03	水垵鎮南廟	六十甲子籤	干支序	60	日出便見風雲散	

序列	廟名	籤詩系統	籤序	籤數	首籤句首	備註
04	水垵李王宮	雷雨師籤	天干序	100	巍巍獨步向雲間	
05	東吉啟明宮	無				主祀：徐府王爺等四姓王爺
06	東吉夫人廟	無				主祀：夫人媽
07	東吉公媽廟	無				主祀：萬善爺
08	西吉西吉宮	無				主祀：池府王爺
09	東嶼坪池府廟	無				主祀：池府王爺
10	東嶼坪土地公廟	無				主祀：土地公
11	西嶼坪華娘廟	無				主祀：華娘。無金身
12	西嶼坪福德宮	無				土地公宮仔

　　本書所計澎湖六個鄉市行政區可能尚有未盡之廟宇，但就現有數據而言，一六二間廟宇中有六十七座未設置籤詩，約占百分之四十一，但未設置籤詩的廟宇多半為土地公廟與陰廟，換言之，以設置籤詩的角度而言，是符合一般民間廟宇常態的，與本島無異。以設置籤詩的九十五座廟宇而言，六十甲子籤有三十五座廟宇[62]，雷雨師籤有二十三座廟宇，二十八星宿籤有十二座廟宇，「太陽初出水雲寬」六十籤有九座廟宇、靈應侯靈籤七座，保生大帝靈籤四座、「曉日瞳瞳萬象融」天后宮靈籤兩座、其他「日出見青雲」六十首、「福如東海壽南山」二十八首、「寶馬盈門吉慶多」二十四首、「風清月皎隱田家」六十首各一座。其中「太陽初出水雲寬」系統多數集中在西嶼鄉，我們若將廟宇主祀神與所使用的籤詩系統相比對，會發現其所使

---

62 相較起林修澈統計的二十八座多了七座廟宇。但「雷雨師籤」林修澈統計有二十六座，筆者僅見二十三座，顯示籤詩系統使用會有消長的問題，非永恆不變。見氏著：《廟全紀錄：臺灣省廟呈現出來的文化資產與生活意義研究篇》，頁185。

用的系統有一定的相對規律，但非絕對。筆者將其分布以下圖4-11表現，我們可以發現圓點顏色越深者為越多廟宇所使用的系統，越淺者則為使用率較低的籤譜。

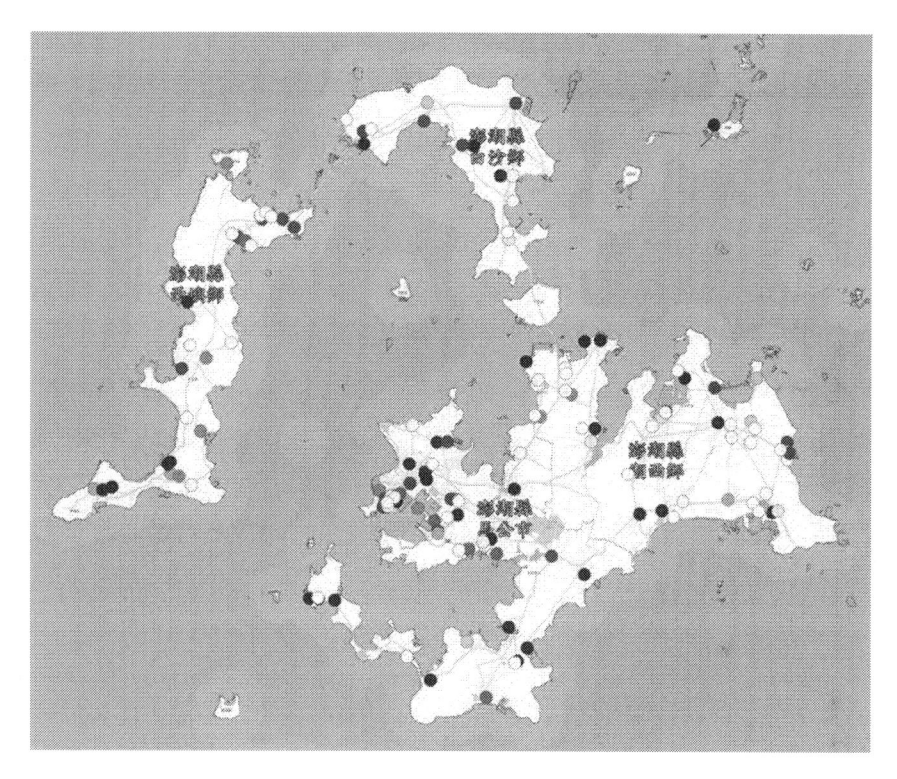

圖4-11：澎湖籤詩系統分布圖

（繪／筆者）

　　澎湖地區奉祀「保生大帝」由來已久，清代方志多有所載，《澎湖紀略》：「真人廟：廟一在奎里澳，一在奎璧澳。真人姓吳名本，乃泉之同安縣白礁人。母夢吐白龜之祥，生於宋太平興國四年。長而學道，以醫濟人，用藥如神。景佑二年卒，里人祀之。部使者以廟額為請，敕為慈濟。慶元間，封為忠顯。開禧二年，封英惠侯。土人以神

為醫,故此廟獨盛。今各澳多建祀,不獨嵵里、奎壁已也。」[63]可知在清乾隆年間澎湖已有多處保生大帝廟,澎湖以保生大帝為主神的廟宇,計有五德威靈宮、後寮威靈宮、南寮保寧宮、北寮保安宮、講美保安宮等共五間,以下分別論之:

(一)五德威靈宮[64]

五德威靈宮以白礁慈濟宮為祖廟,乃移民所帶香火建廟而成。陪祀有真武大帝、哪吒太子、文衡聖帝、溫府王爺等神祇。五德威靈宮於大正十一年(1922)創立「威化社嚴善堂」,由許超然與歐積穀兩人協助在歐家扶鸞,同年著作《覺悟轉新》善書一部。嚴善堂正主席為保生大帝,副主席真武大帝,正馳騁尊王溫,副馳騁文衡聖帝,鑒理鸞務哪吒太子李,管理堂務內外供役福神,功過司元帥康,迎送司元帥趙。註生娘媽李雖然在鸞堂中無職務派任,在扶鸞期間仍有降筆紀錄。太平洋戰爭時善堂曾一度被禁止,民國四十年(1951)改名為「同化社向善堂」,由許超然之子許貞吉協助,著作《覺醒金篇》善書一部。民國六十二年(1973),再改名為「文化社保安堂」,由吳克文校正善書《覺路自新》一部四冊,民國六十八年(1979)又由吳克文協助著作善書《引道慈航》一部四冊。從《臺灣總督府檔案》的〈社寺廟宇調〉檔案可知,雞母塢威靈宮肇建於道光二十七年(1847)。[65]依據蔡光庭對五德姓氏的研究,雞母塢社始祖歐陽三(1600-1658),係泉州、南安歐陽氏十七世祖,明天啟、崇禎年間徙澎。從五德威靈宮的創建與演變可見鸞堂在澎湖的發展與影響。五德威靈宮透過澎湖

---

63 〔清〕胡建偉:《澎湖紀略》(臺北:臺灣銀行經濟研究室,1961年),頁42。
64 馬公市五德里2鄰65號。
65 調查時間為明治三十年(1897)十二月底。一八九八年澎湖廳「社寺廟宇調」(1898年1月24日),〈明治三十二年乙種永久保存第二十七卷〉,《臺灣總督府檔案》,國史館臺灣文獻館,典藏號:00000395002。

信民有分靈至臺灣本島，如日治大正三年（1914年；民國三年），旅居高雄的澎湖籍歐姓居民返回馬公井垵雞母塢威靈宮分靈保生大帝神尊到高雄，最初將保生大帝神尊奉祀於自宅，到昭和十五年（1940；民國二十九年）集資於現址建廟奉祀，[66]是為高雄市鹽埕區沙仔地威靈宮，[67]廟中所使用的運籤也是「真金經火煉千回」六十四首。

（二）後寮威靈宮

後寮威靈宮相傳建廟時間為明代萬曆三十年（1602），據一八九八年澎湖廳「社寺廟宇調」記載後寮威靈宮為二百年前所建，[68]建廟時間為一六九八年左右，為澎湖境內首開保生大帝信仰之廟宇，為福建移民至後寮地區後倡議所建。後寮威靈宮的籤詩明顯為兩套系統的混合型，第一首是「真金經火煉千回，此物原來七寶魁。更得良工成大器，流傳美載莫低徊」至第六十四首，為完整的大道真君靈籤，第六十五首為「角聲三弄響，無雪心自寒。勸君休愁慮，合營人馬安。」此為二十八星宿籤，故後寮威靈宮運籤共九十二首，是較為特殊的狀況。同時還有藥籤，供民眾求取，為常見的大人內科一百二十首。經年約六十歲的廟公表示，前來求取藥籤的民眾在取得藥籤後會往馬公市區拿藥，再自行照指示服用。而廟中同時也提供問事服務，有乩童在每月初一、十五前來，廟方公事先請示聖駕，其餘時間則開放民眾詢問私事，以供參考。

高雄市鹽埕區大舞臺威靈宮[69]分靈自澎湖後寮威靈宮位於大舞臺

---

66 日治時期，旅居高雄的澎湖人，群聚鹽埕沙仔地，搭蓋簡陋木屋棲身，因大量澎湖鄉親聚居，所以又稱澎湖社。

67 高雄市鹽埕區必忠街64號。

68 一八九八年澎湖廳「社寺廟宇調」（1898年1月24日），〈明治三十二年乙種永久保存第二十七卷〉，《臺灣總督府檔案》，國史館臺灣文獻館，典藏號：00000395002。

69 高雄市大仁路220號。

戲院附近，所以信眾稱為「大舞臺威靈宮」。日治時期澎湖湖西許家村與臺沙鄉後寮村、吉貝村人移居鹽埕，多半以碼頭工人、木工或船員為業，在當地形成澎湖移民的聚落，當中後寮村民許善、許生業、方助等人有感於家鄉保生大帝威靈顯赫，於日治時期大正十五年（1926）由後寮威靈宮分香，塑像奉祀並籌資建廟，一九七一年重建後濟世扶鸞為信眾服務治病至今。威靈宮所使用的運籤亦為「真金經火煉千回」六十四首，本來還有藥籤大人內科一二〇首，但現今已不再使用藥籤，廟中僅存藥籤桶於正殿，但籤筒中僅有籤條，已不存放藥籤。許姓廟祝表示因為藥事法之故，怕有違規之虞，他到職時已是如此。[70]

（三）南寮保寧宮

南寮保寧宮分香自後寮威靈宮。康熙二十四年（1685）蔣毓英《臺灣府志》載：「真人廟，在奎壁港」，為奎壁灣廟宇最早的文獻紀錄。當時的真人廟為南寮保寧宮前身，廟址在南寮村境內，而南寮保寧宮由後寮威靈宮分香，故後寮威靈宮建廟歷史最遠可追溯在康熙二十四年（1685）之前。高雄市南高保安宮自民國三十四年（1945）由南寮村「保靈宮」分靈，為其分靈廟，[71]南高保安宮為澎湖南寮人移居高雄新興區所建之廟宇，日治時期，澎湖南寮人移居高雄後，聚居在新興區明星街一帶，多從事木工及營造業。民國三十五年（1946），由趙昌、趙清選、許寶等南寮旅高人，一同回家鄉澎湖南寮保寧宮，恭迎保生大帝之香火，並雕塑保生大帝、池府千歲、哪吒太子等金身奉祀，起初創設於新興區明星街五十六號。民國五十一年（1962）

---

70 許先生表示他已經工作四、五年，所以大舞臺威靈宮不再提供藥籤讓民眾求取已行之有年。
71 高雄市三民區大連街358號。

間,因明星街環境變化,而向保生大帝請示遷移往前金區榮安街三十二號,後因此地為公園預定地;於民國六十年(1970)再次遷移至仁愛二街;最後,於民國七十七年(1988)底,在現址大連街設置永久宮址,民國一〇五年(2016)底舉行入火安座儀式。南高保安宮與澎湖祖廟間的聯繫密集,也與高雄的澎湖廟互有交陪,祖廟或是交陪境有慶典時,南高保安宮也都會一同參與盛事,顯見澎湖旅高鄉親間的深厚情誼。其實也不只南高保安宮,這些澎湖移民在高雄所建之廟宇多半與澎湖祖廟保持高度連結,祖廟有大活動時,他們往往是鼎力相贊且返鄉參與,這也是臺灣離島廟宇與本島的特殊情誼。

　　高雄地區的保生大帝廟宇,有來自澎湖及臺南的移民,由家鄉分靈而創建的,因此有五十多座,數量居全臺第二,僅次於臺南。因此保生大帝的信仰既具有明顯的原鄉性質,也突出移民城市的特殊性。謝貴文認為:

> 高雄地區的保生大帝廟宇中,最普遍的香火緣起類型是由臺灣其他外縣市廟宇所分香而來。尤其在縣市未合併前的高雄市,乃一典型的移民城市,日治時期高雄港的開發,使其由一漁村蛻變為全臺的工業重鎮,也因此吸引大量的外來人口到此就業定居;據統計外縣市移民占高雄市人口的比率,從1946年的3.27%提升至1991年的52.93%,顯見外縣市移民在城市發展過程中占有重要的地位。這些外縣市移民主要來自澎湖及臺南兩地,他們移居高雄市後,往往會以分香方式,將家鄉的神明請到此地供奉,等經濟好轉之後,再共同捐資蓋廟。[72]

---

72 謝貴文:〈論神明與地方關係的建立與發展——以高雄地區的保生大帝信仰為例〉,《高雄文獻》第3卷第2期(2013年6月),頁45。

例如覆鼎金保仁宮[73]即由南寮保寧宮分靈而來。保寧宮的籤詩將常見的保生大帝籤詩六十四首擴充為六十九首，這是一套以大道神咒為藏頭籤詩的獨特運籤系統。如以臺南興濟宮的運籤為例，共有六十四首，六十四首籤詩每一句詩文的首字皆為代表字，首字串起來即是「真君真君，除邪斬瘟，行符咒水，普濟萬民，罡步正氣，永斷禍根，香火廟食，夙夜虔恭，威光顯赫，炬號增封，萬靈有禱，咸沐神功，誦吾神咒，蕩佛群凶，魔攝勒急急如律令。」保寧宮擴充為六十九首後，藏頭的神咒為《保生大帝神咒》：「真君真君，持邪斬瘟，行符咒水，普濟萬民，罡步正氣，夜斷禍根，威功炬赫，顯號增封，香火廟食，夙虔恭，萬靈有禱，咸沐神光，誦吾神咒，蕩滌群庵，夥急如律令，敕！急永急如律令，凶化。」比起興濟宮的保生大帝靈籤多了五首，分別是第五十六、五十七、五十八、六十八、六十九。兩個廟宇的籤詩自第二十五首開始有明顯的出入，有籤詩順序不同者，亦有首字相同但籤詩內容完全不同者，完全相異者多出現在五十五首之後，顯示大道神咒因年代久遠傳鈔失真，使其藏頭籤詩亦出現多種不同的版本。[74]

（四）北寮保安宮[75]

今湖西鄉北寮村與南寮村於清代稱「北寮社」與「南寮社」，歸「奎壁澳」，居民原本分布於南側，清季中葉後人口漸眾、聚落分布漸廣，始又分南寮社、北寮社。蔣毓英《臺灣府志》中所載的南寮保寧宮最初由南北聚落居民共同祭祀，但北寮居民以為路途稍遠、來往不便，遂自南寮保寧宮分香、另立新廟，即北寮保安宮。故以澎湖地

---

73 高雄市三民區鼎力路156之1號。
74 本書將保寧宮籤詩以附錄形式置於章末，以供讀者參考。
75 湖西鄉北寮村40號。

區的保生大帝信仰而言，後寮威靈宮已出現當地分香，展現信仰的在地性，同時香火也傳至臺灣本島，桃園鶯北保安宮[76]、高雄北高保安宮[77]為其分靈宮。

（五）講美保安宮

講美保安宮則分靈自大龍峒保安宮。據大龍峒保安宮官網記載：「本宮亦有不少的分香廟，目前已知者有臺北永和保福宮、板橋江子翠潮和宮、南投埔里天旨宮、宜蘭縣三星尾塹保安宮、澎湖縣白沙講美保安宮（昭和十三年分靈）、菲律賓馬尼拉保安宮、臺北大直植福宮等，均與本宮有密切往來。」相較起其他保生大帝廟宇，講美保安宮的資料較少，規模也較小，甚至沒有提供籤詩，筆者認為這與該地區舊時的環境有關，依據講美（港尾）保安宮重修記記載：「宮址未決擇之先，其地偏於一隅行人鮮少，本村先賢陳長澤為求繁榮桑梓俾利行人，壬子季冬倡導民眾捐款創建奉祀連元帥。」陳長澤也就是為清末日治時期名人陳潤，陳長澤於壬子年（1912）勸捐修建連元帥廟，連元帥為北營鎮守將軍。在此之前，陳長澤亦於明治辛亥年（1911）修建張元帥廟於港尾鄉東側，張元帥為東營鎮守將軍，爾後再改名為靈應廟。故而講美人稱靈應廟為東邊廟，保安宮為西邊廟。一東一西，護衛講美聚落兩側。由重修碑記看來講美保安宮前身為祭祀連元帥廟宇，自大龍峒保安宮分香後，才改主祀保生大帝，若由此脈絡看來，便可以理解為何保安宮中並未設置籤詩，因為一般元帥廟中普遍沒有籤詩。在保安宮西側有塊玄武岩材質之「化煞」碑，鄉人認為其歷史已逾百年以上。從保安宮碑記提及：「其地偏於一隅，行人鮮少」，故而建廟鎮守。此地之所以行人鮮少，蓋因此地本為港尾人的傳統墓

---

76 桃園市大明里南僑巷17弄10號。
77 高雄市仁武區仁光路96號。

地。日治時期，當地獸類屍體的掩埋處也在附近，化煞碑即位於上述墓地周遭，藉以鎮壓此地陰氣而設立。陳長澤等人或鑒於化煞碑力量單薄，復以倡建連元帥廟增強港尾鄉防禦鬼魅入侵的力量。

　　上述這五間保生大帝廟宇，除了講美保安宮未設置籤詩外，其他四間廟宇所用的籤詩均為「真金經火煉千回」系統的六十四首保生大帝靈籤。雖然以保生大帝靈籤為主，但各廟宇之間的籤詩均有所差異，甚至衍生出不同的樣貌，不論是在內容或籤數上均有相異之處，反而呈現澎湖地區保生大帝籤詩的特殊樣貌，筆者認為有相當的研究價值，甚至在高雄的分靈廟也都使用與祖廟相同的籤詩系統。這些彼此關聯甚深的保生大帝廟宇，雖然在籤詩的版本上有些差異但原則上均以《保生大帝靈籤》六十四首為主，一九七六年龐緯《中國靈籤研究（資料篇）》中曾收錄馬公鎮五德威靈宮的保生大帝籤詩，若與保寧宮相較，則可發現版面相近，內容亦近，但在解曰的項目，五德威靈宮計有功名、求財、婚姻、厝宅、官司、疾病、六甲、失物、遠信、丁口、出行、月令共十二項，保寧宮則多了生理、年冬、風水三項，沒有「月令」改易為「運途」。後寮威靈宮較為特殊，其籤詩有運籤與藥籤兩種，運籤有九十二首，乃「真金經火煉千回」系統的六十四首加上角聲三弄響系統的二十八星宿籤，然而其分靈廟與關係緊密的北寮保安宮則未採用九十二首的運籤系統，兩廟皆為傳統的六十四首保生大帝靈籤。

　　林美容認為「臺灣保生大帝宮廟分布的數量，由南向北逐漸減少，這和臺灣開發之早晚有關，南部開發較早，開墾時所遇瘟疫疾病等不確定因素較多，對未來充滿不確定感，因此就求助於神明的保佑，而保生大帝醫神的特性，就正好符合了這樣的需要，此外據近年之統計資料，單單臺南縣一地就擁有廟宇一千一百八十二座，數量之多為全國之冠，因此保生大帝廟之數量，和臺灣廟宇數量南部較多，

北部較少有連帶關係，廟宇總量少自然保生大帝廟也較少。」[78]而數百年來澎湖群島因離島的地理位置關係，島民大多以海為生，長年颱風追魚，經年累月的操勞是身體龐大的負擔，再加上醫療不便，故島民只能大多轉向各個宮廟壇內的神明來求助，以祈禱賞賜良方藥籤，才發展出民間信仰與民間醫藥結合的特殊文化，而不為保生大帝所專擅，故其廟宇分布與數量呈現方式均與本島不同。

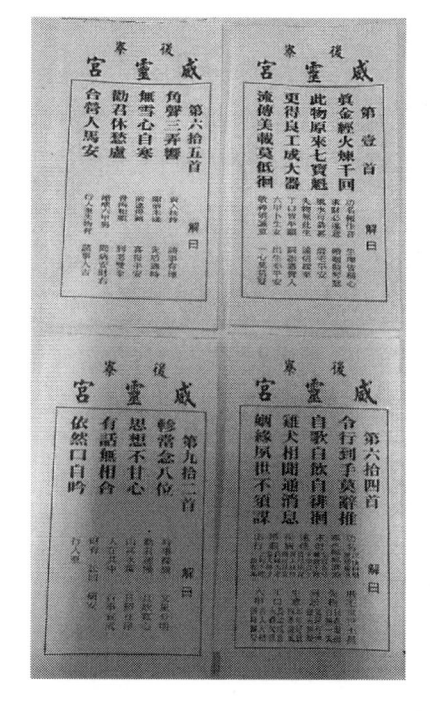

圖4-12：後寮威靈宮運籤
拍攝日期：2022年8月29日。
（攝／筆者）

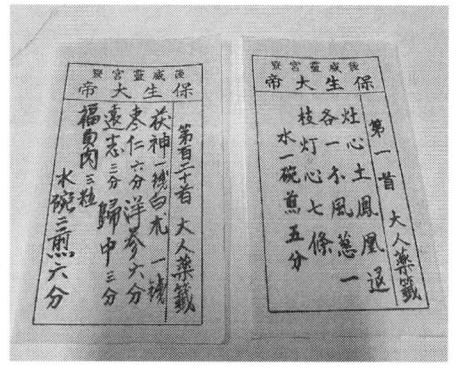

圖4-13：後寮威靈宮藥籤
拍攝日期：2022年8月29日。
（攝／筆者）

---

78 林美容：〈臺灣保生大帝信仰與分布〉，《台江在地論壇——第一屆重回村廟》網站，網址：https://private.tncomu.tw/modules/tad_book3/pda.php?&tbdsn=9（上網日期：2024年5月1日）。

三 澎湖廟宇的特色籤詩

澎湖有些許具有特色的籤譜，例如使用「曉日瞳瞳萬象融」。天后宮靈籤的兩座廟宇，分別是澎湖天后宮與講美龍德宮（主祀玉皇三公主），解曰有功名、疾病、丁口、生意、婚姻、求財、六甲、出行、時運等九項。這套籤譜係「湄洲天上聖母籤譜」一百首，清光緒楊浚《湄洲嶼志略》卷四中已見收錄。澎湖天后宮使用這套「湄洲天上聖母籤譜」自有其正統性與象徵意義，然而主祀玉皇三公主的龍德宮在選用籤詩系統上，也選擇了這套籤詩。玉皇三公主是澎湖白沙鄉講美村的在地信仰，相傳當地籤民為了維生，往來於唐山與澎湖經商，但在海上遭遇海難，被玉皇三公主救起，遂迎請供奉。主祀神的神職與天上聖母相同，都具有拯救海難的水神功能，故選擇此籤詩有其合理性。其他籤譜有「日出見青雲」六十首、「福如東海壽南山」二十八首、「寶馬盈門吉慶多」二十四首、「風清月皎隱田家」六十首各一座，以下分別論述。

（一）風櫃金王殿「日出見青雲」六十首

風櫃威武金王殿，[79]舊稱德安宮。傳說早年風櫃尾地廣人稀，又三面臨海，常有鬼魅出沒，因此由「流水亨通溫王廟」降乩指示，在聚落東端入口處興建一座廟宇，派萬善爺駐守。大正十一年（1922）德安宮曾設立鸞堂名為「德安宮勸善堂」（後又改稱德心堂），之後又改為武壇。清末丙寅年重修擴建後，溫府王爺再派金、邱、羅三位王爺到德安宮駐守，並以金王爺為主神，改名為「德安宮金王殿」。其所用的「日出見青雲」六十首為罕見籤譜，於澎湖地區僅見此系統，

---

79 風櫃里108號。

就其內容而言多有六十甲子籤相類似的詩句，但多半經過改寫。（表4-11）例如丙寅籤：「風雨落洋洋，災殃必有傷。命中逢苦景，急走出他鄉。」與六十甲子籤的第六首甲戌籤：「風雲致雨落洋洋，天災時氣必有傷。命內此事難和合，更逢一足出外鄉。」不論是用字或語敬上皆見雷同，再如丁丑籤：「太公八十成，進退問前程。命內遭逢吉，他時萬事興。」與六十甲子籤的第二十二首丁未籤：「太公八十家業成，月出光輝四海明。命內自然逢大吉，茅屋中間百事亨。」亦有相似。筆者認為這套籤譜是有意為之的雜揉之作，除了六十甲子籤外，在創作籤詩時也多有參考《雷雨師百籤》的痕跡，如丁未籤「世間物有主，一芥勿貪取。目下罔休思，循規兼蹈矩。」與雷雨師第二十七籤「世間萬物各有主，一粒一毫君莫取。英雄豪傑自天生，也須步步循規矩。」

表4-11：德安宮金王殿金府千歲運籤

籤序	籤詩內容		籤序	籤詩內容	
甲子	日出見青雲 昔時通大道	天明月一輪 萬事保子孫	丁亥	狂風推落帽 古木無人徑	陰雨又連霧 勸君行善路
甲寅	玉池開白蓮 骨格超凡類	端正自天然 人間第一仙	丁丑	太公八十成 命內遭逢吉	進退問前程 他時萬事興
甲辰	靈芝本是草 帝王床底生	結實不成果 宋庭祥瑞好	丁卯	家運保亨通 兩間多惡輩	教子有義方 恐怕無才郎
甲午	牡丹第一枝 若問心中事	折取莫遲疑 逢春正及時	丁巳	脫化蓮花池 狹途豈易過	運通不得時 神助相扶持
甲申	三元及第時 得意遊街路	顯要光門楣 共欽好品儀	丁未	世間物有主 目下罔休思	一芥勿貪取 循規兼蹈矩
甲戌	坐井觀天時 到頭得有報	讓他占便宜 好德善人施	丁酉	駒隙急如飛 當思向善舉	勸君義勇為 謹守乎良規

籤序	籤詩內容		籤序	籤詩內容	
乙丑	雲霧蔽當空 艱難兩進退	波濤遇大風 喜幸見重光	戊戌	疾病纏諸身 安全自有自	求醫藥必真 方不損精神
乙卯	災殃難得解 消息相通近	歌唱自徘徊 良緣月老諧	戊子	出岫雲無心 高山真險阻	居恆少好音 耐久有黃金
乙巳	龍虎正相逢 勸君且靜守	成家發達郎 今歲時荒唐	戊寅	牛郎織女星 天註婚緣定	七夕相逢成 團圓家道亨
乙未	前處空徒勞 旦看苦日過	求神枉費多 煩事免蹉跎	戊辰	勸君心勿虛 吉慶由和合	衣食自然餘 運到得寶珠
乙酉	水清山又明 世界皆安靜	萬物慶咸亨 黎民樂太平	戊午	日日走西東 隱憂恆在抱	夜間心志荒 暫待天時光
乙亥	月老好安排 生死得有命	婚姻註定來 善惡分明哉	戊申	江水一重山 災殃難解救	欲行路徑艱 何日得平安
丙子	風俗變更新 願君守本份	命途須認真 暫待太平民	己酉[80]	奉公守法心 倏忽且休問	自有吉星臨 秋期得好音
丙寅	風雨落洋洋 命中逢苦景	災殃必有傷 急走出他鄉	己丑	災害免驚心 田中雖淺地	高岩切莫臨 點石變成金
丙辰	煮豆心何存 前途改變處	光輝遇蔽雲 難保君家門	己卯	魚游在海中 險阻難行盡	倏忽受災殃 只恐後有傷
丙午	勸加心勿欺 為善天作福	暗裡鬼神知 榮華自有時	己巳	志氣英雄高 干戈擾亂世	平心福自多 報國盡忠豪
丙申	渭濱有太公 凡事免相問	晚景遇文王 乘時氣運通	己未	猛虎在深山 勸加守本分	獸中得自安 恐有遇艱難
丙戌	對天立善愿 勸爾堅心意	家道要團圓 子孫福祿全	壬戌	南販珍珠鹽 陶朱道克守	必要貨物添 家宅必安恬
己亥	福壽如南山 逍遙宇宙內	老翁景遇安 行動得清閒	癸丑	萬般不自由 若遇有成日	門戶冷如秋 清閒奚用憂

80 原籤籤序印作「己西」，當為「酉」之誤。

籤序	籤詩內容		籤序	籤詩內容	
庚子	困苦在南山 貴人相會合	風霜命數艱 滿座喜平安	癸卯	時運未亨通 金針沉海底	含雲月不光 欲得求仙翁
庚寅	狂風損稻田 一刻天災到	大有變荒年 世間多了錢	癸巳	狼虎在門前 黃金變成鐵	災殃心有連 何用求神仙
庚辰	千里樂逍遙 閒闊衣食足	年豐禾稻繞 堪羨太平朝	癸未	風恬舟可行 水陸皆清吉	適值月光明 旋歸必顯榮
庚午	花開子半枯 日落西山去	今歲空虛浮 勸君向善途	癸酉	財利能分明 月中丹桂折	花開結子成 定必見清平
庚申	有心向善為 諸事均和合	名譽自無虧 夫妻偕老歸	癸亥	富貴本由天 中間遲與速	何須排念懸 雲雨在當前
庚戌	春來百草生 秋到花零落	夏至禾稻成 冬藏萬物傾	辛亥	一家九世居 誰可與平等	四海表名譽 清安耀里閭
辛丑	英雄有主裁 得失應參半	進退展奇才 安寧免禍災	壬子	醉酒玉虛宮 逍遙而自得	山高江水長 何用掛心胸
辛卯	靈雞司早晨 雀號得禽物	繫念在於寅 誠心感世人	壬寅	滄海變桑田 願君免患慮	誠心敬聖賢 何用求神仙
辛巳	風清月色明 萬物皆生育	照下各家庭 群黎善道行	壬午	一片黑雲起 草木均暢茂	甘霖遍地里 禾稻豐兼美
辛未	桃園三結義 四海芳名揚	關聖扶劉備 流傳萬世治	壬申	猛虎在深山 能知相勉拱	勸君仔細看 他日自平安
辛酉	為官愛萬民 上下相和睦	審判要清真 群黎仰若親		缺第51首	

（二）湖西天軍殿「風清月皎隱田家」六十首

「風清月皎隱田家」六十首則用於天軍殿[81]（表4-12），創建時間約在清雍正年，廟中刻於民國七十二年（1983）的〈重建天軍殿落成記〉云：「故老傳聞自乾隆年間（1773）[82]，鄉人偶然發現東方海邊三伯公墓西，七星燈北海岸岩上，金光不斷閃爍。鄉人奇之，而趨往探視，原來竟是一根木頭，別無他物，知其有神，乃將其攜回彫刻趙府元帥恩主公神像一尊，建廟奉祀。」共歷道光七年（1827）、民國十八至民國二十二年、民國七十年至民國七十二年三次改建，第二次改建時總統徐世昌和文豪梁啟超還曾為之撰聯。是湖西鄉唯一主祀趙公明的武財神廟，高雄鼓山天軍殿為其分靈廟，高雄天軍殿亦使用此系統，同時也同樣保存使用湖西天軍殿的藥籤。

表4-12：天軍殿聖籤

籤序	籤詩內容		籤序	籤詩內容	
1	風清月皎隱田家 指日中天現美景	君你寬心莫怨嗟 乾坤得配喜無涯	5	歲月催遷轉不停 善緣結在喜兼慰	因來禍福費心靈 脫出凶星照吉星
2	時來有幸得人和 得望日隆真富貴	大業修成造福多 兒孫滿眼不須勞	6	存心祝福家安泰 有志竟成朝在望	且喜東昇現彩雲 男兒到處定超群
3	燕子南飛春氣臻 龍爭虎鬥何時了	落花有意竟成因 鑑此依誰作主人	7	彼此相安笑語聲 知君大器能成就	坐觀佳境樂清榮 四海無波見太平
4	去歲窮途行過了 請君任意施方便	今年佳運喜相連 立志發揮得美緣	8	逢凶化吉心休疑 葉茂根深無後患	看此春來可建基 修身養德福堪期

81　湖西鄉成功村67號。

82　此處當有誤1733年應是雍正11年。

籤序	籤詩內容		籤序	籤詩內容	
9	日出又逢風雪起 勸君暫守風霜退	此時空盡費心機 望子成龍必可期	22	猛省勤修自作福 早知富貴不須求	死生由命何憂樂 但得平安願已足
10	福禍有因際此景 須知種德兒孫福	且看善行可成名 天理焉能負此情	23	琢木成舟事已完 長江流水時時過	風雲濟會兩相歡 蔗境甘來地步寬
11	安居樂業美前程 趨善避炎情景現	莫作欺心惹恨生 修身養德利名成	24	日月光輝照大地 佳期願是同時生	盛春接濟速行程 和氣一門萬事成
12	晚雞早叫有因由 春去秋來防禍患	願你身心速自修 聽天由命復何求	25	草木逢春再發花 潛修陰德兒孫福	時來得意自堪誇 苦盡甘來樂一家
13	嶺上清輝降白雪 有心打鐵鐵成針	日光照耀蒙無絕 事理悟時即可決	26	際會風雲在眼前 廣行方便維家慶	居然獲福潤心田 只得無私可達天
14	乾坤配定總無差 若問前因與後果	豔福如君有幾家 神仙眷屬樂榮華	27	興風作浪有來因 暫守家山宜養德	君你何須遠別親 濃煙過後見清新
15	善道四方任去行 秋金明朝風光好	不須著意問前程 到處逢人事可成	28	青山不老水長流 昔日英風何處去	歲月催人春復秋 今朝衰弱奈何求
16	作事問心總不疑 要知前世真因果	何須身後嘆流離 無疑平生乃所為	29	問君心事欲如何 非義之財求不得	積善之家吉慶多 好高歌處且高歌
17	仁形義樣是吾師 若不立身守善道	頭上青天不可欺 牢籠痛苦悔來遲	30	玉兔西沉路不通 不如靜處寬心坐	行舟又怕打頭風 且整絲綸作釣翁
18	城門失火禍池魚 末世紛紛寧自省	交友投分累毀譽 多看幾卷聖賢書	31	日出光輝四海明 居家自有天倫樂	樑燕子已生成 且喜河山定太平
19	生來放縱志彎橫 山是可移性不改	感化玄門未了情 金蟬脫殼也難成	32	月明如畫冷如冰 夜靜晴和人意好	玉宇無塵萬里清 炎威滌盡爽吟情
20	三更暗淡月含山 若得貴人來引導	漸見光明照世間 祝君運到便開顏	33	英雄失路嘆非時 任是拔山真猛將	虎落平洋被犬欺 也須退守候良機
21	富貴由來未可求 寬心養性循天命	執鞭之士亦堪修 快樂人間不用愁	34	孤雁南飛應避寒 問君是否早歸隱	隻身羈旅下沙灘 莫待星沉蠟炬殘

籤序	籤詩內容		籤序	籤詩內容	
35	祝你知時未落花 姻緣乃自前生定	三冬溫暖好居家 月老安排總不差	48	看看萬般皆是命 一心成敬無偏念	須知半點不由人 何事浮名絆此身
36	六出岐山拼命為 鞠躬盡瘁甘扶漢	三分鼎足定邦基 錦繡江山待主持	49	小登科又大登科 秋去冬來增吉慶	喜氣重重得意多 合家安樂沐人和
37	龍虎干戈何日了 汝能自省堪安慰	求神託佛費真心 德育兒孫最可欽	50	田疇乏水有何因 富貴榮華非久在	定是中間缺德人 應知自勵睦親鄰
38	草木秋冬落葉時 勸君暫守風霜退	春光到處發新枝 雞犬安寧事事宜	51	東販真珠西販鹽 居心若作起原地	得來多福貨財添 隨你初衷何日兼
39	時來土旺自生金 立德立名光世澤	君你修身報好音 滿門共慶喜常臨	52	經營日進利融融 如意何從得大福	彼此相和萬事通 無憂無慮合家隆
40	君你清修結佛緣 榮華自有人間福	合家和樂若神仙 勿想高樓掛碧天	53	心欲事情當小心 成交賢者不強得	三思而後才通行 請待來春合得成
41	日暖風和雲散開 雪中送炭幾時有	乾坤清淨滌塵埃 不慢不荒意自裁	54	青天白日志高標 今喜精修通佛理	事待適心見不遙 也應行善樂朝朝
42	風吹雨打轉無停 若問眼前天下計	世事紛紜嘆不停 立身何處感浮萍	55	西走東奔無盡時 前生未種姻緣果	命中注定不差移 去子拋親遠別離
43	歲序如流感不支 池塘未覺三春夢	千金一刻又何時 轉眼相逢盡白眉	56	花開花落幾多時 立世不知修善德	得勢須懷失勢機 來生何必嘆流離
44	江南柳寄一枝春 月落屋樑思顏色	三疊陽關曲又新 風塵僕僕感勞神	57	彼此相間智漸開 且持小販維家計	苦中已過喜甘來 他日亨通得大財
45	命中註定心何急 若問行程幾月回	原業維持新業立 長年喜信見雲集	58	東昇西沒日催遷 富貴久隨蝴蝶夢	坐待佳音年復年 未知何處問神仙
46	覓食曾知一味甘 命中有幸成佳配	且看虎視各眈眈 盡意追求感不堪	59	冬去春來運漸通 天崩也有石來補	何須嘆息走西東 恰是當中不倒翁
47	江水東流去不回 馮唐易老曾知否	勸君作事決心裁 野草閒花任意開	60	天造由來是自然 前生勉力修成果	固中訂定有姻緣 建立勳名遍大千

四　龍門太白殿「寶馬盈門吉慶多」二十四首

　　使用「寶馬盈門吉慶多」二十四首的廟宇為龍門太白殿，位於湖西鄉龍門村，全澎湖唯一奉太白星君為主神的廟宇。日治時期因龍門村民劉送之子病危，太白金星以林有根為乩身施藥治癒其症，劉氏為報神恩，乃贈太白金星等神祇神像供奉於林有根宅，後因香火旺盛始建廟，民國七十二年（1983）農曆十月十六日時，相傳太白星君上奏玉皇上帝願聘十八王公一同合祀，於十一月廿四日獲准，太白殿主持人遂於民國七十三年（1984）農曆正月廿四日至臺北縣石門鄉乾華十八王公廟迎請香火，同年（1984）二月廿八日立神位祭祀。該廟籤詩名為「運圖靈籤」，但籤面上則書「顯應十八王公」，可知另名十八王公籤。澎湖僅太白殿使用此系統籤詩，「寶馬盈門吉慶多」又名《觀音籤廿四首》，係較少見極具特色的籤譜。一般《觀音籤廿四首》，每一首會搭配一個人物，以其故事為卦頭故事，用以解籤。《觀音籤廿四首》搭配的代表人物詳見表4-13：

表4-13：《觀音籤廿四首》所配代表人物表

第一首 善才參世尊	第二首 賀海被災星	第三首 梁山伯訪友	第四首 唐三藏取經	第五首 伍子胥逃關	第六首 王氏女敬佛
第七首 玄武帝遭難	第八首 劉智遠 鬥瓜精	第九首 何仙姑訪道	第十首 孟姜女尋夫	第十一首 劉文龍上任	第十二首 鳳仙女招親
第十三首 劉先主入贅	第十四首 花子隱如意	第十五首 朱買臣求官	第十六首 舜天子傳位	第十七首 林招德 放黃鶯	第十八首 楊文廣傷身
第十九首 漢光武 鬧昆陽	第二十首 韓信 築壇拜將	第二十一首 濮十藝投親	第二十二首 海龍女比武	第二十三首 蔡伯喈辭朝	第二十四首 文王遇子牙

但太白殿的籤詩版本則無,因其籤詩版式與內容均與乾華十八王公廟相同,顯見祖廟與分靈廟的連結。同時太白殿還有提供藥籤,有觀音佛祖藥籤小兒科、大人科。筆者在田野調查過程中發現澎湖寺廟籤詩的流傳特色有:一是地域性明顯展現,境主廟的影響力,一是特殊籤譜的能見度較高。並且有以下兩種轉變,其一是新建寺廟不一定會設置籤筒,另一是解籤者的凋零。同時也顯示有小法或乩童提供解厄儀式或問事服務的廟宇,多半較不注重解籤。這點由廟中籤詩的蒙塵、脫落不全可以發現。

五 澎湖廟宇藥籤的流傳與轉變

民間流行的藥籤,跟運籤相同,時常冠上神祇的名稱,例如「呂祖藥籤」、「黃大仙藥籤」、「觀音藥籤」、「藥師佛藥籤」、「保生大帝藥籤」等,林國平認為「保生大帝藥籤可以說是閩臺影響最大的藥籤了」[83],但在澎湖除了「保生大帝藥籤」以外,還有當地流傳的藥冊簿也用來治病,故澎湖的民間醫藥文化極具生命力。筆者於二○二二年在澎湖進行田野調查時,適逢新冠肺炎疫情期間,澎湖的藥籤與醫藥文化都備受考驗,當時有許多廟宇為避免群聚感染均不開放求籤,有的將籤詩筒暫時封存,亦有的不放杯筊,故在實地調查時遭遇些許困難,對於無法取得籤詩照片者,則以口頭詢問的方式求得該廟所使用的運籤及藥籤系統。澎湖地區常見藥籤一般分四種:大人科、小兒科、眼科、外科,每科藥籤有一百首、一百二十首不等。收集、記載藥籤方劑的簿冊,民間俗稱「簿仔冊」,在中藥房通稱「藥籤簿」,藥籤簿配合寺廟藥籤分科,依首序記載藥方。井垾曾發現一種記載治療

---

[83] 林國平:《閩臺民間信仰源流》(福州:福建人民出版社,2005年),頁319。

跌打損傷的「簿仔冊」，則與廟宇的藥籤無關，為民間偏方性質。[84]

經筆者詢問馬公市見安堂藥房老闆陳泰祥，陳先生表示藥方早期有的在符紙上直接書寫藥材名稱，有的類似靈籤紙，直接懸掛廟內牆壁，目前已極少見。同時陳先生也慷慨出示已經保存四代的藥籤譜，因年代久遠，手抄本的藥籤不易保存，手稿是父親所遺。筆者所見的「各神廟靈藥簽」分大人科一百二十首，小兒科七十六首。大人科是常見的以「灶心土、鳳退、風蔥、燈心」為第一首的系統，小兒科第一首以「大黃、黑丑、白丑、洋蔘、檳榔」為方。根據實地調查，目前藥方之保存有兩種形式，一種是寺廟內製作一圓形或多邊形櫃子，其中分成小格抽屜，每一小格依序置放一首藥方；另一種是廟內不置放藥方，信眾求神明指示抽出藥籤號碼後，前往附近保存藥籤簿的中藥行配藥，見安堂所保存的藥籤譜即為後者。陳泰祥表示「過去澎湖居民都是靠這個吃平安，相當普遍時常要排很長的隊伍，他的中藥行還有男、女分科，內服、外用的籤方，但隨著全民健保的普及，現在大家都改以西醫為主，中藥行也面臨世代傳承的問題。」[85]除了見安堂以外，澎湖有許多中藥行都是傳承百年以上的老字號，過去醫療不發達的情況下，藥行提供民眾求取藥籤後領藥的方便與功能，同時也把關藥籤方使用的安全性，陳老闆表示由此可知，藥籤的流傳與民眾的用藥習慣及社會現實環境的改變相互影響。以下為筆者調查澎湖當地提供藥籤的廟宇現況：

---

[84] 許雪姬總編纂：《續修澎湖縣志・衛生志》（澎湖：澎湖縣政府，2005年），頁131。
[85] 受訪者：陳泰祥先生。訪問日期：2024年7月29日。訪問地點：見安堂藥房，馬公市重慶里三民路33號。此次訪談特別感謝人生製藥謝崑忠先生為筆者特別引薦陳泰祥先生，才能一睹見安堂所存之藥籤。

（一）龍門安良宮

安良宮的狀況較為特別，年約四十歲的廟方執事蘇先生表示目前運籤筒收起，使用的是靈應侯靈籤六十首，沒有籤首或籤尾。過去也有藥籤，共分三科，有大人科、眼科、外科，但現在已收起，未開放求取。以前有手轎扶鸞，但自鸞生凋零後，現在就靠乩童每週五晚上為信眾指點迷津，宮內亦有小法，為信眾服務。

（二）湖西天后宮

湖西天后宮的藥籤僅存藥籤筒，當中並沒有藥籤。故無法得知其藥籤所使用的系統。

（三）尖山顯濟殿

尖山顯濟殿，主祀謝府元帥，澎湖境內唯一奉「顯濟靈王」謝安為主神的廟宇。二〇二二年農曆七月新增藥籤，分男、女科，各一百首，籤本存放於新存仁藥房。南寮保寧宮也有提供藥籤供民眾求取，但藥籤本則同樣存放於附近的新存仁藥房，民眾求取藥籤後只要到新存仁藥房取藥即可，[86]可知過去將藥籤譜存放於藥房是常見的模式。

（四）鼎灣開帝殿

開帝殿為鼎灣村主廟，主祀開天仙帝，即神農氏炎帝，當地居民敬稱為「恩主公」。鼎灣開帝殿在早期醫療水準普遍不佳的年代，遺留下來給村民治病的藥草配方傳承已經超過百年，成為澎湖保留民間

---

86 同時廟中還有菊島神力籤，是二〇一六年「澎湖大風藝術季」時丁禹仲、葉育君與南寮居民合作，參照當地的神話傳說、民間故事、口述歷史，與在地居民共同創造出的作品。

醫藥文化的重鎮，在鼎灣社區內有藥泉井、藥籤牆、百草園區等相關設施，讓外來民眾可以更接近恩主公的信仰文化。

> 早年湖西鄉內很多村莊都留有「簿仔冊」，當社區居民身體不舒服或覺得犯沖時，皆會在求神問卜後對照「簿仔冊」上藥方服藥；其中鼎灣開帝殿主祀開天仙帝，每月還會降駕接受村民問事，並開草藥單治病，一些身體有病的村民皆以問卜結果四處尋找治病草藥，根據當地村民的說法是，相當具有療效。[87]

筆者在田野調查時於鼎灣開帝殿永安宮公布欄發現，當地確實普遍存留這樣的習俗，妙方公布欄上也有真武大帝所降的指示，針對長者、幼兒及身體各部位的照顧，有不同的藥方，例如：幼兒：取洗米水、四孔井水煎煮浸泡擦背。養肝：取神度草加藥泉井水煎煮飲之。排毒：取芭樂葉加藥泉井水加四孔井水煎煮飲之。開帝殿曾於二〇二二年於廟前公開展示藥籤，起因為「近年來特別將治病藥籤張貼廟前廣場，提供信眾及來自全省各地遊客觀看，讓信眾了解鼎灣開帝殿主祀開天仙帝濟世的神蹟。」[88]但不知何故，筆者於二〇二二年八月造訪時，廟中的藥籤全數取下，僅存藥籤櫃空櫃與藥籤筒於廟中。

（五）林投鳳凰殿

林投鳳凰殿，民國二十四年（1935）建廟，民國七十一（1981）年入火安座，廟中有藥籤，但並未分科，共只有七十二首，僅有籤序

---

[87] 宋國正：〈鼎灣開帝殿「聖德宏施」區極具保存價值〉，《澎湖時報》，生活版，2022年12月31日。

[88] 宋國正：〈湖西鼎灣開帝殿至今留存藥籤濟世〉，《澎湖時報》，生活版，2022年12月31日。

而沒有內容,同樣也是知道籤序後請民眾至鄰近藥房買取藥方。

(六)湖西天軍殿

　　天軍殿的藥籤共有大人內科六十首,與一般常見的大人內科一百二十首不同,多為經驗方,且幾乎每一首藥籤都需加入「爐丹三分」,強調藥力與神力的結合,如第五十五首「桃仔根三個、善魚尾三節、黑豆七粒、川七一錢、附子錢半、干羌三片、鹿茸一錢、冬蟲一錢、元參一錢、桔梗錢半、牛七一錢、棗仁錢三、甘杞二錢、當歸二錢、甘草錢二、熟地二錢、豬龍骨七節、食鹽少可、爐丹三分,水二碗六朕三支香久」。除了藥材以外,調理的計時是燃燒三炷香的時間,極具地方特色。

　　以澎湖地區的廟宇密度看來,密度最高的是王爺廟,依次為關聖帝君、玄天上帝,保生大帝的廟不算特別多,但這並不代表澎湖地區民眾對生病的醫療沒有需求,相反的,正是因為有相當的需求,故在澎湖除了祈求保生大帝類的醫藥神,部分祭拜王爺或玄天上帝的廟宇也有賜藥的服務,主要是透過乩童來派藥,但現今這項服務隨著乩童老化凋零與民眾醫療行為改變而漸漸消失。除了藥籤以外,也有比較特殊的醫藥文化,例如在望安鄉。望安鄉東吉嶼、西吉嶼、東嶼坪及西嶼坪合稱南方四島,它們是清代移民橫渡黑水溝至臺灣發展的門戶,當時商業活動頻繁,早年往來的經商人士更稱東吉嶼為「小上海」。西嶼坪的居民則大部分都已搬到馬公、高雄、臺南等地,僅在華娘廟有慶典時返鄉慶祝與祭祀。正因為居民外移,也造成南方四島神祇跟著外移的現象,例如東吉的公媽廟、夫人媽,夫人媽廟中的夫人媽與夫人姑神像及公媽廟中的萬善爺均被移奉至高澎東吉啟明宮,而夫人媽廟內僅供奉一尊當地漁民原供於漁船上的媽祖神像。公媽廟則神案上仍有萬善爺神像。上述南方四島廟宇調查不包含「宮仔」,

「宮仔」是望安各島特殊信仰，據《望安鄉志》載：「宮仔簡單的講就是鬼祠」，也就是無祀祠。從以上八座廟宇的紀錄可知，南方四島上的廟宇皆未設置籤詩，筆者認為原因有三：一、人口外移，因為大量人口移居澎湖本島或臺灣各地，導致香火式微，籤詩需求量自然不高。二、小法團服務，澎湖當地廟宇普遍有法長與小法團主理民眾沖犯或身體不適等事宜，法長多來自為閭山派、普庵派等，若民眾有需求，不論是科儀或家宅不安，均由小法或乩身為民服務，故較不依賴籤詩。三、民俗醫療，西嶼當地居民表示，往日拜「圍仔腳」的風氣盛行，若有身體不適或諸事不順者，請示神明問卜後，若是犯沖鬼魅所致，就會去拜祭「圍仔腳」，直接到菜宅防風牆邊祭拜以求解。南方四島有其特殊的民俗文化，在遇到身體抱恙、家宅不安、犯沖鬼魂時，透過民俗醫療得到解答，故廟宇中均無設置籤詩。

依筆者所見，澎湖地區寺廟籤詩的特色有以下四點：

（一）籤詩的流傳與使用有地緣關係

例如在案山地區可以發現不同寺廟用的籤譜與籤詩印製的版式都相同，籤譜的相同可能是鄰近交陪廟的情誼網絡所產生的結果，而籤詩版式的相同，推測可能是寄付者所委託的印製廠商在當地都是同一家，有地利之便。

（二）罕見籤譜的創意與傳播不易

海靈殿極具特色的「丹桂高攀第一枝」已被常見的《雷雨師籤》所取代，而天軍殿罕見的「風清月皎隱田家」也僅為天軍殿所使用，澎湖主祀趙公明的廟宇僅有天軍殿，也是這套籤詩難以傳播的原因之一。南埔廟的狀況較為特殊，雖然使用百首雷雨師籤系統，但廟中僅有三十六首籤詩供民眾求取，以筆者停留約半小時調查所見，即使如

此並不影響信眾求取籤詩的意願，當天仍有為數不少的信徒前往求籤。

（三）新造或翻修廟宇不一定提供籤詩

就筆者觀察，許多近年所造的新廟宇或重新翻修的廟宇，並未提供籤詩。推測隨著時代改變與人口外移，求籤詩的信眾漸漸沒有以前多，所以有些歷史悠久的廟宇重建整修後，也不再提供籤詩，例如赤馬赤樊桃殿即是如此。赤樊桃殿在二〇二二年整修前有提供運籤與藥籤，但二〇二四年重修完成後筆者又前往調查，正殿中僅存運籤籤筒，籤詩與藥籤皆已無存，具體原因當天的廟祝並不清楚。[89]

（四）鸞堂興盛發展對籤詩有一定的影響

興仁懋靈殿，舊名朱王廟，主祀神為朱府王爺。明治三十四年（1901），引鸞堂主神文衡帝君入火，可能是該廟使用聖帝靈籤的原因。澎湖有為數不少的廟宇原本主祀神為王爺，在清代以後因各種原因改祀關聖帝君或玉皇大帝、清水祖師等神祇，以關聖帝君為大宗，時間跨度則橫跨清代以降至近代一九七〇年間，如西衛宸威殿、烏崁靖海宮、白坑玉聖殿、鐵線清水廟、橫礁五天宮等，筆者認為主祀神的改變與澎湖地區蓬勃發展的鸞堂有關，改祀主神後所選用的籤詩也以雷雨師百籤為多，《六十甲子籤》則次之。

澎湖開發早期移民渡海來臺面對不可預測的未來，心中難免恐懼，故常會將家鄉廟宇的香火，或神像一同奉請攜帶來臺，以祈求行程中一路平安，也成為精神上的寄託，來克服渡海時的種種危機。待順利抵達，且開墾成功，加上經濟穩定時，便會在移民之地，建立起家鄉式之廟宇，所供奉的神祇，往往就是祖籍原鄉的土神，保生大帝就是代表性神祇之一。澎湖地區雖然只有五座保生大帝廟宇，但他們

---

89 田野調查時間：2024年7月30日。赤樊桃殿位於西嶼鄉赤馬村66-1號。

完整呈現原鄉信仰對移民的影響，進而影響移民之處的民間信仰，形成在地化信仰之時又保留些許原鄉特色。

澎湖地區籤詩類型有臺灣常見的籤譜，也有在臺灣少見但在澎湖本島流傳較廣的籤譜，更有全臺罕見的特殊籤譜，可見澎湖地區籤詩的流傳與使用豐富且多元。但值得注意的是，許多廟宇都面臨信徒、香客減少，求籤需求降低，再加上解籤人凋零，無人提供釋疑服務的狀況，這對籤詩文化的保存或流傳都是巨大的考驗。再者，籤詩的現況也需要更新，網路搜尋結果與筆者實地調查略有出入，除前文所提的海靈殿外，網路記載內垵內塹宮使用的籤詩為「仙風吹下御爐香」的靈應侯靈籤六十首，但筆者在廟中所見有兩套完整籤詩，另一為置於辦公室旁的「日出便見風雲散」觀音大士靈籤。顯示過去曾使用過「日出便見風雲散」系統。「靈應侯」乃城隍爺的封號，流傳於臺灣澎湖一帶的城隍爺靈籤多屬此系統，如臺南府城隍廟亦使用該系統籤詩，但金門的城隍廟則全未使用此系統籤詩，故可知雖然依主祀神不同，約略有其使用籤譜的規則，但此非恆定，在實際的選擇上廟宇有很大的自主空間，而分靈關係則不必然影響籤詩系統的選用。

第三節　保生大帝藥籤研究

藥籤，在過去醫藥不甚發達的年代，於民間信仰與醫療民俗上扮演重要的角色。信眾透過問神、擲筊、求藥籤、取藥，解決生理病痛與得到心理撫慰。然而隨著時代進步，醫療行為得到政府重視與法規規範並行的結果，導致民眾用藥觀念改變，藥籤逐漸退出廟宇，但藥籤處方並非杜撰，而是有其依據。

現今祀典興濟宮的藥籤，分為內科（150首）、兒科（60首）、眼科（90首）、外科（60首），共三六○首。祀典興濟宮於二○一七年十

二月出版《保生大帝藥籤詮解》一書，並由作者高國欽考證保生大帝藥籤沿革，推斷出藥籤完成匯集的時間。根據高國欽於自序所言，在保生大帝的指引跟同意下，增補內科方三十首（原本內科方為120首），以彌補自民國一百多年來的斷層。本節擬探討藥籤增補與藥籤詮解在藥籤逐漸消失中的年代，所扮演的角色與意義，並解析《保生大帝藥籤詮解》一書的出版在民間信仰與醫療民俗上所帶來的影響。

一 藥籤概述

藥籤是民間宮廟中記載藥方用以占卜治病的紙箋，大小與運籤相仿，一般形式為籤條紙上載明編號與科別，同時也寫有宮廟名稱、主神與助印善信大名。藥籤內文為藥方與劑量，並寫有煎煮水量或塗抹外敷等使用方式。藥籤在中國社會存在由來已久，實際源起有諸多不可考之處，但起源年代大抵為宋代。過去傳說藥籤乃吳本留下的醫方，此說未必可信，但現存藥籤中多有來自宋代藥典《和劑局方》是可證之實。關於藥籤的起源，南宋洪邁《夷堅志》中記載了一則可參考的故事：

> 虞並甫，紹興二十八年，自渠州守被召至臨安，憩北郭外接待院，因道中冒暑得疾，泄痢連月。重九日，夢至一處，類神仙居，一人被服如仙官，延之坐。視壁間有韻語藥方一紙，讀之數過，其詞曰：暑毒在脾，濕氣連腳。不泄則痢，不痢則瘧。獨煉雄黃，烝麵和藥。甘草作湯，服之安樂。別作治療，醫家大錯。夢回尚能記，即錄之，蓋治暑泄方也。如方服之，遂愈。[90]

---

[90] 〔宋〕洪邁：《夷堅志》（臺北：臺灣商務印書館，1981年），卷17，「十五事・夢藥方」，頁402-403。

雖然故事中沒有直接言明此為藥籤，但牆上韻語藥方一紙已與廟中藥籤有極相似之處，宋代已有運籤，若也有藥籤亦為情理之中，同時可知廟宇與民間醫療在當時可能已經合一。

隨著明清來臺的大陸移民，藥籤也隨著民間信仰的流布而傳至臺灣，並且可知在清代藥籤已經分科[91]。過去的醫療技術並不發達，且求醫治病費用可觀，加上閩臺社會發展已久的巫醫文化影響，靈權依附於神祇信仰之上，巫醫治病時有所聞，而藥籤便是靈權與神祇合一而產生的醫療工具，求藥籤則是為病占卜並尋求解決之道的日常辦法。隨著時代進步，社會風氣改變，民眾求醫用藥的意識抬頭，求神明治病拿藥籤似乎成了一種迷信的行為。加上醫師法[92]的明文規定，在眾多約束下，藥籤逐漸消失於民間廟宇中。許多廟宇僅存藥籤籤筒，而不見藥籤譜架，也有廟宇藥籤早已收起，年輕一輩的信眾甚至不知該廟曾經存在藥籤。但藥籤實為信仰與醫療結合的產物，在傳統信仰與現代中醫醫療之間，藥籤仍值得被進一步討論與認識。二〇一二年五月興濟宮春祭時，曾舉辦「醫神大道公藥籤藥材展」並製作「祀典興濟宮保生大帝藥籤解」[93]，介紹藥籤的藥方內容。興濟宮於二〇一八年一月十四日發表由高國欽醫師[94]所編《保生大帝藥籤詮

---

91 學甲慈濟宮的葉王交趾陶文化館四樓典藏有清代咸豐年間的藥籤木刻版，可資為證。
92 廟宇提供藥籤服務乙事，倘經查明廟宇製備之藥籤，係由廟方人員所開具，該廟方人員之行為則屬醫療行為，涉違反《醫師法》第28條等相關規定。衛中會藥字第1000016256號函釋，民國100年9月21日。
93 當年是由杭信中藥材公司朱炳杭理事提供中藥材，國珍堂藥鋪陳淑珍理事撰寫籤解，介紹藥籤的藥方內容。但這本籤解的內容較為簡單，興濟宮為求嚴謹與科學實證，委由高國欽另行撰寫藥籤詮解。
94 高國欽醫師（1963-），臺南安平人，國立成功大學生物系學士，廣州中醫藥大學醫學博士，現任高堂中醫院長。高醫師具中醫背景，也尊重民間信仰，除了是保生大帝的虔誠信徒外，亦是北港武德宮財神開基祖廟的資深信徒。筆者能順利拜會並訪談高醫師乃武德宮主委林安樂先生引薦之故，在此一併致謝。高醫師曾於訪談時表

解》,高醫師是保生大帝的信徒,也是臺南知名的中醫師。依據多年來的行醫臨床經驗,發現藥籤並不全然是迷信的產物,絕大多數出於醫書,於是發願著手進行編寫《保生大帝藥籤詮解》一書。該書對於幫助民眾認識藥籤有卓越的貢獻,因為過去的藥籤缺乏全面性的整理與註解,民眾所求得的藥籤也只能透過中藥房老闆或廟方執事人員解釋,方能得知藥籤中的藥物所對應的疾病與問題。

二 祀典興濟宮藥籤的求取方式與現存狀況

臺灣民間廟宇現存的藥籤大致可分保生大帝藥籤、媽祖藥籤、觀音藥籤、呂祖藥籤等,上述各類藥籤處方的配量極輕,使用上不容易出現生命危險,但仍具有一定的藥效。興濟宮的大人科、小兒科、眼科藥籤與北港朝天宮相同,兩者都是清代建廟的廟宇,可見在清代的臺灣,藥籤已經分科並普遍流行。

興濟宮藥籤籤筒置於正殿案桌旁(圖4-14),各科藥籤含新增補的三十首則見於龍邊中壇元帥神龕旁的牆面及木櫃內,櫃內還有《保生大帝藥籤詮解》供信眾翻閱(圖4-15)。興濟宮藥籤的木刻板至今仍保存良好,部分存放於辦公室內,但內科木刻版上有「紅毛樓觀音佛祖」的字樣,再細究其內容則與現在使用的內科藥籤有所出入,興濟宮沈主任表示早期在臺南市的廟宇互相借用藥籤是很常見的情形,

---

示,他認為中醫藥方的使用是治標與預防為主,並非頭痛醫頭、腳痛醫腳,故中醫師對病徵與病根的理解,會隨著執醫經驗累積不斷地有所體悟,也會因此調整對病患的用藥。同時高醫師對現代人常患的疾病與時症特別關心,在網路平臺上努力經營,他期許自己每天發一則相關文章與網友互動,或許是藥方成分的討論,也可能是時症(例如登革熱)的治療,或者是食療的效果(例如白子的效用)等,無一不展現醫者的仁愛風範,他希望透過網路平臺的傳播,也能讓非診所病患受惠,同時建構出一個可以公開討論醫藥、藥籤籤詩與養生保健觀的空間。

因此也不清楚現在使用的藥籤如何編纂而成。「紅毛樓觀音佛祖」是哪間寺廟？現今是否尚存？筆者推測「紅毛樓觀音佛祖」是位於赤崁樓旁大士殿觀音堂。早期漢人稱荷蘭人為紅毛，故赤崁樓又被稱作紅毛樓。根據大士殿執事人員高先生表示，大士殿過去因為在赤崁樓旁，主祀觀音佛祖，早期俗稱「番仔樓佛祖」，紅毛樓觀音佛祖指的應該就是大士殿。大士殿以前的確也有藥籤供民眾求取，可惜在整建過程中藥籤、籤筒都被丟棄，現已無存。[95]

圖4-14：興濟宮正殿求藥籤的案桌椅及籤筒
拍攝日期：2018年8月31日。
（攝／筆者）

圖4-15：興濟宮的藥籤
拍攝日期：2018年8月31日。
（攝／筆者）

在興濟宮求取藥籤的方法與一般問吉凶的運籤相似。方法如下：抽藥籤之前，信徒需先持二炷香，金紙三只祭拜，前殿、後殿各上一炷香。再點三炷香，默禱抽藥籤者姓名、生辰八字、住址、詳述病情，讓保生大帝得以知道信眾的病症，而後靜坐在椅子上，用三炷香輕貼手掌「脈門」部位（通常男左女右為原則），讓保生大帝「把脈」來驗證診治，待三炷香的香灰各掉落桌面一次，約十分鐘左右，

---

[95] 受訪者：大士殿執事人員高先生。採訪日期：2018年9月4日。電話訪問。

期間盡量心靜、屏除雜念，待時間至診斷方告成。將香放在案桌上並起身擲筊請示是否已經診脈完成，若得一聖筊即成，若否則繼續診脈，也可請示是否換手。診脈完成後，三炷香插入香爐，信眾可先依自己的想法選擇抽籤科別，或擲筊請示，即可於對應的藥籤籤筒中隨機抽一支籤，再以擲筊的方式確定是否為此籤；必須連續求得三次聖筊，方為此籤，若無籤，則籤條應該先放置於案桌上。確定經神明旨意認可後，信眾即可至牆面上取藥籤。再將藥籤請示神明，藥量是否加倍，以一擲決定，聖筊則藥量加倍，否，則維持原量。接著再擲筊請示服用帖數，通常從三帖問起，一聖筊即表示三帖，非聖筊則往上加一帖，直到擲一聖筊即為該次之帖數，每日服用帖數可再擲筊請示，上述步驟完成後即可逕行至中藥舖抓藥服用。回家煎藥時得在正廳面朝外煎藥，並焚香祈求保生大帝到來，之後將香插在煎藥的烘爐上。信眾透過讓保生大帝把脈的機會，祈求能驅除病魔，同時也相信藥籤的靈能妙用，方求取藥籤以治病。上述求取藥籤的方式，具有儀式作用，信徒透過求取的儀式，祈禱治癒的可能與信心，與傅萊澤（Frazer）在《金枝篇》（*The Golden Bough*）所說的交感原則中的「模擬巫術」（imitative magic）有類似的關聯。模仿巫術係指其行為儀式是模仿所希望的目的而產生過程。因為這種儀式行為的整個過程「類似」產生目的的過程，被認為可以藉此達成目的。譬如模仿實際讓中醫師把脈看診的過程，來使病患得到藥籤治病。而《山海經》中對具有醫藥功能草藥的記載也被視為本草醫學的先驅，這些具醫療的科學性與神秘巫術性的草藥，不僅詳細描繪形狀、特徵，還特別註明功效。山海經被認為是史巫之書，正說明藥草、植物，依據巫術性思考方法，均能產生巫術性的醫療、養生作用。[96]可見在藥籤發展史上

---

[96] 相關詳細論述可參見李豐楙：《山海經——神話的故鄉》（臺北：時報文化出版企業公司，1987年）。

至今仍保留些許巫醫特質[97]，甚至今日所謂的民俗療法，也仍保存著一些類似的巫術作法。

然而隨著保生大帝醫療之神的神格得到廣泛認同後，保生大帝的座騎虎爺也被視為能治癒疾病的神獸，展現興濟宮民俗醫療的多種面貌。興濟宮的虎爺神像後方有一方告示（見圖4-16、4-17）上載有：

> 虎爺乃神祇座騎，居神案之下，具鎮護殿宇、第宅的作用。傳說保生大帝曾感化老虎，收為部屬；昔日小孩患腮腺炎（俗稱豬頭皮），可求虎爺賜藥，貼腮治療，亦為府城民俗特色。

圖4-16：虎爺治病
拍攝日期：2018年08月31日。
（攝／筆者）

圖4-17：興濟宮的下壇將軍神像
拍攝日期：2018年08月31日。
（攝／筆者）

---

97 人類在遠古時代，巫術扮演著醫療中重要的角色，甚至「巫」即是「醫」，隨著時代發展，巫術被視為迷信，但巫醫治病過程中，不可思議的事蹟卻也時有所聞，故巫術與宗教儀式、醫療仍有互相影響的軌跡可循。

據聞能治療孩童腮腺炎,虎爺亦因此被視為孩童的保護神。根據廟方執事人員許先生表示,五、六年前求取藥籤的多數是年齡層較高的民眾,但最近有年輕化的趨勢,求取藥籤的族群不再以老人家為主。而對這些民眾而言,求取藥籤是另一個可能恢復健康的管道,所以嘗試。也有求得藥籤之後再尋求中醫師治療,將藥籤也提供給醫師參考的案例。

三　祀典興濟宮藥籤與《保生大帝藥籤詮解》

興濟宮藥籤分四科,計有內科(150首)、兒科(60首)、眼科(90首)、外科(60首),共三百六十首。《保生大帝藥籤詮解》一書架構分為「方義」、「應用」、「註」三個部分,「方義」是通書的主軸,寫的是各味藥物的藥性、藥效及其為何組成此一方劑的義理與學理,是全書的特色與精華所在;「應用」則詳細臚列該方劑對治的症狀與疾病,讓信眾可以自行檢驗與選擇;「註」則是該書作者對讀者的叮嚀,例如外科第二首即有三個註解:一、本方為食療方。生用、熟用,功效不同。二、本方熟用,以滋陰為主。三、外科方不限於外科。分別說明藥方的療效與生熟用的差別,以及外科方不限於外科的開放性。

過去藥籤的研究者多為中醫師或中醫專業相關人士,探討內容多針對藥籤藥方的特色與功能,聚焦在藥性與疾病,普遍僅以神祇名稱區別之,如保生大帝藥籤或觀音藥籤等。但究其內容,以內科而言,興濟宮的內科藥籤與北港朝天宮媽祖藥籤、清水寺觀音佛祖藥籤、臺北大龍峒保安宮藥籤並無差別,可知這些內科藥籤大致上是同一套籤譜系統[98]。如果僅以主祀神明作為藥籤分類的指標,那麼將無法全面

---

[98] 馬來西亞的古晉青山岩觀音佛祖內科藥籤、勇全殿池府王爺藥籤、新加坡天福宮媽祖內科藥籤也是同一個系統。

性的看出藥籤系統的發展，反而侷限於單一廟宇或誤以為藥籤僅流傳於同一祭祀神祇廟宇。在此藥籤出現與運籤相同的發展趨勢，也就是藥籤的系統與寺廟主祀神之間並無絕對關聯或必然的對應性。

但是上述藥籤相同中仍有異處，這些廟宇的內科藥籤在第二十五首之前均未出現歧異，但自第二十六首後，開始出現藥籤內容完全不同的狀況，且多數是連號藥籤，例如興濟宮與保安宮的大人科藥籤第二十六首至三十首完全不同，第四十五首至六十首也是同樣的狀況，就數量而言相同者仍為多數，而完全不同者還時常存在連號的現象，或可推斷是籤詩在流傳過程中缺漏或遺失，而廟方自行進行增補。但由誰補入？目前無從得知。但可以確定的是，興濟宮這些完全不同的內科藥籤都是使用來自民間的經驗方[99]。正因為是可以實際運用並有療效的藥方，故流傳時不容易擅自更改藥籤內容，多數相同的藥籤是完全一致或是僅在劑量與水量出現微幅差異。但是當相異的藥籤出現時，往往是整帖藥方都不同，對應的疾病自然也不同。

（一）內科藥籤與詮解舉要

興濟宮內科原本的一百二十首內科藥籤與大龍峒保安宮大致相同，但仍有部分籤詩完全不同，顯示籤詩系統在流傳過程中有所缺漏，但也有所增補。按其分布比較相異處如表4-14所示：

表4-14：興濟宮與保安宮大人科藥籤方劑比較表

完全不同	有一、二味藥不同	完全相同	藥方同但量不同
45首	7首	53首	15首

---

99 本文所指經驗方乃未見中醫藥典，但經醫師實用於臨床療效較好的藥方，經驗方因醫師不同而內容有所差異，部分乃家傳經驗方，亦有臨床醫療多年的心得體悟。經驗方是藥籤的大宗，更是中醫臨床醫療的實證總匯，療效越佳者，能見度越廣。

從上表中我們可以看出，若將藥方同但劑量不同者也視為相同，則相同率高達57%，而完全不相同率則為38%，可知在同一個系統的大人科藥籤當中，其實仍存在不少歧異。而進一步分析興濟宮大人科藥籤的處方，可知當中出自中國醫學經典的正統藥方比例為2%（2/120），[100] 中藥與民間藥方加減或變方而成的藥方比例為27%（32/120），最後是臺灣特有的經驗方，這種來自民間的經驗方在正統中醫典籍中查無出處，有以神祇聖意指示者或是中藥行老闆經由籤詩與經驗斟酌運用而成者，比例為73%（87/120），顯示藥籤當中的經驗方仍占絕對多數。

透過上述比例可知，興濟宮的藥籤直接出於中醫藥典的比例，遠低於便方與經驗方的總合，這也展現了藥籤因地制宜的在地性。若將興濟宮內科藥籤與大龍峒保安宮內科藥籤相較，這個現象會更為明顯，保安宮第二十五首至三十首均出自中醫正統藥典，如漢代張仲景《傷寒論》、《金匱要略》與元代朱震亨《丹溪心法》等書，而在興濟宮藥籤則全由經驗方取代，這種情況的籤詩共計有二十首，這應該不是傳鈔過程遺失所導致的結果，而是藥籤編輯者或廟宇主事者有意識為之，詳見表4-15：[101]

表4-15：大龍峒保安宮內科藥籤藥典來源統計表

大龍峒保安宮內科藥籤編號	來源
25、27、30、37、38、40、41、42、43、45、47、53，計12首。	張仲景《傷寒論》
26、28、51、52、58、113，計6首。	張仲景《金匱要略》
29、46，計2首。	朱震亨《丹溪心法》
50，計1首。	張介賓《景岳全書·古方八陣》
合計共21首。	

---

[100] 分別是第一一三首出自《金匱要略》與第一一五首出自《宣明論方》。
[101] 表4-15當中的第一一三首，興濟宮與保安宮內容相同，此為唯一例外。

高國欽所增補的三十首內科藥籤，多為出自藥典的處方以及加減方[102]，處方內容多為科學中藥，劑量以公克為主。出自民國以前的中醫經典有十六首，加減方為八首，取自近人醫書者有七首，同時均標明出處與藥方名稱，增補大人科藥籤明顯地更有科學依據，同時呈現漢方藥與科學中藥並存的狀況，幾乎不見來自民間的經驗方。甚至內含針對登革熱疫情的處方，可見藥籤的實用性與因地制宜的特性。另外，三十首增補方[103]列出處方名與藥典出處，對於求籤的信眾而言無疑是另一種較具科學性的保證，讓病患得到實際的藥效與心靈的安慰。這也是過去藥籤較少見的一種形式。

　　據高國欽自言，增補的三十首是由五十首藥方選出，而決定的方式則是一首首向保生大帝擲筊請示，也是在聖意指示下方進行增補。而這三十首藥方主要是針對現代人的文明病與婦科疾病，如高血壓、失眠、腎病與女性痛經等，彌補過去傳統藥籤的不足。其中最具特色的是第一二七首，是治療登革熱的疫方，原因是高國欽曾於二〇一五年臺南發生登革熱疫情時，使用此方醫治病患。臺南為登革熱好發地區，此藥籤的增補也說明了藥籤的在地性與功能性。高國欽於受訪時表示，當時因為登革熱嚴重，病患上門求診，但並無藥方。他只好前往五瘟宮求藥籤，前後去了三次，才於第三次得到神明允杯賜籤（見圖4-18），但所得的藥籤如何運用於登革熱的治療又是另一個問題，於是根據藥籤指引，高國欽又寫出四方登革熱藥方，用於臨床治療，對

---

102 加減方又稱加減變方，為根據藥典處方些微增減一、二味藥而成的藥方。因實際藥劑成分與療效均可能與藥典方不同，故不以藥典方視之。例如以張仲景《傷寒雜病論》可見的小建中湯為基礎方加減調整即可能有不同的藥效。小建中湯去掉「飴糖」就是桂枝芍藥湯，可治療腹滿時痛的各種痙攣性腹痛；再加大黃就是桂枝大黃湯，主要可治療排便不通與腹痛。
103 此處所指之增補方乃專用於高國欽所增補的三十首內科藥籤。

應四型登革熱。而增補藥籤時他將此方納入，也被保生大帝選中。[104]
內科增補的三十首註明提供藥籤的醫師，分別是：高國欽、劉政翰、黃松麟、汪詩瑩、蔡宗憙，這些都是高堂中醫的值班醫師，顯見藥籤的增補也透過醫師間的網絡相互連結，藥籤初始很有可能也是類似的方法集結眾人行醫經驗與智慧而成。

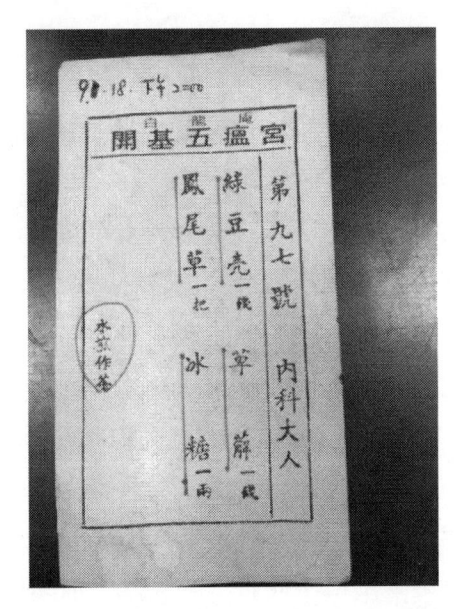

圖4-18：高國欽於五瘟宮所求之藥籤
拍攝日期：2018年9月4日。（攝／筆者）

另外，藥籤也有可能在流傳過程中因為刻版字跡模糊或缺漏，產生微妙的改變。以第七十六首為例，興濟宮內容為「牛乳糠半飯碗調熱酒服」，內容相當簡單，但不明為何物，相對大龍峒保安宮第七十六首籤詩為「牛乳一矸泡滾水調酒服，鹽少許」，推測是牛乳加酒調

---

[104] 受訪者：高國欽。採訪地點：高堂中醫三樓書房。採訪日期：2018年9月4日。圖4-18的藥籤上有（2015年）9月18日，下午兩點的字樣，記錄求得籤詩的時間。

熱飲用。因此有些廟宇的這首籤詩僅寫「牛乳一矸泡滾水調酒服，鹽少許」，糵一字便脫落了，藥方也截然不同。但高國欽認為糵是煮的相當濃稠的粥，加上牛乳與少許的酒提味，而非單純以牛乳為主。但歸仁仁壽宮第七十六首籤詩則大異其趣，其方為「牛乳糖半飯碗調熱酒服之」，除了神意，這更有可能是籤詩流傳過程中字因無法辨識而產生的訛變。但無論藥籤內容是牛乳漿或牛乳糖，對信眾而言都是經過神祇聖意指點的方劑，信則為實。從以下這則新聞便可得知藥籤內容與神明加持都是有所求的信眾所必須：

> 到臺南市歸仁區仁壽宮參拜，如果求到的藥籤指示是「牛乳糖」，千萬不要懷疑神明在開玩笑。仁壽宮神明近來指示乙未科醮典的王船要增加二十三味抗疫添載品，當中包含了牛奶糖，令信眾跌破眼鏡，其實廟裡大人科的藥籤，第76首就是「牛乳糖」。……（仁壽宮管理委員會幹事）陳金茂說，相傳早期有位信眾覺得不適，到醫院卻都檢查不出什麼病因，後來向仁壽宮神明參拜，並求得第七十六首，依照指示調熱酒服用，身體真的好轉，牛乳糖藥籤聲名大噪，這次又被列入王船的抗疫添載品之一，再度成為話題。[105]

歸仁仁壽宮大人科一百二十首，眼科八十首，小兒科六十首。藥籤系統與興濟宮相同。

---

105 吳俊鋒：〈拜廟求得的藥籤竟是牛奶糖？別懷疑……〉，《自由時報電子報》網站，2015年11月3日，網址：http://news.ltn.com.tw/news/society/breakingnews/1496310（上網日期：2018年9月4日）。

（二）小兒科藥籤與詮解舉要

　　小兒科的六十首均來自中醫藥典或是依據藥典加以增補的加減方，與大人科有諸多經驗方截然不同（表4-16）。例如小兒科第一首乃出自宋代《幼科雜病心法要訣》，小兒科的藥典多出自《傷寒論》、《金匱要略》、《小兒藥證直訣》、《太平惠民和劑局方》、《醫宗金鑑》等，與其他科目藥籤為經驗方占多數呈現完全不同的現象。興濟宮的兒科藥籤與安平妙壽宮、學甲慈濟宮相同，但多數相同的結果比較下發現仍有部分相異，共計二十四首。而這些相異的藥籤多出現在經驗方，二十四首當中僅有四首出自藥典，意即興濟宮所使用的小兒科藥籤，為編纂者有意識地採納可證明出處的藥典之方，是較為謹慎的編排方式。但即使如此，使用上還是有些許顧慮，例如小兒科第一首有「黑丑、白丑」等藥，籤詩便註解「黑丑白丑屬毒劇藥方請勿使用」[106]，這些註解與限制都讓我們明白，寺廟在藥籤的服務與管理上的用心，深怕民眾單獨使用會發生生命危險。小兒科藥籤大多主治幼兒脹氣、感冒流鼻水等輕症，這些中藥材對輕緩症狀有一定療效，對應的也是幼兒最容易出現的病徵。

表4-16：興濟宮小兒科藥籤處方來源表

興濟宮小兒科藥籤編號	來源
9、11、22、24、32、34，計6首。	《和劑局方》
13	《證治準繩》
14	《衛生寶鑑》
16	《醫方集解》
21	《此事難知》

---

106 高國欽：《保生大帝藥籤詮解》（臺南：大觀音亭祀典興濟宮，2017年），頁292。

興濟宮小兒科藥籤編號	來源
23、43、45、47、60，計5首。	《傷寒論》
25	《備急千金藥方》
29	《痘疹仁端錄》
31	《普濟本事方》
37、59，計2首。	《金匱要略》
40	《傷寒六書》
41、44，計2首。	《醫宗金鑑》
42	《溫疫論》
53	《三因極一病症方論》
38	《試效方》
58	《小兒藥證直訣》
合計共27首	

興濟宮小兒科籤詩與新加坡天福宮為同一個系統，但外科便不相同。可知藥籤在流傳過程或廟宇設置過程中，有可能是個別增設或逐步增設，不一定各科藥籤的來源都相同，即使形成這些單科系統相同，但整體藥籤也會出現不完全相同的情況。

（三）眼科藥籤與婦女醫療舉要

陳泰昇《臺灣藥籤調查研究》認為因媽祖為海神，媽祖廟常設於港口，海邊風沙大，居民得眼疾的機會較多，故有「內科看大道公，眼科看媽祖婆」的說法。興濟宮的眼科有九十首，數量之多僅次於內科，眼科藥籤被獨立歸納成為一個專屬的科別，數量又僅次於內科，這個特殊的成因或許不單純只是過去先民居處風沙大的海邊，而容易得眼疾。根據高國欽的分析，眼科的藥籤有多數不限眼科使用，更多藥方內容其實能處理肝臟問題，中醫認為肝主血，故肝、眼、血乃相

連的系統，肝臟不好的人自然血氣運行不佳，也容易罹患眼疾。而興濟宮的藥籤沒有婦科，許多婦女前去求藥籤時，常常會得到眼科藥籤就是這個道理，女性因為生理期，較容易出現相關疾病，如經痛、經期不順等問題，因此眼科的部分藥籤有治療婦女疾病的功能，加上早期衛生條件不佳等外在條件影響下，方造就眼科藥籤多達九十首之譜。眼科藥籤也有同一處方內服外敷皆可的狀況，但出現更多的是有毒必須慎用的外用方，顯示用藥須謹慎與作者註解的用心。興濟宮在十多年前即於正殿龍邊的牆上公告禁用藥品，例如保育類（虎骨、熊膽、穿山甲等）、劇毒類（甘遂、苑花）、管制藥品（罌粟殼）、需中醫師處方用藥（硃砂）等。顯見對於藥籤用藥的規範與謹慎，而在籤詩詮解上，高國欽則是標明保育類動物或有毒的藥物，不建議使用，並且寫出替代方。

　　眼科有諸多藥籤在內科治療上也有效果，例如眼科第七十八首，即是桑菊飲與三豆飲的合方，而桑菊飲是內科第一〇三首的主要用藥，三豆飲則是內科第二十四首的主方，由此可見眼科藥籤的具體使用範圍相當廣泛。但也有現今不適用或無法使用的藥方，例如眼科第八十四首，因為內含保育類動物穿山甲與具毒性的川烏，故不建議使用。而無法使用者如第六十九、七十六、八十五首，因為就《保生大帝藥籤詮解》所載藥方主要方劑為玉籌居，是大陸民間成藥，現在已不可考，不知其成分。但筆者訪問高國欽時他表示，書出版後方得知「玉籌居」不是方劑名稱，而是藥廠品牌名稱，所以如第六十九首眼科藥方即為「玉籌居的清寧丸三錢」，推測應是玉籌居的清寧丸藥效好過其他品牌，或是眼科藥籤的編纂者與玉籌居有直接關係。

　　另外，眼科第五十六首也展現其用於內科治療的特性，方載「牛黃輕粉各一分，射香三厘，共為末，左眼吹右耳，右眼吹左耳」[107]，

---

[107] 高國欽：《保生大帝藥籤詮解》，頁590。

這種醫療方式符合《內經》的法則，也是中醫所強調的左病右治、右病左治，讓藥粉透過耳朵滲透入體內以治療眼睛或耳鳴等痰阻清竅之症。

眼科藥籤同時展現藥籤文化的多元性，第三十三首有一味藥為「虎母波刺心」，《保生大帝藥籤詮解》載「此物不明，可能是竹實」[108]，但未載其名緣由。但「虎母波刺心」其實並非竹實，而是一種客家野草莓，能解毒。只有客家人如此稱呼這種野莓，同時也表示這首籤詩的創造者是客家人。

（四）外科藥籤與詮解舉要

外科六十首籤詩當中出自藥典的有六首，約一成，經過加減方處理的有十首，約百分之十六，另有八首食療方[109]，其餘為經驗方。經驗方仍占多數，且第五十六首為安胎符咒，無實際處方。外科藥籤明確用於外用的藥方有十八首，仍舊顯示外科藥籤使用不僅限於外科的特色，但較為特別的是，六十首藥籤當中有十五首具有毒性或礙於衛生考量不建議使用，這類籤詩占外科藥籤的四分之一，表示在衛生條件要求較高及藥品使用的安全性上，外科藥籤較容易受到挑戰而影響性能及功效。

另外，興濟宮保生大帝藥籤，最多有十六味藥（小兒科第二十七首），最少有一味藥。內科處方以四味藥（35/150）占多數，八味藥以上偏少。至於劑量從一分、二分到一兩。多數藥籤劑量為一錢到二錢，其他科別亦同。高國欽認為四至五味藥這種看似簡單的組合，反而更能展現傳統中醫用藥的智慧，精準的配藥才能讓藥發揮最大的功效。

---

108 高國欽：《保生大帝藥籤詮解》，頁528。
109 食療方常以粥、飲、茶、羹等方式呈現，有植物類食療方、動物類食療方等，是在中醫理論支持下發展出可達強身防病之效的食物，自古即為醫家常用的治療方法之一。

四 《保生大帝藥籤詮解》在民間信仰與民俗醫療的影響

高國欽自言：「傳統文化必須加以保存和發揚，這是我詮解這本書的目的。」[110]同時他認為這是一部人神合作之書，「遭遇瓶頸時，尋求公祖的點化和支持；寫作有一定的進展時，向公祖呈現成果。」[111]而增補方的三十首更是每一首都由擲筊決定，還是保有了藥籤神諭的特性。高國欽增補內科藥籤並非僅為個人意願，係高國欽在興濟宮董監事們的陪同下向保生大帝擲筊請示，得到聖筊後才著手進行。由高堂中醫所有的中醫師們依個人專長，每人負責十首增補籤（高國欽十五首），共五十餘首，再向保生大帝請示適用的籤詩，一首首擲筊計時約三個多小時，最後共選錄三十首。由此可知，這部書的出版除了是信仰者的具體實踐，同時更是信仰者的集體實踐，由高醫師率領高堂中醫的醫師群共同註解編纂，展現對該書的重視與保生大帝信仰的凝聚力。以下就該書對保生大帝信仰與民俗醫療的影響做析論，筆者認為有三個影響面向：

（一）信仰的弘揚與文化傳承

保生大帝藥籤可說是臺灣藥籤影響力最大的系統。祀典興濟宮執事人員表示，雖然目前醫學科技進步，但興濟宮還是經常有信眾生病前來求取藥籤。興濟宮原有藥籤為內科一百二十首、兒科六十首、外科六十首和眼科九十首，總計三百三十首，如今再增加高國欽添補的三十首內科方，致藥籤數達三百六十首，創全國保生大帝廟藥籤數量之最。藥籤明顯有多方匯集，逐漸增多的趨勢。隨著醫療的發達與對巫覡的信任，透過神力的指引與巫醫神秘經驗的傳導，藥籤在藥方的

---

110 高國欽：《保生大帝藥籤詮解・自序》，頁2。
111 高國欽：《保生大帝藥籤詮解・吳漢清序》，頁5。

醫病功能之上被賦予更強大的力量，比起單純的符令化水，累積中醫師長久以來臨床經驗的藥方治癒疾病的可能性當然更高，神力與藥效相輔相成，造就藥籤長久流傳的歷史發展脈絡。

根據衛生福利部中醫藥司民國一〇六年（2017）六月所公布的「臺灣地區 GMP 中藥廠座落縣市家數表」總計有九十二家，臺南市有三十四家，占全臺三分之一，其中一個因素與早期臺南民間信仰保生大帝有關，而興濟宮當然在此中扮演要角。臺南許多老一輩人的記憶裡都記得，興濟宮旁有林立密集的中藥房，藥王廟周遭也是，可以想見興濟宮藥籤對附近中藥行的影響，這是藥籤文化與經濟結合的事例。現今雖然興濟宮旁的藥房僅剩永義豐，但中藥廠的分布仍為藥籤文化帶動經濟的時代留下見證。

過去求取到藥籤的民眾往往仰賴廟方執事人員或中藥房老闆給予用藥建議，例如永義豐的老闆對興濟宮的藥籤知之甚詳，至今仍有民眾在興濟宮求完藥籤便至永義豐取藥。形成另一個可信賴的橋樑，雖然並非興濟宮特約的商家，但仍是許多老信眾一貫的選擇。而這些人員也是民眾與神祇間溝通的橋樑與把關路徑，《保生大帝藥籤詮解》也扮演類似的角色，諸多籤詩都有作者依其專業與經驗的叮嚀，例如內科第九首「本方加入香附，疏肝理氣，效果更好」[112]、小兒科第十八首「用大棗湯可以調和營衛。若加半夏，效果更好。寒重加吳茱萸、丁香」[113]、眼科第七首「本方為當歸活血湯」的加減方，是養血調肝，以滋養為主的退翳劑。由四物湯和退翳明目藥而成。適於虛人目翳，產後調理，對於女性尤為適合」[114]。外科第二十首「本方為外用方。硃砂不可以使用。白松香，對於孕婦及皮膚過敏者，不可以使

---

112 高國欽：《保生大帝藥籤詮解》（臺南：大觀音亭興濟宮，2017年），頁18。
113 高國欽：《保生大帝藥籤詮解》，頁327。
114 高國欽：《保生大帝藥籤詮解》，頁457。

用。本方有毒，慎用。」[115]這些詳細的註解說明能幫助一般民眾理解藥方的內容與用藥須知，達到解惑與協助的功能。

在普遍認為藥籤會逐漸消失的年代，《保生大帝藥籤詮解》的出版也可視為是中醫界透過藥籤處方科學的研究對中醫醫療技術的肯定與發揚，同時也顯示藥籤文化的生命力與民俗醫療的現代化。廟方人員小吳也表示，過去面對信眾詢問藥籤，他們需要憑藉自身的經驗與知識，但現在信眾可以自行翻閱詮解，解釋藥籤相對容易許多，對執事人員與信眾都有相當的助益。例如：臺南北極殿即因執事人員無法提供相關服務又怕民眾過於迷信藥籤，因此於二〇一八年起將藥籤收起，不再提供信眾求取藥籤。總幹事許育騰表示：北極殿的藥籤刻版與現存的藥籤版本並不相同，當初為何替換與如何替換都因年代久遠而不可考。加上北極殿主神並非醫療神，現存藥籤又有部分藥方已不可尋，在種種考量之下，才決定停止使用藥籤。[116]

（二）突破藥籤發展的困境與刻板印象

根據筆者的田野調查得知，時至今日，臺南市區許多過去提供藥籤的廟宇都紛紛停止藥籤的求取服務，或不再以可求藥籤為廟宇主要功能之一。例如臺南清水寺過去的觀音佛祖藥籤十分出名，但現在連時常參拜的信眾都不知道寺內存有藥籤。廟方人員表示：「清水寺的廟籤筒放於後殿觀音佛祖案桌上，為內科一百二十首，但僅存藥籤解一本，已無籤詩，民眾求藥籤後須自行翻閱籤解本並抄寫藥方。」[117] 不論在哪座廟宇，我們發現，許多尋求藥籤的信眾並非單純是來自鄉

---

[115] 高國欽：《保生大帝藥籤詮解》，頁707。
[116] 受訪者：北極殿總幹事許育騰。受訪處：北極殿文物存放廳。訪問日期：2018年9月11日。
[117] 受訪者：清水寺執事人員鍾先生。受訪處：清水寺正殿。訪問日期：2018年9月11日。清水寺藥籤的木刻版已經無存。

下且年長的民眾,有更多案例顯示,這些民眾的共同點是他們都經過西醫的治療後並沒有痊癒。在中、西醫治療無效後轉往求藥籤尋求治癒的可能,這些人未必是迷信的,而是更積極的尋求治癒疾病的可能,以恢復健康為目的。但實際走訪諸多提供藥籤的宮廟,發現藥籤發展與傳承有許多困境,如南鯤鯓代天府,藥籤分大人科一百二十首、小兒科六十首、眼科九十一首,廟方工作人員表示因為政令關係,廟方現在於正殿供桌桌面僅留籤筒,藥籤籤詩鎖存於中軍殿旁的木櫃中,若有民眾求取,需先按照流程得三聖筊後,告知工作人員,方由工作人員將藥籤交給信眾,至於信眾要至何方配藥則可自行決定。

　　南鯤鯓代天府的藥籤桶放於正殿供桌上,需要的民眾可以自行求籤,求藥籤的方式與求運籤相同。藥籤筒乃由信徒敬獻,可知其感念王爺賜藥籤的神威,用以表示謝意。代天府執事人員表示求得藥籤的民眾,需告知廟方工作人員領籤,執事人員也會透過了解信眾病狀的概況,來確認信眾求得的籤詩是否正確,因此執事人員對藥籤也有一定的了解。該名執事人員表示,每一科第五十首過後其實都是處理內傷問題居多,他會透過簡易的法則來核實信眾是否得到相對應病症的籤詩,若不然會請信眾再回去擲筊與王爺確認,或若藥方無效病狀沒有改善,則要再次前來求籤。而代天府也曾就廟內藥籤逐一做過整理與註解,但籤解是廟方內部資料並不方便對外公開,也未正式出版。[118]對於信眾求取藥籤或想認識藥籤的一般民眾,相對不容易取得資訊。

　　在田野調查的過程中也發現,許多廟宇對於信眾求藥籤可能會遭遇的問題都想出合理的解決之道,例如學甲慈濟宮的執事人員陳先生表示,因為內科藥籤有一首含有罌粟花,是管制藥,所以廟方已經將

---

118 受訪者:代天府油香處男性執事人員(要求不具名),年約五十歲。受訪處:代天府油香處櫃臺。訪問日期:2018年8月26日。

該籤條用紅布遮起，若有信眾求到該籤自然會因不明其意而詢問執事人員，屆時即可告知信眾該籤沒有藥方，並協助信眾再求一籤。陳先生為了要服務信眾，提供更周全的解答，也自行購買其他的藥籤解，互相參考斟酌，並比對慈濟宮的藥籤，自己對藥籤的內容做過功課以答覆信眾的疑惑。[119]同樣地，陳先生也表示，前來求藥籤的信眾現在還是很多，在信眾求得藥籤之後，由他詢問大道公藥籤內的處方分量是否遵照籤詩指示，又或需要增加藥量？是單方增量或通方增量？這些問題都需要透過一次聖筊求得確定，藥籤的使用才會比較正確。

又如歸仁仁壽宮，每週三、六，上午九點至十一點，下午兩點至五點都由專人提供「協助請示藥籤服務」，讓求得藥籤的信眾透過服務得知藥量是否需要調整，又或者是否需要再求其他藥籤相互搭配使用。廟方工作人員表示許多信眾只求一支藥籤便離開，往往因為病況沒有好轉或沒有完全痊癒，又回到廟裡尋求協助，才知道是必須再求其他藥籤搭配使用。而他們是透過人力解決問題，目前尚未出版藥籤解。[120]在《保生大帝藥籤詮解》問世之前，針對藥籤的整理與詮解有魯兆麟《大龍峒保安宮保生大帝藥籤解》，是完整針對大龍峒保安宮的藥籤逐一註解的作品。內含內科、小兒科與外科藥方。然興濟宮的藥籤相對完整多元，敘述較為清晰，前人著作的錯誤或缺失也有所改正。

藥籤過去給人迷信與不合時宜的刻板印象，但在田野調查的過程中透過實際康復的案例顯示，藥籤除了具實際療效外，也具有無法用學理解釋的層面，興濟宮藥籤靈驗的故事也時有所聞。例如田野調查

---

119 學甲慈濟宮的《保生大帝藥籤解》有兩個不同的版本，但封面與版權頁兩書完全相同，細究其藥籤內容其實是相異的，有一個版本的藥籤內容與現在慈濟宮所使用的藥籤不同，但執事人員也不明其原因。

120 受訪者：仁壽宮藥籤服務男性執事人員，年約六十歲。採訪地點：仁壽宮正殿。採訪日期：2018年8月26日。

過程中發現四個案例都有類似的情況,案例一:來自臺中的戴先生是年輕的國小老師,他時常因為講話而乾咳,影響上課,遍尋臺中名醫求診而無果,來臺南訪友期間至興濟宮參拜,求一藥籤,至中藥房配藥熬煮服用後,卻轉為劇咳,友人本要將他送往急診,但他想待天明後再就醫,不料半夜竟咳出一團青綠色的痰,遂癒。

案例二:根據興濟宮執事人員小吳表示,他因為工作緣故確實看過許多來求藥籤的信眾,男女老少都有,但女性居多。現在還是有許多來求藥籤的民眾,年長者多為保生大帝信徒,年輕一輩的往往是因為家中長輩有信仰而他們被影響所致,大部分以臺南市周遭的民眾居多。小吳認為信仰越虔誠、越信任神祇者求藥籤就越有效,反之則即使求到藥籤也不一定能治癒疾病。一、兩年前曾有男性信眾因為皮膚莫名紅疹遍尋名醫未果,前來求取藥籤,沒想到保生大帝未賜藥籤,僅賜案桌上的平安水一瓶,要他回去塗抹在患部,一週後再來求藥籤。事隔一週後,男子復來,皮膚狀況已經大為好轉。又來參拜數次後即痊癒。因此相信,心誠則靈。[121]

案例三:筆者於採訪吳先生時,詢問當天正巧前來求取藥籤的信眾趙先生[122],他表示他和妻子每週都來求取藥籤,再將藥籤於看診時交給高國欽醫師,讓醫師可以參酌,因此他所取的藥皆是科學中藥。甚至趙先生也推薦他的學生前來求取藥籤,但對方卻先後取得兩支藥籤,而第二首是主治感冒的藥方。該名學生感到莫名,因為自己並沒有感冒,遂不知如何取藥,殊不知他兩天後即患感冒,方知保生大帝是要他先治好感冒,再處理其他問題。

案例四:有一位中醫師因為流感久病,遂至興濟宮求藥籤。但所

---

[121] 受訪者:興濟宮執事人員吳先生。訪問地點:興濟宮正殿。採訪日期:2018年9月1日。

[122] 受訪者:趙先生。訪問日期:2018年9月1日。訪問地點:祀典興濟宮官廳前空地。

得籤詩並非治療感冒的藥方,神祇指示要吃三帖。中醫師則因藥籤劑量輕微,又不以為此方能治感冒,遂將三帖一併服用,未料發了一場大汗,流感痊癒。他認為藥籤有無法理解的神效,不能全以學理度量。[123]

從這四個事例我們可以發現,這些求籤者有國小老師、大學教授、中醫師,顛覆過去認為求藥籤者都是知識水平較低落年長者的刻板印象,遍尋醫治未果者,往往才是求藥籤的大宗,神佑心安更是擁有使用藥籤經驗者普遍的感受。藥籤的劑量都很輕微,總劑量五錢以下的至少超過八成,兩三錢的藥材分量可能連成人手掌心都放不滿,所用藥物也不強烈,但對於使用者而言,真切的康復才是求藥籤最重要的目的。

《保生大帝藥籤詮解》針對部分用藥不和時宜者也提出解決辦法,例如小兒科第二十五首,處方當中含有犀角五分,犀角即為犀牛角,犀牛乃保育類動物,《野生動物保育法》已禁用保育類動物中藥材,故犀牛角已不可得,作者言明「方中的犀角可用大青葉、石膏、升麻三味藥取代」[124],過去傳統舊社會時常認為物以稀為貴且以為奇珍異獸具有神秘且特殊的療效,造成許多動物因此瀕臨絕種,透過取代藥方的補充說明有助於求籤民眾在用藥時培養正確的觀念並不違背政令法規。

(三)影響層面擴及海內外的藥籤詮解

因為內科藥籤幾乎都是同一個系統,因此《保生大帝藥籤詮解》所提供的服務與資訊,並不侷限於保生大帝的信徒,也不侷限於臺灣。

---

123 受訪者:高國欽。訪問日期:2018年9月4日。訪問地點:高堂中醫三樓書房。該案例資料提供者為高醫師,案主為高醫師的同業。
124 高國欽:《保生大帝藥籤詮解》,頁341。

只要是對內科藥籤有需求的信眾都可以透過《保生大帝藥籤詮解》得到解答，甚至是東南亞華人也可以參考，這個系統的內科藥籤在新加坡天福宮、馬來西亞勇全殿都尚可見到（圖4-19），因此《保生大帝藥籤詮解》對閩南文化的發揚也有一定的貢獻。例如內科第一一一首中所需的宋陳，魯兆麟疑為「陳皮或柚子皮」，[125]但其實宋陳並非藥材的別名，而是早期臺灣民間常見的「仙楂粒」，狀如羊糞是咖啡色的小丸子，宋陳丸內含仙楂、梅子、白芷、丁香、肉桂、甘草等藥品，據說發明人正是臺南中藥房益生堂的第二代楊大笨醫師，因為礙於當時很多人覺得湯藥苦口無法飲用，因此楊大笨特別製作小包裝的宋陳丸送給病患，用於去除喝藥後口中的苦味。由益生堂創立於一八八二年看來，宋陳的發明與興濟宮該首藥籤的增補都是在此之後，隨後宋

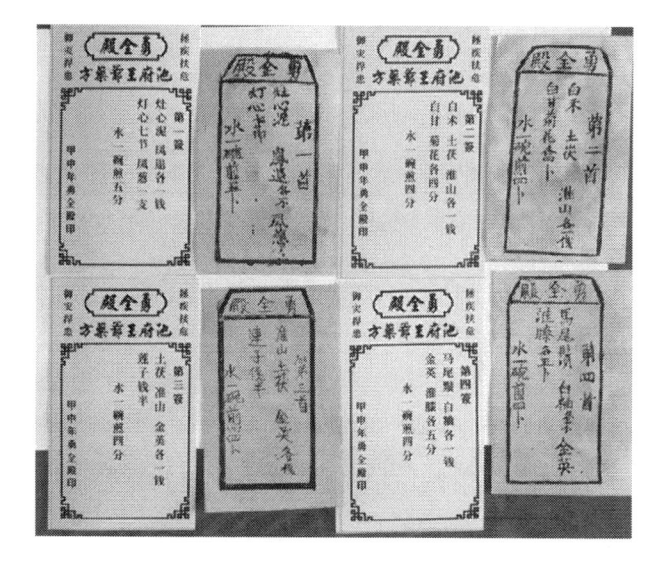

圖4-19：馬來西亞勇全殿藥籤

（資料提供／邱彩韻）

125　魯兆麟：《大龍峒保安宮保生大帝藥籤解》（臺北：財團法人臺北保安宮，1998年），頁111。

陳普遍見於臺灣中藥房，有以透明小包裝或小型塑膠罐裝者，是許多人兒時的回憶。

第四節　結語

筆者進行田野調查的寺廟如嘉義仁武宮[126]、歸仁仁壽宮、南鯤鯓代天府、學甲慈濟宮與興濟宮都仍開放讓信眾求取藥籤，且普遍存在共同的現象，就是求取藥籤的信眾其實仍然相當多，且來自四面八方，並非完全以當地人為主。而廟方也仍提供各種服務。在醫事法規越趨嚴謹的今日，求取藥籤的信眾相較過去當然少了許多，但保生大帝信仰的本質與核心並未改變，祂仍是治癒百病的醫療神，藥籤的功能也來自神祇的加持而為信眾帶來安心與信任感。

這些各地寺廟藥籤同中有異的現象可能來自藥籤編纂者有的取自藥典，有的模仿歷代醫學經典如《傷寒論》加上經驗方而組成的加減方，各地民間寺廟相互借用、延用後若發生缺漏，則自行延請中醫師或透過乩童扶鸞增補而成，輾轉演變後造就現今的差異，但終究是醫人治疾的籤詩攸關性命，故系統相對運籤而言較為單純，數量不多，系統內變化不大，相去不遠。

《保生大帝藥籤詮解》的出版有其時代意義，講求科學的現代社會，中醫師透過自身所學與臨床經驗，證實這些藥籤的處方多數是可信而非迷信，破除過去藥籤帶給人迷信的刻板印象。同時也透過內科增補的藥籤補足過去藥籤的不足，為現代人的文明病提供另一個民俗醫療的方式，並關心臺南地區好發的疾病，這本書的出版除了是信仰文化的集結，同時也是中醫醫療志願的宏揚。更是跨越信仰圈的貢

---

[126] 嘉義仁武宮藥籤分：內科一百二十首、外科一百二十首、婦人科一百二十首、眼科九十首、小兒科六十首。

獻，為需要使用藥籤或對藥籤有疑問的使用者提供全面性且完整的解答，這同時也是保生大帝信仰特質慈濟仁愛的人文文化的具體展現。

　　占卜問疾的求藥籤是一種宗教醫療行為，在巫醫並用的傳統社會中是民眾尋醫問藥的求診方法，而藥籤流傳至臺灣後，在閩臺文化相互影響之下，也廣為流傳。過去仰賴興濟宮藥籤的信徒之眾，從興濟宮周圍的中藥房以及絕對多數的臺南中藥廠即可見一斑，這是藥籤文化所帶動的生活圈，結合信仰、經濟與醫療。保生大帝藥籤適合閩臺民眾的生活習慣與地理環境，因此同一個系統的藥籤也被其他宮廟所使用，這樣的藥籤文化是超越主祀神與信仰圈的展現。不論藥籤內容是否有部分為保生大帝生前所遺留的藥方，這些來自後世追加、歸納與增補的民間經驗方與藥典處方，多數都可見於臺灣各地，這樣的普遍性符合民眾的用藥經驗。藥籤的傳承與變遷是與時俱進且因應當代需求，而《保生大帝藥籤詮解》一書的出版正是最好的證明。

附錄一　臺南市後壁區《白沙屯福安宮靈籤》

首簽	第一首臺 周文王	第二首南 觀音大士	第三首縣 伍子胥	第四首新 李通
首簽既得莫如何 萬事安康快榮多 罰你香資誠意獻 天時地利與人和	臺沼經營日不成 與民偕樂共歡迎 龍魚躍水朝王祝 百鳥飛鳴頌太平	南海岩前發善緣 竹林妙景小西天 婆心齊世楊柳水 救苦慈悲萬古傳	縣府畫圖難脫樊 昭關混出化裝原 扶周亨伯成王霸 滅楚鞭屍方雪冤	新造金牌假作真 幸逢我是識旗人 閽奴任有沖天計 逃到居庸未脫身
第五首嘉 孫履真	第六首村 孟姜女	第七首李 李王爺	第八首府 包文拯	第九首千 祝英臺
嘉菓廷賓禮所宜 恍兼家祖舊相知 雲樓困險鎮元子 幸賴觀音楊柳枝	村蛇林虎欲傷人 太白神仙暗護身 受苦良民君不恤 長城萬里哭夫親	李任代天受帝恩 身居香火新嘉村 民國丁亥籤詩易 顯示無差萬古存	府泣開封分外明 黃河人比笑澄清 至公佐宋除奸黨 國戚皇親膽載驚	千言萬語囑梁兄 二八難猜悞夙盟 繾綣三年情意切 鴛鴦欲結待來生
第十首歲 許漢文	第十一首靈 李哪吒	第十二首感 崔文瑞	第十三首籤 商殷郊	第十四首詩 蘇小妹
歲屆清明祭墓墳 偶然天氣雨紛紛 黃瑞奇遇一娘嫻 借傘綢繆作細君	靈魂不散上蓬萊 求謁師尊蓮化胎 滅紂扶周成一統 芳名萬古貫英才	感孝養親竭力時 蒼女違女作妻兒 皇宮錢數無端有 莫怪包公意更疑	籤詩御斬在朝班 緣遇廣成度脫艱 他日修真違誓訓 番天罪戾厄祁山	詩名美英東天真 何用秦郎假道人 大宋三蘇誠罕有 一門瑞氣質彬彬
第十五首凡 唐半偈	第十六首我 諸葛亮	第十七首爐 龐涓	第十八首前 孫臏	第十九首弟 伯夷齊
凡塵悟覺奏真玄 求解無辭苦萬千 往到西天泰我佛 歸來東土化經緣	我隱就岡樂有餘 身隨劉主出茅蘆 感情跋涉三分鼎 六出祁山報効初	爐前發誓一般心 鬼谷山中學藝深 掌握魏權升拓忌 馬陵樹下命歸陰	前言誓願重千金 六甲天書玄妙深 刖足耐形甘受數 明標山上隱山林	弟兄讓國世間少 循跡首陽食蕨薇 百萬雄師強叩馬 忠肝義膽亦稱奇

第二十首子孫權	第二十一首來姜太公	第二十二首求王祥	第二十三首問孔夫子	第二十四首宜虞舜
子能跨釜鎮東吳 赤壁塵兵戰魏徒 諸葛計無能脫殼 風臺雖驗亦鳴呼	來到崑崙訪道玄 玉虛門下受真傳 混元會未應仙劫 初有封神金榜篇	求魚養親著實難 隆冬臥冰豈無寒 竭誠一點咆勞答 錄上孝名廿四般	問道項師異築城 聰明應對我心驚 迴車說教三千弟 萬載流傳孔聖名	宜從孝道順親歡 浚井揖階苦萬般 運到唐堯禪位日 昇平樂業黎民安
第二十五首誠薛登山	第二十六首心商紂王	第二十七首拜秦雪梅	第二十八首禮關雲長	第二十九首抽張翼德
誠心拜到樊江關 廢寢忘餐格外患 死祭開棺重會晤 班師救父伏番蠻	心被妖妃惑可傷 貶妻殺子棄忠良 孟津一會神人怒 八百亡商佐武王	拜別慈親双淚紛 商門守節哭夫君 頂名愛王傳香種 德懿標貞受帝勳	禮仁智信五常全 奸操憐他不放還 六將喪刀為誓重 滿懷義氣滿天圓	抽矛橋工振雷聲 喝住曹師百萬兵 義勇常存興漢室 猖狂自有細中精
第三十首出王昭君	第三十一首一蘇武	第三十二首枝梅良玉	第三十三首再范蠡	第三十四首拔楚項羽
出塞雁門欲斷腸 彈琵馬上別君王 形圖異体腸心事 可恨奸巨最不良	一別中原出北天 牧羊餐雪在胡邊 怨風慘雨愁難訴 御賜還鄉十九年	枝葉彫零暗自悲 梅開二度報君知 成全邂逅纏綿意 無奈重合犺別離	再返越都洗雪仇 臥薪嘗膽豈干休 滅吳成霸奇功滿 隱處逍遙任我遊	拔山神力最英雄 韓信奇謀在半空 敗到烏江難得渡 愧顏自勿謝江東
第三十五首三劉玄德	第三十六首杯李太白	第三十七首為羊角哀	第三十八首準裴晉公	第三十九首吉李淳風
三姓桃園結兄弟 及居帝位不忘情 伐曹繼漢爭吳境 武烈昭彰萬谷名	杯滿香醪詩百篇 金鑾殿上醉顛顛 楊高磨墨兼靴脫 千古才名李謫仙	為友魂孤無奈何 赴陰協助戰荊軻 至今交契欽羊佐 萬載違風忠義歌	準相縱紋壽不良 臨終應餓絕休糧 循行陰隲皇天解 福祿盈門世代昌	吉凶造化應天時 六任神通卜便知 天數靈機不漏洩 神仙劫到亦難移
第四十首凶桃花女	第四十一首禍薛剛	第四十二首福程咬金	第四十三首明劉國軒	第四十四首斷鄭成功
凶神惡殺免多勞 何用周乾危計高 易馬以羊無用處 收歸見主罪難逃	禍起花燈碎夢間 全家處漸受災難 鐵墳三掃孝心切 遁跡蘭山待詔頒	福壽百零廿十年 性中靈巧劾痴顛 東征北伐誠奇策 爵受皇恩賜九千	明知世運定難移 勸主降清莫失時 籌策天津寒帝胆 西平關裡樂安居	斷不棄明俊傑雄 甘違父命矢孤忠 開臺立業抗清主 永曆封王四代終

第四十五首有卜和	第四十六首應宋仁宗	尾籤		
有緣得璞進朝廷	應却下凡不可恕	尾籤既得莫如何		
豈料愚匠致刖形	觀音獲送暗扶持	來意不成冒瀆多		
廉任為貧玉作石	闕前文武皆臨降	罰爾香資誠奉獻		
伸明琢璽卜和聲	運享宋朝壯帝基	吾神默祐自平和		

附錄二　澎湖南寮保寧宮籤詩

籤序	籤詩內容		籤序	籤詩內容	
1	真金經火煉千回 若得良工成大器	此物原來七寶魁 流傳千載不沉埋	13	普天列宿照光輝 命裡有財終須有	各自人心福禍機 看看枯木會生枝
2	君臣千載一朝逢 好整孤忠扶社稷	風虎雲龍喜類同 巍巍一柱擎天空	14	濟州雖急無舟楫 自是天時無別利	大廈將成作棟樑 勸君端座再思量
3	真是真非不可欺 一輪明月清無底	此心自有鬼神知 自是雲開雨散時	15	萬桂叢中第一枝 割烹版築登台輔	勸君折取莫遲疑 富貴榮華自有時
4	君思千里任遨遊 財路生前原有定	動用經營皆自由 勸君得意便宜休	16	民樂生平共喜觀 南船北棹多珍寶	大田多稼遠如綿 一去求名亦得官
5	持戒精誠禮焚香 災如風雨受空欺	金爐誠設好香濃 禍似塵埃掃地空	17	罡魁令氣墨旗揚 但看舉頭搖指處	遊遍天門鎮北方 栽壇社稷吉非常
6	邪徑崎嶇行路難 雖然巨浪相驚駭	好將舟楫過前灘 喜得將朝達故山	18	步入羊腸最險坑 若遇鼠猿來過得	將身病重未全輕 渾如久旱雨初晴
7	斬斷妖精正道開 一盞清燈吹欲滅	誰知魔鬼又重來 卻向爐中覓死灰	19	正好中秋月一輪 無端卻被西風雨	十分光彩照乾坤 多久人家半掩門
8	瘟癀濁氣蕩如雲 廣結良緣修善果	一鬼暫呼百鬼聞 神明為汝護家門	20	氣味相同正好求 只因牛鼠爭先後	信他言語便宜休 惹得胸中萬萬愁
9	行役匆匆任向程 縱有讒言來破害	所求心事自豐盈 也須終始有完成	21	夜行燈火中途滅 敲門打戶喚他來	寂靜人家門蔽徹 無火誰能相扶熱
10	符水救人人不信 自從惡孽迷心眼	又無情意到伊家 莫道陰光保佑他	22	斷盡餘灰豈復然 乘龍駕鳳登天去	枉勞心力學神仙 洞裡逍遙非昔然
11	咒咀千般欲害人 觀音經裡分明說	豈知正直有神明 咒咀原來看本人	23	禍不厭禳禍自消 早晚誠心修善果	福不厭作福還生 自然家宅保安康
12	水遠山搖去不歸 明月照人圓如鏡	家人遠望守空幃 之子于歸賦式微	24	根枝憔悴再抽芽 誠心自有誠心報	磨成琢玉永無差 莫作當時酒價賒

籤序	籤詩內容		籤序	籤詩內容	
25	威鳳翱翔鸚鵡喚 寶蓮座上放光明	雲雨飄渺天化散 直到此時方可看	38	虔誠稽首問蒼天 直到此時方掘井	天地高高不可攀 工夫未盡力先殫
26	功成行滿去朝天 沛澤為霖收早歲	卻遣來司造化權 要將人物保安全	39	恭惟鞠養恩難報 莫待他時方可悔	好把而今盡誠孝 看看風燭幾時停
27	烜日何曾照覆盆 不久貴人來掣起	而今只在暗中存 賀君再得睹乾坤	40	萬層崎嶇甚崔巍 一朝墜落深坑底	直到嶺頭喚不回 方悔他時不早來
28	赫赫星明到日邊 而今直上青雲去	皇恩一日與三遷 滾滾公侯世代傳	41	靈籤告汝汝當知 他是豹心并虎口	莫抱心腸盡告伊 要君骨肉去充饑
29	顯幽之理一般同 不用煎湯共煮藥	纔有誠心便敢通 一盆清水有奇功	42	有人相愛饋蒸豚 背人反首相吞噬	仰望周旋覆載恩 官法如爐不赦君
30	號令威靈有異年 但看進前方退步	誰道將軍不用兵 天威從此不留停	43	禱爾神祇求稱遂 勸君得意便宜休	若要精功便得利 南北東西俱吉利
31	增減欺瞞世事多 眼前事事皆如意	百般計較逞多勞 天眼開時無奈何	44	咸池日出正東方 此去三山應不遠	影到天中萬里同 安排閶闔近天光
32	封書欲達意中人 此去長安應不遠	雁杳魚沉未有音 茫茫只隔世間塵	45	沐出雲衢妙色身 仙女獻花龍吐水	老君抱送玉麒麟 摩尼頂上一珠珍
33	香案低頭事玉皇 但願初心堅守執	誠心一念與天通 自然福祿享無疆	46	神仙只處神仙宅 青龍守護百餘年	世上凡人皆不識 先到之子方可得
34	火裡生蓮世所稀 可恨天下蒼天眼	鐵船過海莫嫌疑 不識公侯未遇時	47	光明蠟燭正炎熱 只因貪看眼前花	螢火飛蛾來扶熱 不知性命隨湮滅
35	廟裡燒香盜祝衣 不如袖手深藏舌	園中納履卻生疑 只此方能免是非	48	誦得黃庭數百言 風雨連天波浪恬	玉湖清水滿連天 看看滄海變成田
36	食餘須用收盂砵 歸去急時開牖戶	莫作流連喚不回 他時口舌又重來	49	吾身本事同胞出 不如兩下各心休	何用相爭分骨肉 人心待足何時足
37	夙駕推裝趕路行 正好行時不知變	許多機會在前程 安得他人莫與爭	50	神道無言自有靈 百般計較終難遂	人言雖巧卻無憑 空使凡夫喜夢情

51	咒得蟲兒已類房 非吾族類心中意	抱成鴨子出鵝籠 用盡工夫總是空	61	敕准老君上帝降 神欽鬼服人瞻仰	流傳天下濟萬民 福聚災散見太平
52	蕩蕩茫茫何處尋 人不負力力負人	變求田野入山林 現之不取枉勞心	62	急雲風雲日暮天 湖深水遠魚難覓	經綸天下莫夥船 且脫蓑衣月下眠
53	滌盡泥沙水見金 太公八十成家業	白頭方始遇知音 只恐人人不用心	63	永夜沉沉人寂靜 須待雞唱三更徹	銀河西北眾星稀 回首東方已吐輝
54	群鳥相呼日又西 人情相處求安樂	各從安分托身栖 何必之秦又去齊	64	急躡雲梯步月宮 變化鯤鯨騰踘去	嫦娥許我桂枝郎 乘龍呼鳳近天光
55	庵聲震動鬼神驚 須望真儒為教子	鐵牛呼乳莫株名 災聲散盡福聲鳴	65	如花色色最新鮮 不覺狂風吹去野	蜂蝶尋春盡日穿 丹青依舊是來年
56	夥伴相逢去學仙 終日得意桃源洞	青山疊疊水連天 回來不覺坐金蓮	66	律叢調和春復秋 光陰似箭推時暮	鳥飛兔走不停留 洛陽佳景映扁舟
57	急急須待龍虎動 但存方寸無虛險	趕盡豬羊作怪聲 自有天緣福祿昌	67	今行到手莫推辭 雞犬相聞消息近	自斟自酌自徘徊 姻緣夙世不須謀
58	如花含口談如天 天龍八部須從聽	今生結果定前緣 一舉天下達聖賢	68	凶人終日不為善 不知天理甚恢恢	心是獸心面人面 勸君急急回頭轉
59	律唱音聲氣味和 但看明月三五夜	人情冷暖音驚多 勸君齊唱太平歌	69	化凶為吉不須憂 苦再添油祈庇佑	南北東西任去留 前途萬事得自由
60	今旗焰焰正中天 重拜君王恩竟重	終歲與權賦職遷 公侯萬代子孫傳			

第五章
關聖帝君靈籤系統與扶鸞活動

　　明代謝肇淛《五雜組》言：「今天下神祠，香火之盛莫過於關壯繆。」關聖帝君信仰在清代透過朝廷推崇與民間傳播，影響力再度大幅提升，從乾隆中期，關帝飛鸞示諭、勸民濟世的案例逐漸增加。[1]隨後關帝降真所示的《關帝降鸞寶訓》與扶乩所出的《關聖帝君降筆真經》在清代都掀起一股關帝降鸞的書寫風潮。關帝信仰隨著移民來到臺灣，在當代臺灣有廣大的信徒群體，同時透過鸞堂扶鸞活動的推波助瀾，關聖帝君信仰在臺灣的發展與扶鸞、籤詩文化都呈現緊密的關聯。例如高雄東照山關帝廟與高雄意誠堂關帝廟，都是原為鸞堂的關帝廟，可見關帝信仰與鸞堂的相互影響。

第一節　關聖帝君靈籤系統研究

　　籤詩乃廟宇提供信徒向神祇祈求指點迷津的管道之一，臺灣廟宇如今廣傳的「關聖帝君靈籤」原名「江東王靈籤」，乃《正統道藏》所載之「護國嘉濟江東王靈籤」，共一百首。江東王相傳為秦人石固，江西贛縣的地方神祇信仰，因在地方靈驗事蹟頗豐，鄉民為之立聖濟廟祭祀，宋、元兩代受朝廷褒封為「護國嘉濟江東王」。宋濂曾撰寫《贛州聖濟廟靈跡碑》，詳盡記述贛州聖濟廟主神石固種種靈跡，同時也交代了靈籤由來。「宋寶慶間，莆田傅燁為贛縣東尉，艷

---

[1] 陳進國：〈扶乩活動與風水信仰的人文化〉，《宗教學研究》2003年第1期（2003年1月），頁146-147。

神之為，撰為繇辭百章，俾人占之，其響答吉凶，往往如神面語之者，此亦陰翊治化之一端也。」故可知，現今臺灣廣傳的關聖帝君靈籤百籤「巍巍獨步向雲間」系統的源頭為「江東王靈籤」，後因關帝廟借用此系統，又隨著關帝信仰廣泛傳播，始成今日眾所周知的「關聖帝君靈籤」。

而實際存在於《關聖帝君聖蹟圖誌全集》中的〈聖籤〉，亦可稱「關帝籤」。第一籤的首句為「擊壤高歌作息時」，共一〇一籤。故本節以這兩套不同內容的籤詩為題，論述它們的素材來源與解讀方式，企圖豐富關聖帝君信仰與籤詩文化研究。

一 《關帝靈籤》籤詩解的種類

臺灣各地廟宇隨處可見提供籤詩筒供信眾求籤，部分廟宇甚至還有專業解籤人員為信眾解惑，[2]然而籤詩的來源甚早且種類繁多，清人趙翼《陔餘叢考・神前設籤》卷三十三云：

> 顧仲恭《竹籤傳》載神前設籤之始曰：入唐為陳武烈太祝，附帝意作韻語。入宋又辟江東神幕，關壯繆侯之改諡武安王也，倚勢辟之。明興，為王立廟京師正陽門外，命籤典謁。然則神前設籤，起於唐世也。[3]

容肇祖認為籤詩出現當是唐末五代之際。[4]相傳宋朝即有類似籤文供

---

[2] 臺北龍山寺、屏東車城福安宮、臺南大觀音亭祀典興濟宮，皆有專職解籤人員為民解籤。一般廟宇皆由廟方工作人員或廟祝解籤，準確程度因人而異。

[3] 〔清〕趙翼：《陔餘叢考》（石家莊：河北人民出版社，2003年），頁668-669。

[4] 容肇祖：《容肇祖集》（濟南：山東人民出版社，1989年），頁2-3。

信徒取用[5]，籤詩成為人神之間的對話管道。之後道教信徒大量運用，更將籤詩範圍擴大解釋至所有預言[6]，此類籤詩因用途之故常稱作「運籤」或「靈籤」，也叫「聖籤」，是信徒拜拜最常求的籤種。現今臺灣寺廟盛行的運籤，依不同籤詩數量通常分為「雷雨師一百籤」、[7]「六十甲子籤」、[8]「觀音一百籤」與「觀音廿八籤」。[9]使用「雷雨師一百籤」（巍巍獨步向雲間），代表性寺廟如臺北行天宮；「六十甲子籤」（日出便見風雲散）代表性寺廟如北港朝天宮；「觀音一百籤」（天開地闢結良緣）代表性寺廟如艋舺龍山寺；「觀音廿八籤」（福如東海壽南山）代表性寺廟如高雄內門紫竹寺。臺南祀典大天后宮陪祀的月下老人，備有《月下老人靈籤》二十七首。運籤通常帶有卦頭故事，用以協助信眾理解籤詩，也代表該首籤詩的吉凶，卦頭故事以通俗文學故事為主，來源多樣。正因為臺灣民間籤詩種類繁多，市面上有多種籤譜的「籤詩解」，與《關帝靈籤》相關的有以下幾種：

---

5 林國平認為唐代以前的文獻未見到有關籤占的任何記載，宋代以後的一些文獻才開始有一些零星的記載。宋代一些寺廟中確實備有題名為許真君籤譜或西山十二真君籤譜。詳見《籤占與中國社會文化》，頁56-57。

6 例如袁天罡、李淳風《推背圖》，《全臺寺廟靈籤註解》卷一有將其收錄，《推背圖》的版本很多，現在坊間常見的版本是託名金聖嘆作序並加以評註字樣的六十圖版本，共一卷，六十象，按天干、地支排序。每象附有圖一幅、讖語四句、「頌曰」四句、金聖嘆評註一段。詳見道成居士編：《全臺寺廟靈籤註解》（臺南：正海出版社，2010年），卷一，頁219-282。又，林國平在《籤占與中國社會文化》一書中認為流傳至今的《天竺靈籤》很可能就是受《推背圖》的啟發而產生的一種圖文合一的籤譜（頁47）。

7 雷雨師籤詩在許多寺廟廣泛使用，尤以關帝廟、城隍廟居多，故又有人稱它為關帝籤、城隍籤。

8 六十首的幾種籤詩中，在臺灣最常見的就是這套六十甲子籤，主要用於媽祖廟。至於供奉其他主神但採用六十甲子籤的寺廟也相當多。

9 觀音廿八籤因籤數少，故較少廟宇使用，目前臺灣使用的廟宇多半為觀音廟、玄天上帝廟、土地公廟，故又有人稱它為玄天大帝靈籤、福德正神籤。

（一）《占卜靈卦》

一九七〇年七月由臺南魯南出版社出版，臺南大山書店總代理經銷。書本封面印有「碧仙註義、東坡解釋」的字樣，此籤譜即為俗稱「關帝靈籤」或「雷雨師百首」的「巍巍獨步向雲間」系統。

（二）《關聖帝君百籤詩解釋》

財團法人東照山關帝廟編印，二〇〇五年三月初版，此籤譜亦為「巍巍獨步向雲間」系統。東照山關帝廟創始於一九五一年間，原謂文芳社，於四處廟口代天宣講聖諭，奉祀南天文衡聖帝令牌，掛名於保生大帝廟、祖師公廟等處。一九六一年信士林水諒、許進發、葉惠、蕭雲南、陳保發、邱樹生、沈石玉等人，於高雄市新興區林森一路一六一巷三十五號地，創始謂文芳社明德堂，祀奉南天文衡聖帝為主神，並且祀奉列位聖神。後因香火鼎盛，於一九八六年遷至現址。

（三）《關聖帝君城隍爺公正百首籤解》

新竹竹林書局發行，二〇〇四年十二月出版，此籤譜即為「巍巍獨步向雲間」系統。柯榮三據私人所藏的刊行於光緒乙未（1895）《新增懸壺萬寶全書》錄有此套籤譜，與大約刊行於十九世紀末、二十世紀初由廈門會文堂刊行的《改良居家必備不求人》亦錄有此籤譜。柯氏根據繪圖與提字認為最晚在十九世紀末「巍巍獨步向雲間」系統已經同為崇祀關聖帝君、城隍爺公兩尊神明者所使用與命名，因為圖像所提「關帝靈感籤詩」下，另以小字直書「城隍爺籤同此」。[10]

---

10 詳見柯榮三：〈城隍廟靈籤解讀〉，《嘉義籤詩文化巡迴講座城隍廟靈籤專題課程內容集》（臺南：財團法人泰安旌忠文教公益基金會，2024年），頁5。

（四）《靈籤解說》（第一冊）

一九七二年八月初版，一九八四年三月四版，葉山居士著，臺中劍譯出版社印行，共四冊，「關帝靈籤」收為第一冊。

（五）《全臺寺廟靈籤註解》第四卷

一九八八年一月初版，二〇〇四年十一月再版，所收含關聖帝君靈籤等六種籤詩，該書共六卷。道成居士編著，草廬主人主修。臺南正海出版社出版，臺南大山書店總經銷。

（六）《關聖帝君靈籤占卜》

二〇〇六年十二月初版，華靜上人編，臺北專業文化出版社——豐閣出版。此籤譜亦為「巍巍獨步向雲間」系統，內含聖意、解曰、釋義、解籤、東坡解、碧仙註。其他關聖帝君靈籤解如陳哲毅、陳旅得合著《關聖帝君百首靈籤詳解》[11]，內容則大同小異，增添「占驗」一項，並以白話於每首籤詩後新增感情婚姻籤解、事業求職籤解、財運投資籤解、健康旅遊功名籤解，以對應現代人的日常生活問題。

二　「關聖帝君百首籤詩」與文學典故

現在臺灣普遍流傳的「關聖帝君百首靈籤」（巍巍獨步向雲間）的版本是清光緒間泉州通淮關岳廟董事、綺文居書坊主王錢印製的「關帝靈籤」。籤詩體例由「干支」、「廟名」、「吉凶」、「詩文」、「解曰」、「卦頭故事」、「聖意」、「寄附者」等，而「東坡解」、「碧仙註」、「占驗」則未必每座廟宇的籤詩都有採用，體例以該廟所用的版

---

11 陳哲毅、陳旅得：《關聖帝君百首靈籤詳解》（臺北：進源書局，2010年）。

式內容為主。「關帝靈籤」的籤題（卦頭故事）是理解籤詩的輔助，用來協助求籤者更貼近聖意，「關帝靈籤」的籤題故事已有非常豐富的討論，在此不再贅述。

　　坊間傳聞，雷雨師即關聖帝君，「雷雨師百首籤詩」又稱「關帝百首籤詩」。第一百首「我本天仙雷雨師。吉凶禍福我先知。至誠禱祝皆靈應。抽得終籤百事宜。」筆者認為此說有待商榷，不能因此籤譜俗名「關聖帝君靈籤」又為第一百首的詩句，就誤以為雷雨師即關聖帝君。詳查關聖帝君歷來封號，並無「雷雨師」一稱，且就《俚俗集》所載：「《朱子語類》謂《易·爻辭》，如今解籤耳。按諸籤解最家喻曉者，莫如關帝籤。據陸粲《庚巳編》：蘇州江東行祠在教場之側，以百籤決休咎。其著靈異，即關帝籤也。又謂其神姓石，名固然。則此百籤初不屬關帝，其移就未詳何時也。」[12]可知籤詩創作之初為「江東王靈籤」，名稱與神祇皆與關帝無涉。直至關聖帝君明聖真經「大悲、大願、大聖、大慈，玉帝殿前首相，執掌雷部，真元顯應昭明翊漢天尊。」因執掌雷部，而有認為雷雨師乃關聖帝君的別稱之一的說法出現。

　　臺灣廟宇如今廣傳的「關聖帝君靈籤」原名「江東王靈籤」，乃《正統道藏》所載之「護國嘉濟江東王靈籤」，共一百首。江東王相傳為秦人石固，江西贛縣的地方神祇信仰，因在地方靈驗事蹟頗豐，鄉民為之立聖濟廟祭祀，宋、元兩代受朝廷褒封為「護國嘉濟江東王」。《搜神記》卷五〈江東靈籤〉：

　　　　籤神姓石名固，秦時贛縣人，歿而為神。或陰雨霾霧，或夜深淡月微明，鄉人往往見其出入，騶從如達官長者。蓋受職陰

12　〔清〕福申輯：《俚俗集》（北京圖書館抄本），卷37，「神鬼考三」，敘署道光二十五年九月。

司,而有事於綜理云。人為立廟,設以杯筊,往問吉凶,受命如響。人益驗其靈驗,為著韻語百首,第以為籤,神乘之以應,人卜愈著,無不切中,廟在贛州府城外貢水東五里,因名曰江東靈籤,世傳以為美名云。本朝宋濂為文以記其事。[13]

由上可知,「江東靈籤」在明代已靈驗如響,宋濂曾撰寫《贛州聖濟廟靈跡碑》,詳盡記述贛州聖濟廟主神石固種種靈跡,同時也交代了靈籤由來。宋濂認為「江東靈籤」的作者是福建人,推論曰「宋寶慶間,莆田傅爗為贛縣東尉,艷神之為,撰為繇辭百章,俾人占之,其響答吉凶,往往如神面語之者,此亦陰翊治化之一端也。」故此籤譜大量流行於福建地區及移民所到發展之處便可以理解,「江東靈籤」出現的時間約在南宋,初期只有詩句,逐漸演變到明朝,才有「解曰」出現。

以下就「關帝百首靈籤」的內容探究其編纂者所參考的文學典故,筆者認為籤詩編者乃博學之文士,內容用字多見其典雅與用心,有多首出自古籍如《詩經》者,例如第一首「巍巍獨步向雲間,玉殿千官第一班。富貴榮華天付汝,福如東海壽如山。」福如東海壽如山典出《詩經·小雅·天保》:如月之恆,如日之升。如南山之壽,不騫不崩;如松柏之茂,無不爾或承。明代康海〈一枝花·雲蕩漾套·北採茶歌〉曲:「壽比南山還草草,福如東海任朝朝。」除了詩歌以外,小說《三俠五義》第四十二回:「立刻抬至當堂,將八盆松景從板箱抬出一看,卻是用松針紮成的『福如東海壽比南山』八個大字,卻也做的新奇。」可知由《詩經》始,隨著時代流傳,以此賀壽日漸普遍,後為籤詩所用。第六首「何勞鼓瑟更吹笙,寸步如登萬里程。彼此懷疑不相信,休將私意憶濃情。」典出《詩經·小雅·鹿鳴》之

---

13 〔晉〕干寶:《搜神記》(上海:上海古籍出版社,1990年),頁191。

「我有嘉賓，鼓瑟吹笙。」以融洽的宴飲氣氛襯托情感的堅定，是具有吉兆的書寫。

　　同時也有深具道家意象者，又如第二首「盈虛消息總天時，自此君當百事宜。若問前程歸縮地，更須方寸好修為。」歸縮地的典故乃出自《神仙傳》，為壺公授費長房縮地之術的故事，「房有神術，能縮地脉，千里存在，目前宛然，放之復舒如舊也。」暗寓求籤者運勢雖佳，但要前程榮景仍需有善心與良行。第七籤則以呂洞賓洞賓煉丹的故事為主，寫成籤詩，「仙風道骨本天生，又遇仙宗為主盟。指日丹成謝巖谷，一朝引領向天行。」詩句與卦頭故事相應。呂洞賓，唐末避兵。多遊湘湖，梁魏間稱回道人，亦稱守谷客人，故籤詩方有「指日丹成謝巖谷」之句。第十籤「病患時時命蹇衰，何須打瓦共鑽龜。直教重見一陽後，始可求神仗佛持。」打瓦鑽龜都為占卜之意，唐代白居易《放言五首（其三）》：不用鑽龜與祝蓍。古人認為天地間有陰陽二氣，每年至夏至日，陽氣盡而陰氣始生；至冬至日，則陰氣盡而陽氣開始復生，謂之「一陽來復」，見《易‧復》孔穎達疏。此處則見籤詩的編纂者對於道教思想與占卜術有相當的認識，第三十三籤丁丙，籤題為莊子慕道，「不分南北與西東，眼底昏昏耳似聾。熟讀黃庭經一卷，不論貴賤與窮通。」《黃庭經》是道教經典，晉代已有定本，《抱朴子內篇‧祛惑》記載了一則與《黃庭經》有關的傳說，透露出一些相關的訊息，如曰：

　　　　成都太守吳文，說五原有蔡誕者，好道而不得佳師要事，廢棄家業，但晝夜誦詠黃庭、太清中經，觀天節詳之屬，諸家不急之書，口不輟誦，謂之道盡於此。[14]

---

14 〔晉〕葛洪：《抱朴子》（臺北：臺灣中華書局，平津館本，1973年），「內二十」，頁3。

「黃庭」是人身精氣聚集之所在,此籤有暗示人不論窮富、貴顯或潦倒都當著眾自身的精氣修養,從上述分析可知,創作籤譜的人對道教經典嫻熟,且對占卜煉丹等神仙之術也有所了解,甚至旁徵博引,小說與《詩經》都成為籤詩的一部分。籤詩說搭配的卦頭故事可能是後人依籤詩內文再行搭配,過去研究者多關注卦頭故事與這套籤詩的連結,但筆者認為,若從籤詩詩文進行探索更可明白籤詩編者如何將儒釋道等思想與術數方法融合。同樣的,進行卦頭故事搭配者,也具有這方面的能力,例如第七籤搭配的是呂洞賓煉丹,呂洞賓是八仙中最多傳說者,北宋范致明《岳陽風土記》:

> 岳陽樓上有呂先生留題云:朝遊北越暮蒼梧,袖裡青蛇膽氣麤。三入岳陽人不識,朗吟飛過洞庭湖。今不見當時墨跡,但有刻石耳。先生名岩,字洞賓,河中府人,唐禮部尚書渭之孫。渭四子,溫、恭、儉、讓,讓終海州刺史,先生海州出也。會昌中,兩舉進士不第,即有棲隱之志。去遊廬山,遇異人授劍術,得長生不死之訣。多遊湘潭鄂岳間,或賣紙墨于市,以混俗人,莫之識也。慶曆中,天章閣待制滕宗諒,坐事謫守岳陽。一日有刺謁云回巖客子,京曰此呂洞賓也,變易姓名爾。召坐置酒,高談劇飲,佯若不知者,密令畫工傳其狀貌,既去,來日使人復召之。客舍主人曰:先生半夜去矣。留書以遺子京,子京視之,默然不知所言何事也。今岳陽樓傳本狀貌清俊,與俗本特異。

由上述可知,北宋時呂洞賓四處遊歷的故事已大為風行,甚至還有畫像流傳民間,南宋洪邁《夷堅志》更收錄大量的呂洞賓故事,例如〈乙志〉卷十七〈張八叔〉:

邊知白公式居平江,祖母汪氏臥病,更數醫不効。有客扣門,青巾烏袍,白晰而髯,言:「吾乃潤州范公橋織羅張八叔也。前巷袁二十五秀才令來切脈。」公式出見之。客曰:「不必診脈,吾已得尊夫人疾狀。」留一藥方,曰「烏金散」,使即飲之。邊氏家小黃犬,方生數日,背有黑綬帶文,客曰:「幸以與我,後三日復來取矣。」公式笑而不答。後三日,犬忽死,汪氏病亦愈。乃詣袁秀才謝其意。袁殊大驚,坐側有畫圖,視之,乃呂洞賓像也,宛然前所見者。畫本實得於張八叔家。

此說為呂洞賓顯靈救人一事。除此之外還有融入佛教禪詩者,如第二十二籤「碧玉池中開白蓮,莊嚴色相自天然。生來骨格超凡俗,正是人間第一仙。」北潤居簡(1164-1246),有《北潤居簡禪師語錄》一卷傳世。這詩題名為《白蓮》,「詩碧玉長柯雪色衣,夜深看見也相疑,數行鷺立波心月,拍手驚他不肯飛。」廣州白雲山能仁寺的一副對聯「不俗是仙骨,多情乃佛心」清人任頤(1840-1895)將其「是」字改為「即」字,此後更見廣傳。

最後還有一種類型,是以小說或歷史人物故事為主的籤詩,如第二十四籤丙丁,籤題為張騫誤入斗牛宮。「一春萬事苦憂煎夏裏營求始帖然。更遇秋成冬至後,恰如騎鶴與腰纏。」典出《殷芸小說・卷六・吳蜀人》:「有客相從,各言所志。或願為揚州刺史,或願多貲財,或願騎鶴上昇,其一人曰:『腰纏十萬貫,騎鶴上揚州。』欲兼三者。」此籤有秋冬之後集做官、發財、成仙三件好事於一身的寓意。筆者認為第九籤「望渠消息向長安,常把菱花仔細看。見說文書將入境,今朝喜色上眉端。」頗有涉入昭君故事的意味,相傳王昭君遠嫁匈奴後曾寄書朝廷,懇求回歸故鄉,卻未獲允許。籤詩中的「菱花」乃菱花鏡,常把菱花看仔細有殷殷期盼之感,唐代楊凌〈明妃

怨〉亦曾提及菱花鏡：

> 漢國明妃去不還，馬駝弦管向陰山。匣中縱有菱花鏡，羞對單于照舊顏。

只可惜籤詩的隱喻與王昭君的遭遇不盡相同。再如第二十九籤丙壬，「祖宗積德幾多年，源遠流長慶自然。若更操修無倦已，天須還汝舊青氈。」典出《晉書・卷八十・王羲之傳》。晉人王獻之晚上臥睡時，有小偷入房盜物，偷盡所有物品後，王氏對小偷說青氈乃我家舊物，可特置之。小偷受驚逃走，後世泛指祖先遺留的家業或舊東西。故此籤乃上上籤，勉人持續自我修行，原有的福報自然會降臨。

三　《關聖帝君聖蹟圖誌全集》中的〈關帝籤〉

　　《關聖帝君聖蹟圖誌全集》共五卷，乃清人盧湛彙輯，于成龍鑒定，陳宏謀、沈德潛增訂，現存有清乾隆三十三年敦五堂重刊本。《關聖帝君聖蹟圖誌全集》是關公鸞文的合輯，關公的靈應故事在鸞堂紀錄中多有所見，此套全集可見明清時期扶鸞活動十分盛行。《關聖帝君聖蹟圖誌全集》中有〈靈籤考〉，盧湛在敘言云：「此籤詩乃山客所述。聖帝於順治八年授浙江寧波延慶寺僧善知識，傳以學人也。籤詩比之江東，尤為靈驗。」可知此「江東靈籤」早見於此籤譜，同時也明白指出這是另一套與「江東靈籤」完全不同的籤譜，不論是創作來源或完成的時間都能證明兩套籤譜間沒有關聯。故書中特別註明，「此籤與江東籤詩不同，乃帝自製也。」可知在清代編輯關聖帝君的文人群仍非常有意識的辨析此籤與「江東靈籤」的不同，並不以「江東靈籤」為宗。《關帝聖君聖籤考・跋》載「關帝聖君聖籤」乃浙江寧波延慶寺僧人假託關帝的名義編造，若結合清人吳振棫在《養吉齋

叢錄》提及一事：

> 嘉慶間，壯烈伯李忠毅長庚治海盜最有聲。所擊滅攻散如水澳、鳳尾、補網、賣油、七都等幫，不下千艘。終歲在海不歸，即歸亦在鎮海修船備糧，不至家也。嘗封所落齒寄其夫人，示以身許國，恐無歸櫬之意。後擊蔡牽於粵洋，喉間中炮而斃。先是禱於寧波關帝廟，占籤詩云：「到頭不利吾家事，留得聲名萬古傳。」故文達哭公詩云：麥城久合關家讖，彷彿英風滿廟旗。

由上述可知，這套籤譜確實為寧波人依附神諭所做。李忠毅乃閩浙水師提督李長庚（1750-1807），字超人，自號西巖，福建泉州府同安縣人。曾率領閩浙水師長期追剿海盜。蔡牽劫掠閩、浙洋面，前後共十一年，鼎盛時期擁有砲艦百餘艘，後遭李長庚圍剿，敗走鹿耳門。故有「李長庚治海盜最有聲」之說，馬祖耆老至今還傳說，海賊「不怕千萬兵，只怕李長庚」。但李長庚卻不幸在嘉慶十二年的海戰中，喉嚨中彈，壯烈殉職。吳振棫所記乃李長庚征戰前的籤占，此說為李長庚身亡後，阮元（阮文達）的追憶，說起李長庚最後一次出征前至寧波關帝廟求得凶籤一事。[15]胡小偉認為明清時代是否還有另類關帝籤的存在，也是一個需要證實的問題，胡氏文中以為「到頭不利吾家事，留得聲名萬古傳」的籤語，顯然不在《關帝靈籤》之內，或者就是當時浙江還存在另本關帝籤的一個證明。」[16]但其實，吳振棫之說

---

15 〔清〕阮元：〈詩〉，《揅經室集》四集，卷8，「戊辰五月辦賊至寧波為前都督壯烈伯李忠毅建昭忠祠哭祭之」，頁884。

16 胡小偉：《燮理陰陽──關帝靈籤祖本考源及研究》（香港：科華圖書出版公司，2005年），頁23。

並無誤，胡小偉的猜測也是正確的，這首籤詩正是實際存在於《關聖帝君聖蹟圖誌全集》中的〈聖籤〉，亦可稱《關帝籤》的第二十一籤「探賾窮幽自顯然，豈知智術合神仙。到頭不利吾家事，留得聲名萬古傳」。此籤典出《晉書·卷五五·潘岳傳》：「抽演微言，啟發道真。探幽窮賾，溫故知新。」

而該籤譜的第一籤的首句為「擊壤高歌作息時」，此套籤譜共一〇一籤。只可惜胡小偉著作乃轉引趙波等人所編《關公文化透視》一書，可能未見籤譜全貌，因此胡小偉斷言「差異更大，像是專門以關帝名義重新編纂的。」[17]其實《養吉齋叢錄》中所提的籤占靈驗事蹟，恰好證明了在清中葉這套以「擊壤高歌作息時」為首的《關帝籤》仍盛行於閩南地區關帝廟的事實。

故筆者認為為何這套籤詩在現今臺灣關帝廟中不傳，也是值得探究的問題，因為閩南地區的移民遷往臺灣者眾，究竟是何緣故導致此套籤譜不如「江東靈籤」盛行？此籤譜在清代除了籤詩文外，以數字序來表示順序，並無干支配卦，僅有「解曰」來輔助理解籤詩，亦無搭配籤題或卦頭故事。筆者以為少了這道加工的程序，才使得這套籤詩相較起其他註解功能完備的籤譜來得不易理解，自然影響其普及的程度。再者，雖然此套籤詩未見廣傳，但筆者發現這套籤譜的第二十五籤至三十五籤與臺南大天后宮的「天上聖母籤」幾乎完全一致[18]，大天后宮所使用的是「曉日瞳瞳萬象融」百首，筆者再將其與余全雄《媽祖百首籤詩解》相對照可以發現，出入者也僅在第二十五首至三十五首，這意味著這套《關帝籤》與在臺灣普遍度不如《六十甲子籤》來得高，且相傳來自湄洲媽祖廟的籤譜有若干淵源，值得探討。筆者目前知道各地使用「曉日瞳瞳萬象融」的廟宇有：臺南祀典大天

---

17 胡小偉：《燮理陰陽──關帝靈籤祖本考源及研究》，頁24。
18 這個現象也出現在安平開臺天后宮。

后宮、安平開臺天后宮、臺南朝興宮、臺南溫陵媽廟、臺南朝南宮、[19]屏東慈鳳宮、澎湖天后宮、澎湖講美龍德宮（主祀玉皇三公主）、白沙屯拱天宮、臺北港湖天元宮、鹿港天后宮、泉州天后宮。

「曉日瞳瞳萬象融」這套籤譜何時開始流傳於臺灣，我們可以從第二十首籤詩略窺時間點，「制虎降龍靜煉丹，從今縱躍出玄關。前途一片風光好，不到蓬萊只等閒。」這首籤詩的占驗曾錄於清道光臺灣兵備道姚瑩的詩集《後湘續集》。姚瑩，字石甫，號明叔，晚號展和，以「十幸」名齋，又號幸翁。安徽桐城人。生於乾隆五十年（1785），卒於咸豐二年十二月十六日（1853），歷經乾隆、嘉慶、道光、咸豐諸帝，享年六十八歲。姚瑩一生多有軍功，南京和議成，英國議約公使璞鼎查（Henry Pottinger, 1789-1858）控訴姚瑩殺害當時避風入港的英國難民，清廷議約欽差大臣耆英（1787-1858）遂彈劾姚瑩，姚氏遭誣陷以「冒功」罪，於道光二十三年（五十九歲）正月二十六日遭革職拏問，三月渡海，五月自福州北上，八月十三日入刑部獄，八月二十五日出獄。道光二十六年姚瑩以制府奏議奉使西藏不力而調任蓬州時，憶起臺灣事曾寫下一首題長如序之詩，云：

> 癸卯（1843）在臺灣就逮，諸生有禱天后者，得讖云：「制虎降龍靜煉丹，從今縱躍出元關。前途一片風光好，不到蓬萊只等閒。」疑或不死。而至登州及來蓬州，乃知其應昔東坡出獄謫黃州，四年至登州，有海市詩。余往來渡海者六，由今思之，何殊海市耶？坡公至登州年始五十，余今六十二矣，然公六十二歲尚有儋耳之謫，余幸不已多乎。[20]

---

19 臺南地區使用「曉日瞳瞳萬象融」籤譜的記載另可見吳樹：〈臺南的寺廟籤詩〉，《臺灣風物》第18卷第4期（1968年4月），頁22。
20 施懿琳主編：《全臺詩》第四冊（臺南：國家臺灣文學館，2004年），頁83。

此時的姚瑩已經歷過牢獄之災與宦海浮沉，詩題中亦見與他同憂戚的諸生，替他所求之籤也照現「苦而得甘，不負所志」之象。因此籤詩的占驗傾向使其連結潮汕的蓬州與蘇軾的登州經驗，蘇東坡有〈登州海市〉詩云：

> 東方雲海空復空，群仙出沒空明中。蕩搖浮世生萬象，豈有貝闕藏珠宮。心知所見皆幻影，敢以耳目煩神工。歲寒水冷天地閉，為我起蟄鞭魚龍。重樓翠阜出霜曉，異事驚倒百歲翁。人間所得容力取，世外無物誰為雄。率然有請不我拒，信我人厄非天窮。潮陽太守南遷歸，喜見石廩堆祝融。自言正直動山鬼，豈知造物哀龍鍾。伸眉一笑豈易得，神之報汝亦已豐。斜陽萬里孤鳥沒，但見碧海磨青銅。新詩綺語亦安用，相與變滅隨東風。[21]

姚瑩想必在渡海經驗中回想起蘇軾之詩，才寫下此詩「人馬珍奇幻蜃樓，此生常擬到登州。蓬山便是蓬萊閣，海市當年已漫遊。」同時也藉由蘇軾年邁仍渡海的經驗以寬慰自身的遭遇。由姚瑩之詩作可知，「曉日曈曈萬象融」最遲於道光二十三年（1843）前已用於臺灣的媽祖廟，但可惜不知詩中諸生去求籤的媽祖廟在何處。《關聖帝君聖蹟圖誌全集》由盧湛「因其家藏舊書」搜茸考證，繪圖者說，以集其成（圖5-1）。康熙三十二年（1693），由河道總督于成龍集資付梓，可知《關帝籤》最晚於一六九三年前完成，最早則為書中自言「聖帝於順治八年（1651）授浙江寧波延慶寺僧……」，兩套籤譜皆出現於清代，就目前所得資料而言，《關帝籤》的出現可能早於「曉日曈曈萬

---

21 王文誥輯註，孔凡禮點校：《蘇軾詩集》（臺北：明道書局，1990年），頁1387-1389。

象融」，相距約一百五十年。清光緒年間楊浚《湄洲嶼志略》收入兩種《天上聖母籤譜》，分別是一百首與二十七首，相傳「曉日瞳瞳萬象融」百首即來自湄州天上聖母廟，但經查閱後發現楊浚所收的百首《天上聖母籤譜》，並非「曉日瞳瞳萬象融」，而是「千尺浮屠寶砌成」。（如圖5-2）故「曉日瞳瞳萬象融」系統的來由仍有待詳考。

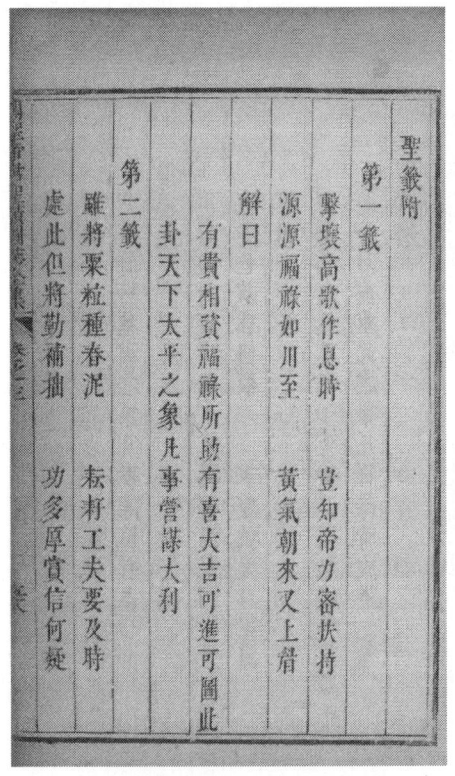

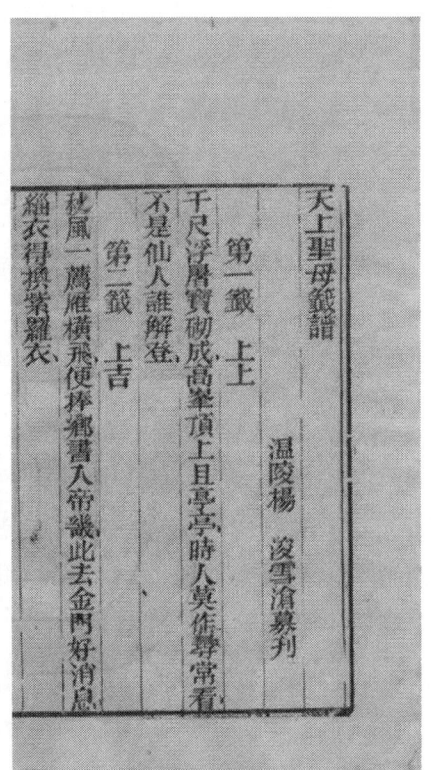

圖5-1：《關聖帝君聖蹟圖誌全集》聖籤附第一籤書影　　圖5-2：〈天上聖母籤譜〉，《湄洲嶼志略》卷4

　　目前雖然無法判斷關帝籤與「曉日瞳瞳萬象融」百首間的因襲關係，但完全重疊的第二十五至三十五籤並非是偶然，可能是在早期傳

鈔的過程中佚失了十首，因此直接移植同樣百首籤詩系統的內容，但因果關係仍有待進一步釐清。唯「曉日瞳瞳萬象融」還有融合其他籤譜詩文的痕跡，例如第五首「卻喜東風一夜催，萬花萬卉各爭開。黃金臺上逢知己，酌酒看花意氣恢。」詩文中的黃金臺典故當出自《觀音靈籤》百首第五首卦頭故事「燕昭王為郭隗築黃金臺」，是君王廣納賢士與有德有才者都能去應聘的處所，詩文用典與籤詩文意相符，吉兆，屬中上籤。

現在臺灣廟宇所盛行的「巍巍獨步向雲間」系統又稱「關聖帝君靈籤」，與載於《關聖帝君聖蹟圖誌全集》的「擊壤高歌作息時」百首係完全不同的兩套籤譜，雖然都有「關聖帝君靈籤」之名，但不可混為一談，彼此間也無傳鈔因襲的痕跡。「巍巍獨步向雲間」系統因傳承自「江東靈籤」，靈驗事蹟頗夥，加之以日用類書的收錄並伴隨閩南移民於清代的拓荒潮傳播至臺灣與南洋一帶，遂成為今日最常見的「關聖帝君靈籤」。

第二節　明清通俗小說中的籤詩與扶鸞占驗

扶鸞，又稱扶箕、扶乩（或稱飛鸞）。概念上相近，是一門與神溝通的技術，名稱的差異乃使用工具不同而稱呼上有別，有殊途同歸又各有所偏義之感。明清的小說中大量出現與扶乩、求籤相關的靈驗書寫，顯示這兩項與民間信仰習習相關的宗教活動在明清時期的常民社會占有一席之地，兩者皆有意識且主動的接受神諭，扶乩需要通靈者的協助，而求取籤詩僅需自助，在現實社會中受到不同階層的青睞，也反映在小說的內容。籤詩作為民間信仰中神、人溝通的媒介由來已久，除了解籤人的引導外，占驗故事往往也是影響求籤者信心與理解的關鍵，這些占驗故事或繁或簡，或附於籤詩或散見文人筆記叢

談，但現階段籤詩研究較為集中討論籤詩的系統、兆象與詩文的隱喻、配卦之象的分析、卦頭故事的典故來源等面向，占驗故事的影響尚未被仔細的討論，故本節聚焦在明清文人的詩作、通俗小說、筆記如何記載籤詩占驗故事，而這些紀錄又能如何反映籤詩與民間信仰發展的脈絡。本節擬以小說中的相關書寫探究扶鸞與籤詩文化對明清小說的影響，以及此類書寫的作用與意義。

一　前言

　　扶鸞，又稱扶箕、扶乩，關於扶乩的定義，本文所稱乃指廣義的扶乩，「廣義的扶乩指神靈附身靈媒寫下文字，也就是所有的降筆現象（自動書記）皆包括於此」[22]，因為通俗小說中的相關書寫常亦廣泛稱此類宗教實踐為「扶乩」。中國扶乩歷史由來已久，自劉宋劉敬叔《異苑》，時人通常在正月十五，在廁所或豬欄邊迎紫姑神，憑偶像的跳動，卜未來蠶桑。[23]而發展至宋洪邁《夷堅志》：「世但以箕插筆，使兩人扶之，念請紫姑，則可書字於沙盤中，示人眾事，謂之扶箕。」[24]《夷堅志》中扶箕所請乃紫姑，其後之通俗小說也多有請紫姑之書寫，蓋因請紫姑神諭事，故扶箕又有卜紫姑、請仙之別名。宋代已出現除紫姑神外的降筆神[25]，不僅有神仙道士，也有作古名人，文人閒暇之餘的扶乩活動多元發展，隨著科舉興盛至高峰，而至明清小說的書寫也可見其蔚然成風。箕是簸箕，由篩穀皮的農具演變成占

22　〔日〕合山究：《明清時代的女性與文學》（臺北：聯經出版事業公司，2016年），頁306。
23　〔劉宋〕劉敬叔：《異苑》（臺北：新興書局，1978年），卷5，頁40-41。
24　〔宋〕洪邁：《夷堅支志》壬卷（合肥：黃山書社，2009年），頁451。
25　許地山：《扶箕迷信的研究》（臺北：臺灣商務印書館，1994年），頁29。

卜術中的工具，以籤箕裝沙，筆則以繩懸於槊上，神由箕手握筆書寫於沙上，用以解答疑惑。後來改為Y字形木筆，稱箕筆，後漸被鸞筆取代，故扶箕又稱扶鸞、扶乩。因明清通俗小說常稱扶乩、乩仙，故本文論述時也用「扶乩」，若引用原文寫扶箕、扶鸞則依其原文。

求籤占卜由來既久，由籤詩的形式看自唐代開始有籤譜出現為合理的時間點，伴隨著民間需求與對天機的臆測，籤詩開始多元發展，出現多種籤譜，明中葉之前的文人筆記小說僅見零星記載，但隨著通俗小說在明清時期蓬勃發展，小說中雖未記載完整籤譜，但卻有許多求籤的占驗書寫，在現階段的籤詩文化研究中，小說裡的占驗書寫是比較少人談論的一塊，故本節以通俗小說為範圍，探究扶鸞與求籤的占驗書寫，一窺當時人的精神世界與此類書寫在小說中的意義。

而扶乩的目的不外乎愛其靈驗或以神諭之名行事，過程中神所介入的程度則向來是神祕經驗的一環，清代紀昀（1724-1805）《閱微草堂筆記‧灤陽消夏錄四》云：

> 其扶乩之人，遇能書者則書工，遇能詩者則詩工，遇全不能詩能書者，則雖成篇而遲鈍。余稍能詩而不能書；從兄坦居，能書而不能詩。余扶乩則詩敏捷而書潦草，坦居扶乩則書清整而詩淺率。余與坦居，實皆未容心，蓋亦借人之精神，始能運動。所謂「鬼不自靈，待人而靈」也。蓍、龜本枯草、朽甲，而能知吉凶，亦待人而靈耳。大抵幻術多手法捷巧，惟扶乩一事，則確有所憑附，然皆靈鬼之能文者耳。所稱某神某仙，固屬假託。[26]

---

[26] 〔清〕紀昀：《閱微草堂筆記‧灤陽消夏錄四》（臺北：大中國圖書公司，1994年），卷4，頁52。

此段文字顯示身為大學士的紀昀也曾親自參與扶乩活動且相信有「鬼神」存在，可見當時這類宗教活動在文人間興盛之程度，同時表示扶乩者自身的學識、書法造詣皆會影響所出之鸞文，書法的字形乃因人而異，但若詩文也與乩生個人涵養有關，則顯示扶乩時乩生實有自我意識，不全然「為神代筆」。雖然紀昀所言字句都展現出對扶乩的懷疑與思考，然其《閱微草堂筆記》所論扶乩相關卻不下百次，顯示眾多的扶乩故事正因其「占驗」之跡而得以廣傳，為人所津津樂道。然許地山（1893-1941）《扶箕迷信底研究》論及清代「筆錄術」[27]則說：

> 降神也不一定要藉著箕筯，若有精靈附在身上，那人也可以直寫下來。這方法或者不能與扶箕併為一類，只可說與扶箕有關係而已。

可知箕筯為扶箕必要的工具，若無此媒介，即使神靈附身直書，也只能視為與扶箕相關的活動。故以下論述由《閱微草堂筆記》、《子不語》兩個清代著名的志怪小說中所錄部分明確與扶乩有關的案例，來分析普遍清代民間社會中扶乩活動的發展與傾向。

二 通俗小說中的扶乩書寫

以《閱微草堂筆記》、《子不語》為例，書中扶乩請仙故事，皆記「乩盤」，顯示扶乩所用的沙盤為判斷神鬼是否降乩的必備工具之

---

[27] 筆錄修煉者無需藉助乩筆與乩沙，直接執毛筆於紙上寫下通靈所獲的內容。筆錄最初常用於八股文的練習和科場應試，後被部分實踐者發展為文昌壇中的一種降經手段。詳見胡劼辰：〈「筆錄」鈎沉：明清扶乩的一個子類型〉，《民俗曲藝》第221期（2023年9月），頁31。

一,所請之仙有名列仙班之正神、不知名之神鬼,也有先人親族,與善書中所記實際大部分的扶鸞運動所請之仙相似。以下為所請之仙為古人之例:

> 壽州刺史劉介石,好扶乩。牧泰州時,請仙西廳。一日,乩盤大動,書「盼盼」二字,又書有「兩世緣」三字。劉大駭,以為關盼盼也。問:「兩世何緣?」曰:「事載《西湖佳話》。」劉書紙焚之曰:「可得見面否?」曰:「在今晚。」果薄暮而病,目定神昏。妻妾大駭,圍坐守之。燈上片時,陰風颯然,一女子容色絕世,遍身衣履甚華,手執紅紗燈,從戶外入,向劉直撲。劉冷汗如雨下,心有悔意。女子曰:「君怖我乎?緣尚未到故也。」復從戶外出,劉病稍差。嗣後意有所動,女子輒來。
>
> 劉一日寓揚州天寧寺,秋雨悶坐,復思此女,取乩紙焚。乩盤大書曰:「我韋馱佛也。念汝為妖孽所纏,特來相救。汝可知天條否?上帝最惡者,以生人而好與鬼神交接,其孽在淫、嗔以上。汝嗣後速宜改悔,毋得邀仙媚鬼,自戕其命。」劉悚然叩頭,焚乩盤,燒符紙,自此妖絕。數年後,閱《西湖佳話》:「泰州有宋時營妓馬盼盼墓,在州署之左偏。」《青箱雜志》載:「盼盼機巧,能學東坡書法。」始悟現形之妖,非關盼盼也。[28]

關盼盼,唐朝女詩人,同時也是善歌舞的舞妓,故劉介石以為邀仙。故事中的安徽鳳陽府壽州知州劉介石,身為刺史官員仍好扶乩,顯示

---

28 〔清〕袁枚:《子不語》(臺北:新興書局,1978年),卷2,頁5152。

當時扶乩為文人官員所好,乃人所皆知的風氣。然故事中事載《西湖佳話》、《青箱雜志》等語在今天所見的兩書中皆無載,無法判斷是否為今日版本與袁枚所書不同之故。但兩說均非不可考,關於馬盼盼所葬之處,賀鑄曾經寫過一首〈和彭城王生悼歌人盼盼〉的詩,來追憶懷念馬盼盼,並在詩題下注云:「盼盼馬氏,善書染。死葬南臺,即鳳凰原也。生賦詩十篇,因和其一,甲子四月望。」而《青箱雜志》載:「盼盼機巧,能學東坡書法。」則可見出《墨莊漫錄》:

> 徐州有營妓馬盼盼者,甚慧麗。東坡守徐日,極喜之。盼能學公書,得其彷彿。公書《黃樓賦》未畢,盼竊效公書「山川開合」四字,公見之大笑,略為潤色,不復易。今碑四字,盼書也。[29]

泰州自宋始稱鳳凰城,詩中所記地點與《西湖佳話》相符。而《青箱雜志》一語則是東坡寫黃樓賦與官妓馬盼盼「合撰」有名的逸事,雖書未見同目,但仍有它書記載可徵。而後思女取乩之慾則以韋馱降乩相救為解,「上帝最惡者,以生人而好與鬼神交接,其孽在淫、嗔以上。汝嗣後速宜改悔,毋得邀仙媚鬼,自戕其命。」是傳統因果報應觀與戒淫思想的反應,強調過度貪歡會害人性命之說。龔鵬程認為:

> 這是中國稗史的傳統。凡說鬼狐妖異,皆作史筆。事件發生的時、地、人證、物證,總要寫得清清楚楚。若是得諸傳聞,也必一一指明其來源,且表示可以覆按。六朝的志人志怪以迄唐

---

[29] 〔宋〕張邦基:《墨莊漫錄》,收入《文淵閣四庫全書》子部第170冊(臺北:臺灣商務印書館,1983年),卷3,頁25。

人傳奇,皆如是。[30]

古書所記與故事事件本身可以互證,甚或形成互文關係,與經史考據講求「無徵不信」的精神有異曲同工之妙,也或許這些文人正因為知道自己所言不符合當時考據之學講求科學、理性精神有所相悖,故透過古人、古書之言來相應當時的社會風氣與書寫潮流。

扶乩書寫亦有請正神、正仙降乩之例,當中不乏眾所熟悉的正神,如關聖帝君,關帝崇拜在明朝達到極盛時期,清代因為各處用武,關於關帝顯靈的事蹟越來越多,朝廷也把他推尊為武聖。許地山認為:關聖、關帝的徽號加上「伏魔護國」四個字,所以崇拜的人越多,顯聖降筆的事也就分布到各處了。除掉秘密社會以外,士庶家庭乃至商店歌臺的崇敬關帝,多半是因為他會「伏魔」,不是崇拜他的忠義。但筆者認為小說提供了不同的視角,例如《子不語・關神下乩》:

明季,關神下乩壇批某士人終身云:「官至都堂,壽止六十。」後士人登第,官果至中丞。國朝定鼎後,其人乞降,官不加遷,而壽已八十矣。偶至壇所,適關帝復降。其人自以為必有陰德,故能延壽,跽而請曰:「弟子官爵驗矣,今壽乃過之,豈修壽在人,雖神明亦有所不知耶?」關帝大書曰:「某平生以忠孝待人,甲申之變,汝自不死,與我何與?」屈指計之,崇禎殉難時,正此公年六十時也。[31]

此則書寫既與官宦仕途、歲壽的預卜相關,但更重要的是所降之神諭

---

30 龔鵬程:〈愛談狐仙鬼怪的儒家〉,《華人文化研究》第6卷第1期(2018年6月),頁241。
31 〔清〕袁枚:《子不語》,卷13,頁5389。

與其神格的相應性。關聖帝君的神格向來以忠義精神為核心,而這個並未與崇禎一起殉難的中丞顯然並不忠誠,以至活至八十歲,神諭訓誡其人操守品德有瑕疵,苟延殘喘。

另一則與關聖帝君相關的降乩故事為〈關神斷獄〉:

> 溧陽馬孝廉豐,未第時,館于邑之西村李家。鄰有王某,性凶惡,素捶其妻。妻饑餓,無以自存,竊李家雞烹食之。李知之,告其夫。夫方被酒,大怒,持刀牽妻至。審問得實,將殺之。妻大懼,誣雞為孝廉所竊。孝廉與爭,無以自明,曰:「村有關神廟,請往擲杯筊卜之。卦陰者婦人竊,卦陽者男子竊。」如其言,三擲皆陽。王投刀放妻歸,而孝廉以竊雞故,為村人所薄,失館數年。
>
> 他日,有扶乩者方登壇,自稱關神。孝廉記前事,大罵神之不靈。乩書灰盤曰:「馬孝廉,汝將來有臨民之職,亦知事有緩急重輕耶?汝竊雞,不過失館;某妻竊雞,立死刀下矣。我寧受不靈之名,以救生人之命。上帝念我能識政體,故超升三級。汝乃怨我耶?」孝廉曰:「關神既封帝矣,何級之升?」乩神曰:「今四海九州皆有關神廟,焉得有許多關神分享血食。凡村鄉所立關廟,皆奉上帝命,擇里中鬼平生正直者代司其事,真關神在帝左右,何能降凡耶?」孝廉乃服。[32]

此則借關神降乩失靈,害馬豐失去工作,但多年後又逢關神降乩,馬豐記仇大罵,關神則諭示失靈乃為保偷雞王妻之命,失去工作與失去性命相比,丟工作事小,反而訓誡馬豐有官命卻無憐憫之心,不懂救

---

32 〔清〕袁枚:《子不語》,卷2,頁5160。

人一命的重要性。在這則故事中仍展現關帝正直、慈悲的一面，提醒士人當有真君子的品德，有濃厚的道德教育意味，而且展現了民間信仰的體系觀，意即有同樣封號的神靈不只一位，神祇也需要修行晉升，正直的靈鬼才能進入神明的體系，透過修行累積神格位階。無獨有偶地，與關聖帝君同為忠義精神典範的岳飛也有降乩故事：

> 杭州朱某，以發塚起家，聚其徒六七人，每深夜昏黑，便持鋤四出。嫌所掘者多枯骨，少金銀，乃設乩盤，預卜其藏。一日，岳王降壇曰：「汝發塚取死人財，罪浮于盜賊，再不悛改，吾將斬汝。」朱大駭，自此歇業。年餘，其黨無所歸，乃誘其再禱于乩神以試之。如其言，又一神降曰：「我西湖水仙也。保俶塔下有石井，井西有富人墳，可掘得千金。」朱大喜，與其徒持鋤往。遍覓石井不得，正徘徊間，若有耳語者曰：「塔西柳樹下非井耶？」視之，已填枯井也。掘三四尺，得大石槨，長闊異常，與其黨六七人共扛之，莫能起。相傳淨寺僧有能持飛杵咒者，誦咒百餘，棺槨自開，乃共迎僧，許以得財朋分。僧亦妖匪，聞言踴躍而往。誦咒百聲，石槨豁然開。中伸一青臂出，長丈許，攫僧入槨，裂而食之，血肉狼藉，骨墜地錚錚有聲。朱與群黨驚奔四散。次日往視井，井不見。然淨寺竟失一僧，皆知為朱喚去。徒眾控官，朱以訟事破家，自縊于獄。[33]

此則書寫則與反映盜墓風氣合而為一，明代律法對盜墓者處以重刑，《大明律・刑律》根據「發冢」等條例，對盜墓及相關犯罪制定如下

---

33 〔清〕袁枚：《子不語》，卷9，頁5305。

刑罰：

> 第一、盜發他人冢墓，凡發掘墳墓未至棺槨者，杖一百、徒三年；發掘墳墓見棺槨者，杖一百，流三千里；已開棺槨見屍者，絞。……半開棺見屍者，亦絞。……但若是子孫發掘尊長的墳墓開棺見屍者，則要處斬；尊長發卑幼墳墓的依次迎減。[34]

若盜皇陵則另有罰則。《大明律》將盜掘皇陵的行為視為「十惡」中的「謀大逆」，凡謀毀山陵的，不分首從，皆凌遲處死；祖父、父、子、孫、兄弟及同居之人，不分異姓、及伯叔父、兄弟之子，不限籍同異，年十六以上，不論篤疾、廢疾，皆斬。至清代，盜墓罰則之罪重為歷史巔峰，清代發塚律規定詳細而瑣碎，共區分了三十六種情形，其條例二十二條，例如：

> 凡發掘他人墳塚見棺槨者，杖一百、流三千里。已開棺槨見屍者，絞。監候。發而未至棺槨者，杖一百、徒三年。招魂而葬亦是。為從，減一等。若年遠塚先穿陷及未殯埋，而盜屍柩屍在柩未殯，或在殯未埋。者，杖九十、徒二年半。開棺槨見屍者，亦絞。[35]

若盜皇陵者則罪加一等：

---

[34] 〔明〕應檟：《大明律釋義》，收入《續修四庫全書》史部第863冊（上海：上海古籍出版社，2002年），賊盜卷18，頁142。

[35] 〔清〕徐本等：《大清律例》，收入《文淵閣四庫全書》史部第430冊（臺北：臺灣商務印書館，1983年），卷25，頁756。

如有發掘歷代帝王陵寢,及會典內有從祀名位之先賢、名臣,並前代分藩親王或遞相承襲分藩親王墳墓者,俱照此例治罪。若發掘前代分封郡王及追封藩王墳墓者,除犯至死罪,仍照發掘常人墳塚例定擬外,餘各於發掘常人墳塚本罪上加一等治罪。[36]

顯示盜墓者罪重與盜墓事件層出不窮之實,故小說所記的杭州朱某乃有同夥的盜墓集團,且以扶乩卜盜墓所得,因降乩者乃岳王,受其「再不悛改,吾將斬汝。」之誡而歇業年餘,後又因無所得而重操舊業且仍扶乩預卜,這次所降西湖水仙,示以富人墳,朱某因無法開棺而請僧人持咒開棺,僧遭棺內厲鬼所噬,朱某則因罪入獄後自縊身亡。岳飛信仰結合扶鸞由來已久,明代風行一時,因其忠義精神,信仰得以廣傳,故以岳王降乩之嚴厲訓斥,充滿可信力與效果。

第二次盜墓扶乩所降之西湖水仙的來歷,有此一說:

一日,與一個杭州朋友賈元虛飲酒,酒席之間,邢君瑞自以為僥倖有此奇逢,細細訴說此事。那賈元虛是個老成之人,說道:「我們這西湖之上或有仙女臨凡,亦未可知。也有鬼魅害人,假說神仙,或假託鄰近女子,迷惑外方之士。那少年不老實之人,往往只道真是仙女,真是鄰近女子,與他淫媾,不上幾時,精神都被攝去,只剩得一副枯骨。如此等事甚多。[37]

這是一個發生在清明節遇麗人的故事,賈元虛更以吳秀才中女鬼迷色

---

36 〔清〕徐本等:《大清律例》,卷25,頁757。及許世英題籤:《讀例存疑》,卷31,頁12。
37 〔清〕周楫著,陳美林校注:《西湖二集》(臺北:三民書局,1998年),頁304。

身亡之鑑，告誡刑君瑞，但刑君瑞堅信自己所遇為仙。透過西湖水仙的書寫，我們可以發現扶乩所出之言與神格乃至於神的特質相映襯，故答案迥異，主人翁下場也大不相同。志怪小說中男主角遊西湖遇仙／鬼多是在清明節，多因清明民俗與節日氛圍，提供人、鬼浪漫相識的合理情境，祭祀先人不假，但更重要的是祭祀後的春遊出行，遂成為志怪小說的創作來源，《聊齋志異》中也有類似的故事。故上述這些小說中的扶乩，或反映社會現況，或道德勸誡，更不乏沿襲志怪小說獵奇與民俗書寫傳統者。

三　通俗小說中的籤詩占驗

　　除了扶乩之外，同樣依賴神諭以卜吉凶的書寫，在小說中還有籤詩。同時清代詩、文集中所錄的抽籤與占驗故事也不少，這些故事通常被用來說明求籤活動由來已久，而不細究其內容，但筆者認為，透過這些書寫與實錄，能照見籤詩系統的發展與民間信仰的脈絡關聯，故筆者認為有進一步研究的空間，明清通俗小說數量可觀，也屢見於跟籤詩相關的書寫，依目前所知，此類籤詩的描寫可見《鏡花緣》、《韓湘子傳》、《反唐演義傳》、《臺灣外紀》、《狄公案》、《廣陵潮》（藥籤）、《萬花樓演義》、《明珠緣》、《海上花列傳》、《儒林外史》、《里乘》、《紅樓夢》等書。

　　例如《紅樓夢》第一〇一回〈大觀園月夜感幽魂散花寺神籤驚異兆〉寫鳳姐因撞見已故秦氏而至廟求籤：

　　　　一秉虔誠，磕了頭，舉起籤筒，默默的將那見鬼之事並身體不安等故，祝告了一回。纔搖了三下，只聽唰的一聲筒中擲出一支籤來。於是叩頭，拾起一看，只見寫著「第三十三籤，上上

大吉」。大了忙查簿籤看時，只見上面寫著：「王熙鳳衣錦還鄉。」鳳姐一見這幾個字，吃一大驚，忙問大了道：「古人也有叫王熙鳳的麼？」大了笑道：「奶奶最是通今博古的，難道漢朝的王熙鳳求官的這一段事也不曉得？」……說著，又瞧底下的，寫的是：去國離鄉二十年，於今衣錦返家園。蜂採百花成蜜後，為誰辛苦為誰甜！行人至，音信遲。訟宜和。婚再議。[38]

小說中詳載求籤的流程、籤題故事、籤詩詩文、聖意解曰，雖然所得之籤出於何套籤譜尚無法得知，但筆者推測是小說作者為情節需要所創，小說中求籤需搖晃籤筒直到籤條跳出，方為此籤，此法與現在臺灣社會常見的求籤之法不同，但仍盛行於香港、馬來西亞一帶。這首出於第一〇一回的籤詩，顯然不是曹雪芹的創作，但這首籤詩從籤文、解曰到卦頭故事一應俱全，且解曰部分「行人至，音信遲。訟宜和。婚再議。」與王熙鳳的生平故事多有印合，結合頗具巧思，寫此故事的人也對籤詩相當熟悉，同時相信占驗功能，故透過大了的話說：「我們的籤最是靈的，明兒奶奶去求一籤就知道了。」但唯獨上上大吉令人費解，因為王熙鳳是亡故後靈柩返鄉，乃不祥之兆，導致旁人錯解籤詩，王熙鳳也未讀出籤詩的真意。

籤中「蜂採百花成蜜後，為誰辛苦為誰甜」之句乃唐代詩人羅隱之詩〈蜂〉。此籤詩還有卦頭故事，配為「王熙鳳衣錦還鄉」，此處的王熙鳳是演述《鳳求鸞》中的故事，相應王熙鳳求籤，加強其可徵性。最後王熙鳳是抄了籤詩回家問籤，顯示舊時無印製籤詩，需要者必須自行抄寫的實況，同時透過寶釵說：「家中人人都說好的。據我看，這『衣錦還鄉』四字裡頭還有原故。」暗示此處的衣錦還鄉非富

---

38 〔清〕曹雪芹：《紅樓夢》（臺北：里仁書局，2018年），頁2353。

貴發達回鄉顯耀之意。此處可見籤詩文化影響小說創作與當時時興求籤的社會風氣，類似的素材，在通俗小說中多有所見，又如《包公案》第八回〈判奸夫誤殺其婦〉：

> 梅敬去四川成都府經商，一去六載未回，一日忽懷歸計，遂收拾財物，竟入諸葛武侯廟中祈籤。當禱祝已畢，求得一籤云：「逢崖切莫宿，逢湯切莫浴；斗粟三升米，解卻一身曲。」梅敬祈得此籤，茫然不曉其意，只得起程而回。[39]

此處所得之籤出自何套籤譜，同樣未解，但就小說情節而言，此首籤詩暗示梅敬離家六年，妻子紅杏出牆，情夫見其忽然返家，遂起殺意，反而在沐浴時錯殺梅妻。「莫浴」一句令梅敬逃過一劫，「斗粟三升米」則暗示凶手姓名，故筆者推斷籤詩在通俗小說出現以為占驗有兩種可能，一為虛寫，意即小說作者為情節需要所自創，上述《包公案》、《紅樓夢》之例；一為實寫，《醒世恆言》第七卷〈錢秀才錯占鳳凰儔〉顏俊為婚姻求籤：

> 顏俊心中牽掛，即忙梳洗，往近處一個關聖廟中求籤，卜其事之成否？當下焚香再拜，把籤筒搖了幾搖，撲的跳出一籤。拾起看時，卻是第七十三籤，壁上寫得有籤訣四句云：「憶昔蘭房分半釵，而今忽把信音乖；癡心指望成連理，到底誰知事不諧。」[40]

---

[39]〔明〕安遇時編：《包龍圖判百家公案・第八回判奸夫誤殺其婦》，收入劉世德等主編：《古本小說叢刊第二輯》第4冊（北京：中華書局，1990年），頁1557。

[40]〔明〕馮夢龍：《醒世恆言》（江蘇：江蘇古籍出版社，1991年），頁129。

此乃現今常見的《關聖帝君靈籤》「巍巍獨步向雲間」第七十三首，籤序亦同，可見這套原名為「江東王籤」的籤詩系統從明清時期傳承廣遍且穩定發散。如今廣傳的「關聖帝君靈籤」原名「江東王靈籤」，乃《正統道藏》所載之「護國嘉濟江東王靈籤」，共一百首。江東王相傳為秦人石固，江西贛縣的地方神祇信仰，因在地方靈驗事蹟頗豐，鄉民為之立聖濟廟祭祀，宋、元兩代受朝廷褒封為「護國嘉濟江東王」。現今臺灣廣傳的關聖帝君靈籤百籤「巍巍獨步向雲間」系統的源頭為「江東王靈籤」，後因關帝廟借用此系統，始成今日眾所周知的「關聖帝君靈籤」。

　　既為神諭，不論是扶鸞或求籤，都有借假乩或借神籤詐欺之行為，如晚清描寫十里洋場妓院生活的韓邦慶（1856-1894）豔情小說《海上花列傳》第二十一回〈問失物瞞客詐求籤限歸期怕妻偷擺酒〉：

> 實夫吸過兩口煙，令諸十全坐近前來說些閒話。諸十全向懷中摸出一紙簽詩，授與實夫看了，即請推詳。實夫道：「阿是問生意好勿好？」諸十全嗔道：「耐末真真調皮得來！倪做啥生意嘎？」實夫道：「價末是問耐家主公？」……諸十全乘間把簽詩搶回，說：「勿耐詳哉。」……實夫甚覺沒意思，想了想，正色說道：「該個簽末是中平，句子倒說得蠻好，就是上上簽也不過實概。」諸十全聽說，回頭向桌上去看，果然是「中平簽」。……實夫道：「我來念，我來念。」一手取過籤詩來，將前面四句丟開，單念旁邊注解的四句道：媒到婚姻遂，醫來疾病除。行人雖未至，失物自無虞。[41]

---

[41] 〔清〕花也憐儂：《海上花列傳》上冊（上海：上海古籍出版社，1992年），頁292。

這處寫諸十全瞞客詐求籤，實夫念籤詩略去了詩文，只道吉凶與聖意，但只有四項聖意的解曰是極罕見的，此處透過求籤解籤的過程，來描摹諸十全的不聰明與暗示染病，如此白話的注解，在小說中諸十全卻項項都需要實夫解釋，聽了解釋也只在乎哪裡請醫生，但實夫問他何病需要哪種醫生，諸十全卻推說沒什麼，作者暗示此時的諸十全已染性病卻隱瞞李實夫。正因為此處乃幽微的暗示，又要烘托諸十全的不慧與行詐，籤詩的書寫較為簡略，但也點出假借神意以行騙，正是歷來籤詩文化或扶鸞活動中最令人詬病且懷疑其真實性者。

除了《關聖帝君靈籤》外，通俗小說還曾寫過《碧霞元君靈籤》，見〈朱工部築堤焚蛇穴碧霞君顯聖降靈籤〉有如下的描寫：

> 朱公同眾官至廟前下轎，禮生引導至大殿盥手焚香。拜畢，見香案上有四個籤筒，遂命道士取過來。朱公屏退從人，焚香嘿祝道：「弟子工部侍郎朱衡，奉旨治水修築河堤，上保陵寢，中保漕運，下護生民，皆賴神功默助，僥倖成功。未知此堤可能日後常保無虞否？乞發一籤明示。」說罷將籤筒搖了幾搖，一枝籤落在地下。從人拾起，道士接過籤筒，朱公看時，乃是八十一籤中吉。道士捧過籤簿，查出籤來，籤上四句詩道：「帝遣儒臣纘禹功，獨憐赭巳喪離宮。若交八一乾開處，散亂洪濤滾地紅。」[42]

小說中所言的籤詩乃碧霞元君靈籤第八十一首，目前筆者未見此籤譜，「據民國學者羅香林調查，考《聖母籤》凡五十三號，每號除正

---

[42] 佚名：《明珠緣》，收入《中國近代小說史料彙編》第16冊（臺北：廣文書局，1980年），頁9。

文外，尚有解曰和詩曰兩種附帶的釋文」[43]該套《聖母籤》與小說中的籤詩數量不符，當非同一個系統，觀其內容綰合易經思想，顯現作者對籤詩文化的認識，也反映當時已認為籤詩與易經有所關聯，再依小說的情節推斷，這首籤詩應是為了暗示小說情節之用所創作的結果，籤詩內文無明顯吉凶兆象，屬中吉無誤，用於《明珠緣》第一回合故事末尾以開展後續。

四　徵實與占驗

前述所提的「江東王靈籤」也可見志怪小說書寫徵實的風格取向，其來有自且有所傳承，《搜神記》卷五〈江東靈籤〉：

> 籤神姓石名固，秦時贛縣人，歿而為神。或陰雨霾霧，或夜深淡月微明，鄉人往往見其出入，騶從如達官長者。蓋受職陰司，而有事於綜理云。人為立廟，設以杯筊，往問吉凶，受命如響。人益驗其靈驗，為著韻語百首，第以為籤，神乘之以應，人卜愈著，無不切中，廟在贛州府城外貢水東五里，因名曰江東靈籤，世傳以為美名云。本朝宋濂為文以記其事。[44]

《搜神記》「本朝宋濂為文以記其事」正是徵實風格的體現，用實有其事之法印證神的來歷與籤詩的靈驗。

古典小說中不論是扶乩相關的書寫，大抵都在展現其徵實書寫，既是小說作者創作技巧的展現，也增強娛樂性與教化功能。例如《閱

---

[43] 王芳：〈論民國時期的碧霞元君信仰〉，《晉中學院學報》第32卷第6期（2015年12月），頁67。

[44] 〔晉〕干寶：《搜神記》（上海：上海古籍出版社，1990年），頁191。

微草堂筆記‧如是我聞》：

> 海寧陳文勤公言：昔在人家遇扶乩降壇者，安溪李文貞公也。公拜問涉世之道，文貞判曰：「得意時毋太快意，失意時毋太快口，則永保終吉。」公終身誦之，嘗誨門人曰：「得意時毋太快意，稍知利害者能之；失意時毋太快口，則賢者或未能。夫快口豈特怨尤哉！夷然不屑，故作曠達之語，其招禍甚於怨尤也。」[45]

陳文勤即大學士陳世倌（1680-1758），曾為紀昀之師，同時與楊孝元（1684-1715）為友，「海寧中堂陳文勤公，聞先生風，過梁溪造訪定交去。」[46]楊氏一族為當世知名文人，如楊芳燦，楊孝元為其祖父，為晚清詞人余一鼇（1838-1895）之外祖親系。李文貞即李光地（1642-1718），清初有名的經學官員，此則中的兩人皆為清代名宦，扶乩所出之語也用來教育世人，失意時更不圖一時嘴吐惡言之快，不故作曠達，因其所招之禍有遠甚於口出抱怨之語。道出常人在受挫時可能為了自我保護，而故作曠達導致失言，對人情世故有細膩的見解。在《閱微草堂筆記》我們可以發現紀昀記錄了許多學儒官員的扶乩之實，又如戈芥舟扶乩一則：

> 乾隆庚辰，戈芥舟前輩扶乩，其仙自稱唐人張紫鸞，將訪劉長卿於瀛洲島，偕遊天姥。或叩以事，書一詩曰：「身從異域來，時見瀛洲島。日落晚風涼，一雁入雲杳。」隱示以鴻冥物

---

45 〔清〕紀昀：《閱微草堂筆記‧如是我聞四》，卷10，頁171-172。
46 〔清〕顧光旭等：《梁溪詩鈔》（清宣統三年〔1912〕文苑閣重刊本），卷33，頁1a-b。

外,不預人世之是非也。芥舟與論詩,即欣然酬答,以所遊名勝《破石崖》、《天姥峯》、《廬山聯句》三篇而去。芥舟時修《獻縣志》,因附錄志末。其《破石崖》一篇,前為五言律詩八韻,對偶聲韻俱諧;第九韻以下,忽作鮑參軍《行路難》、李太白《蜀道難》體。唐三百年詩人無此體裁,殊不入格。其以東、冬、庚、青四韻通押,仿昌黎「此日足可惜」詩;以穿鼻聲七韻為一部例,又似稍讀古書者。蓋曩涉文翰之鬼,偽託唐人也。[47]

上述自稱唐人的乩仙,雖能酬答論詩但不合格律,紀昀斷其為偽託唐人之鬼,顯示當時文人即使扶乩請仙,也熱衷文字遊戲,以文人之間互較才情的方式來判斷乩仙文采之高下。紀昀記戈芥舟扶乩一事,顯示戈氏乃時常扶乩之文士,戈濤(1717-1768),清代詩人,字芥舟,號蓬園,直隸河間府獻縣(今河北獻縣)人,曾纂《獻縣誌》二十卷。他亦曾在縣誌中錄及扶乩相關事,紀昀還曾對其錄鬼神扶乩之事於方志有所評論:

> 戈芥舟前輩嘗載此二事於縣志,講學家頗病其語怪。余謂芥舟此志,惟乩仙聯句及王生殤子二條,偶不割愛耳。全書皆體例謹嚴,具有史法,其載此二事,正以見匹夫匹婦,足感神明,用以激發善心,砥礪薄俗,非以小說家言濫登輿記也。漢建安中,河間太守劉照妻,葳蕤鎖事,載《錄異傳》;晉武帝時,河間女子剖棺再活事,載《搜神記》,皆獻邑故實,何嘗不刪薙其文哉?[48]

---

47 〔清〕紀昀:《閱微草堂筆記・如是我聞四》,卷10,頁184-185。
48 〔清〕紀昀:《閱微草堂筆記・如是我聞一》,卷7,頁123。

從上文可知,當時文人對戈氏所記志怪二事詬病其怪力亂神,但紀昀卻不這麼想,認為「全書皆體例謹嚴,具有史法」,正驗證了明清志怪小說書寫中常見的史筆之法,頗有無徵不信之意味,並認為善心誠信足以感動天,且在這之前的《錄異傳》、《搜神記》也都是史上所載之事,為何不刪舊聞,顯然志怪書寫中的徵實之風有所傳承,若能激發世人向善之心,又於史有徵,大可不必泥其超出科學理解的部分。又如折遇蘭扶乩:

> 太原折生遇蘭言,其鄉有扶乩者,降壇大書一詩曰:「一代英雄付逝波,壯懷空握魯陽戈。廟堂有策軍書急,天地無情戰骨多。故壘春滋新草木,游魂夜覽舊山河。陳濤十郡良家子,杜老酸吟意若何。」署名曰「柿園敗將」。皆悚然,知為白谷孫公也。柿園之役,敗於中旨之促戰,罪不在公。詩乃以房琯車戰自比,引為己過。正人君子之用心,視王化貞輩償轅誤國,猶百計卸責於人者,真三光之於九泉矣。大同杜生宜滋亦錄有此詩,空握作辜負,春滋作春添,意若何作竟若何,凡四字不同。蓋傳寫偶異,大旨則無殊也。[49]

折遇蘭,太原人,乾隆二十五年進士。記白谷孫公降乩,所降之詩以房琯自比,攬敗戰之責,照見正人君子之風。孫傳庭對抗李自成的「柿園之戰」,後世普遍認為敗戰主因乃倉促出兵,但乩語卻不這麼認為,又以王化貞誤國卻卸責對照,同為明代官員,但胸懷天差地遠,以乩語寄託人物批判,頗有《史記》之筆的意味,以道德精神評判為取向。同時扶乩的應驗,紀昀也有所論,見〈扶乩問壽〉:

---

49 〔清〕紀昀:《閱微草堂筆記・如是我聞一》,卷7,頁103。

第五章　關聖帝君靈籤系統與扶鸞活動 ❖ 261

乩仙多偽託古人，然亦時有小驗。溫鐵山前輩名溫敏，乙丑進士，官至盛京侍郎。嘗遇扶乩者，問：「壽幾何？」乩判曰：「甲子年華有二秋。」以為當六十二。後二年卒，乃知二秋為二年。蓋靈鬼時亦能前知也。又聞山東巡撫國公，扶乩問壽，乩判曰：「不知。」問：「仙人豈有所不知？」判曰：「他人可知，公則不可知。修短有數，常人盡其所稟而已。若封疆重鎮，操生殺予奪之權，一政善，則千百萬人受其福，壽可以增；一政不善，則千百萬人受其禍，壽亦可以減。此即司命之神不能預為注定，何況於吾？豈不聞蘇頲誤殺二人，減二年壽；婁師德亦誤殺二人，減十年壽耶？然則年命之事，公當自問，不必問吾也。」此言乃鑿然中理，恐所遇竟真仙矣。[50]

人之壽命是最難預測者，紀昀認為乩仙乃偽託古人，但亦有靈驗之時。透過溫敏問乩與後事斷靈鬼亦能前知，但隨後一則認為「鑿然中理」、「所遇竟真仙」者乃說明年命之事當若平日為善積福則可增壽，為政不善則有減壽之虞，當賴自身修為，而非求神問仙，紀昀以為此乃真理，顯現當時人有廣植福田可增其壽，敗德不仁者，減壽為罰的觀念。

類似與壽命生死相關的，還可見《子不語‧李敏達公扶乩》：

李敏達公衛，未遇時，遇乩仙，自稱零陽子，為判終身云：「氣概文饒似，勛名衛國同。欣然還一笑，擲筆在秋紅。」旁小註曰：「秋紅，草名。」當其時，無人解者。後公為保定總督，劾總河朱藻而斃。後人方悟：朱者，紅也；藻者，草也。[51]

---

50 〔清〕紀昀：《閱微草堂筆記‧灤陽續錄四》，卷22，頁400-401。
51 〔清〕袁枚：《子不語》，卷9，頁5322。

透過別名的隱喻，暗示為生命帶來危險之人的姓名，此類讖言往往當下無人可解，事後方知，又更見乩仙之奇。而扶乩或抽籤的占驗往往與命運的象徵有關，或言未來吉凶、仕途，或言道德教化與因果報應，這些藉由神鬼之諭來理解現世吉凶的行為，實為世俗化儒家的展現。在〈扶乩不可信〉中紀昀認為「故乩仙之術，士大夫偶然遊戲，唱和詩詞，等諸觀劇則可；若借卜吉凶，君子當怖其卒也。」[52]紀昀認為扶乩若文人遊戲無傷大雅，但若以其為人事吉凶的依歸，則要三思，仍顯現其理智思考的判斷。我們在《閱微草堂筆記》中大量的扶乩故事可以發現，紀昀對此探討是嚴謹且細膩的蒐羅相關故事，不論是請乩之人或所降之仙／鬼就其身分皆有所記，且試圖驗證其說之真實性。

因扶箕需要的工具與必要人力較多，機動性與方便性皆不如求籤擲筊，故小說中也不乏重要大事透過擲筊來決定者，例如。《臺灣外紀》卷一〈江夏侯驚夢保山；顏思齊敗謀日本〉提及：

> 顏思齊率十三隻船於天啟四年（西元1624）八月二十三日到臺灣，吉安設寮寨，撫恤土番。隔年秋天九月，從豬羅山打圍回來，歡飲過度，隨感風寒，年三十七歲死。其餘兄弟要推一人為首領，有此一節如下描寫：「今欲再舉一人統領諸軍，弟恐新舊愛惡不一，倘苟且從事，自相矛盾，反為不妙。然統軍亦非易事，當設立香案，禱告蒼天，將兩碗擲下，連得聖筊而碗不破者，即推之為首。管見如此，不知有合眾意否？」眾曰：「此論最當，庶無後言」。隨排香案，眾各拈香跪告畢，依序向前拜祝，兩碗擲下粉碎，無一完者，咸躊躇焉。惟一官尚未

---

[52] 〔清〕紀昀：《閱微草堂筆記·槐西雜志一》，卷11，頁202。

擲,又忽其年輕。一官跪禱,將兩碗擲下,恰好一個聖筊,碗不破。眾皆駭然,一官取起擲下,復如前。衷紀曰:「我不信」。取原碗當天禱告:「我等大哥已死,欲推一人領諸軍。天若相一官,再賜兩筊,眾願相扶」。又連擲兩聖筊,碗不破。間有不信者,禱告擲下復如前。如是者屢,屈指計之,共成聖筊三十。眾齊閧曰:「此乃天將興之,誰能違之?吾等願傾心矣!」[53]

杯筊為抽籤時所需的工具之一,故事中因大海盜顏思齊離世,需要繼任者,正因統軍之事乃為大事,人憂其所選,故將選擇權交由天命擲筊而定,並無神諭字而示,僅依神跡而斷其天將興之,以聖筊數量為占驗之道。這類方式常運用於廟宇無籤詩可用或祈求神諭現場不便攜帶籤詩的狀況,故以數量的積累作為確認神意穩固的指標,書中所述「間有不信者,禱告擲下復如前。如是者屢,屈指計之,共成聖筊三十。」亦為反覆確認與神諭如是的書寫,以徵驗其可信。除此之外,小說更透過驚人的連續聖筊數量來鋪墊鄭一官(鄭芝龍)的出場,作為襯托鄭芝龍的功用,頗有天選之人的意味。

第三節 結語

明清志怪小說延續六朝以來獵奇書寫的風格,並展現科舉制度對小說創作的影響,從本為宋代士人遊戲猜題的扶箕演變成透過降神以占人生吉凶的扶鸞活動,明代以來民間宗教團體的推廣、清代宣講制度的建立,再加上鸞堂扶鸞活動與明清善書的發展,大量而豐富的各

---

53 〔清〕江日昇:《臺灣外紀》(臺北:河洛圖書出版社,1980年),頁12。

種扶乩書寫均透過小說展現，映現扶鸞活動於明清時期達到興盛的狀態。

籤詩的發展則由唐代開始，從籤詩搭配的卦頭故事大量以小說故事、地方戲劇為主可知籤詩的發展在明清時期也達到高峰，各類不同的籤譜在隨著不同的地方信仰廣泛流傳，求籤成為低成本的占卜方式，解決各種身心問題，因經濟實惠且方便受到民眾喜愛。由上可知扶鸞故事與籤詩占驗在文人筆記、詩作、通俗小說的書寫大量出現，意味著這兩種占卜方式在當時的流行，同時源源不絕的發展至今，加上籤詩卦頭故事有大量來自明清通俗小說，可見這類俗文學作品對籤詩發展有深遠的影響，在小說中出現理性與信仰並存的狀態，由上述可知，若獵奇志怪、談狐說鬼對明清士人來說是普遍而重要的事，則小說中出現大量扶乩之語與籤詩之證即不難明白其寫作風潮的來由。

第六章
現代廟宇經營與扶鸞之關係

　　透過第五章的論述，我們可以發現各種信仰發展與扶鸞活動的相互影響，故本章企圖利用現代年輕廟宇的扶鸞活動與歷史發展脈絡較年輕的臺灣異國神祇，來論述扶鸞活動對發展歷史較短的現代廟宇有何作用。發展歷史脈絡悠長的信仰相對穩固，有基本的信仰族群，扶鸞活動若缺乏乩生，可能對信仰的傳播影響力稍弱，但相對的，發展歷史脈絡較年輕化的信仰，如何透過扶鸞的神諭來達到傳播信仰的功能，筆者認為是可以關注的對象。本章以截然不同的兩個信仰型態來思考現代廟宇經營與扶鸞之關係。

第一節　地方廟宇的扶鸞與除魅

　　武德宮位於雲林縣北港鎮，是臺灣財神信仰的重鎮，更是臺灣主祀趙公明的武財神開基祖廟。武德宮的創辦人陳茂霖本是一名中醫師，民國四十四年（1955）買下北港鎮中山路六十一號開設保生堂中藥鋪，此處即為武德宮的信仰發源地。陳茂霖懸壺濟世後生意興隆，但民國五十年（1961）左右，陳夫人身體狀況突然走下坡。民國五十二年（1963）新港東興廟池府千歲出巡，行經北港時，乩身扶乩表示，陳居士宅中有「內神」，虔誠敬奉之，則夫人可保平安。陳茂霖為求夫人早日恢復健康，依指示在家中地上設一只香爐早晚虔誠敬奉，未久夫人即不藥而癒。民國五十九年（1970）經扶乩告知，宅中「內神」即為玄壇元帥趙公明，同年創宮名「武德宮」，主祀趙公明。此後隨

著臺灣經濟發展，財神信仰也日漸蓬勃，現今的武德宮不僅只是雲林地區知名的財神廟，更是臺灣武財神信仰的指標。雖然武德宮也備有籤詩，但其最大的信仰特色為扶鸞濟世，信仰的快速崛起也與神祇降鸞指示有關，因此本文擬以經營者的主事理念與鸞文指示互相關照，探究武德宮信仰興盛發展的原因。

一　前言

　　玄壇元帥趙公明，民間通常稱為趙天君、玄壇爺、寒丹爺，被視為統帥天下各路財神的大財神，是武財神的代表之一。趙公明的神祇形象為頭戴鐵冠，手持鐵鞭，面黑多鬚，身跨黑虎。據《三教搜神大全》載，趙公明主司收妖伏魔。在小說《封神演義》中，姜太公奉元始天尊之命，封趙公明為「金龍如意正一龍虎玄壇真君」，所騎的黑虎也被尊稱為黑虎將軍。專門負責金銀財寶及迎祥納福。由此趙公明的神職形象轉為能夠使人宜利和合、發家致富的財神，符合世人求財的願望，因此受到民眾普遍的敬重與奉祀。在臺灣民間信仰中常見各類祭祀財神的活動，而臺灣財神信仰的類別又可分為正財神與偏財神，除此之外，有更多人將土地公視為財神祭拜，鄭志明《神明的由來》一書中有此定義：

> 臺灣財神信仰的種類不少，近幾年來還有再增加的趨勢，有些神明也可以重新賦給祂財神的形象，……最近福德正神也加入財神的行列，可以稱為「土」財神。[1]

---

[1] 鄭志明：《神明的由來——臺灣篇》（嘉義：南華管理學院，1998年），頁290。

農業社會轉型後,為了因應工商社會的需求,本來就具有財神性格的土地公廟將財神信仰的概念結合祭祀活動,發展出結合財神形象的土地信仰。因本文主軸不在此類,故此處不細談以土地公為財神的信仰類型。

正財神又分為「文財神」與「武財神」,文財神包括比干、范蠡,武財神則是以趙公明和關聖帝君最具代表性。正財神信仰均展現道德教化的追求,例如比干和趙公明皆代表公正與公平,關聖帝君則是代表忠義、信用。所謂「君子愛財,取之有道」,正財神是文人雅士、善男信女崇拜的對象。回顧現階段國內外有關財神信仰或傳說的研究數量並不多,[2]對雲林地區的財神信仰研究更少,因此有關財神的分類與傳說故事記載多半大同小異,未有較深刻記錄或結合地方傳說研究者。就直接相關的文獻而言,《嘉義縣志・宗教篇》對新港東興廟有所介紹,[3]東興廟門的石堵上捐獻人便有北港武德宮創建者陳茂霖的姓名,且武德宮內也有祀奉池王,顯見傳說點化來由不假。東興廟與武德宮的淵源筆者已有專文探討,此處不多談。專書論述內容多半是廣泛的介紹財神信仰的來由,[4]使閱讀者能有初步的認識,如呂微《隱

---

[2] 臺灣東部「炮炸寒丹爺」的習俗,是臺東市元宵節的時候舉辦的慶祝活動。寒丹或寫成寒單、韓鄲、邯鄲等,相傳寒丹爺怕冷,因此信徒於迎寒丹爺的時候,會以燃放炮竹的方式為寒丹爺驅寒取暖,其千秋聖誕為農曆3月15日。

[3] 關於《嘉義縣志》對東興廟的介紹如下:東興廟,主祀神:池府千歲。位於新港鄉宮後村大興路71號。登記證號:九二嘉縣寺登字第〇四四八號。祭典日期:農曆六月十七日。建立於民國六十六年(1977),民國八十五年(1996)重修建一次,廟宇組織型態以管理委員會制,登記信徒人數有41人,目前的主任委員是林宗勳,其選任方式係由信徒選舉產生。詳見《嘉義縣志・宗教篇》(嘉義:嘉義縣政府,2009年),頁280。

[4] 其他介紹性的書籍偏重財神招財迎福的特性做概論式分析,使讀者認知財神不同的屬性與引導拜財神求財的方式,此類書如江韶瑩等編輯《五路進財接財迎福展——迎福特展圖錄》,劉還月《臺灣民間信仰小百科》,陳雙法《財神趙公明》,姜義鎮《臺灣的鄉土神明》,周濯街《財神爺》,王幼泉、趙宏《財神到》,石二月《迎財

喻世界的來訪者——中國民間財神信仰》、[5]馬書田《中國民間諸神》、[6]鄭志明《臺灣傳統信仰的鬼神崇拜》、[7]呂威《華夏諸神・財神卷》、[8]王世禎《細說中國民間信仰：由神話起源探討民俗信仰》、[9]李喬《中國行業神》。[10]呂微《隱喻世界的來訪者——中國民間財神信仰》一書，主要為財神信仰作文獻研究，對武財神的各項文獻也有統整與分析，是研究財神信仰的基礎文獻之一。另外，仇德哉《臺灣之寺廟與神明》蒐羅了臺灣各地寺廟與神明，文中對供奉趙公明多種身分如玄壇元帥、財神、元帥爺等的廟宇分別做了詳細的調查與研究，且書中同時記錄臺灣財神廟宇經登記者僅北港武德宮一座，是論述較為深刻者。王躍《四川省江北縣舒家鄉上新村陶宅的漢族「祭財神」儀式》一書對當地的財神信仰做了深入的田野調查研究，從儀式到當地的信仰圈都有完整的分析，顯示四川一帶對財神趙元帥的信仰狀況。

　　財神信仰研究論文主要還是集中在大陸地區與臺灣的學位論文，包含周啟松《中國民間文學中財神的研究》[11]從中國民間文學的角度

神——發現財神》等。石二月《臺灣101家財神廟——正財、速財、偏財之靈驗工場》蒐集臺灣各地財神靈驗故事，範圍涵蓋姑娘廟、土地公廟、大樹公等。還有楊承業《開運三部曲：學會拜拜、認識財神、拜訪財神》一書主要選三十三間開運財神廟為例，供讀者參拜，另外尚有林耀煌《財神爺駕到》、林耀煌《財神爺駕到2》，林耀煌《財神爺駕到》系列書探訪臺灣著名的求姻緣與財富之廟宇，並搭配廟宇周遭美食一併討論。上述書籍內容上大同小異，就學術研究而言著力不深，屬泛論財神信仰與祭祀方法者。

5　呂微：《隱喻世界的來訪者——中國民間財神信仰》（北京：學苑出版社，2001年）。
6　馬書田：《中國民間諸神》（臺北：國家出版社，2001年）。
7　鄭志明：《臺灣傳統信仰的鬼神崇拜》（臺北：大元書局，2005年），頁277-283。
8　呂威：《華夏諸神・財神卷》（臺北：雲龍出版社，1999年），頁41-51。
9　王世禎：《細說中國民間信仰：由神話起源探討民俗信仰》（臺北：武陵出版，1995年），頁61-64。
10　李喬：《中國行業神》（臺北：雲龍出版社，1996年）。
11　周啟松：《中國民間文學中財神的研究》（臺北：中國文化大學中國文學研究所在職專班碩士論文，2002年）。

進行財神信仰的研究，並訪查臺灣知名的財神廟宇。江宜樺《臺灣民間財神信仰之研究》[12]研究臺灣的財神廟宇，但可惜研究範圍太大，無法聚焦，雖有實地田野調查但多在統計祭祀神尊與分靈關係以及各廟的牌匾、門聯，有整理歸納之功。黃志宏《臺灣財神信仰初探——以草屯敦和宮為中心》[13]以敦和宮為研究對象，探討臺灣財神信仰發展的演變與社會經濟帶動下財神形象的轉變。王歡《中國民間的財神信仰與財神寶卷研究》[14]從義利觀出發講述財神信仰的轉變與財神寶卷的故事結構與文化內涵是該論文著力較深之處。陳芳《中國財神傳說研究》，[15]以第一章第二節地域劃分的財神傳說圈，探討四川青城山趙公明傳說圈與河南衛輝比干傳說圈的傳說內容，此章節與本文較為相關，主要討論集中在多位一體的財神傳說與信仰民俗中的財神。蕭登福、陳柏勳《臺灣財神信仰與宮廟扶鸞》[16]以臺灣財神信仰的發展脈絡說起，聚焦在北港武德宮的沿革與分靈廟分布，同時部分論及扶鸞進行的過程，未見鸞文的分析，主要以整理武德宮官方資料為主。

單篇論文則數量眾多，面向也較多元，多數集中在財神神格的討論或是財神信仰的社會功能。包含有 Richard Von Glahn（萬志英）在一九九一年發表的 "The Enchantment of Wealth: The God Wutong in the Social History of Jiangnan"，對中國南方的五通神信仰的形成有所分析

---

12 江宜樺：《臺灣民間財神信仰之研究》（臺南：國立臺南大學臺灣文化研究所碩士論文，2010年）。
13 黃志宏：《臺灣財神信仰初探——以草屯敦和宮為中心》（臺中：逢甲大學歷史與文物研究所碩士論文，2010年）。
14 王歡：《中國民間的財神信仰與財神寶卷研究》（揚州：揚州大學文學院碩士論文，2010年）。
15 陳芳：《中國財神傳說研究》（武漢：華中師範大學文學研究所碩士論文，2012年）。
16 蕭登福、陳柏勳：《臺灣財神信仰與宮廟扶鸞》（臺北：文津出版社，2024年）。

與研究。[17]張富春〈論瘟神趙公明是怎樣成為財神的〉,[18]該文從趙公明神格發展史來討論如何由瘟神轉變為財神,認為元代大黑天神信仰的盛行與騎虎形象對趙公明成為財神起了推波助瀾的作用。蔡武晃〈從多元轉變為單一財神神格過程中的神祇:武財神玄壇元帥〉[19]與〈財神廟拜財神——近代玄壇趙元帥廟的轉型與發展〉[20]兩篇文章討論臺灣武財神廟的信仰狀況與廟宇的轉型與發展,蔡武晃是武財神虔誠信仰者,以其專業素養著重搭配田野調查所得資料,討論供奉趙公明廟宇的發展與經濟收入之間的關聯。王家祐〈漫談財神趙公明〉[21]一文則據四川當地文獻與歷史古籍相對照,研究分析中南山實為蜀山,趙公明與四川有深厚關係。鄭向敏、范向麗、陳暉莉〈澳門民間財神信仰旅遊資源研究〉[22]分析澳門主要祭祀財神的功能與神像,並探討澳門博彩行業神信仰的系統構成及特點、魏榮華〈中國民間財神信仰的多樣化和複雜性〉[23]題目宏大但內容大抵是呂微、馬書田等人

---

17 Richard Von Glahn: "The Enchantment of Wealth: The God Wutong in the Social History of Jiangnan", *Harvard Journal of Asiatic Studies*, Vol. 51, No. 2, pp.651-714. Richard Von Glahn在2004年還有"The Sinister Way: The Divine and the Demonic in Chinese Religious Culture", University of California Press, pp.180-265。對五通神成為江南重要的財神信仰有進一步的研究與討論。

18 張富春:〈論瘟神趙公明是怎樣成為財神的〉,《中國文化月刊》第307期(2006年7月),頁84-96。

19 蔡武晃:〈從多元轉變為單一財神神格過程中的神祇:武財神玄壇元帥〉,收入《2007保生文化祭:道教神祇學術研討會論文集》(臺北:臺北保安宮,2009年),頁143-172。

20 蔡武晃:〈財神廟拜財神——近代玄壇趙元帥廟的轉型與發展〉,收入《2008臺灣武財神文化祭——財富與民俗信仰文化研討會論文集》,2008年6月27日-29日,頁95-111。

21 王家祐:〈漫談財神趙公明〉,《文史雜誌》第5期(2003年),頁47-49。

22 鄭向敏、范向麗、陳暉莉:〈澳門民間財神信仰旅遊資源研究〉,《旅遊科學》第23卷第6期(2009年6月),頁65-71。

23 魏榮華:〈中國民間財神信仰的多樣化和複雜性〉,《考試周刊》2007年第13期,頁53-54。

著作的濃縮。簡榮聰〈臺灣財神信仰的多元化與藝術性〉[24]內容完整，將財神逐一分類，有統整性的介紹。其他單篇論文還有傅才武〈財神是善神還是惡神〉、[25]毅振〈財神──人間最歡迎的神〉、[26]宋龍飛〈財神的畫像〉、[27]陳雙鳳〈財神爺的種種傳說〉、[28]曉言〈門神‧年畫‧財神〉、[29]陳留〈從恭禧發財談財神〉[30]均屬泛論式的介紹神格與樣貌傳說，或蒐羅整理坊間求財秘，討論範圍著重大陸地區，討論臺灣的例子較少。

　　回顧現階段研究論述，發現若以地區研究而言，研究財神信仰範圍集中在四川與臺灣，討論趙公明故里與成神的經歷及成為武財神的轉型過程，以往學界多以趙公明的神格與瘟神形象轉變為財神的演化脈絡為主，臺灣的研究成果則多集中在學位論文，討論民間的財神信仰，但對於為何在這十多年間財神信仰蓬勃發展，以及北港武德宮在雲林地區甚至擴及全臺財神信仰的歷史脈絡中扮演何種重要的角色，則值得我們進一步探索。

　　北港武德宮又稱為「五路財神廟」，位於雲林縣北港鎮華勝路三三○號。創辦人陳茂霖先生出身水林中醫世家，年輕時離家至北港發展，一九五五年買下中山路武德宮舊址所在店面。一九六三年新港東興宮池府千歲出巡行經北港時，乩身扶乩指示表示，陳居士宅中有「內神」，虔誠敬奉之，則夫人可保平安。一九七○年經扶乩告知，

---

24 簡榮聰：〈臺灣財神信仰的多元化與藝術性〉，收入《2009年民俗藝陣與炸寒單學術研討會論文集》（臺東：臺東縣文化局，2009年）。
25 傅才武：〈財神是善神還是惡神〉，《歷史月刊》第133期（1999年2月），頁18-22。
26 毅振：〈財神──人間最歡迎的神〉，《臺灣博物》第11卷第2期（1992年6月），頁73-76。
27 宋龍飛：〈財神的畫像〉，《故宮文物月刊》第8卷第22期（1991年2月），頁66-76。
28 陳雙鳳：〈財神爺的種種傳說〉，《自由談》第33卷第1期（1982年1月），頁32-33。
29 曉言：〈門神、年畫、財神〉，《國魂》第495期（1987年2月），頁91-95。
30 陳留：〈從恭禧發財談財神〉，《華文世界》第47期（1988年3月），頁11-14。

宅中「內神」即為玄壇元帥趙公明。道光年間，一位陳姓信徒迎請玄壇元帥金身由大陸渡海來臺，並在陳宅所在處簡單搭建茅舍供人參拜，經百餘年後金身與草廬已掩蓋在日治時期的建築底下，而不為人所知。了解此一緣由後，陳居士即遵照扶乩所降之指示，為財神爺雕塑金身，並於自宅設壇供人膜拜，武德宮於此開宮，香火也日益鼎盛。一九七八年，陳創辦人捐地出資興建新宮，並於一九八〇年於現址落成入火安座。過去的華勝路一帶都是甘蔗田，財神廟完工入火安座後，信仰有了正式的發展基地。一九八〇年代，靠著赫赫神威，漸漸吸引了中部的企業界成為信徒，更在武財公扶鸞的指引下，許多企業信徒由中小企業被扶植成了大企業，信仰開始蓬勃發展。也在這個時期，武財公的鸞文漸露鄉情，後來更表示，不久後將帶領宮眾回到祂的故里探視。北港武德宮自開基以來，分靈宮廟與分香信徒快速成長，在短短四十年內分靈遍布全臺甚至是海外地區，據主委林安樂表示：

> 從民國六十五年（1976）開始分靈至今，光是武德宮制式公版的分靈武財神金身，就超過六千尊，這相當於有六千個天官武財神香火的分駐點。武德宮從民國六十九年（1980）入火安座開始，接下來的三十六年間又陸續大興土木，直到甲午年才算大宮告成，基礎的廟宇殿堂完工，那年舉行了百年之內無二回的世紀慶成醮典，那年同時也是開宮以來分靈最為踴躍的一年，單一年度光是制式的宮版就分靈了六六六尊，此後的每年，仍維持有五百尊／年左右的分靈，這樣的擴張速度，在臺灣或說兩岸的廟宇裡，都罕有能出其右者了。[31]

因此，筆者擬藉由開宮主事陳茂霖與現任主委林安樂兩人經營方式與

---

31 受訪者：林安樂。採訪日期：2018年3月18日。採訪地點：北港武德宮。

扶鸞濟世的服務來探究這個年輕宮廟迅速崛起的發展脈絡。

二　主事者的經營方式

　　陳茂霖往生後由其長女陳彩蘋接手經營武德宮，數年後直到陳彩蘋病逝，才由其子林安樂繼任現任主委。北港武德宮在保生堂時期已開始扶鸞，後來首批分靈的十三天尊都與保生堂扶鸞有密切的關係，同時筆者認為，從保生堂時期至今仍保持扶鸞儀式，神文治宮的傳統與北港武德宮的迅速發跡有明顯的作用影響。詳觀現有的研究資料我們可以發現，開宮主事的陳茂霖對武財神信仰的虔敬與尊奉，完全體現在鸞文的指示上，而且陳茂霖做事態度嚴謹，在早年尚無電腦與智慧型手機輔助作業時，陳茂霖透過一本本手寫筆記，完整且清楚的記下了扶鸞的日期與請示的問題及鸞文。由這些為數眾多的筆記我們可以爬梳出陳茂霖經營武德宮的方式與武德信仰發展的早期脈絡。例如全臺各地的分靈宮，每一個分靈宮都有專頁筆計，寫下分靈的時間，神尊與尺寸，這對分靈軌跡而言是重要的證明（圖6-1、6-2）。

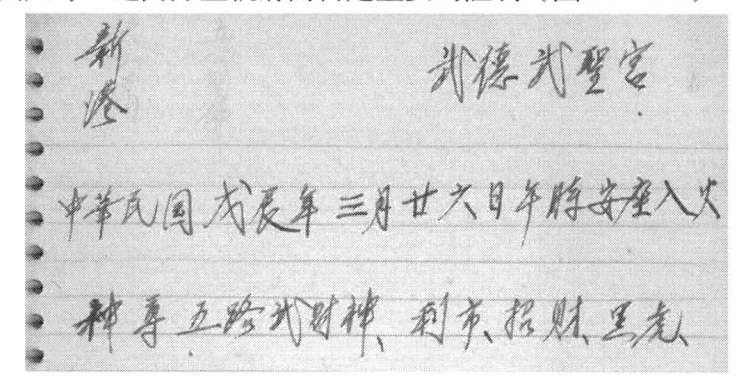

圖6-1：新港武德武聖宮安座入火資料
《武德宮天官武財尊神分靈全省登記簿》
（資料來源／北港武德宮）

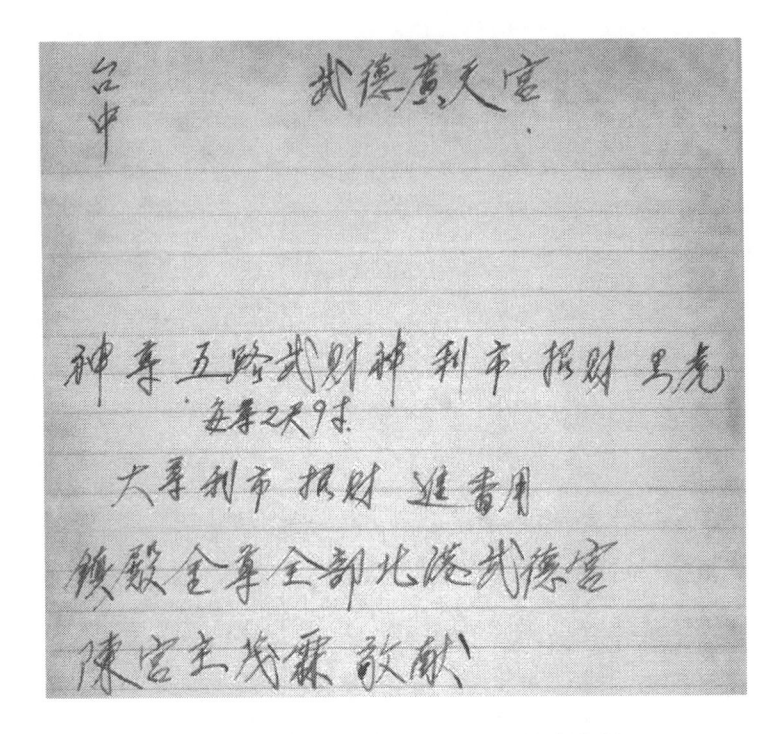

圖6-2：臺中武德廣天宮分靈奉請資料
《武德宮天官武財尊神分靈全省登記簿》
（資料來源／北港武德宮）

　　武德宮創宮後，十三天尊為首批分靈神尊。[32]最初分靈之十三天尊，為日後左輔三十六天尊、右護三十六天尊、後衛三十六天尊的基礎，除了見證武財神的源起，更是至今五千分靈的信仰根基。至民國七十三年（1984），首次出現武財神欽定聖號的「後」十三天尊，分別為「官、侯、將、相、爵、仁、義、禮、智、信、堯、舜、禹」。因為在十三天尊之後有意迎請的信眾較多，加上內含有所發揮形成宮廟者，故又有後武德十三天尊之別。故至今仍未列入分靈編號的十三

---

32 關於十三天尊的奉請與北港武德宮之間的關聯，請見拙作：《閩南文化研究視野下水神與財神信仰》（臺北：萬卷樓圖書公司，2019年）。

天尊在武德宮的分靈系譜上有獨特的指標性地位。後武德十三天尊稱謂如下：[33]

  武官德：彰化市彰南路武官德爐會
  武侯德：臺中市仁武宮
  武爵德：臺中市潭子區武德金玉堂代天巡狩武爵德
  武將德（源自武德武將德爐會）：鹿港鎮彰邑武將宮武將德代天尊
  武相德（源自武德武相德爐會）：臺中市南區玉旨相德聖宮南都大巡使相德真人
  武仁德：彰化市武德福山宮
  武義德：苗栗縣竹南鎮武兌武義宮
  武禮德：彰邑武德武將宮
  武智德：霧峰武智德爐會
  武信德：臺中武信德爐會
  武堯德：臺北市士林區武德武聚宮
  武舜德：臺中市大里區大里武澤宮
  武禹德：彰化市武德福山宮

  由上述資料可知，後十三天尊多半以爐會的方式存在，顯示有小型祭祀圈的存在，若有更進一步的經營則發展成地方宮廟，大多集中在中彰投等地。

---

33 在武德系統的分靈中，有封號者，都是派出時降鸞告知，若不知有封號者就是沒有封號。現有武德五千分靈金尊，有封號者少之又少，百中難有一二，通常是肩負建宮使命或位階較高者才有之，並且絕大多數在降鸞派出時即褒封，只有少數是在請回奉祀數年後，因機緣才再獲賜封號。

三　扶鸞與顯聖

　　扶鸞，又稱扶乩、扶箕、飛鸞等，由來已久，但實際的起源與時間則眾說紛紜。扶鸞是一種降神的方法，是神人靈光合作的占卜，需要以乩身為媒介，傳遞來自神祇的訊息與指引。運用一「Y」字型桃木和柳木合成的木筆（鸞筆俗稱「桃枝柳筆」，即手握處以桃枝製成，筆端寫字處卻是柳木，因桃為陽、柳為陰，又象徵「陰陽調和」），而由乩生執筆揮動成字，並經唱錄生依字跡抄錄成為文章詩詞。

（一）扶鸞與武德宮信仰的流播

　　武德宮自開宮前保生堂階段，即由鸞生執桃筆以七言詩文傳遞聖意或指點迷津，也因此眾多由武德一脈所分靈的宮廟亦保有扶鸞的儀式。鸞生執持鸞筆，神靈藉由驅動鸞生手中的筆，在木板或沙盤上寫出字跡，再由一旁的唱生判讀出正確的文字並清楚覆誦出來，神靈確認無誤，再由筆生抄錄記載。鸞生、唱生、筆生三人，合稱為「三才生」。在武財神信仰中，神靈一來所降的文字，有一定的文體，亦即要七言詩文並藏頭，首篇詩文，每句第一個字合起來為「天官武財神」五字，首篇詩文謂之頭籤，頭籤出完，若尚有事要表述，則多半會繼續以七言詩文指示事務，直到神駕寫出「請」或「可」字時，方表示信眾可以上前請示問題。

　　然而，根據筆者多年來的田野調查發現，許多宮廟從香火鼎盛走向式微蕭條的因素常與扶乩儀式的中止有關，多半是因為乩身年歲漸長，撒手人寰後便後繼無人，而一個穩定的乩生得來不易，需要長期訓練培養也需要神祇的旨意（抓乩）。而若用這個視角觀察北港武德宮的發展趨勢，也頗合情理。

　　保生堂時期的鸞生與筆生，在北港武德宮草創時期的互動非常緊

密，十三天尊的奉請人中就不乏鸞生與筆生，而隨著開宮元老們的凋零，公壇扶鸞雖未中斷，但也面臨後繼無人的狀態，直到林安樂接任主委，又另覓得內壇鸞生後，才又見扶鸞儀式在宮務與救濟病苦上的重大發揮，而這也是為何武德宮標榜服膺神治的經營方式之一。以下列舉數例，分別討論兩任主事者對扶鸞的重視。

關於武德宮的開基淵源，一九八一年武財公降駕出鸞文表示，不出幾年將率門徒回山東故里探視，當時臺灣尚處戒嚴時期，此鸞文一出令信眾感到不解，一九八七年宣布解嚴，一九八八年陳茂霖又依循鸞文指示：

（民國七十七年，歲次戊辰年五月十五日午時）
南路武財神扶鸞降筆

山東濟南陸臺行
勞主符助人一首
助安陸行多順意
中兄有示濟南市
趙軍元帥盛有名
濟南多事神排定
吾巡交代一成事
時至相提更明楚
天機莫洩逆天行
陳主心願將達成
茂威面光滿沐春
霖雨再降年安亨
天助神助人得和

化兵點將助一力[34]

帶領信眾前往山東齊河縣趙官鎮，認為此處即是武財神趙公明的故里。當時在南路武財神的指引下，眾人到達趙公明故地，但現場並無廟宇及相關遺跡，僅是當地的糧食局，[35]武德宮一行人僅能詢訪附近居民是否知悉趙公明信仰，眾人指證歷歷趙公明廟是於文革後才受到拆除，信仰也於當時消逝、殆盡，因此率團前往的陳茂霖立即於現場請示，並由南路武財神現場扶鸞降駕後，確認在大時代變故下，中路武財神趙公明早已隨金身渡臺：

（民國七十七年，歲次戊辰年六月十四日下午六時）
虎
風調雨順　國泰民安
奉旨褒封天官武財神南降

天山跋涉山東廟
官神同操費心力
武途千里尋根溯
財願初達趙官居

---

[34] 本書鸞文由北港武德宮主委林安樂先生與主委特助洪揚恆先生提供，特申謝忱。

[35] 一九八七年底突然宣布解嚴，一九八八年初便在老武財公一聲令下，率領宮眾信徒含某食品集團及乩生吳木森等前往山東探視故里，並由楊桂良先生負責攝影。當時先赴香港轉機前往濟南後，眾人在事前不知道目的地的情況下，均靠著立地扶乩指示下一個去處的方式，一站一站輾轉來到了濟南西北方百餘公里的齊河縣內一處叫趙官鎮的地方。進入趙官鎮後，扶乩指示最後的目的地卻是一處平坦的空曠處，簡易的牌子寫著農貿市場，原來是一個農產品的集散市集。旅行社是在山東找的，經他們協助詢問，才發現市集過去是崇祀趙公明的廟宇，毀於文革，廟地夷平後目前作為農糧市集之用。

神表謝意了思情
天言難題心中情
官主心諒明禮義
武盡苦奔進中國
財淺輕意明神意
神哀多事難筆容
陳主心意吾神知
茂旺宮煙謁祖煙
霖財滋潤省臺地

天官不從費心神
官宮座落此無財
武革年前慘毀武
財離失所失地官
神飄臺海進港天
飲水思源發居地
明察絲毫大陸情
臺地安居此思量
可見人心多意達
多事不便來日題
呈疏可化于山東
主意神代表蒼天
神退後方化疏文

這個山東起源的說法，有別於過去認為趙公明是秦時避世山中的終南山人之說，也為趙公明的信仰起源增添一股神祕的色彩，雖未能找到

趙公明廟，但對武德宮而言，卻找到了信仰的根源。目前可見以為趙公明是山東人一說，還見於網路盛行的一篇託名國學大師唐德剛所作之文，題名〈中國財神崇拜源流考略（大綱）〉，內容講述趙公明的身世，指《典籍實錄》中載「趙光明乃日之精。」又指明初寧波知府王璉《瑯琊金石輯注》曰：「財神者，姓趙名朗，字公明，瑯琊古來有之。昔者天上生十日，帝命羿射九日。其八墜海為仙，海上八仙是也。余一隕于天臺，其身為石，太陽石是也，其精為人，趙公明是也」。故以此二說認為趙公明乃山東人，此說雖與鸞文相呼應，但此文確有諸多疑點有待商榷，為求信仰起源的真實性，我們更當謹慎求證。該文作者是否真為唐德剛是最令人懷疑之處，這篇文字僅見於網路流傳，不見學術期刊或報章刊載，也僅署名唐德剛，許多論點皆無明確出處，正確性有極大的疑慮。再者《典籍實錄》的成書年代有可能是明時人誤說為漢代，若成書年代於明朝，則祭祀財神之風已起，附會可能性高。而王璉《瑯琊金石輯注》一書在文中也未見版本出處，王璉確實為明朝山東省日照縣人，但此書的真實性也存疑。目前學界諸多研究者對〈中國財神崇拜源流考略（大綱）〉一文的正確性多偏向懷疑，我們需要更多的證據來釐清這些說法的來由。但這些狀況並不影響以趙公明為武財神的信仰，元代《搜神廣記》與明代《三教源流搜神大全》都將趙公明從道教神譜中推向民間信仰，「宋初以來，道教符籙派內逐漸湧現出一股偏重法術的強勁潮流，新的法術派風起雲湧，接踵而出。漢天師張道陵以符法著稱，在長期的歷史中被神化，保持著對符籙諸派的影響。當偏重法術的強勁潮流掀起時，新的法術派紛紛攀附漢天師，襲用或改造其符法以自重」。[36]朱越利認為趙公明在這個熱潮中站上嶽酆派法術的主將位置，藉著這個說法我們

---

36 朱越利：〈張宇初論道派〉，《道教文化管窺——天師道及其他》（南昌：江西人民出版社，1996年），頁151。

可以發現，趙公明順著元明之際的民間閱讀風潮成為財神爺，並在明代小說《封神演義》流行後達到巔峰，《封神演義》第九十九回姜太公封趙公明為「金龍如意正一龍虎玄壇真君」，令其率領招寶天尊、納珍天尊、招財使者和利市仙官迎祥納福，成為家喻戶曉的五路財神。清顧祿《清嘉錄》卷一〈齋元壇〉曰：「（三月）十五日為元壇神誕辰。謂神司財，能致人富，故居人多塑像供奉」可見至清時鐵冠黑面、執鞭跨虎的趙公明形象已為民間信仰普遍接受。

（二）扶鸞與神祇顯聖

而關於武財神的來歷，透過扶鸞，一九八三年，老武財公回答過陳茂霖這個問題：

> 一切總是三因果
> 輪迴苦海做徒弟
> 吾是嵋山武財尊
> 萬民安泰救世尊
> 時值癸亥葭月吉
> 三千柒百肆拾壹

一九八三年時，武財公慶祝三千七百四十一歲生日，以此推算，武財公誕生於西元前一七五七年，為殷商時期。一九九四年，透過扶鸞，老武財公再度表示來歷，陳茂霖為此文筆記為「中路武財公世居山東（千真萬確）」：

> 甲戌年五月十九日酉時降
> 撰書終南古書易
> 世居山東趙主宿

千真萬確難變化
輯編所誤難行說
解出千篇及萬律

天曆時爭費煞心
官代文輯勞務主
武史黃河鳌難清
財後時節見分明
神史丹心會天地

在武德宮首次前往山東探源無果後，相隔六年，武財神再度降文指示來自山東且強調「千真萬確」。陳茂霖甚至在該本筆記的封面寫下年度鸞文的重點項目，該年度重點有三項：一、禮斗植福（由南路財神所出）。二、世居山東趙主宿。三、千真萬確難變化（第七頁）。從這些筆記的痕跡與附註，我們都可發現陳茂霖身為廟宇開宮主事者對信仰起源探討的執著與努力。

除了信仰起源的討論外，從早期的鸞文也可發現武財神對宮中事務的要求，例如對宮內石像與木雕的審視：

乙亥年四月廿日往大陸驗石雕及木雕神像（聖父母、三仙姑）
南路財神降
天昭若揭聞其詳：聖父母
官藹可親勝溫存
武翁尊泰勝史尊
財欣心慰如泰山
神赫香沐如風滕

基石建宮為要材
　　順利推進神有主
　　服勞陳主多關愛
　　香煙永沐武德傳

另外還有對石像安置的時辰也有所指點，丙子年正月廿六日降文，利市仙官、招財使者的安置，辰時起申時止。必須在時辰內安放妥當，故利市仙官八點起十一點止，招財使者十一點起三點半止。除了硬體設施外，法會儀式的相關事務也有所指示，詳見下文關於中元普度法會的鸞文：

　　丙子年七月十三日未時
　　虎
　　風調雨順　國泰民安
　　奉旨褒封天官武財神出
　　天行流水雲過月
　　官讚普慶度天下
　　武濟玄法五路長
　　財鞭緣及化甘霖
　　神置安哉施法露
　　中元至普度英魂
　　至禮至施陳主持

時至今日，中元普度的法會與活動仍是北港武德宮年度重要宮務之一。
　　扶鸞是由大陸流傳到臺灣的信仰儀式，在臺灣本土發展出鸞堂。臺灣許多鸞堂與儒家義理關係密切，故以「儒宗神教」或「聖教」稱

之,隨著鸞堂在民間信仰的發展與神祇崇拜而衍生出關聯性較強的連結,但仍保留過去鸞堂與文人關係密切的模式,鸞文常是傳播勸善詩文,與儒家精神主軸的道德教化相呼應,如以下這則以「濟世、宣道、倫理、八德、勸世」為主的鸞文:

  丙子年七月十五日未時
  虎
  風調雨順　國泰民安
  奉旨褒封天官武財神出
  天律法紀與功曹
  官評心定掌分寸
  武濟興宮仁義規
  財倡正道利業根
  神龍護體依天局

  濟世宣道公示常
  倫理八德皆勸世
  原財兩行所刪除
  附樂不可所參同

從陳茂霖眾多的鸞文筆記中可以發現,不論是宮務公事或私人事務,都以武財神指示為依歸,大至法會儀式小至家中親友的事務,重要者也常見陳茂霖請示,如筆者無意間發現現任主委林安樂就學期間的升學考試,便有陳茂霖提問的鸞文。該篇鸞文題名為「考試」:

  林家子弟出賢能
  安安穩穩金榜上

樂享太平富貴年
　　順順利利照心願
　　天佑德蔭人中龍
　　鳳祥現瑞大美圓
　　謝謝陳主香相敬

果不其然，結果是碩士班考試同時三所國立大學筆試及格。武財公甚至在台大口試前賜予符令，並出文予陳茂霖，表示子孫考試的結果也是陳茂霖的福報：

　　為人清正子孫賢
　　此乃果福來果報
　　相輔相成享不盡

從上述各例我們可以發現，武德宮各項發展從天庫的建造、石獅的擺設位置、三仙姑殿的對聯，無一不是扶鸞所得，也顯示扶鸞是信仰核心的皈依。甚至是扶鸞所需的三才生，也由武財神訓練，詳見下文：

　　丙子年九月廿四日
　　練新筆生（林明得）
　　習學初至本無驚
　　膽大心細步步來
　　學藝修養合元真
　　神人合一共參濟
　　等等輩賢相扶持
　　助生猛進湛論唱

由上述我們可略窺扶鸞與武德宮的建廟緣起及信仰起源的關聯，透過陳茂霖的筆記與武德宮前期分靈狀況觀之，我們可以發現老主事透過系統化的管理與翔實的紀錄來維持或發展廟宇交陪網絡。早期的分香或分靈，以老主事身邊的親人故友為核心，擴展至往來問事、協助廟務之人，再擴展至北港以外的鄰近縣市。二〇一〇年，林安樂接任主委後，以其金融管理的專長背景，將廟宇方式轉向商業管理的模式，透過網路平臺、大型遶境活動、影音媒體等媒介，使北港武德宮大量曝光。這些經營手法固然對廟宇經營有所助益，但其宮務運作的核心仍圍繞著鸞文指示，為了區分濟世公務與宮務發展，對外開放讓信眾預約問事者稱公壇，主要由南路財神爺降乩為主，宮內事務或急救病苦者稱內壇，以中路武財神降乩為主。

四　扶鸞與濟世

　　財神信仰發展至今許多財神廟都面臨類似的困境，民眾渴求財富、希冀發財致富的同時，也讓財神廟被貼上「貪財」的標籤，過去「大家樂」、「六合彩」風靡一時，許多廟宇都淪為信眾求明牌之處，這些賭博遊戲讓當時很多人傾家蕩產，也使得後來財神廟被汙名化，認為崇拜財神是一種想不勞而獲的投機行為，甚至連土地公廟也難逃這樣的命運。臺南市白河區的崁頂福安宮過去在「大家樂」、「六合彩」盛行時往往是賭徒聚集之處，福安宮因此聲名大噪。現在臺灣知名的財神廟宇，在經營上都宣導信眾財神是賜予「正財」而非「橫財」，希望信眾莫投機取巧，武德宮的諸多服務其實也帶有這樣的教育意義。廟宇經營方式的改變，也是改變民眾刻板印象的開始，武德宮近年來在林主委努力倡導行善植福，積累功果，再求神助的觀念下，相當重視各類科儀，例如：中元普度與祭孔大典，中元普度除了

重視科儀，禮請高功主法外，更在每年普度法會圓滿後，立即將物資發贈與雲林縣各公益社福機構與弱勢家庭，落實「冥陽兩利」。也因此，在受到廣大信眾的認同下，七年間普度規模迅速成長。這類行善公益的活動都與社會脈動息息相關，也與當地民眾為鄰。

（一）扶鸞與企業經營

以現代企業對武德宮的信仰認同而言，最具代表性的當是臺灣熱水器與廚具業龍頭的櫻花企業。張總裁除了是武財公的資深信徒，也因為武財公鸞文的指點而在二十多年前臺灣中小企業一窩蜂前進大陸時，暫緩投資計畫，直到一九九三年才得到武財公回應可以進場，適逢朱鎔基整頓經濟，房地產大幅重挫，土地廠房都相對便宜的狀況下，櫻花企業才西進中國。多年後，張總裁再度於扶鸞時得到武財神的指引，躲過二〇〇八年的金融海嘯。[37]以鸞文筆記觀之，張總裁除了要事扶鸞請求指示以外，在一九九九年也有過擔任筆生的紀錄：

> 已卯年四月初三日申時
> 虎
> 蔡俊明（初次出壇）張宗璽
> 天官賜福　招財進寶
> 奉旨褒封天官五路武財神東出（東路武財神）
> 天雷嚮大難見雨
> 官雨綿綿夏梅節
> 五節龍舟賽競取
> 路取力勞總有機

---

[37] 詳細內容可見不著撰人：《北港武德宮》網站，網址：https://www.wude.org.tw/cn/luan_wen/altar_view/detail/6（上網日期：2020年7月23日）。

武機緣會握期守
　　財守財津甘苦盡
　　神盡力布賜福祥
　　君今吾示幾多年
　　示筆緣見柯一夢
　　車水有關行提示
　　虎符保身助一力
　　虔誠利招香案排
　　助人助己毫光顯
　　賜福瑞祥在此舉
　　開光點眼毫光顯
　　四月八日卯時宜

這則鸞文主要重點在指示利市仙官與招財仙官開光點眼的時辰。

　　無獨有偶，曾擠進臺灣五十大富豪的賴富源。不僅「午陽」建設的名字是武財神命名，他還遵從鸞文指示，把公司遷回臺中，並分靈回去供奉，建龍池聚財。更憑藉著鸞文指點，取得教育局的學產地。[38]

　　同樣也頗具代表性的還有臺灣奧迪汽車中區代理商，廖總經理也是武德宮的資深信徒，他也是憑藉著鸞文的指點，取得奧迪中區的代理權。透過上數列舉的案例，我們可以發現，這些知名企業在得到鸞文指點取得成功後，自然更樂意奉獻與投入信仰，成為武德宮信仰中的顯性信眾，對神威的張顯有強大的說服力，在武德宮的大型活動中，都可以看到這些知名企業鼎力襄贊，故武德宮能在短時間內打開信仰的知名度與此有明顯的淵源。

---

38 林瑩秋：〈林安樂創舉財神廟裡開理財課〉，《今周刊》第762期，2011年7月28日，網址：https://www.businesstoday.com.tw/article-content-80392-3061（上網日期：2020年7月3日）。

圖6-3：2020年中元普度櫻花集團張宗璽總裁與其夫人出席法會
右三與右二。（照片來源／北港武德宮FB。）

（二）扶鸞與除魅

　　武德宮長年提供信眾扶鸞問事的服務，有需要時也開內壇由中路武財公主筆，多以指點宮內事務為主，有時也提供給迫切需要的信眾問事，主委林安樂更是開內壇時的筆生，他稱這些特殊的靈驗故事為「內壇見聞」。二〇一五年，主委特助張先生因親大哥罹患癌症要求開內壇請示病況，但神尊自出「挖地龍傷身」、「亡，即報」等語，經詢問之下方知張大哥是營造業者，意即鸞文指示他在工程施工時得罪了無名的力量，因此身患重病。懇求救命之法則言「一水、二砂、三吾」，水乃武財神桌前敬水，砂乃鸞生辦事所用硃砂，如果前兩者均不見效，武財神會親自出馬。此案例中的張先生在處理完因工程所傷

地氣的無形業力後,身體得到康復[39]。以下文說明武德宮對財神信仰的詮釋:

> 信士原是外島人,家中本就從事遠洋漁業,每次出海,成本都是八位數起跳,若無足夠漁獲支撐,則會損失慘重,近年每況愈下,直至目前這次,若不成功,就將斷炊。信士內心焦急,透過聯繫求請能入內壇請示。一輪到上案前,夫妻連同老母,一同恭敬跪於師尊側,娓娓道來。落落長的問題,師尊只開示了一「流」字,要弟子悟。弟子當下不解,旁眾代為追問,不置可否,僅再示:
> 「人安為大汝所解
> 流向暗流師尊避」
> 表示目前在外的船隻,航向是有風險的,師尊會盡力迴護。至於漁獲,只簡單再示了「回收」、「回獲」,示意弟子船隻不必再耗費時間精力,立即回程會有所獲。但當弟子再進一步表明有貸款與生活壓力,求請能有令人欣喜的漁獲時,武財神表示:「不助滅生吾力持」。接著又以鸞文開示:
> 「武門眾弟教習下
> 命中帶剎非常論
> 自悟滅生非善門
> 人安為大再言財」
> 這則鸞文顯示武財神的立場,神喻這撲滅生命的行業,實在難以鼎力相助,以讓更多眾生犧牲,能為信眾做者,唯有盡力護持而已。滅生之事,實非善門,即便是為了生活。看到這邊,

---

[39] 受訪者:林安樂、張建忠。採訪地點:樂咖啡。採訪日期:2016年4月2日。

> 兩造都讓我十分感動，一方篤信神佛一心誠念，無奈為了生活接下家中營生的事業。一方其實很不捨這弟子，但為了眾生，有一個底線在，也當場給了虔誠信士一個軟釘子。[40]

我們可在上述文中知道，對於信眾而言，所求無非是發財致富，但鸞文的回覆則反映儒、釋、道三教合一的思維，也印證近來的環境保護與生態議題，除了印證神靈的感應之外也足見民間信仰的體現，信徒在與神明的一問一答中得到的不只是答案，更是信仰的教育意義。

另外，田野調查過程中也訪問現今擔任中路武財神鸞生的蔡淑如，[41]一九九八年起，五路漸定於一乩，也漸定於南路一路，直到甲午年，睽違近二十年的老武財公才又復訓鸞生蔡淑如。她從修練打坐到開始扶鸞期間約兩年，是武德宮第一位女性鸞生。據蔡淑如表示過去聽聞太多武財神的神蹟，再加上財神爺指示，才開始試著接受訓練。武財公降駕時必須以香煙薰臉，本身並無意識，也不清楚做了什麼，直到神明退駕後才會恢復自身意識，雖時常淚流滿面但常感到精神飽滿。蔡淑如曾在受媒體訪問時表示自己在未成為鸞生前「並不是一個喜歡拜拜的人」，是在祖廟內感受到神明的存在，並親眼見到神明走下神桌，才信服武財公的神威。但從見證神蹟到真正接受訓練，則還有一段故事。蔡淑如過去是證券交易員，業績斐然，但即使見憑神蹟要她放棄原有的生活踏入鸞生的訓練，她仍十分猶豫，而在這猶豫期間她的業績竟跌落谷底，使她認為冥冥中真有神的安排，茹素、打坐、誦經都是每天日常的功課，旁人甚至親眼目睹她睡夢中起來結

---

[40] 受訪者：林安樂先生。田野調查時間：2016年7月24日，上午10點。採訪地點：北港武德宮。

[41] 受訪者：蔡淑如小姐。田野調查時間：2016年7月24日，上午11點。採訪地點：北港武德宮。

手印，如此辛苦修練兩年多後，扶鸞時桃筆始動。扶鸞問事是武德宮財神信仰的一大特色，鸞生的訓練更是不容馬虎，上述蔡淑如僅是一例，其他各路財神爺的鸞生也都經過辛苦的修行，方能與神明感應，進而為信眾服務，二〇一二年三月七日（壬辰年花月十一日），武德宮還曾舉辦「龍華盛會」[42]的乩生認證考試。由武財神出題，為來自全臺武德宮分靈宮廟的乩生舉辦認證考試，有三十組左右的扶鸞組合參加認證。武德宮此舉乃為正本清源，避免乩生解讀聖意是各憑心證，通過考試者表示正式獲得武財神欽定，能夠傳達神明的旨意，並在降駕時能代表神明濟世。

自一九七六年起，五路訓乩，各路武財公都訓有鸞生。一九七〇年代，五路齊鸞，各路武財公都各自有一篇篇扶鸞濟世的感應錄。五爺齊鸞的情形下，老武財公因是最後仲裁，重大事情即便由別路武財公裁示，老主事也常會在晚上回到保生堂後，再找來中路鸞生請老武財公降壇確認作為覆核，是為內壇。因此可知，武德宮現在仍以此為處理宮務的準則，亦可見扶鸞對武財神信仰發展的重要性。

從北港武德宮扶鸞的歷史與事例，我們可以發現扶鸞與廟宇香火呈現正相關，扶鸞是神人溝通的橋梁，透過鸞文判斷事務處理方式與經營廟宇則是神人共創的結果，重大的事件或災難更是仰賴神祇給予信心與解答。武財神降鸞時頭銜均使用「金龍如意正一龍虎真君」，並無玄壇二字，而為文時都固定藏頭「天官武財神」，這也與祂神格的演進有關。《搜神記》中趙公明為督鬼之神。晉之後，又有趙公明

---

42 北港武德宮主委林安樂表示，龍華會原本是以天官武財神（武財公）為首的三六天官，每十二年一次的三六天官群仙齊聚，為蒼生百姓賜福招財的盛大法會。在龍華會儀式上有多名乩生代表群仙降駕，他們各自透過筆生頒寫鸞文，每組鸞文單獨看似各做文章，擺在一起卻又能相互呼應、對答流暢，顯示神仙降臨，在現場與其他神仙之間彼此吟詩作對，以文會友。

主瘟疫，為五瘟神之一的說法。在二〇二〇年新冠肺炎疫情肆虐全球狀況下，農曆三月十九日，武德宮過了一個管制內殿、實名進出的財神聖誕防疫祝壽大典，聖誕後的第一次內壇，神駕出了以下這則鸞文：

師尊門下可平順
瘟者可主何可擾？

意指武財公的門徒在這波疫情裡會平安，瘟疫也在祂的主掌裡，大家有什麼好害怕的呢？除了表示疫情能得到控制，也巧妙呼應了趙公明的神職。

北港武德宮香火鼎盛，除了扶鸞濟世提供信眾解決問題之道以外，民間信仰特別強調其靈驗性，信眾在選擇參拜時多半依據神明的靈驗與否。如果聽說神明很靈，則不論拜什麼神祇，信眾皆願意前往。於是衍生出各類財神也有許多求財的方法，例如換錢母、摸元寶、補財庫等。對於這些民間流傳的方法武德宮也透過扶鸞的方式，請武財神說明：

《天官武財神鸞示摘錄》財神論偏財
許多人常常有這樣的疑問，到財神廟是否能夠求偏財？坊間更有許多不肖宮壇虛偽造作毫無根據不由正道的求偏財 SOP，雖然荒謬絕倫貽笑大方，但還是有盲從與深信不疑者。的確，長久以來，都有不少例證在信士到過武德宮與武財公結緣後即喜獲意外之財者，為何廟方諱莫如深從不願多談？
農曆五月初六日內壇，老武財公在處理兩起重大危難後開示有幸臨壇請示家運的一位門生，開示畢再出
積德積福偏財施

門生當悟案桌前
習法習德人中最
師尊勤修何況汝

這則鸞文奉勸世人，偏財不是求來的，而是過往甚至累世造作之成果，功果至此，求則體現。積福積德，神施小惠，為的還是激勵世人，持續勤修，造作福德。切莫以追逐偏財為重點，本末倒置。鸞文甚至表示武財神都仍持續修行，更何況一般人，勸世為善意味濃重。

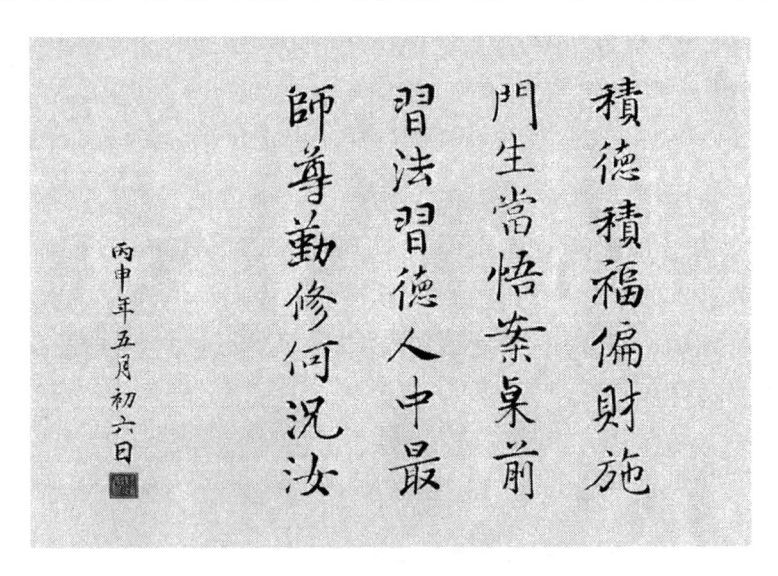

圖6-4：武德宮鸞文
時間：2016年6月13日。（資料來源／北港武德宮 FB 粉絲專頁）

五　小結

一九八〇年，臺灣始出現第一座以財神趙公明為主神的財神廟，即為北港武德宮。武德宮本是家族經營信奉的廟宇，隨著時間推移、

地點變遷與社會常民需求的不同,不斷有新的發展,也促成了信仰的廣泛流播、開枝散葉,但不變的是以扶鸞為依歸的經營主軸。先有陳茂霖嚴謹細密的規劃,才有林安樂大幅格新與開拓的格局,在此我們可以看到一個年輕宮廟的生存之道。

廟宇的靈驗總是透過真實事蹟的傳遞來顯示神威浩蕩,更多無法用科學解釋的故事更讓人津津樂道。而武德宮的靈應事蹟多半與扶鸞有關,除了讓廟宇威名遠播外,也讓信眾有所依歸,虔誠供奉之餘也更有向善的動力,這是民間信仰中最有說服力的教育方式。鸞文有勸世與警世的功能,流傳在信眾口中的故事往往更吸引人,使廟宇發展具有凝聚力。

武德宮扶鸞的傳統與發展,我們藉由陳茂霖的筆記與林安樂所寫的《內壇見聞》,能略窺其脈絡,而廟宇香火的消長也與扶鸞服務有微妙的關係。從其降神的信仰來看是混合儒、釋、道相互為用的,並透過筆生的說明與向神祇求證,使一般信眾可以明白神喻並接受。雖說武財神為掌管天下貨幣之神,但從靈驗故事與神蹟來看其所司神職則無所不包,廟方甚至認為賜財只是武財神度人的法門,並非信仰的終極意義。一般印象中,乩童、鸞生、神媒多為男性,女性較少,而以女性鸞生擔任威武嚴正的武財神神媒者又更少,此為武德宮相當特殊的信仰元素。武財神信仰至大陸傳至臺灣,在北港發跡後逐漸在地化並迅速拓展信仰圈,未來的發展仍值得持續關注。

第二節　異國人成神廟宇

前述北港武德宮是財神信仰發展歷程長,但建廟時間短的年輕宮廟。此節所論述的異國人成神,則是信仰發展歷程短,建廟時間亦短的信仰型態。日治時期對臺灣的歷史發展而言,是一段深刻且巨大的

改變,五十年的時間在臺灣民間留下大量的傳說,也造成臺灣民間信仰型態上的些許改變。其中不乏在臺成神的日本人,這類日本人死後在臺灣成神者,學界稱謂不一,林美容、三尾裕子稱「日本神」,沈佳姍、黃國哲、閻維彪稱「臺灣神」,蓋以國籍、信仰屬性區分類型不同而有稱謂上的歧異,但討論的本質上無異,均是泛指生前為日本人,死後在臺灣成神而受祀者,故本節為方便論述,擇以「日本神」稱之,大概有兩種類型,一種是生前有功於國、有德於民的日本軍警,另一種則是身亡後顯靈異,後人加以祭祀者。而彰化地區的日本神信仰正好含括這兩種類型,一為彰化縣和美鎮平安宮供有義愛公,是來自嘉義東石副瀨的分靈,一為彰化大城保義壇忠軍府供奉日本元帥。

據《義愛公傳》載:「神稱義愛公,是日本領臺初期時的下級官吏森川清治郎巡查。」森川因任巡查期間愛民如子,且熱心服務,後於一九○二年初,因政府課徵竹筏稅易增加村民負擔,森川乃向東石支廳長提出請願,卻遭其斥責告誡處分。森川因此自殺,村民皆悲痛不已。一九二三年五月,副瀨鄰近地區發生腦脊髓膜炎,副瀨的保正李久夢見森川告訴他要注意衛生,即可免於發病的危險。隨著這則靈驗傳說興起,居民決議合祀森川於富安宮,義愛公在臺灣有些許分靈,和美平安宮的義愛公為其一。

大城保義壇供奉的日本元帥仍不知其人,但神像造型特殊,本節擬藉由這兩種不同類型的日本神,探討彰化地區日本神傳說與信仰的發展狀況,同時分析這類異國人成神廟宇與扶乩之間的關聯。

一　前言

日本治臺初期,對臺灣既有的寺廟、禮俗並沒有過度的干涉或改制,為安定民心,傾向「舊慣溫存」。雖然為了傳播日本神道,在臺

興建神社，但此時的日本神社，大多出現在日本人密集居住之處，例如一八九七年（明治三十年）由臺南延平郡王祠改建而成的開山神社及一九〇一年（明治三十四年）的臺灣神社。隨後皇民化運動（1937-1945）的推行，日本政府標榜「一街庄一社」，企圖透過神社的興建，改變臺灣人民的信仰習慣，於是在全臺各地紛紛興建神社。昭和年間進行皇民化運動，一九三八年（昭和十三年）開始由高雄州岡山郡開始執行寺廟整理，全臺始面臨寺廟遭破壞的命運，其中以執行神像昇天最為明顯，寺廟對臺灣人而言，既是祭祀空間，也是娛樂場所，是平民百姓交流訊息之處，而這樣空間的大量消失，對臺灣人而言也是對日本政府抗拒與排斥的原因之一。[43]日治時期結束後，國民政府也對在臺灣的日本神社進行整理，許多神社就地改成忠烈祠或拆毀。日治時期遺留文物受到官方主導的最大規模破壞，係外交部於一九七二年九月二十九日發表「對日斷交聲明」後，內政部於一九七四年二月二十五日「臺內民字第573901號函」中，發布「清除臺灣日據時代表現日本帝國主義優越感之殖民統治紀念遺跡要點」[44]：

一、日本神社遺跡應即徹底清除。

二、日據時代遺留具有表示日本帝國主義優越感之紀念碑、石築構造物應予徹底清除。

三、日據時代遺留之工程紀念碑或日人紀念碑，未有表示日本帝國主義優越感，無損我國尊嚴，縣市政府認為有保存價值者，應詳據有關資料圖片，分別專案報經上級省市政府

---

[43] 李添春認為此時期是臺灣宗教信仰發展的第三期，是日人實施皇民化政策，禁止各種祭典，焚化廟神，故此期可稱為通俗信仰搖動時期。見氏著：《臺灣省通志稿・人民志・宗教篇》（臺北：成文出版社，1983年），頁189。

[44] 該要點節錄自陳翼漢：〈歷史與文化資產之於「過去」〉，《博物館學季刊》第18卷第2期（2004年4月），頁79-94。

核定，暫免拆除，惟將來傾塌時，不再予重建，其碑石移存當地文獻機構處理。

四、民間寺廟或其他公共建築內，日據時代遺留之日式裝飾構造物，如日式石燈等，應勸導予以拆除或改裝。

五、日據時代建造之橋樑，經嵌之碑石仍留存日本年號者應一律改換中華民國年號。

六、日據時代遺留之寺廟捐題石碑或匾額以及日據時代營葬之墳墓碑刻等，單純使用日本年號者暫准維持現況。

紀念碑、匾額的清除都是對集體記憶物質化的刪除，但這些行為能否真的達到情感與記憶上的「去日本化」，則並非絕對。我們由第一點即可看出，當日本神社遺跡被清除而日本神道也並未真正完全進入臺灣民間社會時，隨著日本人撤離臺灣，現今當代社會祭祀日本神的信仰活動與日本神道及神社的建立關聯性並不高。只是戰後國民政府的「去日本化」成了另一種極端，大量去除日治時期的歷史文物，未能建立從文化資產專業的角度來重新檢討，造成日本遺留下的史蹟，不分良莠的陸續受到清除破壞。彰化縣目前可知以前曾有過的日本神社有彰化神社、員林神社、北斗神社、鹿港神社、田中神社、秀水神社、金刀比羅社、彰化高等女學校校內神社、彰化第一公學校校內神社、和美公學校校內神社、員林公學校校內神社。其中彰化神社位於八卦山，現址為彰化文學步道。除了神社外，日治時期也留下大量的碑文，用來紀念，同時更是皇民化運動的推行與加強的成果[45]。筆者

---

45 彰化各地的紀念碑如下：鹿港武廟旁有一塊「忠魂碑」，係日人供奉為國捐軀的軍人、警察的紀念碑，目前荒廢於武廟旁空地。永靖鄉則有澤谷太郎巡查殉職碑，立於同安派出所內。芬園鄉有故臺中縣巡查星山景盛君遭難紀念碑，位於臺14號線9公里處。

在田野調查時所遇到的受訪者，多用「日本時代」來表達當時的社會狀況，較少人使用日據或日治時期，顯示一般民眾對日本時代的稱謂並不如文史學界或政府機關的嚴謹與具有特定意識[46]。然而在這種特殊的歷史背景下，當神社消失，日本神道退出臺灣，隨著時代變遷與社會風氣改變，在臺灣竟然紛紛出現供奉日本神的廟宇，其中有日治時期就受到祭祀的日本神，例如嘉義東石副瀨富安宮的義愛公。目前學界普遍認為日本神信仰在臺灣的出現與日本神道在臺灣的傳播無關，原因如上面所述，日本神社在國民政府來臺後遭到大量的拆除或改建，一般民間信仰在日本人離開臺灣後大量復甦，意味著日本神道並沒有隨著神社與皇民化運動，改變臺灣人的信仰，筆者認為日本神的出現正是最好的證明，臺灣民間信仰的活力並非透過官方政策即能強行改變。而對日本時代的集體記憶或情感的反應，也透過日本神在臺灣的信仰，有比較具體的呈現。

　　日本神泛指在臺成神的日本人。目前學界與其相關的研究現況如下，一九九九年由森川愛口述，平井新著，王力生翻譯的《義愛公傳》，由新莊北巡聖安宮管理委員會出版，是珍貴的口述資料。北巡聖安宮是副瀨人北上謀生後創辦的宮廟，創辦人為蔡水音，因感念義愛公救治其疾，而分靈蓋廟。

　　二〇〇一年濱島敦俊將他的研究成果包含《明清江南農村的商業化與民間信仰的變質——圍繞「總管信仰」》、《明清江南城隍考》等系列論文，集結成書由日本研文出版了《總管信仰——近世江南農村社會和民間信仰》一書，此書由日文寫成，部分內容為英文，是江南民間信仰的重要著作，書中對常熟與江陰兩地的金總管信仰來源做了進一步的分析，但此部分的論述主軸仍建立在〈近世江南金總管考〉

---

[46] 詳見吳俊瑩：〈如何稱呼臺灣史上的「日本時代」？兼論戰後日式紀年與意象的清除與整理〉，《臺灣文獻》第65卷第3期（2014年9月），頁49-98。

一文之上，二〇〇八年此書由其學生朱海濱翻譯，廈門大學國學研究院出版的《明清江南農村社會與民間信仰》就是以《總管信仰——近世江南農村社會和民間信仰》翻譯而成。[47]濱島敦俊《總管信仰》一書中指出「漢人的土神信仰」，其「神」之形成要件有生前的義行（甚或加上悲劇性死亡）、死後的顯靈（而後因其靈異而為居民帶來了現世之利益）以及主政者之敕封等。[48]這些受臺灣人祭祀的日本神，許多便符合這樣的特質。例如義愛公、飛虎將軍在臺灣成「神」之情形，正符合了該種華人（漢人）社會形成「神明」之條件。故本節延續對地方神祇信仰的研究，借鑑濱島敦俊對地方土神的觀察，用以探討日本人在臺灣成神的情況。

二〇〇二年富安宮發行《義愛公傳記》，為了讓更多來廟參拜的日本信眾也能了解信仰，《義愛公傳記》有中、日文兩種版本。《義愛公傳記》作者王振榮，他並非副瀨人，因為時常陪同日本來訪的學者友人前往富安宮參拜，又與村民結友，感念義愛公的精神，也方便廟方解說，推廣信仰，王振榮方動筆寫書。書中除了交代義愛公的生平傳說，也表明「此傳記是據森川清治郎獨子真一之妻愛女士於一九七三年思念父親時的口述，及副瀨村落所傳，並參閱日本領臺時發行的『臺灣警察時報』而寫」。[49]

二〇〇三年松本征儀〈義愛公信仰的成立與分靈〉，[50]松本也曾多

---

47 〔日〕濱島敦俊：《總管信仰——近世江南農村社會和民間信仰》（東京：研文出版，2001年）。

48 〔日〕濱島敦俊：《總管信仰——近世江南農村社會和民間信仰》，頁89-92。

49 王振榮：《義愛公傳》（嘉義：富安宮管理委員會，2002年）。

50 〔日〕松本征儀：〈義愛公信仰的成立與分靈〉（東京：櫻美林大學大學院國際學研究科碩士論文，2003年）。在這些受到祭祀的日本神中以義愛公獲得最多的討論，如戴文鋒：〈臺灣唯一的日本王爺——東石鄉副瀨村富安宮的故事〉，《文學講古——鄉鎮的故事》（臺北：行政院文建會，2001年）；江志宏、郭盈良：〈嘉義市小副瀨

次至富安宮參拜,是以義愛公信仰研究取得學位的日本研究者,同時也是《義愛公傳》日文版的校正者。

二〇〇七年黃國哲〈日本巡查,臺灣神明──「義愛公」的田野調查〉,[51]黃氏為副瀨人,任職教師,文章提供第一手在地觀察資料,對義愛公有深入的了解,同時也是富安宮臉書粉絲專頁的經營者。類似的討論還有二〇一五年劉惠璇〈「光,穿透黑暗;愛,超越死亡」日治初期森川清治郎巡查東石成神記(1900-1902)〉。[52]

二〇一八年沈佳姍〈從義愛公故事看日警變成臺灣神的虛實與意義〉[53]對舊報刊文獻與歷史時序推敲義愛公信仰的傳說興起的脈絡與發展的進程。沈佳姍以「日警臺灣神」定義義愛公,從追溯日治時期的史料著手,透過對相關紀錄的譯述、考證和貫時性的比較,探討義愛公信仰所象徵意義的轉變,可說是細膩爬梳並核實史料者。

二〇一八年李孟哲、侯建全、林群桓合撰《後驛思想起》[54],該書為嘉義市後驛學系列第一集。該書第二章《義愛公研究》,內容依序是小副瀨(嘉義市區)的三間義愛公廟、東石副瀨富安宮沿革(上)、東石副瀨富安宮沿革(下)、前站的義愛公分靈──西安宮、義愛公分靈(上)、義愛公分靈(中)、義愛公分靈(下)、研究義愛公信仰的日本學者、藝師周雪峰──義愛公神尊雕刻師。書中詳細記載義愛公的傳說與分靈廟的情況,對信仰的發展與國外學者的關注都

「義愛公」信仰的社會意義〉,《嘉義研究》第1期(2010年3月)等等,礙於篇幅有限,在此處無法一一詳述。

51 黃國哲:〈日本巡查,臺灣神明──「義愛公」的田野調查〉,《民俗與文化》第4期(2007年10月),頁192-202。

52 劉惠璇:〈「光,穿透黑暗;愛,超越死亡」日治初期森川清治郎巡查東石成神記(1900-1902)〉,《警專論壇》第14期(2015年3月),頁117-143。

53 沈佳姍:〈從義愛公故事看日警變成臺灣神的虛實與意義〉,《臺灣文獻》第69卷第2期(2018年6月),頁157-194。

54 李孟哲、侯建全、林群桓:《後驛思想起》(嘉義:嘉義博愛社大,2018)。

有細緻的論述，甚至周慮地照顧到雕刻義愛公神像的藝師，將其訪談收錄。書籍詳盡的介紹，成為富安宮推廣信仰最有力的出版物。同時也提供本書許多直接相關又珍貴的資料與線索。

二〇一九年六月，李榮堂〈神蹟佮祭祀活動──當代義愛公信仰之研究〉，國立臺灣師範大學臺灣語文學系碩士論文。李榮堂認為義愛公在當代的祭祀活動都跟媽祖的祭祀活動相結合，表示義愛公的信仰文化已經非常在地化。同時藉由義愛公具醫藥神神格一事，討論臺灣民間傳統對醫藥神的依賴。

二〇一九年十一月《「神国」の残影──海外神社跡地写真記録》，以日本海外神社為主，神社（じんじゃ）是神道教國家日本重要的祭祀場所，也和平民生活密切相關，對日人而言是精神性的依歸，對日本而言是國族的象徵。戰前日本陸續於舊殖民地臺灣與朝鮮，扶植的魁儡政權滿州國，委任治理的南洋諸島和中國、俄庫頁島占領地建有神社，一方面賦予移居的日人安身立命之所，另一方面更是日本帝國版圖與政權觸角的延伸。攸關戰爭史脈絡，神社的數量、分期、時期類型的變化，牽動著統治手法的更迭，所以書中也深入討論占領政策、神社政策等政治概況，並關注東亞地域的差異性，細節到鳥居、參道、石燈籠的型態。而戰後則有大量的神社隨著政權被毀棄而成廢墟，卻也有部分因文化保存或觀光因素而再生和轉型。在臺灣，有被拆除改建為圓山大飯店的臺灣神社（宮），也有尚留存於臺南林百貨頂樓的屋頂神社，重建後被指定為歷史建築的通霄神社等。筆者注意到這本新書除了是圖像寫真外，該書所關心的海外神社包含臺灣、樺太、朝鮮、南洋群島、關東州、滿洲、中國等地。其中臺灣部分，針對臺中神社、臺灣神宮、臺灣護國神社、臺南神社、嘉義神社、新城社、員林神社等十處神社遺跡進行調查。

二〇二二年四月，三尾裕子《台湾で日本人を祀る鬼から神への

現代人類学》，三尾裕子與林美容合作進行在臺灣祭祀日本人從鬼到神的現代人類學研究，該書以蘊藏於民間信仰中殖民地經驗、戰爭經驗與民眾的歷史認知等角度，探討這些透過新媒體在觀光化當中產生的「日本神」形象，書中所探討的臺灣祭祀日本神廟宇有四十九間，根據這些廟宇的祭祀行為討論為何臺灣會有把日本人當成神明來祭祀的現象。

二　異國神祇的分布位置

以下為筆者目前所調查到的異國神祇廟宇（此處不限日本神），共七十七座，分布在全臺各地，而當中又以臺南市最多，共有二十五處：

表6-1：臺灣祭祀異國神祇祠廟表

（筆者製表）

廟名	地址	祭祀對象
1.新北市五股的兵將官祠	新北市五股區成仔寮路邊（2023年已不知遷至何處）	日本士兵
2.新北市新莊區北巡聖安宮	新莊區新樹路85巷1弄16號之1	義愛公分靈廟
3.新竹市海濱里新竹代天府聖軍堂	新竹市延平路3段455巷60弄26號	三聖軍為石頭公、林先生、根本博
4.新竹市北辰威靈宮	新竹市舊港里117號	分靈鎮安代天宮毛元帥
5.新竹拱義宮	新竹縣竹北市水防道路五段447號	分靈鎮安代天宮毛元帥
6.苗栗縣南莊鄉獅頭山勸化堂輔天宮	苗栗縣南庄鄉獅山村17鄰242號	警察廣枝音右衛門

廟名	地址	祭祀對象
7.彰化大城保義壇忠軍府	彰化縣大城鄉東成村東平路108巷2號	日本元帥（無名氏）
8.彰化大城義天壇忠軍府	保義壇分靈	日本元帥（無名氏）中國神尊外貌
9.彰化縣和美鎮平安宮	彰化縣和美鎮忠勤路32號	義愛公分靈廟
10.南投縣中寮鄉榕樹公	南投縣中寮鄉永平村縣道139號	日本憲兵殉難碑
11.南投蔡媽廟	南投市營南里營盤路151巷27號	蔡媽娘娘：琉球國夫人蔡紅亨
12.雲林斗南忠義祠	雲林縣斗南鎮明昌里延平路702之1號	赤星中尉
13.雲林二崙十縫仔水神祠	雲林縣二崙鄉大義村	日本士兵
14.嘉義縣東石鄉富安宮	嘉義縣東石鄉副瀨村57號	義愛公（森川清次郎）
15.嘉義縣朴子市天旨堂	朴子市海通路57號	義愛公分靈廟
16.嘉義縣東石鄉龍港村三太子壇	嘉義縣東石鄉嘉10鄉道27號	義愛公
17.嘉義縣中埔鄉富南宮	待考[55]	義愛公
18.嘉義市小湖里小副瀨富安宮	嘉義市西區博愛路二段89號	義愛公
19.嘉義市小湖里小副瀨富義宮	嘉義市西區竹文街95號	義愛公
20.嘉義市小湖里小副瀨富南宮	嘉義市西區後驛街82號	義愛公

---

55 據黃國哲表示，該廟已無祀，神祇併入小副瀨富南宮祭祀。但筆者尚未進行確認，姑計之。採訪地點：副瀨富安宮正殿。採訪日期：2019年12月7日。

廟名	地址	祭祀對象
21.嘉義市民安里西安宮	嘉義市西區中正路689巷1號	義愛公
22.嘉義縣中埔鄉開鳳宮旁小廟	嘉義縣中埔鄉深坑村19鄰	千葉少尉（憲兵千葉太久馬）
23.嘉義縣中埔鄉東興村小廟	嘉義縣中埔鄉東興村	將軍爺（無名氏）
24.嘉義縣布袋鎮建田宮		日籍朱府千歲GPS座標：23.40726,120.20616
25.臺南市海尾寮朝皇宮	臺南市安南區同安路127號	飛虎將軍（杉浦茂峰）
26.臺南市東區慶隆廟	臺南市東區裕永路59號	吉原小造將軍（主神謝府元帥謝永常，陪祀趙勝將軍）
27.臺南市仁德區帥軍廟	臺南市仁德區土庫一路811巷215號	山本將軍、隆田元帥等12名官士兵
28.臺南市仁德區杞杆北極殿	臺南市仁德區仁義三街34巷1號	日本軍官（吉原小造將軍）
29.學甲區煥昌里將軍廟	煥昌里近大排魚塭	祭祀十二名日本飛官
30.臺南市北門里東安宮	北門農會後方永隆溝旁	日治時期北門鹽場的場務主管，因對鹽民有功，去世後鹽民感念，建祠以祀。神稱邱二爺
31.臺南市西港區（日）本將軍前大士殿	臺南市郊外西港大橋附近，曾文溪堤防沿岸	三個日本兵（無名氏）
32.臺南市安定區港口七元帥廟	臺南市安定區安吉路三段	七元帥（無名氏）

廟名	地址	祭祀對象
33.臺南市私宅	臺南市仁德區文華路二段，俫溢科技塑材股份有限公司工廠內	裕泉督尉將軍（裕泉伸一郎）
34.臺南鹿耳門鎮門宮慈恩堂	臺南市安南區媽祖宮一街345巷420號	翁太妃田川氏，鄭成功之母
35.臺南市中西區延平郡王祠太妃祠	臺南市中西區開山路152號	翁太妃田川氏，鄭成功之母
36.臺南市新田里不犬壽祖	臺南市仁德區新田二街116巷，近九肉北極殿	日本人，無名氏
37.臺南市東區真靈祖師	臺南市東區崇明十六街	日本人，粥先生
38.臺南市永康區西勢代天宮	永康區西勢里44號	木村將軍
39.臺南市永康區紫龍宮	永康區復國一路67巷15號	日本仙女
40.臺南市喜樹區正元廟	臺南市南區喜樹路222巷117號	日本人，正元公
41.臺南市新化區王相廟	新化區那拔林25之2號附近	日本少佐，無名氏
42.臺南市新化區萬應祠	新化區那拔林清水宮前	日本女童，無名氏
43.臺南市山上區豐德萬眾祠	山上區豐德里通近森霸燃氣發電場	日本將軍，無名氏
44.臺南市六甲區慈孝宮女王世子	臺南市市道174-34K處	日本母子，無名氏
45.臺南市下營區護聖公	下營區茅港尾茅港里162號，天后宮後方	日本軍，無名氏
46.臺南市安南區興隆宮	安南區私人宅	山田佐一
47.臺南市將軍區胡烏捷祠	將軍區仁和村內	川田浩

廟名	地址	祭祀對象
48.臺南市龍崎區考潭日本飛行將軍廟	龍崎區崎頂里過嶺10號周邊竹林	日本飛行員，川井
49.高雄市小港區保安堂	高雄市鳳山區國慶七街132號	海府大元帥（無名氏）
50.舊紅毛港正軍堂	高雄市高雄市鳳山區家和三街100號	水吉成公。村民打撈到三具無名日本兵大體，建廟供奉
51.高雄市橋頭區新莊鄉有應公廟。	某養牛場附近，無地址	祭祀的是戰死的日本人。但無姓名資料
52.高雄市龍子里德安宮	高雄市鼓山區龍子里中華一路2133巷45之1號	陪祀義愛公
53.高雄市五甲區真珠媽	高雄市五甲區南光街124號	琉球人
54.高雄市三民區蕭家	高雄市三民區中庸街223巷16號之1	本田將軍
55.高雄市仁武區仙姑廟	高雄市仁武區仁福村橫山三巷21號	武川良田大元帥
56.高雄市茄萣區二層行口無名小祠	茄萣區萬福里福德路157之2號前	精姑娘精元帥（兄妹合祀）
57.高雄市茄萣區施家朱府千歲壇	高雄市茄萣區港東街136號	十二行帝（戰死的日本亡魂）
58.高雄市美濃區石母宮	高雄縣美濃鎮興隆二街140號	翁太妃田川氏，鄭成功之母
59.屏東縣東港靈聖堂	屏東縣東港鎮船頭里船頭路國宅巷5-1號	三船太郎、山村敏郎、山村久美、驅逐艦

廟名	地址	祭祀對象
60.屏東市潭墘里鎮安宮	屏東市大同北路64號	山府元帥[56]，姓山田，海軍飛行員
61.屏東縣枋寮鄉龍安寺仙峰祠	屏東縣枋寮鄉隆山村中正大路66號	士兵樋口勝見
62.屏東縣枋寮鄉東龍宮	屏東縣枋寮鄉隆山村僑德路199號	田中綱常、北川將軍、乃木希典、兩位女護士
63.屏東縣林邊鄉鎮安代天宮	屏東縣林邊鄉中正路54-1號	毛府元帥（無名氏）
64.屏東縣東港鎮東港慈母宮旁大將軍祠	東港鎮共和里共和街87-2號	保筮大將軍（日本士兵，無名氏）廟已毀，僅存遺址與防空洞
65.屏東縣萬巒鄉龍生堂	屏東縣萬巒鄉南進路8號	分靈鎮安代天宮毛府元帥
66.屏東縣佳冬鄉海埔慈聖宮	屏東縣佳冬鄉羌光路，鄰近佳冬國小[57]	分靈鎮安代天宮毛府元帥
67.屏東縣鹽埔鄉代巡堂	屏東縣鹽埔鄉新東街	分靈鎮安代天宮毛府元帥
68.宜蘭縣冬山鄉小林土地公	冬山鄉太和村太和十三份坑步道太和橋旁	小林三武郎。民國九十三年民眾為他舉辦

---

56 山府千歲本姓山田生前為大阪人氏，於日本空軍飛行學校畢業後，被派駐於屏東飛行場（今屏東機場）擔任飛行指揮官，官拜大佐。山田在一次飛行時，所駕之飛機突然故障，在欲跳機逃生時卻發現該處有許多民宅，因擔心波及無辜百姓，便選擇將飛機轉向，但迫降失敗而犧牲，也因為這樣的捨身救人的義行而得道，後來山田遇到范府千歲將其拔擢，也成為千歲。

57 資料來源為鎮安代天宮吳宮主，但詳細地址與資訊則待訪，採訪日期：2019年12月1日。

廟名	地址	祭祀對象
		科儀晉陞，請來三山國王坐鎮觀禮
69.花蓮縣太魯閣托波克社原住民祭祀日本神	花蓮太魯閣的「托波克」蕃社托波克社神壇	警察武富榮藏
70.花蓮縣光復鄉太巴塱能久親王福田祠	花蓮縣光復鄉光豐路25號富田協天宮內	北白川宮能久親王
71.臺東縣長濱鄉天龍宮	臺東縣長濱鄉樟原村2鄰17號	主神瑤池金母，陪祀日本天皇
72.臺東縣初鹿協天府	臺東縣卑南鄉初鹿村17鄰初鹿2街106號	該廟主祀神為吳府千歲，陪祀日本軍官忠軍府
73.屏東縣貓鼻頭風景區潮音精舍	屏東縣恆春鎮水泉里下泉路72號。	二次大戰海軍陣亡者慰靈碑
74.屏東縣墾丁八寶公主廟	屏東縣恆春鎮墾丁路文化巷2-1號旁	荷蘭八寶公主
75.屏東林邊鄉慈貞宮潘姑娘廟	舊名潘婆媽廟，屏東縣林邊鄉光林村林邊國中大門旁	荷蘭女醫師／傳教士
76.雲林縣水林鄉綠佑將軍廟	雲林縣水林鄉車港村紅毛路	荷蘭將軍
77.臺南市山上區井田三子廟	臺南市山上區豐德里臺20線省道旁	韓國人／四男一女

　　上述這些受到祭祀的異國神祇，在臺灣民間信仰的祭祀譜系上，位階不高，多數不是廟宇的主祀神，過去所受的關注較少，因此能搜尋到的資訊有限，例如：許多網路資料都顯示臺東卑南的協天府主祀吳府千歲，廟內同時供奉著吳府千歲所收服的日本軍官名為「忠軍府」。但關於臺東協天府是否真有其神尊，則不易獲得明確的資訊，

但彰化大城保義壇所供奉的日本神，據老乩童與該宮人士表示就是來自鹿野協天府，為分靈關係。兩尊神尊造像完全迥異，兩廟距離遙隔中央山脈，彼此關聯為何實需有更明確的調查，故此處以實地田野調查及相關文獻資料分別探討，彰化大城鄉保義壇忠軍府與和美平安宮義愛公的傳說與祭祀狀況。

（一）彰化縣大城鄉保義壇的忠軍府

大城鄉位於彰化縣西南部，與雲林縣草湖鄉僅隔濁水溪，是臨海的鄉村，人口數將近一萬六千人[58]，是彰化縣人口密度最低的行政區。關於大城鄉地名的由來相傳是福建移民名為「魏大城」者首先開墾該地，故名之；又有一說為清時因治安不佳，築土成壘，以防盜匪，故得其名。保義壇位於彰化縣大城鄉東城村東平路一〇八巷二號。壇中主祀吳府千歲，陪祀忠軍府，為日本元帥。初時並未透露其姓名，供奉多時後才透過乩身表示名為堂本次郎，生前是東京人[59]。現任壇主為王佳鴻，開壇者為王佳鴻之父。王佳鴻表示因為父親也是吳府千歲的乩身，早年都在鄉里間為神明服務，參與許多宮廟事務，後經南鯤鯓吳府千歲採乩，遂創立保義壇。關於忠軍府的來歷，根據廟方講述日本元帥原先是透過夢境表明身分，後來又透過採乩的方式指示信眾，日本軍官透過乩身說出其出處，來自臺東卑南鄉初鹿牧場對面的一間宮廟。保義壇的善信跟老乩童對此說抱持懷疑的態度，而且大家都未曾去過該地，因此十多年來都未加以求證，後來因為日本元帥一直來採乩跟說明，有意要在保義壇發揮。老壇主才因此召集宮中人員去臺東一探究竟，後果真找到臺東卑南鄉初鹿協天宮有一尊

---

[58] 2021年人口數為15,733。資料來源：內政部統計月報。
[59] 長年研究臺灣人祭拜日本神的日本記者關口直美表示，由姓氏來看，堂本確實來自東京的姓，但關於忠軍府的日本身世，目前僅知於此。

「日本元帥」,是該廟吳府千歲收為忠軍府的部將。

筆者就書面資料徵詢王壇主的意見,他表示忠軍府在年幼時就已經在他家,只是沒有表明身分,但降乩時皆講日語,主事的父親與筆生都感到困擾。直到王佳鴻接任壇主,才於忠軍府降乩時表示,一直使用古日語,即便是請來現在年輕的日本人也無法理解與溝通,在無法理解神意的狀況下,很難付諸行動。王佳鴻表示之後忠軍府降乩時才改用臺語,這顯示臺灣人的信仰觀念,一來是神的無所不能,久居臺灣自然也會臺語,另一是異國神祇的本土化,從祭祀的行為、空間、儀式與活動都使用臺灣民間信仰的方式。保義壇的乩身就是王佳鴻,因此不論是吳府千歲或是忠軍府降乩,都由他擔任,有時也會有需要外出至民家服務的狀況,他說忠軍府表示是要濟世發揮幫助有需要者,所以不能收紅包,王佳鴻也遵循這樣的指示,至今辦事仍不收取費用。筆者認為此舉也杜絕了乩童被誤會的可能,因為許多人都將乩童視為斂財的神棍。陳藝勻認為媒體經常報導乩童騙色斂財的事跡,大部分的案例都是都會中神壇的乩童,但相關報導太多,整體上便對乩童產生污名化的現象。[60]影響所及,導致地方公廟的乩童承續不易,許多老乩童年老凋零之後,很難再產生新的乩童,臺東協天府正是這樣的情況,因為老乩童凋零後繼無人,所以問事的服務便停止了[61]。而正因為保義壇還有乩童當神的代言人,故相較之下,忠軍府的神跡或靈驗故事也比協天府來的多。除了指點家宅問題,忠軍府也會眷顧有緣者,王佳鴻曾遇附近特定的居民常來祭祀忠軍府,一問之下才知曉對方在工作時間去偷閒,忠軍府託夢給其家人,要他立刻返家。該居民聽聞家人來電傳達此訊息,當天就取消偷閒出遊的行程,

---

60 陳藝勻:《臺灣童乩的社會形象與自我認同》(臺北:輔仁大學宗教學系碩士論文,2003年)。

61 當協天府前往大城進香時,是由王佳鴻擔任乩身。

連夜回到大城鄉，隔天就到保義壇參拜。王佳鴻表示那是對方若持續在外地，會遇橫禍，忠軍府才出面化解危機。

臺東協天府的吳府千歲在當地有部分村莊內的信徒是卑南族人，是族群融合後影響信仰選擇的現象。而其興建的位置，據說是日據時期神社北絲鬮社[62]的原址。根據一九四三年（昭和十八年）由臺灣總督府文教局社會課編印的《臺灣に於ける神社及宗教》記載，北絲鬮社於一九三〇年（昭和五年）二月十二日鎮座，神社所祭祀之神為開拓三神（大國魂命、大己貴命、少彥名命）、北白川宮能久親王，例祭日為每年的十月十七日，神社原址雖為協天府，但據筆者實地訪查並無留下任何較為明顯的遺跡。拜網路資訊發達所賜，忠軍府雖位於大城鄉，但已有日本記者曾前往探訪。二〇二一年由関口直美撰寫的〈初鹿で亡くなつた「日本將軍」を探して〉[63]成為首篇較完整介紹忠軍府的日文文章。保義壇所供奉的忠軍府與臺東縣初鹿協天府有一段淵源。初鹿協天府位於臺東縣卑南鄉初鹿村十七鄰初鹿二街一〇六號。地處初鹿村入近街廓處，該廟主祀神為吳府千歲，陪祀日本軍官忠軍府，原稱「日本元帥」，在得知其姓氏後改稱「堂本將軍」。

臺東協天府與彰化保義壇主祀神同樣都是來自南鯤鯓的吳府千歲，協天府的前身是民國五十六年（1967）左右供奉北極玄天上帝的北極殿。當時設於初鹿村信徒許由方家中，之後移至吳火住處。民國六十二年（1973）間，信徒才到代天府去迎回了吳府千歲的黑令旗，供奉在協天壇[64]內，也因為主事者換人，協天府的主祀神有所改變。至於臺東協天府與保義壇的淵源，據王佳鴻的說法為王佳鴻的姨丈早

---

62 初鹿原稱北絲鬮，昭和十二年（1937年）改稱初鹿。
63 〔日〕関口直美：〈初鹿で亡くなつた「日本將軍」を探して〉，《な〜るほど・ザ・台湾》，2021年6月號，頁82。《な〜るほど・ザ・台湾》是寫給日本人看的臺灣旅遊指南，許多撰稿記者都是駐臺工作多年的日人。
64 當時協天壇尚未發展成協天府，規模仍較小。

年承攬臺東紅葉鄉的隧道水管工程，接洽工作時即被告知該工作已幾經易手，都找不到能完成工作的工班。因為先前的工班屢傳傷亡事件，因此才由王佳鴻的親人接手。隨後受到神祇指示需要前往指定的協天壇祭祀（當時主祀神是帝爺公），工程才能順利。但廟宇無法順利尋訪，再經神祇指示要在指定時間前往初鹿某地等待，才有人引領至廟。葉先生依約前往，果然找到協天壇，隨後因為工程順利，彰化大城的鄉親時常前往臺東參拜，多年後忠軍府才託夢給王佳鴻的父親，表示要到彰化濟世，於是才由王氏父子前往麥寮雕刻金身。忠軍府的神像是日本士兵的造型，容貌瘦小，樣貌不甚俊美。據王壇主的說法是忠軍府生前是餓死在臺東的士兵，雕刻金身時有化境給師傅看，形容正是往生前過度飢餓的樣貌，故外貌不佳。雕刻師傅只是忠於所見之樣貌製作金身，筆者先前亦曾見聞網友討論，以為是雕刻師傅技藝差，故神尊樣貌醜陋，但其實是另有緣故。鄰近保義壇主祀池府王爺的義天壇也供有忠軍府，亦為協天府的分靈，但神像是中國式神像造型。

二〇二二年三月二十六日，初鹿協天府前往大城進香時因義天壇張壇主有事，不克出席，故筆者並未見到義天壇的忠軍府神尊。協天府該次進香路線是先至南投松柏嶺受天宮再至彰化，沿路南下至南鯤鯓代天府，活動為期三天兩夜。在彰化大城的進香活動則是短暫駐駕大城咸安宮（主祀保生大帝），咸安宮是大城鄉的信仰中心。再沿著中平路前往丞天府，[65] 最後回到保義壇，繞境全程約莫三公里。起駕時間為忠軍府降乩指示，協天府主委施先生表示，依照過往的經驗，忠軍府透過乩身所指引的時程一定要依從指示，方能一路順行。若人力介入，改動行程，通常事情都不會順利。進香當天亦出現聖駕抵達咸安宮即天降大雨，神明降乩指示停駕時間至十點二十分，屆起駕時

---

65 丞天府位於大城鄉東平路36號，主祀神亦為五府千歲。

間大雨已停的狀況。筆者後於四月四日前往協天府進行實地訪查，協天府前任主委之妻徐女士表示，協天府從小壇發展至今的規模，多為前主委主事。忠軍府降乩表示他是日軍投降後，來不及撤離臺灣而遭餓死的士兵之一。罹難之處即為協天府所在地，確實當地也挖出先人骸骨，後葬於協天府後方空地。[66]

　　根據協天府前主委（歿）之妻徐太太表示，協天府剛開始的供奉者姓詹，但供奉地點位於小巷弄內，是租賃而來的空間，腹地狹小，且出入時常需經過民家曬女性貼身衣物的小巷，因此玄天上帝表示希望由前主委接手祭祀與供奉工作，當時剛好前主委的兒子出生，但都無法順利排尿，經由上帝公指點，才解決問題，因此才創立協天府，上帝公是南投松柏嶺分靈而來，故才會有前往南投進香的參拜活動。從無至有都是先生一手創建的，而忠軍府是當年在卑南當地來不及撤退而餓死的日本士兵，而且不只一人，遭難之處就在協天府廟地旁。協天府建廟後，吳府千歲（三王）擇舉其中一位起來當忠軍府，後來因為忠軍府表示要前往彰化保義壇發揮，故為保義壇吳府千歲所收兵[67]。筆者認為，兩相對照之下，大城忠軍府與臺東協天府都位於鄉野間，在祭祀活動上比較傳統與具有封閉性，保留信仰的原樣。（圖6-5、6-6）

---

[66] 協天府後方目前一篇荒蕪，看不出墳塋所在。
[67] 受訪者：徐女士。受訪地點：彰化大城鄉咸安宮正殿。受訪日期：2022年3月26日。

圖6-5：保義壇忠軍府
拍攝日期：2022年3月6日
（攝／筆者）

圖6-6：臺東縣初鹿協天府
拍攝日期：2022年4月3日。
（攝／筆者）

（二）彰化縣和美鎮平安宮的義愛公

平安宮位於彰化縣和美鎮忠勤路32號，平安宮主祀池府王爺，陪祀神有義愛公、朱府王爺、康府千歲等。平安宮的創宮緣由乃因民國四十八年（1959）的八七水災而起，因和美靠近大肚溪，災情慘重，房屋良田都成水鄉澤國，只有池府王爺的劍令所在之牆未倒，因此民國五十六年（1967）雕刻池府王爺金身，並於民國六十年（1971）建宮，民國八十八年（1999）募款建立現在的廟體，民國九十年（2011）入火安座。

三　義愛公的來由與分靈概況

　　義愛公是日本神，分靈自嘉義縣東石鄉副瀨村富安宮。富安宮離海岸不遠，主祀朱府千歲，陪祀義愛公、蘇府千歲、范府千歲等神祇，是義愛公的開基祖廟。依據《嘉義縣志》及相良吉哉所《臺南州祠廟名鑑》記載，富安宮興建於光緒五年（歲次己卯年，1879年），由黃漏、李審、林余、柯全等募捐二千三百元，創建廟宇。光復後，因廟久失修，頹廢不堪，村民協議重建，推舉黃車頂、李二虎為董事，負責募捐，於民國四十年（1951），重建廟宇。民國五十九年（1970），舊廟整修。據《義愛公傳》載：「神稱義愛公，是日本領臺初期時的下級官吏森川清治郎巡查。」義愛公本名森川清治郎（1861-1902），[68]出生於為神奈川縣，本籍地為久良岐郡戶太町字戶部266番地（今橫濱市西區）。明治三十三年（1900）八月被派任到東石鰲鼓派出所擔任巡查。森川因任巡查期間愛民如子，且熱心服務，副瀨村是半農半漁的小村莊，居民大半文盲且生活困苦，森川氏在廟裡設立學堂，自己當教師教居民讀寫與算數。後於明治三十五年（1902）初，因日本政府針對臺灣徵收漁業稅，竹筏也需課稅，但此稅制增加村民負擔，森川乃向東石支廳長提出請願，卻遭其斥責告誡處分。森川因此自殺，村民皆悲痛不已。一九二三年五月，副瀨鄰近地區發生腦脊髓膜炎，副瀨的保正李九[69]夢見森川告訴他要注意衛生，即可免於發病的危險，李九照做，果然使村民遠離災難。隨著這則靈驗傳說興起與感念神恩，居民決議合祀森川於富安宮，稱神為義愛公。[70]一九二三年

68　臺南州警務部：〈神祀警察官〉，《臺灣警察時報》第206期（1933年1月），頁79。
69　保正李九之名，部分資料寫作李久，當為一人。
70　〈死後神と祖らる、森川巡查至誠の餘薰〉，《臺灣日日新報》，第7版，（大正十二年）1923年5月18日。

《臺灣日日新報》刊載〈死後神と祖らるゝ　森川巡查至誠の餘薰〉即對森川氏顯靈，保正李九等人決定要刻木像，並於一九二三年五月二十二日在地方廟宇舉行合祀祭儀一事有所描繪。臺南州警務部有一系列〈神に祀られた警察官〉的報導，針對森川有詳盡的工作與生活上的書寫，包括探訪百姓家計、自掏腰包濟貧、認真執行勤務等，都建立一個愛民如子的警察形象，而這些細膩的紀錄成為義愛公傳說的骨幹，正直又慈愛的日本警察也成為義愛公信仰的精神。義愛公的故事透過報導與文獻，教材與繪本等書面文字，隨著時間不斷的被傳頌，也不斷的規格化，從個人遭遇靈驗故事（夢見森川的李九）變成廣為流傳的集體記憶，成為傳說。義愛公的傳說虛實共構，在史實上有一定的添加，對信徒而言是可信度加深，對傳播的力道而言是由祭祀圈往外擴張。

　　義愛公從地方警察成為地方神祇，在副瀨村成為非常在地化的信仰，地方百姓也相當依賴，由嘉義市區有許多的義愛公分靈都來自副瀨就可看出：

> 義愛公信仰原只屬於東石副瀨村落地方信仰。昭和初年，不少東石鄉副瀨村民為求生計，離鄉背井來到嘉義火車站從事鐵路貨物搬運的工作，進而在火車站後方的區域定居下來，逐漸形成小副瀨聚落，這才把義愛公信仰傳播開來。[71]

而這些往外地擴散的信仰，仍在傳說或神蹟上保有日本神的特質，例如尾原仁美在富義宮的田野調查：

---

[71] 郭盈良：〈仁愛精神——小副瀨義愛公信仰〉，《諸羅文化誌》（嘉義：嘉義市政府，2015年），頁99。

富義宮童乩有武乩，平常說神語，但用日文問的話會用日文回答。筆者在前往富義宮進香時有機會直接問義愛公，用日語問問題，只是祂的回答雖然聽得出是日語，但聲音很像收訊很差的收音機，忽大忽小聽不懂內容，但至少感覺得到講話的人是很久以前的日本人。[72]

筆者在田野調查中也有類似的經驗，筆者經保義壇壇主引薦，能採訪関口直美女士，関口是在臺灣工作的日本人，對日本神的調查與雜誌書寫工作已長達十年。関口表示她多年前於保義壇祭典時也曾到訪，當時義愛公就突然降乩，對她表示歡迎之意，但有些日語聽得懂，有些聽不懂。

由原鄉居民的在地信仰，隨著工作生計的需求移往他處，這是義愛公信仰傳播的主要來源，另外一種則是仰賴有緣人的分靈，這種類型便與信仰發源地的地緣關係無關，而是來自特殊的人緣與神緣。絕大多數的義愛公分靈都由副瀨人所奉請，例如嘉義地區的義愛公分靈與新莊北巡聖安宮。聖安宮是臺灣義愛公最北端的分靈，據廟方表示，「聖安宮的義愛公乩童是用文乩，原本是用手轎在桌上寫日文，讓會日文的信徒當筆生。後來因為溝通還是有點麻煩，請義愛公慢慢學中文，信徒也慢慢習慣義愛公的中文，現在就能用中文溝通了。前宮主蔡水音小時候體弱多病，有一次患了很嚴重的疾病，請義愛公醫治後康復後，就發願若可以要離義愛公金身來分靈祭拜，以報答救命之恩。在他的虔誠感動下，同意分靈，時為一九七一年，開光後恭迎義愛公北上分靈於家中恭奉，旅居臺北的副瀨村、龍港村人都會前往參拜。義愛公屢顯神威，特別是治病的部分，信眾更是絡繹不絕。」

---

[72]〔日〕尾原仁美：《臺灣民間信仰裡對日本人神明的祭祀及其意義》（臺北：國立政治大學民族研究所碩士論文，2007年），頁62。

從聖安宮的說明我們發現了義愛公醫神職能的發揮，並成為旅居異鄉的東石人的精神依靠與信仰，異鄉神也成為異鄉人的精神支柱。義愛公隨著東石鄉人往北部發展，多年後也出現新的樣貌，影響著當地人對義愛公信仰的認知：

> 新莊區北巡聖安宮，供奉從嘉義縣東石鄉副瀨村富安宮分靈的「義愛公」，現為新北市唯一供奉日本警察的廟宇，鄉親時常來求神、問卜、保平安，儼然是當地的日籍土地公！[73]

從這則報導我們可以發現，「日籍土地公」一詞反應義愛公信仰的在地化，但又突出其國族的不同，信仰的屬性也產生轉變，成為一般常民認知中保護在地居民的土地公。報導中還指出「廟方曾帶著義愛公的神尊到日本橫濱進行尋根之旅，當地警察也替聖安宮開道」，這類日本神祇的尋根之旅時常受到日本方的協助與認同，是臺日友好的另外一種展現。據文獻所載，森川氏自盡之處並非富安宮而是慶福宮[74]，慶福宮即位於今日的龍港村港墘厝，當時也是森川氏巡守的範圍，因此義愛公也成為鄰近龍港人的守護神。

四 平安宮的義愛公奉祀緣由與信仰

和美平安宮平常也提供問事的服務，稱為辦聖事。平安宮供奉義愛公的由來是因為多年前廟中信徒們聽說嘉義東石有一村莊奉祀日本

---

[73] 謝幸恩：〈新莊黑面義愛公原來是日本人〉，《中國時報》網站，2013年5月18日，網址：https://www.chinatimes.com/newspapers/20130518000435-260107?chdtv （上網日期：2022年3月18日）。

[74] 〔日〕佐佐木周次郎：〈神に祀られた警察官二〉，頁61。

王爺（義愛公），在好奇心的驅使之下來到東石鄉副瀨村富安宮參拜。至廟中發現果真富安宮有奉祀義愛公，於是包了三包富安宮中爐香灰，回去放入平安宮的中爐。結果，義愛公就去借平安宮的乩童，並且說出日本話。平安宮信徒黃清課先生能聽懂日文，因此他也成為義愛公的文生。平安宮要雕刻義愛公金身時，義愛公有指示要到東勢山區大雪山一帶取材，信徒們千辛萬苦終於找到義愛公所指定的楠木，要運回之時因為是取原木所以非常粗大、笨重，所以工人用伐木工具將原木削小一點，當運回和美之時，義愛公再度指示：原木有祂要的寶物，但被工人削小之後寶物已經被破壞，所以祂不要用那塊楠木來雕刻金身。並且指示：只要到富安宮，富安宮就會幫忙雕金身。黃清課因此接洽副瀨村民丁順義先生，於是丁順義去找當年雕刻開基義愛公神像的雕刻師周圭元先生[75]（西園美術店），雕刻一尊八寸（約二十五公分）的義愛公神像（見圖6-3），並且於同年農曆二月二十日來富安宮恭請此義愛公金尊回和美奉祀，並以奉請日農曆二月二十日作為平安宮義愛公的聖誕千秋。義愛公聖誕的賀壽活動為搭臺播放電影與供奉壽桃六顆，主要策畫與相贊者，就是黃清課。黃清課曾任平安宮總幹事，現年九十餘歲，已經不在廟中服務，故義愛公目前沒有文生，降乩的次數也不多，大多數時間都是池府王爺降乩指點信徒。平安宮於民國八十八年（1999）重建，義愛公指示：再雕一金身，雕

---

[75] 此說可能有誤，當時的周圭元年事已高，親自雕刻義愛公的可能性不高。周圭元為西園美術店的創辦人，即是畫壇名氣響亮的周雪峰（1897-1973），字啟元。店址位於嘉義縣朴子市中正路138號，如今已傳給兒子周國賢、周國能兄弟經營。筆者在相關報導中發現周國能說與神明感應是很玄的事，他個人就曾因日本警察神的「現景」，才順利雕刻供奉在東石鄉副瀨村富安宮的日本警察神尊義愛公。「西園美術店」的神尊雕刻全為手工，因此約得花費半個月，才會完成一尊神尊。由此可知，義愛公的雕刻者當為周雪峰之子，周國能。詳見張鎰三：〈神像雕刻「刻佛仔」店〉，網站：嘉義縣鄉村永續發展協會。發表日期：2010年12月27日。參考網址：http://cceda2010.blogspot.com/2011/12/blog-post_7269.html。上網日期：2022年4月18日。

大尊一點，在和美雕刻即可。因此信徒在和美雕刻一尊高尺三的義愛公神像，目前宮中祭祀的義愛公就是這尊。（見圖6-8）

圖6-7：黃清課於富安宮奉請義愛公之紀錄照
拍攝地點：和美平安宮。
拍攝日期：2022年4月20日。
（攝／筆者）

圖6-8：平安宮現在供奉的義愛公
拍攝地點：和美平安宮。
拍攝日期：2022年4月20日。
（攝／筆者）

　　平安宮內所有的神尊，都是池府千歲在辦聖事時，請來協助辦理聖事而結緣，爐下弟子認為有緣，便請示池府千歲，才雕奉神尊供奉，義愛公也是由此而來。現在固定辦聖事的時間是星期日下午四點，需現場報名，至當日所有人都處理完畢，即結束辦聖事服務。平安宮自創宮以來都有乩童與筆生，現在廟中乩童大概二至三名，筆生也有二至三位，經詢問廟公許先生，他表示為了因應乩童凋零，導致後繼無

人的狀況，平安宮陸續培養新的乩童，會由神明採乩、訓鸞。[76] 如果副瀨富安宮有慶典，平安宮也會交陪相贊。經詢問廟公與筆者實際調查，尚未發現其他義愛公在彰化地區的分靈。一般義愛公的分靈都代表著是有地緣意義的鄉土神的祭祀，但和美平安宮的分靈則打破這層地緣結構，可說是義愛公眾多分靈裡唯一獨特的存在。林美容認為義愛公是成神之後才有乩，而且乩童本來就是在庄廟為庄民服務，義愛公成為庄神，源於義愛公生前與副瀨的關係密不可分[77]。高雄凹仔底德安宮的義愛公也是類似的狀況，主要的奉請人與廟宇主事者都非東石鄉民，但德安宮的開基大聖母是由嘉義縣東石鄉笨港口港口宮分靈而來，所以基本上還是存在著些許的地緣關係，因為港口宮與富安宮及慶福宮的距離相當近，龍港村與副瀨村都屬大笨港口下六庄之一。

五　日本神由人成神的軌跡與時代意義

對於臺灣人祭祀日本神的行為，董詠祥認為是化番為神，以東洋番神稱之展現過去漢人對域外民族的態度與看法。臺灣經歷過荷蘭人、鄭氏王朝、清朝、日本人統治，擁有許多被殖民經驗，但供奉日本神卻是民間自發性的信仰行為，與皇權統治的壓迫無關。以彰化地區祭祀日本神的狀況而言，可分以下幾種行程祭祀的原因：

（一）閩南風俗文化的影響

臺灣民間信仰是中國民間信仰觀念的具體化展現，因為中國早期移民的關係，臺灣民間信仰與風俗受閩南文化影響之跡更是深遠，而

---

76 受訪人：平安宮廟公許先生。採訪地點：平安宮正殿。採訪日期：2022年4月20日。
77 林美容、三尾裕子、劉智豪：〈從田中綱常到田中將軍的人神蛻變：無關族群的民眾史學〉，《臺灣文獻》第68卷第4期（2017年12月），頁167。

對於這些影響的具體展現，不論是在信仰儀式的層面或是民俗文化的層面，學界都已有相當豐富的討論，成果斐然。林國平認為閩臺民間信仰的由來是因為好巫尚鬼之風興盛，加上自然災害頻繁，造成民間信仰隨著移民傳播至臺灣[78]。早先入閩且有功德於民的漢人死後被奉為神靈在三國時期即有跡可尋，例如長汀的助威盤瑞二王廟祭祀石猛，而隨後歷朝歷代祭祀有功德者則數之不盡，這類風俗隨移民至臺灣後，將有功於民的日本人視為地方守護神祭祀，則顯得自然，是出於民間信仰需求使然。清人姚瑩〈焚五妖神像判〉：

> 閩俗好鬼，漳、泉尤盛。小民終歲勤苦，養生送死且不足，輒耗其半以祀神。病於神求藥，葬於神求地，以至百事營為不遂者，皆於神是求。愚民之情，亦可哀矣。然皆求福而祀。[79]

雖然文章用以批判閩人好祀鬼神之風，但大抵說明閩地人喜歡造神修廟，目的都是為了祈福，所祀奉的對象也都是品行端正，利物濟人的良善之輩——而這也是閩南繁雜的諸神信仰中最基本的共同特徵。而筆者認為，這正是臺灣人民祭祀日本神自發性行為的基因。同時透過「分靈」和「進香」的活動，展現閩南民間信仰獨特的歷史過程與祭祀儀式，「分靈」是信仰擴張最顯著的外在表徵，「進香」則是對祖廟信仰的認同與信仰交陪網絡的鏈接，透過不斷的分靈與一次次的進香鞏固信仰的發展與傳播，義愛公與忠軍府的分靈展現的正是有德、有功於民者皆可能為神，成為更多信民祈求保佑的祭祀對象，突破原有

---

78 詳見林國平：〈閩台民間信仰的由來與社會基礎〉，《閩台神靈與社會》（廈門：廈門大學出版社，2010年），頁1-36。

79 〔清〕姚瑩：〈焚五妖神像判〉，《中復堂全集・東溟文外集・卷四》（臺北：文海出版社，1974年），頁406-407。

信仰地域上的限制。而隨著進香活動的進行，是信仰圈情感的聯繫，也是信仰傳播發散的良好機會。相對於臺灣其他民間信仰而言，許多信仰的起源都來自移民時香火分靈而來，但日本神在臺灣的信仰，是實實在在起源並扎根於臺灣土地的存在，既地方化也本土化的展現，成為閩南文化中極具特色的一環。

（二）集體記憶與民族情感的作用

關於集體記憶（Collective memory），法國學者阿伯瓦克 Maurice Halbwachs（1877-1945）認為集體記憶是被社會所建構的：過去（past）主要是透過象徵、儀式，以及歷史著作與傳記，才為人所知信（know）。[80]同時，集體記憶並非是天賦的，亦非某種如榮格的集體淺意識一般神祕難測的集體心態，而是一種社會性建構的概念。學界研究常以「警察國家」來稱呼殖民地臺灣時期，而警察的形象時常是嚴苛、暴虐。但蔡錦堂透過實際的訪談發現，人民記憶中的警察可能與學者研究內容大異其趣，例如「當時的警察素質良好」、「日本警察也不會有種族歧視、對臺灣人沒有偏見」、「我到現在還是很懷念日據時代那種良好的治安」，對外在形象的記憶則是「他們身上都會配一把長刀、走起路來威風凜凜」，[81]諸如此類的答案，筆者年幼時也常聽長輩提起。警察在老一輩臺灣人眼中是威嚴又值得敬畏的對象，社會秩序的維護者，公平而正義。而這是這樣的集體記憶與情感，賦予義愛公信仰擴散的空間，蔡錦堂論文所訪談的對象大致為一九三五年（昭和十年）左右出生者，而一九三〇年代開始也是森川氏的事蹟隨

---

80 〔美〕科塞（Lewis Alfred Coser）撰、邱澎生譯：〈阿伯瓦克與集體記憶〉，《當代》第91期（1993年11月），頁20-39。

81 詳見蔡錦堂：〈跨越日本與國民黨統治年代的臺灣人之日本觀〉，《臺灣文獻》第58卷第3期（2007年9月），頁6。

著鄉民口傳、供奉於寺廟與日本官員的訪查逐漸流傳開來的時代，義愛公的信仰開始有多元的論述。蔡錦堂認為老一輩臺灣人心中雖然對當時的日本統治也有「彼我異族」的影像存在，但大致傾向有「良好印象」或「親日」的趨勢，而這一輩人正是臺灣祭祀日本神最初的參與者，因此不論是在集體記憶或民族情感上都有助於日本神在臺灣信仰的發展。集體記憶的物質化或具體化體現在義愛公的聖誕與遶境活動上，和美平安宮以奉請義愛公的二月二十日為聖誕，與東石富安宮的四月八日（佛誕日）不同，一則紀念奉請日，一則與佛祖聖誕相同，展現信民對義愛公的敬重，同時也有神格提升的意味。

上述彰化地區的日本神顯靈異的方式，常常是透過扶乩或抓乩，展現其所使用的語言不同來呈現國籍的差異與特色，義愛公開始出現分靈也是這個時候。[82]

這些日本神的信仰開始出現神異事件或開始有人加以祭祀，時間點大概都在日軍撤臺二十年後，約為一九六五年，民國六十年代左右。透過夢境化現，或是透過乩童之語，民國六十年代臺灣經濟即將起飛，戰後沒有經驗或經歷過日治時期的臺灣人逐漸增多，直接參與祭祀日本神的臺灣人大多數是此輩，對於日治時期的理解來自耳聞於長輩之說，因此集體記憶與對殖民政府的比較後所產生的情感，仍影響的臺灣日本神的出現。這些日本神多以正直、愛民如子的慈悲形象出現，也反映出民間百姓對統治者的嚮往或理想的一種想像。

除了義愛公因日治時期就出現祭祀事實，比較容易被民間信仰接受外，為何臺灣會祭祀曾經統治過本島的日本軍警，身為被殖民者臺灣人對日本的民族意識或情感為何？這恐怕是影響民間信仰祭祀日本神的原因之一。除此之外，筆者認為這些祭祀日本神的廟宇都會出現

---

82 黃國哲：〈日本巡查臺灣神明〉，《民俗與文化》第4期（2016年3月），頁198。

「語言問題」，幾乎每處都有降乩時講日語的現象，而這種情況反映出乩童的存在對於廟宇香火的傳播有其重要性，這些能與神祇溝通的轉介，增加信徒對神祇的信心，提供問事的服務，則是鞏固或增廣信眾關係的服務，雖然社會大眾對乩童普遍存在負面印象，但對於有實際信仰行為者而言，這個傳達神的旨意之人是非常重要的存在，而所謂的「天語」是非常人所能使用與理解的語言，與一般人的尋常見識不同。乩童是民間信仰的靈魂人物，以保義壇而言，王佳鴻與其父都是乩身，保義壇沒有固定問事的時間，如果有信徒需要，則請神明降乩。若有需神祇外出處理者，王佳鴻也會前往，至於降乩神祇是吳府千歲或忠軍府則現場方知，處理事項如卡陰或居宅問題等。

以筆者所見，彰化祭祀日本神的狀況，一是神緣、二是人緣，在地緣關係上的聯繫較不明顯，因為和美鎮與東石鄉，大城鄉與臺東鎮都有相當的距離。但共通點是當這些日本神成為廟壇中的陪祀神時，也為看似不相連又不同祭祀系統的廟宇提供交陪網絡，形成一種特殊的情誼。過去礙於網路資訊較不發達，日本神的祭祀較少被公開，但因為其異鄉神的特殊性，反而在當地相當知名，在缺乏書面資料記載與網路資訊不全的狀況下，至當地詢問更容易尋得，也展現了異鄉神信仰的共相。由民國六十年代開始至今，日本神在臺灣的信仰發展又過了五十餘年，親身經歷過日本時代與教育的老一輩幾乎凋零，戰後臺灣人與更新一輩的臺灣人如何展現這段日本時代的記憶與情感，我們或許從東日本大地震可以看出些許端倪，在日本發生東日本大震災時，臺灣民眾捐出了遠超過世界各國的二百億日圓善款。而這筆金額，幾乎可說是靠著大量的小額捐款等所累積而成。從這點可以發現，在臺灣社會之中所蘊含的強烈對日友好情感，可說是已滲透到個人範圍的層級。[83]甚至出現臺灣人去廟宇祭祀日本神，希望日本神可

---

83 蔡錦堂：〈跨越日本與國民黨統治年代的臺灣人之日本觀〉，頁1-28。

以保佑日本國民平安度過災難的現象與新聞：

> 在日本三一一海嘯災難過後，原本並沒有那麼多香客的（臺南）仁德杞杆北極殿與帥軍廟都紛紛湧現香客，郭鴻儀提到，宮城強震後，當地大海嘯、輻射外洩等接連來襲，複合式的災難處境堪憐，因此民眾才會想到土庫帥軍廟與新田北極殿，拜日本神、佑日本人。[84]

顯示民間需要下，日本神被賦予新的職能。尾原仁美認為不管好壞，對臺灣人來說，直到現在日本人都是最熟悉的外國人，也道盡在臺灣雖然異鄉神並不僅限於日本神，對為何研究成果與關注目光日本神都相對出色的原因[85]。隨著受過日本教育者的凋零，以及閩南人祀神多元的習慣，在臺灣這些有功有德者，受到祭祀，也隨著親日的年輕族群興起，普遍社會風氣對日本文化並不排斥，這些異族成神的祭祀行為，反而成為話題與關注的焦點。

這些神祇的興起與隨後的發展，都與日本政府在臺灣的種種作為息息相關，例如日軍撤離後，供奉日本神像的廟也有所改變，意即這些信仰獨特之處在於其牽動歷史發展。祭祀之處的改變與接受，正是民間對日本治臺的一種看法。筆者認為義愛公之所以成為現在臺灣分靈數量最多的日本神，除了其真有此人與愛民如子的故事外，其因警察身分與職務也留下的相關文獻也比其他日本神多，加上一九三〇年代義愛公故事曾被作為臺語讀本教材[86]，甚至在臺南州官方單位的主

---

84 吳俊鋒：〈民眾拜東洋神為日人祈福〉，《自由時報》網站，2011年3月22日，網址：https://news.ltn.com.tw/news/local/paper/478346（上網日期：2022年3月22日）。

85 在臺灣受到祭拜的異鄉神還有來自荷蘭的八寶公主、韓國的井田三子（臺南市山上區）等。

86 東石生：〈入賞神祀森川巡查實話〉，《語苑》第25卷第5期（1932年5月），頁54-62。

持下出版以森川氏故事為主的童書《明治的吳鳳》[87]。透過真實可稽的文獻與資料，義愛公信仰成為當地穩固的在地信仰，而脫離政權輪替所帶來的可能影響。

　　關於義愛公的傳說在當代，筆者透過田野調查的訪談，發現傳說內容並沒有起太大的變化，不論是神的身材容貌或是事蹟，而這可能跟一九三〇年代大量相關的文獻、教材有關，老一輩的信徒有的本於親眼見過，再下一輩的信徒則來自長輩的口述，而這個曾經生活在村莊內很有熟悉感的地方守護神，便以這個既威嚴又慈愛的形象存在於信民的心中，外地的分靈與信徒資訊都來自副瀨，因此調查時常常會得到與富安宮相同的答案或是要問富安宮比較清楚等的回答。例如：筆者在田野調查時曾訪問過富安宮附近的居民，關於義愛公的樣貌，得到的答案是長滿鬍鬚、說真的不好看、很凶等回答，對照文獻所述，可以獲得連結，不論是一九二三年《臺灣日日新報》的報導或是一九三二年佐佐木訪談保正李九的紀錄都有相似的說法，顯現這除了是民眾記憶外也有文獻的支撐，因此得以維持不變。李豐楙認為「一開始固然是由少數的有心人所促發的，不過真正推進的主力仍是集體的民眾，這是奠基於一種集體性的文化心理、信仰心理」[88]。這個說法展現了日本神信仰在臺灣各地發跡的過程，義愛公還有許多分靈是被信徒迎請回家供奉，因為供奉於私人家，數量與所在之處較難以統計，故本文對此並未加以討論。

（三）神格的提升

　　這些非正常死亡的日本人，都經歷一段成為鬼的狀態，義愛公是

87　〔日〕志村秋翠：《明治的吳鳳》（國立臺灣圖書館藏）。
88　李豐楙：〈導言〉，《性別、神格、與臺灣宗教論述》（臺北：中央研究院中國文哲研究所，1997年），頁11。

提著燈籠巡視副瀨村,忠軍府是作祟地方影響工程的討祀現象,隨著天上聖母請玉帝請旨與五府千歲的收兵,祂們都依正式管道得到提升,而成為地方土神。在民間廟宇得到祭祀後,因其特殊身分與神威事蹟的宣傳,日本神開始出現分靈,分靈也是一個從陰神轉變為正神的標誌,而義愛公除了分靈外,部分分靈發展成宮廟,例如新莊北巡聖安宮與嘉義市小副瀨富義宮,義愛公成為廟宇主神。這可以視為是一個由人成神完整的轉化過程。尾原仁美認為日本神是循著臺灣民間信仰法則的自然信仰活動裡面所產生的信仰對象,正說明了義愛公為何可以經歷一個完整的信仰歷程的原因。李豐楙認為:

> 成神之道在於神本身的自力、自造,而不完全經由信徒的他力、他造,信徒在祭祀、信仰區內所形成的神話,需要採用隱喻性語言一再地重複或擴張神蹟,並用以合理化其信仰行為,作為祭祀、信仰團體內部整合、凝聚其向心力的基本動因。[89]

由忠軍府的故事看來,據有陰神的性格,陰神若有守衛鄉里的靈驗事蹟,也有可能獲天庭正名得到最高神祇玉皇大帝的敕封,認可冊封為王爺、聖公、將軍、元帥等正神,在神祇譜系裡逐漸高升,由陰轉陽。在臺灣民間信仰中,信眾主動將鬼魂升格化、神格化,有一定的步驟。戴文鋒認為將無祀孤魂轉為神明,將領化是一個指標[90],忠軍府的案例就是如此,神祇由原先餓死的眾多軍魂中拔擢一位為忠軍府,收為兵將之首。忠軍府到保義壇多年後才要求刻金身,出現神像

---

[89] 李豐楙:〈從成人之道到成神之道 一個臺灣民間信仰的結構性思考〉,《東方宗教研究》新第4期(1994年10月),頁193。

[90] 詳見戴文鋒:〈臺南地區民間無祀孤魂轉化為神明的考察〉,《臺灣史研究》第18卷第3期(2011年9月),頁148-151。

化的現象，形成王爺信仰之外的另類「將軍信仰」。不過由厲鬼轉為神明，神格不能太高，這些無祀孤魂被將軍化、將領化的過程中，先是冠上「元帥」、「將軍」稱號，繼之再加以姓氏化，化身歷史人物的忠臣名將生平，增加忠義性格。然而神鬼畢竟殊途，成神的正當性，最終要得到最高神祇玉皇大帝（或廟宇主祀神）的敕封，方為正神。忠軍府為吳府千歲所敕封，義愛公則為池府王爺的陪祀神。

　　大致來說，孤魂是否轉化升格成為神明，將領化的稱號只是其中一項指標，其他指標尚有：廟內是否配祀其他神明？廟宇的建築形制如何？是否擺設祭神供品？是否燃燒金紙等，最顯著者為所奉祀者是否從牌位改為神像，才是脫離無祀鬼魂的關鍵，正式成為神明的標記。但現實的祭祀情況多元，多數研究者保留彈性，對於陰陽神／廟的轉化認定標準尚無法完全一致。

（四）祭祀日本神的時代意義

　　一九二三年，東石地區流行流行性腦膜炎，當時保正李九夢見森川，提醒村民注意環境衛生即可安然度過，果真副瀨村民無人傷亡。村民因此雕刻神尊恭奉，尊稱為義愛公。可見在日治時期已經有義愛公顯聖的傳說，而後出現雕刻神尊合祀於村廟的祭祀行為。義愛公顯靈的傳說在森川氏身亡後二十年出現了，有些曾經見過森川氏的民眾仍在世（例如：當年慶福宮的廟守王棍），這明顯與其他日本神的顯靈傳說不同，展現當地民眾對森川氏的依賴與信賴，也體現當時人對好的統治者或管理者的期望。

　　國民政府來臺後實施去日本化活動，義愛公的信仰並未因此被抹滅，一來是因為在東石當地義愛公的信仰已經被居民所接受，成為當地需要的土神，這點從農曆四月初八日為義愛公聖誕千日，永祀富安宮，且隨後出現分靈至臺北、彰化、嘉義和高雄各地等狀況，都呈現

隨著時代發展，義愛公的信仰圈也隨之擴張的面向。經過近年來不論是學術界或有志之士的研究與討論，日本神在臺灣的發展受新時代媒體的影響，有了新的傳播管道。例如日人片倉佳史〈嘉義富安宮祭祀日本巡查，森川清治郎成為臺人敬拜的「義愛公」〉文中披露他第一次造訪富安宮是民國八十九年（2000）以前，當時的狀況如下：

> 當時迷了路，東繞西找好不容易抵達寺廟，便有信徒上前搭話，告訴筆者很多故事，現在仍能清晰想起那些年長者是如何以熱情的語調，來傳頌他們從上個世代聽說的，關於森川巡查的為人。雖然這座廟幾乎沒有日本人會來造訪，廟裡仍備有以日文印刷的小冊子。[91]

二十幾年來日本神的信仰所受的關注，已經大不相同。二〇一一年〈日警祭拜警察神〉的新聞正是一個很好的例子，日警祭拜警察神成為一時的話題，展現此信仰已得到日本人關注，且有祭祀行業神的意味同時具有宣傳賣點，對義愛公的信仰更廣為人知，伴隨著國內旅遊的興盛，拜訪日本文化相關的景點已經成為一種潮流，前往參香的民眾便出現年輕化的趨勢。

第三節　結語

筆者於二〇一九年前往富安宮時，富安宮已經是許多日本人都造訪過的廟宇，有觀光客、在臺日人、日本慰靈團等，從中可見經由媒

---

91 〔日〕片倉佳史：〈嘉義富安宮祭祀日本巡查，森川清治郎成為臺人敬拜的「義愛公」〉，《關鍵評論》網站，2020年8月20日，網址：https://www.thenewslens.com/article/139429（上網日期：2022年4月2日）。

體曝光與臺日更形友好後的差異。對於一般的民間信仰者而言，祭祀日本神與祭祀其他神明並無不同，在信仰的本質上是祈求保佑，但投其所好的祭祀用品的選擇也是一樣，會選擇臺灣人想像中的日本式，例如使用日本酒，或是使用五元硬幣供奉於神像前，又或是擺放日本國旗或播放日本軍歌，這些行為與日本神道無關，與擺放神祇喜歡的物品以祈求祂庇佑的祭祀心理有關。但對於更年輕一輩，離民間信仰稍遠的臺灣人而言，這種明顯不同的神像與祭品或寺廟樣態，則在好奇心的驅使下一探究竟，成為日本神被接受的另外一種管道。因此神祇的靈驗與否，反而不一定是這類型祭祀者所在乎的重點，黃國哲認為「富安宮是主祀五府千歲與一般道教廟宇沒什麼兩樣，而與其他廟宇不同的是，廟中供奉一尊身穿日本明治時代巡查制服手握武士刀的義愛公」。黃國哲所強調的日本樣貌神像，正是日本神吸引年輕祭祀者的原因，但對於日本人而言，想了解臺灣人的世界，日本人神明就是臺灣民間信仰中很普通的神明，這種存在於臺、日兩方，看似略有矛盾的理解與情感，正是日本神在臺灣民間信仰流播的空間，而筆者認為，近年來隨著新冠肺炎的限制與網路媒體的發達，加上廟宇經營者對話題的操作，日本神信仰在臺灣還有更多茁壯與被理解的空間。

第七章
結論

　　臺灣民間信仰在明、清時期由大陸來臺拓荒的先民由原鄉攜來香火，各樣不同的神祇隨著不同的族群越過黑水溝，在臺灣落地生根且多元發散，成為臺灣在地的民間信仰。祂可能是唐山過臺灣的關帝[1]，或全球華人都熟悉的觀世音菩薩、媽祖信仰，也可以是人在俗世不免追求的財神信仰，更可以是與身體健康息息相關的保生大帝信仰，在這塊海洋文化孕育下的自由土地，民間信仰得到充分的養分與空間，在臺灣民間社會依其內在理路，盤根錯節的發展。

第一節　神祇流播的海上絲路

　　跨域流動的神祇有其共相與殊相，不論是福建水神陳文龍或是琉球女神蔡紅亨都在當代民間信仰中，被賦予「中日友好」的連結，進而產生「和諧之神」的稱號。水部尚書陳文龍的傳說，均圍繞著他生時愛國的忠貞故事，死後人們歌詠他的節操，民間封他為水部尚書，將其視為水神，職能是保佑靠海為業的漁民與仰賴海運的商人。有關陳文龍的信仰以福建地區為核心，擴及馬祖、臺灣與琉球。

　　這種神職在當今信仰傳播時也成為廟宇發展凸顯的重點，這是地方水神因應現代信仰型態改變的展現，加強異國連結，進而吸引更多關注的目光或潛在信眾，維繫香火的發展。但「和諧」的封號背後，

---

[1] 胡小偉：〈關帝：唐山過臺灣〉，收入蕭登福、林翠鳳主編：《關帝信仰與現代社會研究論文集》（臺北：紅螞蟻圖書公司，2013年），頁233-276。

往往是與戰爭相關的災難記憶。蔡紅亨相傳是來自琉球的閩人之後，在福建得道成仙，正因為有此背景，成為福州琉球國蔡仙府的特殊魅力，證明福州是神祇流播的海上絲路。

二〇〇五年黃向春〈地方社會中的族群話語與儀式傳統－－以閩江下游地區的「水部尚書」信仰為中心的分析〉，以為「水上人家」及「走水」商人是貫穿陳文龍信仰廟宇與儀式傳統發展脈絡的族群話語，並認為該信仰與臨水夫人、五帝、大王信仰都有所聯繫，但信眾和儀式的群體性上又有差別，形成一個相對獨立的系統。筆者認為，陳文龍信仰在馬祖有其特殊的封閉性（幾乎僅限北竿鄉塘岐村人的在地信仰），但又有其開放性（頻密地與中國尚書廟群連結與企圖連結臺灣本島與琉球）。同樣地，蔡紅亨的信仰也有此特性，在臺灣的發展僅限南投地區，但在福州的琉球國蔡仙府卻積極連結馬祖信徒，希望透過地緣關係強化神緣連結。有異曲同工之妙的，還有日本人成神在臺灣信仰的發展。

筆者回顧國內外的研究現況發現，臺灣祭祀日本神的廟宇，在神祇顯化與信仰流播過程中都仰賴乩童的出現，(乩童起乩表示神為日本人或廟宇濟世依賴乩童扶乩出文)，凸顯「異國神」的「語言」問題與信仰發跡有指標性的關聯。另外，這些直接針對在臺灣受祭祀的日本神祇之討論大量出現都是近十餘年間事，這意味著媒體報導及社會氛圍（臺日友好）都影響著民間信仰對日本神祇的接受。現階段討論有地方政府補助出版的系列專書、宮廟自行出版的廟誌、期刊論文、學術論文、學位論文、新聞報刊、社群網路經營等多種面向，而這些討論所引發的效應，對信仰的詮釋及造成這些現象的因素與社會的影響，都有待更深入的討論。

第二節　臺灣民間信仰蓬勃發展後的神祇與廟宇

　　日本人成神在臺灣，於歷史和當代臺灣社會扮演著雙重的角色：第一個角色是異族的統治者與保護者，隱含著日本殖民政府與臺灣的戰爭記憶發展，在殖民的過程中，政治對於族群關係的強制介入，為了殖民政權的穩固，導致族群關係（日本人、漢人和原住民的衝突化）面臨衝突與整合；第二個角色是逐漸發展成為臺灣在地的民間信仰，成為臺灣文化的一部分。日本人成神信仰可視為是臺灣有應公信仰中的一環，當代民眾對日本神的接受已無關乎國族認同，是常民生活記憶加上在地元素的自然擴張，日本神體現的是民間現實需求融合信仰文化後在地化呈現的樣貌。透過彰化地區有關日本神的傳說與信仰的調查，我們可以以小見大，放眼全臺各地，有更多日本神的傳說與信仰值得我們深入的研究[2]。同時，我們也可看到日本人對臺灣人祭祀日本神的看法，除了臺日交流以外，這也是日本人理解現代臺灣人以及過去臺灣歷史文化的一種視角。隨著忠軍府與義愛公的信仰發展，我們可以發現當代民眾的需求影響民間信仰，日本神的存在是臺灣民間信仰需求的反射，不論是媒體化的影響，或是臺日情感交流的媒介，都如實投射臺灣常民生活的多種樣態。

　　日本人成神的獨立研究者関口直美表示，自己的爺爺也是在二次世界大戰期間，被調派前往帛琉。但就此下落不明，至今仍未回到日本。因此，她對於這些透過乩童，表明自身身分，甚至因此找到日本遺族或親人的日本神，都感到羨慕與感動，而這也是戰爭所造成的災難與傷痛。而在臺灣成神的日本神，則給予親族後代或家人一種聯繫的管道與情感上的撫慰，筆者認為這正是這類信仰可貴之處，除了照

2　詳見李淑如：〈異鄉人成神——臺南地區日本人成神的信仰與傳播研究〉，《民俗曲藝》第223期（2024年3月），頁153-214。

見殖民歷史，也反映戰爭記憶以及現代臺日友好的關係。同時也顯現異國神祇逐漸與臺灣民間信仰合而為一的發展脈絡，不論是透過地方境主神祇的加封或是成為廟宇的陪祀神，都映現民間信仰的多元性與包容力。

和美平安宮祭祀義愛公是全臺義愛公信仰中最特殊的分靈，突破地緣關係的分靈結構，且同樣與祖廟都是西園美術店的作品。在彰化的日本神信仰顯示義愛公信仰的獨特之處，也反映出忠軍府在村落間保有原始信仰的樣態，這些各具風格的日本神在彰化地區都呈現臺灣民間很正常的生活樣態與信仰，成為與當地百姓相當親近的異鄉神，既非常又正常，既熟悉又陌生，這種不違和的矛盾，正是日本神最大的特色所在。以上論述呈現日本神即使在同一塊土地，也被賦予、承載不同背景、不同國族的人們不同意念，即日本神的身分和祭祀意義可因時空與社會所需而有多種轉化的可能。

中國人一向被評為具有現實功利的民族性格，對於後天神在由人而成神的過程中，也常是基於一段時間的感應應驗，然後懷抱著崇德報恩的心理，表現出一種虔誠的信仰心而為之立祠崇祀，並非簡單地由一群有意圖的人即可「造神」，縱使是雜祀之類也多需經由一段時期的靈驗後才會崇祀。而日本神的信仰中如「義愛公」者更是人民將生前的崇拜轉變為死後的膜拜，這樣的信仰模式既有中國人傳統的神鬼宗教觀、民族情懷，更是日本神信仰在臺灣民間在地化的展現。

本書就臺灣的日本神祇傳說與信仰的當代發展為其中一個小單元，進一步擴及臺灣與日本兩地對此類信仰的連結。日本人成神是隨著臺灣民間信仰發展而產生的特殊信仰型態，隨著臺日友好的社會風氣形成信仰的流動，祭祀日本人成神的廟宇有緩慢增加的趨勢，透過關心這個議題，對臺灣民間傳說與民間信仰的傳播關係研究也有所補充。

第三節　神諭、籤詩與新視野

　　臺灣寺廟籤詩普遍應用在於民間信仰儀式，也是常民遭遇生活困難時最常見且迅速的解決方法之一。有關婚姻、家運、仕途、遠行、經商、耕作、失物、求子、求功名……等，信徒在做出決定之前，常常至寺廟焚香，卜求籤詩，以求神明指引，增強自己的信心。透過各類籤詩的發展與不同神祇的信仰交互影響，我們可以看見民間信仰的流動性，也能發現占卜、神諭對信仰推廣傳播的感染力，從通俗文學作品到實際的祭祀現場，都能獲得印證。

　　筆者認為隨著新時代的進步，占卜方式的多元與各種心理諮商方式的多樣化，籤詩面臨了需求人數減少的挑戰，有時寺廟管理人員也無心經營，因此蒙塵的籤詩多了，專業解籤人少了，籤詩有可能漸漸式微，但也有些廟宇新增籤詩，雖然新增的速度較慢，但這也是籤詩保存的一環。雖然現代社會有多元的處理問題的管道與許多宗教選擇，但籤詩因為其占卜吉凶與能具體且快速得到神諭的特色，衍生出許多新的樣貌，例如各種靈籤網站（通常有簡易的籤解）、籤詩解數書（用以賭博求明牌）、文學籤詩的出現、文創相關商品（籤詩茶包）等。這些新的產物其實都是籤詩面臨時代挑戰下的回應，同時也顯示即使科技發達，人類想要一窺天機的需求仍然不變。

　　另外，籤詩所受到的時代與跨域挑戰還有籤詩的翻譯與華人文化等問題。目前在臺灣，有許多廟宇在進行或已經完成籤詩的雙語化，通常以英文、日文翻譯為主，目的在服務觀光遊客。而在海外國家，籤詩的翻譯則可能是為了服務中文不佳的華人與各國遊客，例如美國。林國平《籤占與中國社會文化》中認為，紐約的大乘寺和佛恩寺將籤詩翻譯成英文，以方便美國信眾，主要以非華人的遊客為主。但筆者好奇的是，時至今日，在美國的英譯籤詩，服務的對象還是非華

人遊客嗎？或者是當地的華人信徒，現在也需要英譯籤詩解籤呢？同樣英文翻譯，籤詩在美國與馬來西亞等地，翻譯的方式與服務的對象是否相同？而這些問題的答案可能都深刻的與當地華人文化的發展緊密交織，只是過往的討論不多，非常需要進行深入且持續的研究。

　　本書全面調查福建、臺灣、琉球三地的民間信仰與籤詩文化，掌握其整體傳說與信仰的樣貌與發展脈絡，同時針對各類籤譜的特色與演變加以爬梳，運用水神信仰與中琉關係研究的相關研究成果，再加上實地的田野調查，分析文學作品與民間信仰的相互作用，讓福建地區水神信仰的譜系更完整，同時也豐富臺灣民間信仰研究的成果。從跨地域、跨神祇、跨文化的觀察脈絡出發，提供我們理解當代與未來宗教發展一個新視野，值得繼續觀察。

參考文獻

一　原典文獻

〔晉〕干　寶：《搜神記》，上海：上海古籍出版社，1990年。
〔晉〕葛　洪：《抱朴子》，臺北：臺灣中華書局，平津館本，1973年。
〔劉宋〕劉敬叔：《異苑》，臺北：新興書局，1978年。
〔唐〕段成式：《酉陽雜俎》，《欽定四庫全書》子部第12冊，臺北：臺灣商務印書館，1967年。
〔宋〕岳飛撰，〔清〕黃邦甯編：《岳忠武王文集》，道光二十七年重刊本。
〔宋〕洪　邁：《夷堅志》，臺北：商務印書館，1981年。
〔宋〕洪　邁：《夷堅甲志》，北京：北京出版社，2000年。
〔宋〕洪　邁：《夷堅支志》，合肥：黃山書社，2009年。
〔宋〕張邦基：《墨莊漫錄》，收入《文淵閣四庫全書》子部第170冊，臺北：臺灣商務印書館，1983年。
〔明〕安遇時編：《包龍判百家公案》，收入劉世德等主編：《古本小說叢刊第二輯》第4冊，北京：中華書局，1990年。
〔明〕馮夢龍：《醒世恆言》，南京：江蘇古籍出版社，1991年。
〔明〕楊　英：《從征實錄》，臺北：臺灣銀行經濟研究室，1958年。
〔明〕謝肇淛：《五雜組》，臺北：新興書局，明萬曆戊午年刻本，1977年。

〔明〕應　檟：《大明律釋義》，收入《續修四庫全書》史部第863冊，上海：上海古籍出版社，2002年。
〔清〕趙　翼：《陔餘叢考》，石家莊：河北人民出版社，2003年。
〔清〕尤　侗：《艮齋雜說》，北京：北京大學圖書館藏清刊本。
〔清〕江日昇：《臺灣外紀》，臺北：河洛圖書出版社，1980年。
〔清〕江日昇：《臺灣外記》，上海：上海古籍出版社，1990年。
〔清〕李鼎元：《使琉球記》，臺北：文海出版社，1970年。
〔清〕何　求：《閩都別記》，臺北：臺北市福州同鄉會，1979年。
〔清〕阮　元：《揅經室集》，臺北：藝文印書館，1967年。
〔清〕花也憐儂：《海上花列傳》，上海：上海古籍出版社，1992年。
〔清〕周楫著，陳美林校注：《西湖二集》，臺北：三民書局，1998年。
〔清〕姚　瑩：《中復堂全集》，臺北：文海出版社，1974年。
〔清〕紀　昀：《閱微草堂筆記》，臺北：大中國圖書公司，1994年。
〔清〕胡建偉：《澎湖紀略》，臺北：臺灣銀行經濟研究室，1961年。
〔清〕英廉等編：《日下舊聞考》，臺北：廣文書局，1968年。
〔清〕徐本等：《大清律例》，收入《文淵閣四庫全書》史部第430冊，臺北：臺灣商務印書館，1983年。
〔清〕徐　珂：《清稗類鈔》，臺北：臺灣商務印書館，1966年。
〔清〕袁　枚：《子不語》，臺北：新興書局，1978年。
〔清〕翁洲老民：《海東逸史》，臺北：臺灣銀行經濟研究室，1961年。
〔清〕張學禮、王士禎等：《清代琉球紀錄集輯等十二種（上）》，臺北：中華書局，1971年。
〔清〕曹雪芹：《紅樓夢》，臺北：里仁書局，2018年。
〔清〕莊成編：《安溪縣志》，臺北：安溪同鄉會，乾隆二十二年刻本，1967年。
〔清〕彭光藻、王家駒：《重修長樂縣志》，福州：福建師大圖書館藏複印本，同治八年刻本，2008年。

〔清〕萬斯同：《明史》，哈佛燕京圖書館藏。
〔清〕福申輯：《俚俗集》，北京圖書館抄本。
〔清〕翟　灝：《臺陽筆記》，收入周憲文主編：《臺灣文獻叢刊第020
　　　　　種》，臺北：臺灣銀行經濟研究室，1966年。
〔清〕蒲松齡：《聊齋誌異》，臺北：漢京文化，1984年。
〔清〕趙　翼：《陔餘叢考》，乾隆庚戌壽考堂藏板。
〔清〕蔡溫等：《球陽記事》，收入高津孝主編：《琉球王國漢文文獻
　　　　　集成》，上海：復旦大學出版社，2013年。
〔清〕謝金鑾、鄭兼才纂修：《續修臺灣縣誌》，臺北：行政院文化建
　　　　　設委員會，2007年。
〔清〕顧光旭等：《梁溪詩鈔》，清宣統三年文苑閣重刊本。
《大方廣佛華嚴經》，CBETA, T10, no. 278。
中國第一歷史檔案館、湄洲媽祖廟董事會合編：《清代媽祖檔案史料
　　　　　匯編》，北京：中國檔案出版社，2003年。
王文誥輯註，孔凡禮點校：《蘇軾詩集》，臺北：明道書局，1990年。
佚　　名：《明珠緣》，收入《中國近代小說史料彙編》第16冊，臺北：
　　　　　廣文書局，1980年。
呂興昌編：《許丙丁作品集》，臺南：臺南市立文化中心，1996年。
李國祥主編：《明神宗實錄》，武漢：武漢出版社，1991年。
施懿琳主編：《全臺詩》第四冊，臺南：國家臺灣文學館，2004年。
容肇祖：《容肇祖集》，濟南：山東人民出版社，1989年。
張煌言：《張蒼水詩文集》，南投：國史館臺灣文獻館，1994年。
許雪姬總編纂：《續修澎湖縣志》，澎湖：澎湖縣政府，2005年。
連　　橫：《雅堂文集書》，南投：臺灣省文獻委員會，1992年。
連　　橫：《臺灣詩乘》，收入黃哲永主編：《臺灣先賢詩文集彙刊》第
　　　　　七輯，臺北：龍文出版社，2009年。

雷家驥總纂修：《嘉義縣誌》，嘉義：嘉義縣政府，2009年。
溫國良編譯：《臺灣總督府公文類纂宗教史料彙編》，南投：臺灣省文獻委員會，1999年。
臺灣省文獻委員會主編：《臺灣省通志稿》，臺北：成文出版社，1983年。
臺灣銀行經濟研究室編：《臺灣南部碑文集成》，臺北：臺灣銀行經濟研究室，1966年。
謝必震：《福建史略》，北京：海洋出版社，2011年。
釋印光：《印光大師文鈔續編》，卷下，臺中：青蓮出版社，1989年。

二　專書論著

于君方：《觀音──菩薩中國化的演變》，臺北：法鼓文化，2009年。
太華居士：《臺灣神仙傳》，臺北：子午線出版社，1986年。
王元林：《國家正祀與地方民間信仰互動研究：宋以後海洋神靈的地域分布與社會空間》，北京：中國社會科學出版社，2016年。
王元林：《國家正祀與地方民間信仰互動研究》，北京：中國社會科學出版社，2016年。
王文亮、林啟泓：《南瀛籤詩故事誌》，臺南：臺南縣政府，2006年。
王世禎：《細說中國民間信仰：由神話起源探討民俗信仰》，臺北：武陵出版社，1995年。
王振榮：《義愛公傳》，嘉義：富安宮管理委員會，2002年。
王儷容：《解籤》，臺北：時報文化出版企業公司，2012年。
朱越利：《道教文化管窺──天師道及其他》，南昌：江西人民出版社，1996年。
何培夫：《臺灣古蹟與文物》，臺中：臺灣省政府新聞處，2007年。

余全雄：《觀世音24首籤詩解、福德正神28首籤詩解合集》，臺南：大正書局，2012年。

呂　威：《華夏諸神・財神卷》，臺北：雲龍出版社，1999年。

呂清華：《琉球久米村人——閩人三十六姓的民族史》，《臺灣歷史與文化研究輯刊》第七冊，新北：花木蘭文化事業公司，2016年。

呂　微：《隱喻世界的來訪者——中國民間財神信仰》，北京：學苑出版社，2001年。

李孟哲、侯建全、林群桓：《後驛思想起》，嘉義：嘉義博愛社大，2018年。

李明珠等編：《臺灣史十一講》，臺南：國立歷史博物館，2006年。

李淑如：《閩南文化研究視野下水神與財神信仰》，臺北：萬卷樓圖書公司，2019年。

李　喬：《中國行業神》，臺北：雲龍出版社，1996年。

李豐楙：《山海經——神話的故鄉》，臺北：時報文化出版企業公司，1987年。

李豐楙：《性別、神格、與臺灣宗教論述》，臺北：中研院文哲所，1997年。

汪毅夫：《閩臺緣與閩南風》，福州：福建教育出版社，2006年。

林永傑：《臺灣府諸羅縣北路下茄苳武穆岳聖王靈感籤詩探討》，臺南：泰安宮旌忠廟管理委員會、泰安旌忠文教公益基金會，2016年。

林安樂：《內壇見聞：天官武財神扶鸞濟世實錄》，臺北：橡樹林文化，2021年。

林修澈：《廟全紀錄：臺灣省廟呈現出來的文化資產與生活意義研究篇》，南投：臺灣省政府文化處，1998年。

林國平、彭文宇：《福建民間信仰》，福州：福建人民出版社，1993年。

林國平：《閩台神靈與社會》，廈門：廈門大學出版社，2010年。
林國平：《清水祖師文化研究》，廈門：廈門大學出版社，2013年。
林國平：《籤占與中國社會文化》，北京：人民出版社，2014年。
侯明福：《組織與活動——臺南府城大觀音亭興濟宮的發展與變化》，臺南：財團法人臺南市臺疆祖廟大觀音亭暨祀典興濟宮府城觀興文化藝術基金會，2021年。
施添福：《臺灣地名辭書》，南投：國史館臺灣文獻館，2002年。
洪敏麟：《臺南市市區史蹟調查報告書》，臺中：臺灣省文獻委員會，1979年。
胡小偉：《燮理陰陽——關帝靈籤祖本考源及研究》，香港：科華圖書出版公司，2005年。
孫清玲《明清時期中琉友好關係歷史遺存考》，北京：海洋出版社，2015年。
容肇祖：《容肇祖集》，濟南：山東人民出版社，1989年。
徐葆光：《中山傳信錄》，收入臺灣銀行經濟研究室編印：《清代琉球記錄集輯（第一冊）》，臺北：臺灣銀行，1971年。
馬書田：《中國民間諸神》，臺北：國家出版社，2001年。
高國欽：《保生大帝藥籤詮解》，臺南：大觀音亭祀典興濟宮，2017年。
張溪南：《北路煙雲172：從茄東腳到關仔嶺》，臺南：臺南市文化局，2014年。
清樂編著：《觀音靈籤100首典故及解析研究》，臺中：瑞成書局，2014年。
許地山：《扶箕迷信的研究》，臺北：臺灣商務印書館，1994年。
陳哲毅、陳旅得：《關聖帝君百首靈籤詳解》，臺北：進源書局，2010年。
陳清和：《談籤詩說八卦》，嘉義：蔡宗勳，2003年。

華藏淨宗弘化基金會編：《觀音籤——觀世音菩薩感應靈課》，臺南：和裕出版社，2012年。
黃文博、謝玲玉：《後壁香火》，臺南：財團法人泰安旌忠文教公益基金會，2001年。
道成居士編：《全臺寺廟靈籤註解》，臺南：正海出版社，2010年。
鄭志明：《神明的由來——臺灣篇》，嘉義：南華管理學院，1998年。
鄭志明：《臺灣傳統信仰的鬼神崇拜》，臺北：大元書局，2005年。
鄭國珍：《第五屆中琉關係學術會議論文集》，福州：福建教育出版社，1996年。
魯兆麟：《大龍峒保安宮保生大帝藥籤解》，臺北：財團法人臺北保安宮，1998年。
賴正雄：《南開日本研究》，北京：世界知識出版社，2013年。
戴文鋒：《文學講古——鄉鎮的故事》，臺北：行政院文建會，2001年。
魏應麒：《福建三神考》，廣州：中山大學，1939年。
釋印順：《方便之道》，新竹：正聞出版社，1993年。
〔日〕司東真雄：《天臺寺竹簡《觀音籤》考》，北上：司東真雄，1980年。
〔日〕合山究：《明清時代的女性與文學》，臺北：聯經出版事業公司，2016年。
〔日〕志村秋翠：《明治的吳鳳》，新北：國立臺灣圖書館藏。
〔日〕濱島敦俊：《總管信仰——近世江南農村社會和民間信仰》，東京：研文出版，2001年。
〔德〕龐 緯（Werner Banck）：《中國靈籤研究》，臺北：龍記圖書公司，1976年。
〔德〕龐 緯：《中國靈籤研究（資料篇）》，臺北：龍記圖書公司，1976年。

三　單篇論文

王見川：〈略論日據時期的臺南開元寺（1896-1924）〉,《圓光佛學學報》第4期，1999年12月，頁279-291。

王花俤：〈媽祖信仰在馬祖的現象初探〉，發表於「南海神壇學術研討會」，福州：天妃宮，2008年8月28日，頁1-7。

王　芳：〈論民國時期的碧霞元君信仰〉,《晉中學院學報》第32卷第6期，2015年12月，頁66-70。

王家祐：〈漫談財神趙公明〉,《文史雜誌》第5期，2003年，頁47-49。

江志宏、郭盈良：〈嘉義市小副瀨「義愛公」信仰的社會意義〉,《嘉義研究》第1期，2010年3月，頁214-279。

吳俊瑩：〈如何稱呼臺灣史上的「日本時代」？兼論戰後日式紀年與意象的清除與整理〉,《臺灣文獻》第65卷第3期，2014年9月，頁49-98。

吳　樹：〈臺南的寺廟籤詩〉,《臺灣風物》第18卷第2期，1968年4月，頁20-25。

宋龍飛：〈財神的畫像〉,《故宮文物月刊》第8卷第22期，1991年2月，頁66-76。

李豐楙：〈從成人之道到成神之道一個臺灣民間信仰的結構性思考〉,《東方宗教研究》新第4期，1994年10月，頁183-209。

汪　娟：〈百首觀音靈籤之籤題析論──以艋舺龍山寺為例〉,《中國俗文化研究》第3期，2005年12月，頁1-29。

沈佳姍：〈從義愛公故事看日警變成臺灣神的虛實與意義〉,《臺灣文獻》第69卷第2期，2018年6月，頁157-194。

辛德勇：〈述石印明萬曆刻本《觀世音感應靈課》〉,《中國典籍與文化》第3期，2004年9月，頁106-111。

東石生：〈入賞神祀森川巡查實話〉，《語苑》第25卷第5期，1932年5月，頁54-62。

林美容、三尾裕子、劉智豪：〈從田中綱常到田中將軍的人神蛻變：無關族群的民眾史學〉，《臺灣文獻》第68卷第4期，2017年12月，頁147-179。

林國平：〈琉球觀音信仰研究〉，《海交史研究》2010年第1期，頁85-121。

林蔚文：〈《閩都別記》與福建古代海外交往〉，《海交史研究》1998年第2期，頁65-72。

柯榮三：〈城隍廟靈籤解讀〉，《嘉義籤詩文化巡迴講座城隍廟靈籤專題課程內容集》，臺南：財團法人泰安旌忠文教公益基金會，2024年，頁1-13。

胡劼辰：〈「筆籙」鉤沉：明清扶乩的一個子類型〉，《民俗曲藝》第221期，頁31-80。

徐曉望：〈從《閩都別記》看古代福州商人的活動〉，《福建論壇（文史哲版）》1989年第4期，頁47-52。

翁炯慶：〈臺灣藏頭詩在地轉化的初探：以臺南市後壁區安溪寮聚落福安寺為例〉，《臺灣文化研究所學報》第4期，2013年5月，頁43-71。

高偉濃：〈清廷對琉球冊封過程中供奉的福建地方護海神補探〉，《閩商文化研究》2011年第1期，頁40-46。

區志堅：〈求籤要誠、解籤要善：《保生大帝靈籤》與《黃大仙靈籤》表述「保生」概念〉，收入陳益源主編：《臺灣與各地之保生大帝信仰研究》，臺北：里仁書局，2019年，頁521-556。

張富春：〈論瘟神趙公明是怎樣成為財神的〉，《中國文化月刊》第307期，2006年7月，頁84-96。

許玉河：〈意外的眼光：1849-1900英法日澎湖地圖與地名〉,《硓𥑮石》第90期，2018年3月，頁80-115。

郭盈良：〈仁愛精神——小副瀨義愛公信仰〉,《諸羅文化誌》，嘉義：嘉義市政府，2015年，頁98-99。

陳　留：〈從恭禧發財談財神〉,《華文世界》第47期，1988年3月，頁11-14。

陳進國：〈寺廟靈籤的流傳與風水信仰的擴散——以閩臺為中心的探討〉,《宗教學研究》2003年第1期，2003年1月，頁61-73。

陳翼漢：〈歷史與文化資產之於「過去」〉,《博物館學季刊》第18卷第2期，2004年4月，頁79-94。

陳雙鳳：〈財神爺的種種傳說〉,《自由談》第33卷第1期，1982年1月，頁32-33。

傅才武：〈財神是善神還是惡神〉,《歷史月刊》第133期，1999年2月，頁18-22。

黃典權：〈萬福庵遺事——明英義伯阮季友及其夫人考述〉,《臺南文化》第2卷第2期，1952年4月，頁30-38。

黃國哲：〈日本巡查，臺灣神明——「義愛公的田野調查」〉,《民俗與文化》第4期，2007年10月，頁192-202。

黃綉媛：〈海神媽祖信仰在東亞海域的流布——以明、清時期琉球國天妃（后）宮的建立為探討中心〉，發表於「媽祖信仰文化暨在地人文藝術國際學術研討會」，雲林：北港朝天宮，2012年10月20-22日，頁126-133。

楊惠南：〈明清時期臺灣佛教的神佛不分與三教同源〉，收入王三慶主編：《冉雲華先生八秩華誕壽慶論文集》，臺北：法光出版社，2003年，頁117-132。

臺南州警務部：〈神祀警察官〉,《臺灣警察時報》第206期，1933年1月，頁79。

劉惠璇：〈「光，穿透黑暗；愛，超越死亡」日治初期森川清治郎巡查東石成神記（1900-1902）〉，《警專論壇》第14期，2015年3月，頁117-143。

毅　振：〈財神——人間最歡迎的神〉，《臺灣博物》第11卷第2期，1992年6月，頁73-76。

蔡武晃：〈財神廟拜財神——近代玄壇趙元帥廟的轉型與發展〉，《2008臺灣武財神文化祭——財富與民俗信仰文化研討會論文集》，2008年6月27-29日，頁95-111。

蔡武晃：〈從多元轉變為單一財神神格過程中的神祇：武財神玄壇元帥〉，《2007保生文化祭：道教神祇學術研討會論文集》，臺北：臺北保安宮，2009年，頁143-172。

蔡錦堂：〈跨越日本與國民黨統治年代的臺灣人之日本觀〉，《臺灣文獻》第58卷第3期，2007年9月，頁1-27。

鄭向敏、范向麗、陳暉莉：〈澳門民間財神信仰旅遊資源研究〉，《旅遊科學》第23卷第6期，2009年6月，頁65-71。

鄭振滿：〈媽祖是蜑人之後？〉，《華南研究資料中心通訊》第7期，香港：香港科技大學，1997年，頁61。

曉　言：〈門神、年畫、財神〉，《國魂》第495期，1987年2月，頁91-95。

戴文鋒：〈臺南地區民間無祀孤魂轉化為神明的考察〉，《臺灣史研究》第18卷第3期，2011年9月，頁141-173。

謝貴文：〈論神明與地方關係的建立與發展－以高雄地區的保生大帝信仰為例〉，《高雄文獻》第3卷第2期，2013年6月，頁35-66。

簡榮聰：〈臺灣財神信仰的多元化與藝術性〉，《2009年民俗藝陣與炸寒單學術研討會論文集》，臺東：臺東縣文化局，2009年，頁47-92。

魏榮華：〈中國民間財神信仰的多樣化和複雜性〉，《考試周刊》2007年第13期，頁53-54。

釋慧嚴：〈西來庵事件前後臺灣佛教的動向——以曹洞宗為中心〉，《中華佛學學報》第10期，1997年7月，頁279-310。

龔鵬程：〈愛談狐仙鬼怪的儒家〉，《華人文化研究》第6卷第1期，2018年6月，頁241-248。

〔日〕田仲一成著，王毓雯譯：〈《中國地方戲曲研究》〈南戲的開展與傳播〉譯文（三）〉，《中國地方戲曲研究》，福岡：福岡大學研究部，2020年，頁13-37。

〔日〕関口直美：〈初鹿で亡くなつた「日本將軍」を探して〉，《な～るほど・ザ・台湾》，2021年6月号，頁82。

〔美〕科塞（Lewis Alfred Coser）撰，邱澎生譯：〈阿伯瓦克與集體記憶〉，《當代》第91期，1993年11月，頁20-39。

〔美〕Richard Von Glahn: "The Enchantment of Wealth: The God Wutong in the Social History of Jiangnan", *Harvard Journal of Asiatic Studies*, Vol. 51, No. 2, pp.651-714。

〔美〕Richard Von Glahn: "The Sinister Way: The Divine and the Demonic in Chinese Religious Culture", *University of California Press*, pp180-265。

四　學位論文

王　歡：《中國民間的財神信仰與財神寶卷研究》，揚州：揚州大學文學院碩士論文，2010年。

江宜樺：《臺灣民間財神信仰之研究》，臺南：國立臺南大學臺灣文化研究所碩士論文，2010年。

呂清華：《琉球久米村人的民族學研究》，臺北：國立政治大學民族學系博士論文，2016年。

周啟松：《中國民間文學中財神的研究》，臺北：中國文化大學中國文學研究所在職專班碩士論文，2002年。

莊嘉純：《岳飛英雄形象與臺灣岳王信仰研究》，臺中：國立中興大學中國文學系碩士論文，2013年。

陳　芳：《中國財神傳說研究》，武漢：華中師範大學文學研究所碩士論文，2012年。

陳藝匀：《臺灣童乩的社會形象與自我認同》，臺北：輔仁大學宗教學系碩士論文，2003年。

黃志宏：《臺灣財神信仰初探——以草屯敦和宮為中心》，臺中：逢甲大學歷史與文物研究所碩士論文，2010年。

劉玉龍：《寺廟籤詩研究——以臺灣寺廟運籤為主》，彰化：國立彰化師範大學國文學系碩士學位論文，2006年。

蔡佳凌：《嘉南地區岳飛信仰之研究》，臺南：國立臺南大學臺灣文化研究所碩士論文，2008年。

賴俊佑：《後壁旌忠廟藏頭籤詩研究》，苗栗：國立聯合大學臺灣語文與傳播學系碩士論文，2016年。

謝忠恆：《乾嘉之際臺灣林朝英之文人畫與世俗化進程研究》，臺北：國立臺灣藝術大學書畫藝術學系博士論文，2015年。

〔日〕松本征儀：《義愛公信仰的成立與分靈》，東京：櫻美林大學大學院國際學研究科碩士論文，2003年。

〔日〕尾原仁美：《臺灣民間信仰裡對日本人神明的祭祀及其意義》，臺北：國立政治大學民族研究所碩士論文，2007年。

五　報紙

〈死後神と祖らるゝ　森川巡查至誠の餘薰〉,《臺灣日日新報》,第7版,(大正十二年)1923年5月18日。

宋國正:〈湖西鼎灣開帝殿至今留存藥籤濟世〉,《澎湖時報》,生活版,2022年12月31日。

宋國正:〈鼎灣開帝殿「聖德宏施」匾極具保存價值〉,《澎湖時報》,生活版,2023年10月17日。

管柏華:〈三保的口述史〉,《福州晚報》,A18版〈閩海神州〉,2014年9月21日。

劉　琳:〈古代海上絲綢之路重要始發港:亦剛亦柔梅花鎮〉,《福州晚報》,2017年02月20日。

六　網路資源

不著撰人:〈九米至聖廟〉,《洞悉琉球王國久米至聖廟》網站:https://kumesouseikai.or.jp/zh/about/(上網日期:2020年4月1日)。

不著撰人:《北港武德宮》網站,網址:https://www.wude.org.tw/cn/luan_wen/altar_view/detail/6。

不著撰人:〈同安銀同媽祖天后宮——黑面媽祖〉,《逛鷺島》網站,網址:http://www.xmgbuy.com/mdetail/1902.html(上網日期:2018年12月26日)。

不著撰人:〈澎湖廟宇籤詩列表〉,《維基百科》網站,網址:https://www.wikiwand.com/zh/%E6%BE%8E%E6%B9%96%E5%BB%9F%E5%AE%87%E7%B1%A4%E8%A9%A9%E5%88%97%E8%A1%A8(上網日期:2024年1月18日)。

不著撰人：《卅六庄下茄苳泰安宮旌忠廟與五十九庄頭臉書》網站，
　　　　2014年11月11日，網址：https://www.facebook.com/jiadongm
　　　　azu/photos/（上網日期：2021年9月1日）。
不著撰人：《泰安旌忠文教公益基金會》網站，2019年12月8日，網址：
　　　　http://www.tajj.org.tw/。
不著撰人：《旌忠廟官方網站》網站，網址：http://library.taiwanschool
　　　　net.org/cyberfair2005/sj2es2005/go02.htm（上網日期：2021年
　　　　9月11日）。
不著撰人：《廈門市志・民間信仰》網站，網址：http://lishi.zhuixue.
　　　　net/2018/0124/345758.html（上網日期：2018年12月1日）。
不著撰人：《萬福庵臉書》網站，2022年3月31日，網址：https://www.
　　　　facebook.com/profile.php?id=100064021276043。（上網日期：
　　　　2022年10月7日）。
不著撰人：《澎湖縣政府民政處》網站，網址：https://www.penghu.
　　　　gov.tw/civil/home.jsp?id=418&act=view&dataserno=112090600
　　　　01（上網日期：2024年7月1日）。
不著撰人：《蓬萊殿-Peng Lai Dian 臉書》網站，2020年6月13日，網
　　　　址：https://www.facebook.com/Penglaidian/posts/36594050940
　　　　86679（上網日期：2021年8月27日）。
中央社報導：〈澎湖廟口故事報你知湖西走讀堂堂邁入第13年〉，《中
　　　　央通訊社》網站，2023年2月19日，網址：https://www.cna.
　　　　com.tw/news/aloc/202302190131.aspx（上網日期：2024年6月
　　　　25日）。
王姝琇：〈猴腮雷分身20代！臺南萬福庵第13代齊天大聖開光賜福〉，
　　　　《自由時報・生活版》網站，2022年10月10日，網址：https://
　　　　news.ltn.com.tw/news/life/breakingnews/4084697（上網日期：
　　　　2022年11月10日）。

吳俊鋒：〈民眾拜東洋神為日人祈福〉，《自由時報》網站，2011年3月22日，網址：https://news.ltn.com.tw/news/local/paper/478346（上網日期：2022年3月22日）。

吳俊鋒：〈拜廟求得的藥籤竟是牛奶糖？別懷疑……〉，《自由時報電子報》網站，2015年11月3日，網址：http://news.ltn.com.tw/news/society/breakingnews/1496310（上網日期：2018年9月4日）。

林瑩秋：〈林安樂創舉財神廟裡開理財課〉，《今周刊》第762期，2011年7月28日，網址：https://www.businesstoday.com.tw/article-cont ent-80392-3061。

林美容：〈臺灣保生大帝信仰與分布〉，《台江在地論壇——第一屆重回村廟》網站，網址：https://private.tncomu.tw/modules/tad_book3/pda.php?&tbdsn=9（上網日期：2024年5月1日）。

張鎰三：〈神像雕刻「刻佛仔」店〉，《嘉義縣鄉村永續發展協會》網站，2010年12月27日，網址：http://cceda2010.blogspot.com/2011/12/blog-post_7269.html（上網日期：2022年4月18日）。

董　駿：〈董執誼：閩都歷史文化的傳承者〉，《福建省姓氏源流研究會董氏委員會》網站，2014年8月22日，網址：http://www.fjdswyh.com/news/html/?392.html（上網日期：2016年12月10日）。

謝幸恩：〈新莊黑面義愛公原來是日本人〉，《中國時報》網站，2013年5月18日，網址：https://www.chinatimes.com/newspapers/20130518000435-260107?chdtv（上網日期：2022年3月18日）。

〔日〕片倉佳史：〈嘉義富安宮祭祀日本巡查，森川清治郎成為臺人敬拜的「義愛公」〉，《關鍵評論》網站，2020年8月20日，網址：https://www.thenewslens.com/article/139429（上網日期：2022年4月2日）。

文學研究叢書・俗文學研究叢刊 0814004

神明流動與神諭籤詩：
臺灣民間信仰研究的新視野

作　　者	李淑如
責任編輯	黃筠軒
特約校稿	林秋芬
發 行 人	林慶彰
總 經 理	梁錦興
總 編 輯	張晏瑞
編 輯 所	萬卷樓圖書股份有限公司
排　　版	林曉敏
印　　刷	百通科技股份有限公司
封面設計	黃筠軒

發　　行　萬卷樓圖書股份有限公司
臺北市羅斯福路二段 41 號 6 樓之 3
電話 (02)23216565
傳真 (02)23218698
電郵 SERVICE@WANJUAN.COM.TW
香港經銷　香港聯合書刊物流有限公司
電話 (852)21502100
傳真 (852)23560735

ISBN 978-626-386-269-2
2025 年 04 月初版
定價：新臺幣 520 元

如何購買本書：
1. 劃撥購書，請透過以下郵政劃撥帳號：
　帳號：15624015
　戶名：萬卷樓圖書股份有限公司
2. 轉帳購書，請透過以下帳戶
　合作金庫銀行　古亭分行
　戶名：萬卷樓圖書股份有限公司
　帳號：0877717092596
3. 網路購書，請透過萬卷樓網站
　網址 WWW.WANJUAN.COM.TW

大量購書，請直接聯繫我們，將有專人為您服務。客服：(02)23216565 分機 610

如有缺頁、破損或裝訂錯誤，請寄回更換
版權所有・翻印必究
Copyright©2025 by WanJuanLou Books CO., Ltd.
All Rights Reserved　　　Printed in Taiwan

國家圖書館出版品預行編目資料

神明流動與神諭籤詩：臺灣民間信仰研究的新視野/李淑如著. -- 初版. -- 臺北市：萬卷樓圖書股份有限公司, 2025.04
　　面；　公分. -- (俗文學研究叢刊)
ISBN 978-626-386-269-2(平裝)

1.CST: 民間信仰 2.CST: 宗教文化 3.CST: 文化研究 4.CST: 籤詩 5.CST: 臺灣
271.9　　　　　　　　　　114004404